ARCHIVES HISTORIQUES

DU POITOU

VIII

POITIERS

TYPOGRAPHIE DE OUDIN FRÈRES

4, RUE DE L'ÉPERON, 4.

1879

SOCIÉTÉ
DES
ARCHIVES HISTORIQUES
DU POITOU

LISTE GÉNÉRALE

DES MEMBRES

DE LA SOCIÉTÉ DES ARCHIVES HISTORIQUES DU POITOU.

ANNÉE 1879.

Membres titulaires :

MM.

ARNAULDET (TH.), bibliothécaire de la ville, à Niort.
BARBAUD, archiviste de la Vendée, à la Roche-sur-Yon.
BARTHÉLEMY (A. DE), membre du Comité des travaux historiques, à Paris.
BEAUCHET-FILLEAU, correspondant du Ministère de l'instruction publique, à Chef-Boutonne.
BEAUDET (A.), licencié en droit, à Saint-Maixent.
BRICAULD DE VERNEUIL, attaché aux Archives de la Vienne, à Poitiers.
CHAMARD (Dom), religieux bénédictin, à Ligugé.
CHASTEIGNER (Cte A. DE), membre de plusieurs Sociétés savantes, à Ingrandes (Vienne).
CLERVAUX (Cte DE), membre de plusieurs Sociétés savantes, à Saintes.
DELISLE (L.), membre de l'Institut, à Paris.
DESAIVRE, docteur en médecine, à Niort.
DELAYANT, bibliothécaire de la ville, à la Rochelle.
FAVRE (L.), à Niort.
FILLON (Benjamin), à Saint-Cyr-en-Talmondais (Vendée)

MM.

FRAPPIER (P.), ancien secrétaire de la Société de Statistique des Deux-Sèvres, à Niort.

GOUGET, archiviste de la Gironde, à Bordeaux.

LEDAIN, membre de l'Institut des provinces, à Poitiers.

LELONG, archiviste paléographe, à Angers.

LIÈVRE, pasteur, président du Consistoire, à Angoulême.

MÉNARD, ancien proviseur, à Poitiers.

MÉNARDIÈRE (DE LA), professeur à la Faculté de Droit, à Poitiers.

MONTAIGLON (A. DE), professeur à l'École des Chartes, à Paris.

ORFEUILLE (Cte R. D'), membre de la Société des Antiquaires de l'Ouest, à Versailles.

PALUSTRE (Léon), directeur de la Société française d'archéologie, à Tours.

PORT (C.), archiviste de Maine-et-Loire, à Angers.

RÉDET, ancien archiviste de la Vienne, à Poitiers.

RICHARD (A.), archiviste de la Vienne, à Poitiers.

RICHEMOND (L. DE), archiviste de la Charente-Inférieure, à la Rochelle.

ROCHEBROCHARD (L. DE LA), membre de la Société de Statistique des Deux-Sèvres, à Niort.

TOURETTE (L. DE LA), docteur en médecine, à Loudun.

Membres honoraires :

MM.

BABINET DE RENCOGNE, à Angoulême.

BARDONNET (A.), membre de plusieurs Sociétés savantes, à Niort.

BOUTETIÈRE (Cte DE LA), membre de la Société des Antiquaires de l'Ouest, à Chantonnay (Vendée).

BROSSE (DE LA), membre de la Société des Antiquaires de l'Ouest, à Poitiers.

CARS (Duc DES), à la Roche-de-Bran (Vienne).

CORBIÈRE (Mis DE LA), à Poitiers.

DESMIER DE CHENON (Mis), à Domezac (Charente).

MM.

Dubeugnon, professeur à la Faculté de Droit, à Poitiers.
Feñand, ancien ingénieur en chef du département de la Vienne, à Poitiers.
Guignard, docteur en médecine, à Poitiers.
Horric du Fraisnaud de la Motte, à Goursac (Charente).
Lecointre-Dupont père, membre de plusieurs Sociétés savantes, à Poitiers.
Marque (G. de la), à La Baron (Vienne).
Massougne (de) des fontaines, à Poitiers.
Oudin, avocat, à Poitiers.
Rochejaquelein (Mis de la), député des Deux-Sèvres, à Clisson (Deux-Sèvres).
Rochethulon (Mis de la), ancien député de la Vienne, à Beaudiment (Vienne).
Romans (Bon Fernand de), à la Planche d'Andillé (Vienne).
Tranchant (Charles), ancien conseiller d'État, ancien conseiller général de la Vienne, à Paris.
Tribert (G.), conseiller général de la Vienne, à Marçay (Vienne).
Tribert (L.), sénateur, à Champdeniers.

Bureau :

MM.

Rédet, président.
Richard, secrétaire.
Ledain, trésorier.
Bardonnet, membre du Comité.
Boutetière (de la), id.
Ménardière (de la), id.
Lecointre-Dupont, id.

COMPTES ET ENQUÊTES

D'ALPHONSE, COMTE DE POITOU

1253 — 1269.

Les documents que nous publions ci-après, sont postérieurs à ceux que nous avons mis au jour dans le IVe volume des *Archives*; ils serviront avec ces derniers à faire pénétrer plus intimement dans les détails de l'administration du comte Alphonse en Poitou. Tous se rattacheront plus tard à la correspondance de ce prince, qui doit prendre place dans la collection des *Documents inédits*, et qui projettera une nouvelle lumière sur la personne du frère de saint Louis.

Nous ne nous bornons pas aujourd'hui à donner des comptes de recette et de dépense; nous les faisons suivre de plusieurs enquêtes. La comptabilité d'Alphonse est tout à fait à part de sa correspondance; son intérêt est tout local, la personne du prince n'est pas en cause et n'apparaît pas directement; pour les premières années de son gouvernement, celles que nous avons étudiées de préférence, les textes fournissent plus de détails sur le passé, sur la domination anglaise en Poitou, que sur l'organisation nouvelle, encore en voie de formation. Il n'en est pas de même des enquêtes. Elles se rattachent au pays par les informations locales, les témoignages recueillis, la discussion en un mot des faits litigieux; mais elles font partie de l'administration générale du comte de Poitou : elles sont conçues et ordonnées au centre, après examen préalable des faits, et procèdent du pouvoir supérieur directement. En d'autres termes, les enquêteurs écoutent et vérifient dans le pays les réclamations adressées au comte, lequel avec son parlement les juge. Nous plaçons, comme exemple, en appendice de notre publication, une ordonnance d'enquête contenue dans une layette des mélanges du Trésor des chartes (arch. nat. J. 1034, n° 22). Elle nous fournira l'exemple de l'action du pouvoir central et l'occasion d'exprimer le regret qu'on n'ait pas retrouvé jusqu'à présent les informations qu'elle prescrit, et qui auraient offert tant d'intérêt pour nos pays.

Et quant aux jugements du parlement ou du comte lui-même, comme l'a fait judicieusement observer M. Briquet, l'enquête de 1258, publiée par M. Ledain dans son *Histoire d'Alphonse*, renferme les réponses du pouvoir supérieur à ces informations locales et date approximativement nos documents.

Nous commençons notre travail par le volume 9019 des manuscrits du fonds latin de la Bibliothèque nationale, recueil factice de documents de même temps et d'espèces bien différentes que, suivant notre usage, nous publions *in extenso*. Nous en avons retranché seulement quelques notes éparses et relatives à l'Auvergne, dont il sera fait mention en leur lieu, et deux comptes de Jean de Sours, sénéchal de Saintonge, pour 1261, c'est-à-dire postérieurement à la séparation gouvernementale de la Saintonge et du Poitou.

Nous avons complété les enquêtes de ce volume 9019 par plusieurs autres provenant des Archives Nationales, se rapportant également à Châtellerault, et dont l'indication nous avait été fournie par notre éminent confrère, M. Léopold Delisle.

Voici l'indication de tous ces documents :

1° Compte de Robert Boillie, sénéchal de Poitou, pour l'année 1253.

2° Compte de Jean Aubert pour la monnaie de Poitiers, année 1253.

3° et 4° Deux comptes de Thibault de Neuvi, sénéchal de Poitou, pour l'année 1259.

5° Compte de Jean Aubert pour la monnaie de Poitiers, pour l'année 1259.

6° Détail des sommes remises à Ansold, clerc, par maître Guichard et Gilles Camelin en 1269, provenant surtout des rachats des fiefs du Thouarçais et de la Rochelle.

1º Dépositions des témoins dans le débat intervenu entre le vicomte de Châtellerault et le comte de Poitou au sujet du château de Saint-Remi-sur-Creuse et de ses dépendances.

2º Enquête sur les droits de chasse prétendus par le vicomte de Châtellerault dans la forêt de la Moulière.

3º Enquête faite par le châtelain de Poitiers et les forestiers de la Moulière sur certains droits que le comte de Poitiers et le seigneur de Bonneuil se disputaient sur des hébergements à Traversay.

4º Enquête faite au sujet des prétentions du vicomte de Châtellerault sur un droit d'usage dans la forêt de la Moulière au profit de sa maison de Bonneuil.

5º Enquête pour le vicomte de Châtellerault au sujet du péage du pont de Longève.

6º Enquête faite par l'abbé du Pin et le maître-école de Saint-Hilaire de Poitiers sur les droits de justice prétendus par les Templiers sur une maison de Poitiers.

Enfin nous terminons ces textes par une enquête faite en 1268, concernant les péages réclamés par Regnault de Précigné, seigneur de Marans, sur les marchandises débarquées au port de la Rochelle, et par un compte de Jean Aubert pour la monnaie de Poitiers, en 1253, dont l'autre portion se trouvait placée dans le manuscrit de la Bibliothèque Nationale.

A. BARDONNET.

COMPTES

(BIBLIOTHÈQUE NATIONALE, MS. LAT. 9019.)

Compotus domini Roberti Boillie senescalli Pictavensis, de termino Candelose anno Domini Mº.CCº. quinquagesimo tercio.

Grossa rascheta de terra Campanie pro secundo tercio, lx. libr.

Domanium domini comitis, pro secundo tercio primi anni de prepositura Pictavensi, cvi. libr. xiii. sol. iiii. den. — De prepositura Niorti, pro ultimo tercio ultimi anni, iiii.^{xx}vi libr. xiii. sol. iii. den. — De prepositura de Banaon, pro primo tercio primi anni, lxx. libr. — De prepositura Sancti Johannis Angeliacensis, pro secundo tercio primi anni, xxxiii. libr. vi. sol. viii. den. — De prepositura Ruppelle, pro primo tercio primi anni, v.^{c}xxxiii. libr. vi. sol. viii. den. — De prepositura Fontaneti, pro primo tercio secundi anni, lx. libr. — De terra Ardanie, pro ultimo tercio, iiii. libr. — De venda foreste de Banaon, pro prima paga tercii anni, lviii. libr. vi. sol. viii. den. — De minutis explectis ejusdem foreste et herbagio, xv. libr. vi. sol. iii. den. — De panagio ejusdem foreste, iiii.^{xx}x. libr. — De venda foreste Molerie, pro prima paga tercii anni, ii.^{c}xxix. lib. v. sol. —

De explectis ejusdem foreste a festo omnium Sanctorum usque ad Candelosam, per manum Staverii, LXVII. sol. VI. den. — De censibus et caponibus de jardino foreste de Banaon, X. libr.

Summa : XIII.ᶜ· lib. V. sol. V. den.

Conquesta super domanium comitis Marchie : de prepositura Mosterolii pro secundo tercio istius anni, CX. libr. — Pro terra quam habebat idem comes apud Sanceium, pro eodem tercio, XIII. lib. VI. sol. VIII. den. — De prepositura Fronteniaci affirmata, pro secundo tercio ultimi anni, LXXIII. libr. VI. sol. VIII. den. — De prepositura de Colons, pro secundo tercio istius anni, VII. libr. VI. sol. VIII. den. — De prepositura de Prahic, pro secundo tercio istius anni, LX. libr. — De magno feodo Alnisii, pro primo tercio primi anni, VII.ᶜ·XXXIII. libr. VI. sol. VIII. den. — De prepositura Talniaci et de Gravia, pro secundo tercio secundi anni, XLVI. libr. XIII. sol. IIII. den. — De terra Crucis-Comitisse affirmata, pro secundo tercio primi anni, XXX. libr. — De prepositura Xanctonensi et terre Marannie, pro secundo tercio istius anni, IIII.ᶜ· libr. — De terra de Cherviex pro eodem tercio, XX. libr. — De venditione vende Vallis-Petrosi in foresta Mosterolii, pro secundo tercio tercii anni, XXXIII. lib. VI. sol. VIII. den. — De venda de Teilleio facta in eadem foresta, pro secundo tercio primi anni, LV. libr. XI. sol. I. den. — Item de bosco mortuo vendito vitreariis in eadem foresta, pro secundo tercio secundi anni, VIII. libr. XVII. sol. X. den.— De venda foresta Baconesii, pro secundo tercio tercii anni, C. libr. — Item de venda facta per manum Mathei in eadem foresta, a festo omnium Sanctorum usque ad Candelosam, XXXIII. lib. II. sol. — Item de minutis explectis ejusdem foreste, a festo omnium Sanctorum usque ad Candelosam, pro parte domini comitis, XXX. libr. IIII. sol.— De terra quam comes Marchie habebat apud Pictavim, pro ultima medietate primi anni, XXXV. libr. — De explectis foreste Mosterolii, a festo omnium Sanctorum usque ad Candelosam, xviii. sol. — De bosco de la Noe vendito, pro toto, iiii. libr.

Summa : xvii.ᶜ lxvi. libr. ix. sol. vii. den.

Terre forefacte. — De prepositura Sancti Savini, pro secundo tercio primi anni, xliii. libr. vi sol. viii. den. — De prepositura Montis-Maurilii et de terris forefactis circa Montem-Maurilium affirmatis, pro eodem tercio, cxiii. libr. vi. sol. viii. den. — De prepositura de Pindrai affirmata, pro secundo tercio primi anni, xii. sol. — De questa de Pindrai reddita de triannio in triannium, x. sol. pro toto. — De venditione cujusdam dumi circa Montem-Maurilium, pro primo tercio, iiii. libr. x. sol. Item pro alio dumo vendito, x. sol. pro toto. — De terris forefactis circa Mortuum-Mare, in minutis censibus et costumis, xlviii. sol. — De terra domini Guillelmi de Lazeio et domini Guitardi de Genceio apud Pictavim et circa, pro secunda medietate primi anni, xxxv. libr. — De terra Remundi Albiensis affirmata, pro secundo tercio primi anni, viii. libr. vi. sol. viii. den. — De terra domini Guidonis de Ruppeforti apud Sanctum Maxentium et circa, in minutis censibus et costumis, ciiii. sol. Pro medietate sazine, xx. sol. — De minutis explectis factis apud Sanctum Maxencium, xxv. sol. — De terra de Bauceio affirmata, pro primo tercio primi anni, cvi. sol. viii. den. — De terris forefactis circa Niortum, in minutis censibus et costumis, xxviii. sol. vi. den. — De terris forefactis circa Fronteniacum affirmatis, pro secundo tercio ultimi anni, x. libr. — De terra domini Guillelmi Forz circa Surgerias cum aliis terris ibidem affirmatis, pro ultimo tercio ultimi anni, xl. libr. — De terra Soneville, pro secundo tercio primi anni, xiii. libr. vi. sol. viii. den. — De minagio Ruppelle pro ultimo tercio, c. sol. — De terra Aymerici Alart apud Forras affirmata, pro secunda paga primi anni, cxvi. sol. viii. den. — De terra domini P. Bece affirmata, in honore de Oblinco, pro secundo tercio istius anni, pro duabus partibus, xi. libr. ii. sol. iiii. den. — De uxore defuncti Florici, in honore Sancti Maxencii, pro medietate equi servicii, xxx. sol. — De domino P. de Rocha, pro rascheto terre Guillelmi de Pinceio, in honore Oblinqui, xv. libr. — De terra magistri Bartholomei Coillebaut, in minutis censibus et costumis, xiiii. sol. x. den.— De exitibus quarte partis terre Campanie, que est in manu domini comitis, pro defectu homagii, cxviii sol.

Summa : iii.^{c}·xxxi. libr. ii. sol. viii. den.

De commendiciis tocius ballivie, pro toto, xviii. libr. xvii. sol. v. den.

De communibus explectis tocius ballivie, vi.$^{xx.}$xi. libr. xv. sol.

Summa tocius recepte ballivie cum explectis: iii.^{m}·v.^{c}·L.lib. x. sol. i. den.

EXPENSA. — Liberationes. — Pictavis, pro tercio de L. libris per annum, xvi. libr. xiii. sol. iiii. den. — Castrum Sancti Maxencii, pro tercio de xL. libris per annum, xiii. libr. vi. sol. viii. den. — Nyortum, pro tercio de iii.^{c}· libris per annum, c. libr. — Banaon, pro tercio de L. libris per annum, xvi. libr. xiii. sol. iiii. den. — Item pro iiii^{or} servientibus in foresta de Banaon, ab octabis omnium Sanctorum usque ad octabas Candelose, de iiii$^{xx.}$ et xiii. diebus, ii. sol. per diem, ix. libr. vi. sol.— Ruppella, xxvii. sol. iii. den. per diem. — Castrum Sanctonis, xxxiii. sol. xi. den. per diem.— Pro gagiis forestarii de Baconesio, pro iiii^{or} servientibus in eadem foresta, iiii. sol. per diem. — Forestario Mosterolii pro se et iiii^{or} servientibus in eadem foresta, iiii. sol. per diem. — Naverius et Gilebertus, in foresta Molerie, ii sol. iii. den. per diem. — Summa istarum liberationum : Lxxi. sol. v. den. per diem, ab octabis omnium Sanctorum usque ad octabas Candelose, de iiii.$^{xx.}$ et xiii. diebus, iii.^{c}·xxxii. libr. xxi. den. — Castrum Sancti Johannis Angeliaci, pro tercio de Lx. libr. per annum, xx. libr. — Capellanus castri Xanctonis, pro tercio de xx. libr. per annum, vi. libr. xiii. sol.

IIII. den. Capellanus Rupelle, pro tercio de xx. libr. per annum, VI. libr. XIII. sol. IIII. den. Capellanus capelle Pictavensis, pro tertio de xx. libris per annum, VI. libr. XIII. sol. IIII. den. — Apud Xanctonem, magistro Galtero Atillatori pro sua roba, XXXVII sol. VI. den.— Fabro castri Xanctonis, XXXVII. sol. VI. den. pro roba sua. — Colardo artilliatori quarellorum, XII. sol. VI. den. pro roba sua. — Summa : XLIIII. libr. VII. sol. VI. den.

Summa : v.^{c}xxxII. libr. VIII. sol. VII. den.

Feoda et elemosine. — Apud Pictavim : Abbatisse Fontis-Ebraudi, pro medietate, xxv. libr.— Castellano Turonis, pro medietate, VII. libr. x. sol.— Magistro Raginaldo, pro tercio, x. libr.— Pinetis de dono, x. libr. pro toto. — Apud Mosterolium : Abbati de Pinu, pro toto, VII. libr. x. sol.— Supra magnum feodum Alnisii : Abbas de Valencia, pro toto anno, CL. libr.— Domino Maraanti, pro toto anno, XXXIII. libr. — Abbatisse Fontis-Ebraudi, pro toto, L. libr. — Supra terram que fuit domini Bernardi de Rocha in eodem feodo : Hospitalariis de Ruppella, XL. sol. pro toto anno.— Johannes Gygantis ibidem pro toto anno, c. sol.— Apud Ruppellam : Archiepiscopo Burdegalensi, pro tercio, XIII. libr. VI. sol. VIII. den. — Domino Guillelmo Mangoti, pro tercio, CXVI. libr. XIII. sol. IIII. den.— Galotino, pro tercio, LXVI. sol. VIII. den.— Domino de Chauces, pro toto anno, x. sol.— Apud Xanctonem : Fratribus de Chadoing, pro uno sextario frumenti, LXIIII. sol.— Priori de Sancta Gemma, pro capellania, x. sol.— Priori de Campania, pro censu domorum de Campania, II. sol. — Abbati Fontis-dulcis, de censu furni Xanctonensis, x. sol. — Menardo de Fuerua, pro censu molendini de Gaudent, IIII. sol., pro cereo Sancti Eutropii faciendo, et XI. libr. cere ad opus dicti cerei, LXX. sol. — Pro cereo Sancti Johannis Angeliaci, a dicto termino, IIII. libr. III. sol. IIII. den. — Apud Nyortum : Templum pro toto, L. sol. — Abbati de Valencia, pro LX. libr. cere, pro qualibet libra XVIII.

den. IIII. libr. x. sol. — Capellano de Fonteniaco, pro medietate redditus, xxx. sol. — Leprosis de Mosterolio, a festo omnium Sanctorum usque ad festum Candelose, pro XIII^{cim} ebdomadis, pro qualibet ebdomada XII. den., summa XIII. sol. — Bernerio, pro medietate redditus, L. sol. — Domino Gaufrido de Lizigniaco, pro medietate, II$^{c.}$ libr. — Comitisse Marchie, pro medietate, III$^{c.}$ lib.

Summa : IX$^{c.}$ LVII. libr. XIII. sol.

Explecta et dona :

De Petro Porte-Buigniace Xanctonis, VIII. libr. pro sesina quassata.

De Loubat, xxv. libr., eo quod verberavit quemdam servientem domini comitis.

De Guillelmo Set, xx. sol. pro quadam sesina quassata.

De quadam femina Ruppelle, x. libr. pro auxilio de dono.

De censu Lumbardorum Pictavensium et Ruppellensium, xx. libr.

De Stephano Papaut, xxv sol. pro quodam forzagio.

De domino Guitardo de Campo-Bonelli, militis, c. sol. pro quodam forzagio et repulsione.

De Hugone Guillot, xx. sol. pro quodam forzagio.

De hominibus de Re, LX. libr. pro ultima paga.

Opera castrorum. — Pro minutis operibus factis in castro Nyorti et in aula, IIII. lib. XIII. sol. VII. den. In castro Sancti Maxencii : Carpentario, a festo omnium Sanctorum usque ad Purificacionem beate Marie, xxv. libr. XIX. sol. x. den. — Quadrigis, pro merreno adducto, ab eodem termino usque ad dictum terminum, VI. libr. XII. sol. Pro clavo, serris, cathenis, plumbo et fabbrica, XII. sol. — Pro tegula empta et coopertoribus et minutis auxiliis, xxx. sol. — Pro operibus factis in molendino de Chervex, x. sol. VIII. den. — Pro merranno empto et adducendo ad faciendam quamdam domum apud Fronteniacum, ad ponendum bladum et prisiones, lxx. sol. — Pro domibus aule Pictavensis reparandis, xl. sol. — Pro duabus molis emptis ad molendinum de Mostereul et adducendis, ix. libr. xv. sol. — Pro domibus servientum castri Xanctonis, pro pontibus et granariis reparandis et aliis minutis operibus, xi. libr. xi. sol. — Fabro, pro carbone, ferro et aliis in fabbrica sua apud castrum Xanctonis, c. sol. — Pro defectu castri Xanctonis renovando, pro blado, pro vino et baconibus, xxx. libr. xi. sol. ix. den. — In opere molendinorum Xanctonis et domorum desupra pontem, vi. libr. viii. sol. ii. den.

Summa : cxii. libr. iii. sol.

Minuta expensa : — Pro xvii. boissellis frumenti et dimidio, quos dominus abbas de Rocha debebat domino comiti de frumentagio annuatim sibi dato, xxvi. sol. iii. den. — Pro quodam prebendario quod debet idem miles, v. sol. pro toto. — Pro terra domini Baldoini, nepotis domini Guillelmi Desire, reddita de novo, pro quarto, xxv. sol. — Custodia garanne de la Noe, x. sol. — Pro furno de Bauceis perficiendo, xx. sol. — Pro cuniculis presentatis regine Navarre apud Pictavim, xiiii. sol. — Pro dolio ferrando ad ducendum denarios, vii. sol. — Cuidam nuncio misso apud Agennum, pro litteris portandis per Theobaldum de Noviaco, xx. sol. — Pro vineis domini comitis apud Xanctonem dechauçandis, amputandis et ligandis, palo et viminibus emptis, vi. libr. xvi. sol. x. den. — Servienti aque de Fonteniaco, pro toto anno, xl. sol. — Domino Imberto de Praella, pro secundo tercio partis uxoris in prepositura Montis-Maurilii, xv. libr. — Nuncio misso in Franciam, viii. sol. — Pro denariis aportatis de Nyorto apud Pictavim, xx. sol. vi. den. — Pro saccis emptis ad ponendos denarios, ii. sol. xi. den. — Pro expensa omnium assisiatorum a festo omnium Sanctorum usque ad Candelosam, iiii. libr. x. sol. — Pro quadriga que apportavit denarios apud Par[isios], lx. sol. — Pro expensis illorum qui adduxerunt denarios eundo et redeundo, viii. libr. xviii. sol. viii. den.

Summa minutorum : xlviii. lib. iiii. sol. ii. den.

Victualia. — Pro x doliis vini emptis apud Pictavim, pro dolio xl. sol., xx. libr.

Pro centum sextariis avene, iiii. sol. iiii. den. pro sextario, xxi. libr.

Pro vi. baconibus, vi. libr. xiii. sol.

Pro feno et literia, c. sol.

Pro bucha, lx. sol.

Apud Mosterolium. — Pro xx. doliis vini emptis, lxv. sol. pro dolio, lxv. lib.; pro vectura pro quolibet dolio v. sol., summa iiii. libr.

Pro decem modiis frumenti ibidem emptis, ad mensuram Pictavensium, pro quolibet modio, cviii. sol. liiii. libr.

Pro iii.$^{c.}$ sextariis avene ad mensuram Pictavensium, pro sextario iiii. sol. ix. den., lxxi. libr. v. sol.

Pro duobus sextariis pisorum, xiiii. sol.

Pro viii. baconibus, ix. libr. v. sol.

Pro feno et litteria, vi. libr. iii. sol.

Apud Niortum. — Pro x. doliis vini emptis et adducendis apud Nyortum, pro quolibet dolio iiii. libr. Summa xl. libr. — Pro chanteriis ad opus doliorum, iiii. sol.

Pro centum sextariis avene, xvi. sol. pro sextario, iiii.$^{xx.}$ libr.

Pro feno et litteria, c. sol.

Apud Fronteniacum. — Pro v. doliis vini emptis, xvii. libr. ii. sol. — Pro illis adducendis, xxx. sol.

Pro xxv. sextariis avene, xx. sol. pro sextario, xxv. libr. Pro illa adducenda, xx. sol.

Pro feno et litteria, xl. sol. Bucha, xl. sol.

Apud Xanctonem. — Pro v. doliis vini, xix. libr. xv. sol.

Pro ducentis rasis avene, iii. sol. vi. den. pro rasa, xxxv. libr.

Pro feno c. sol. — Pro bucha xl. sol.

Apud Banaon. — Pro viii. doliis vini adductis apud Banaon, xx. libr.

Pro ducentis rasis avene, iii. sol. pro rasa, xxx. libr. — Pro vi. baconibus, c. sol. — Pro feno apportando in capellam, xxxii. den.

Summa victualium : v.$^{c.}$lvi. libr. xiii. sol. viii. den.

Gagia senescalli, a die jovis ante festum beati Clementis usque ad octabas Candelose, pro iiii.$^{xx.}$ et i. diebus, xxx. sol. per diem, vi$^{xx.}$ libr. et xxx. sol. Et domino Guillelmo le Tiays, pro xii.^{cim} diebus, xviii. libr.

Expensa ballivie : ii.$^{M.}$ iii.$^{c.}$xlvi. libr. xvi. sol. v. den.

Restat quod ballivus de ballivia sua de presenti compoti (sic), xii$^{c.}$ libr. lxxvii. sol. viii. den., et pro rascheto terre Campanie, lx. libr., et pro domino G. le Tyais ix$^{c.}$ xx. libr., et sic restat quod debet ii.$^{M.}$ix$^{xx.}$ libr. lxxvii. sol. viii. den. De quibus solvit per magistrum Petrum de Sanctolio, xviii.$^{c.}$ xlii. libr. vi. sol. xiii. den. Et sic restat quod debet per totum iii.$^{c.}$xli. libr. xi. sol. Item pro domino Guillelmo le Tyais, xiiii$^{c.}$ libr. et xliiii. sol. vi. den. — De quibus eidem Roberto tradidit dictus Guillelmus partes in scriptis.

Compotus Johannis Auberti de termino Candelose anno Domini M°.CC°.L°.III, de moneta Pictavensium.

Recepta ejusdem Johannis. — De ix. miliaribus ad parvum miliare, que valunt (sic) viii. miliaria ad magnum miliare, pro quolibet magno miliari, xxx. libr., summa : xii.$^{xx.}$ libr.

Expensa. — Pro gagiis Johannis prepositi, de iiii.ˣˣ·xiii. diebus, ab octabis omnium Sanctorum usque ad octabas Candelose, iii. sol. paris. per diem, summa : xiii. libr. xix. sol. par.; valent xvii. libr. viii. sol. ix. den. Pictavensium. — Pro janitore, de eodem termino, vi. den. Pictavensium per diem, summa : xlvi. sol. vi. den. Pictav. — Pro feodo illius qui facit cuneum monete, xvi. libr. Pictavensium, et pro deliberatore monete, xv. libr. Pict.

Summa totalis expense : l. libr. xv. sol. iii. den. Pictavensium.

Restat quod debet Johannes Aubertus de presenti compoto, ix.ˣˣ·ix. libr. iiii. sol. ix. den. Pictavensium et de arreragio ix.ᶜ·xxxiii. libr. viii. sol. Pictav. et xxix. libr. x. sol. vii. den. Turonensium. Summa totalis debiti cum arreragio : xi.ᶜ·xxii. lib. xii. sol. ix. den. Pictav. et xxix. libr. x. sol. vii. den. Turon. — De quibus solvit magistro Petro de Sanctolio viiᶜ· libr. Pictav. Et sic restat quod debet idem Johannes per totum : iiii.ᶜ·xxii. libr. xii. sol. ix. den. Pictavensium, et xxix libr. x. sol. vii den. Turonensium.

Compotus Theobaldi de Noviaco senescalli Pictavensis, de termino Ascensionis anno Domini millesimo CCº. quinquagesimo nono, factus apud Hospitale juxta Corbolium.

De fine compoti precedentis, vi.ˣˣ·vii. libr. x. sol. viii. den.

Racheta. — De relicta Ebelonis de Ruppeforti, pro racheto terre de Fors in castellania de Niorto, pro toto, xxv. libr. — De domino Petro de Taiz, in honore Pictavensi, pro prima medietate, xxx. libr.

Domanium domini comitis. — De prepositura Pictavensi, pro ultimo tercio ultimi anni, vi.$^{xx\cdot}$ libr. — De prepositura Niorti, pro primo tercio primi anni, vi. libr. xiii. sol. iiii. den. — De prepositura Fontiniaci, pro secundo tercio primi anni, cxvi. libr. xiii. sol. iiii. den.— De expletis Molerie, xxxviii. sol. — De veteri venda Molerie, pro ultima paga ultimi anni, ii$^c\cdot$xxxi. libr. v. sol. — De nova venda ejusdem foreste, pro prima paga primi anni, viii.$^{xx\cdot}$xvii. libr. xv. sol. xvi. denar.

Summa : vii.$^{c\cdot}$liiii. libr. v. sol. ii. den.

Conquesta super comitem Marchie. — De prepositura Mosterolii, pro ultimo tercio ultimi anni, vi.$^{xx\cdot}$vi. libr. xiii. sol. iiii. den. — De terra de Sanceio affirmata, pro eodem tercio, xvi. libr. xiii. sol. iiii. denar. — De prepositura de Prahec, pro ultimo tercio ultimi anni, cx. libr. — De terris de Cherveox, pro eodem tercio, xxx. libr. De venda de Teilleio, pro ultimo tercio ultimi anni, lv. libr. xi. sol. i. denar. De bosco mortuo vendito vitrariis in eadem foresta, pro ultima medietate, xv. libr. — De communibus expletis a termino Candelose, iiii. libr. xv. sol.

Terre forefacte. — De prepositura Sancti Savini, pro ultimo tercio ultimi anni, l. libr. — De prepositura Montis-Maurilii, pro eodem tercio, lxvi. libr. xiii. sol. iiii. den. — De terris forefactis circa Montem-Maurilium affirmatis, pro eodem tercio, lxxiii. libr. xiii. sol. iiii. denar. — De terra aus Rabaus affirmata, pro eodem tercio, xxi. libr. xiii. sol. iiii. denar. — De terra Raimondi Albiensis affirmata, pro eodem tercio, viii. libr. vi. sol. viii. den. De terra Guillelmi de Lezaio affirmata circa Pictavim, pro primo tercio xii. libr. x. sol. — De terra de Bauceio, pro secundo tercio primi anni, vi libr. De terris forefactis circa Niortum, ix. sol. — De terris Petri Bece affirmatis apud Oblinqum, pro ultimo tercio ultimi anni, xxiii. libr. vi. sol. viii. den. De terris forefactis circa Mortuum-Mare in minutis redditibus et costumis, xxxvi. sol. ix. den. De nemore de Tremoilles circa Montem Maurilium vendito, pro toto, vi. libr. — De blado terrarum forestariarum vendito, lxv. lib. xiii. sol.

Summa : iii.^{c}·xxxvii libr. ii. sol. i. den.
Summa recepte ballivie : xiiii^{c}l. libr.

Expleta a termino Candelose usque ad Ascensionem, cxix. libr. viii. sol.

Summa recepte ballivie : xv.^{c}·lxix. libr. viii. sol.

Expensa. — Liberaciones. — Pictavis. Pro tercio quinquaginta librarum per annum, xvi. libr. xiii. sol. iiii. den. — Castrum Sancti Maxencii, pro tertio l. libr. per annum, xiii. libr. vi. sol. viii. den.— Niortum. Pro tercio c. librarum per annum, xxxiii. libr. vi. sol. viii. den. — Gilo de Aussiaco, in foresta Mosterolii, iiii. sol. per diem. — Bernerius, vi. den. per diem. — Naverius et Gilebertus in foresta Molerie, ii. sol. iii. den. per diem. — Guillotus, in foresta Montis-Maurilii, vi. den. per diem. Summa istarum liberacionum, ab octabis Candelose usque ad festum Nativitatis Sancti Johannis, pro vi.$^{xx·}$ et xv. diebus, vii. sol. iii. den. per diem, xlviii. libr. xviii. sol. ix. denar.— Capellano Mosterolii, pro tercio de xx. libris per annum, vi. libr. xiii. sol. iiii. den.— Magistro Herberto Carpentario, pro gagiis suis, ab octabis omnium Sanctorum usque ad festum Sancti Johannis, pro xi.$^{xx·}$viii. diebus, xii. den. per diem, xi. libr. viii. sol.

Summa : vi.$^{xx·}$x. libr. vi. sol. ix. denar.

Feoda et helemosine. — Abbati de Morello, pro toto, x. libr.— Magistro Regnaudo de Thoarciaco, pro toto, x. libr.— Relicte Ade Panetarii, pro medietate, xv. libr. — Templariis, pro toto, xvii. libr. x. sol. — Raimondo de Sancto Martino militi, pro medietate, vii. libr. x. sol. — Domino Gaufrido de Lizigniaco, pro medietate, ii.^{c}· libr. — Vicecomitisse de

Ruppe-Cavardi, c. libr. — Apud Niortum : Domino Philippo de Aqua-bona, pro toto, xxx. libr. — Templariis, pro toto, l. sol. — Domino Herveo de Caprosia, pro medietate, xxx. libr.

Summa : iiii.ᶜ xxii. libr. x. sol.

Opera castrorum.— Pro portali aule Niorti tegendo, xliii. sol. iii. den. — Pro domibus de Croci tegendis et parandis, xv. sol. — Pro operibus factis in castro Pictavensi et in aula, cix. sol. vi. den. - Pro prima medietate precii facti carpentario qui facit cohuam de Niorto, iiii.ˣˣ libr.

Summa : viii. libr. vi. sol. ix. denar.

Minuta expensa. — Domino Ymberto de Praellis, pro tercio dotis uxoris sue, xv. libr. — Domino Petro Guitardi, pro dote uxoris sue, quam habet apud Oblinqum, c. sol. — Jacobo leproso, a dominica post Candelosam usque ad festum Sancti Johannis, pro xxᵗⁱ ebdomadis, ii. sol. in ebdomada, xl. sol. — Leprosis de Mosterolio, a dicto termino, xii. den. in ebdomada, xx. sol. — Inquisitoribus, pro expensis suis, xl. libr. — Pro vino presentato comiti Andegavensi, xxiii. sol. ix. den. — Pro denariis adducendis ad presentes compotos, vii. libr. vi. sol. x. den. — Pro saccis, ii. sol. vi. den.

Summa : lxxi. libr. xiii. sol. i. den.

Pro gagiis senescalli, pro tercio cl. librarum.
Summa totalis expense : vii.ᶜ iiii.ˣˣ libr. lvi. sol. vi. den.

Restat quod debet dictus senescallus de compoto ballivie Pictavensis : vii.ᶜ lxxvi. libr. xi. sol. v. denar. — Item de rachetis, lv. libr.

Summa totalis : viii.ᶜ xli. libr. xi. sol. v. den.

Expleta :
De Stephano de Sancta Gemma, pro forciagio facto priori de Rocha-Cerveria, lx. sol.

De monacho Dun, quia de nocte verberavit quemdam servientem suum, xxv. sol.

De nepote Petri Siorac, pro forciagio, xx. sol.

De Petro Soarz, pro sesina quassata, xx. sol.

De domino Aymerico Damardi, quia, cum judicasset quemdam hominem ad suspendendum, ipse eundo contra judicium jussit eum ire ultra mare, non exequendo judicium, c. sol.

De Petro Raymondi de Boissia, pro forciagis, xxx. sol.

De Morlando, pro seisina quassata, lx. sol.

De Boerio de Monte-Johannis, pro forciagio, lx. sol. — Item, ab eodem pro simplici emenda, v. sol.

De Amoroso et fabbro Hospitalis de Brolio-Faoni, pro receptatione murtrariorum, xx. libr.

De Amigo, quia verberavit quemdam hominem, xx. sol.

De Petro Bovis venatoris, pro cavalcata cum armis, xxi. libr. viii. sol.

De Guillelmo Martelli, quia percussit Marthellum clericum in assecuramento comitis, pro toto, xx. libr.

De Andrea de Longa-Aqua, pro forciagio, xx. sol.

De Mauricio Girardi, quia, contra inhibitionem, traxit in foro quemdam hominem, x. sol.

De Johanne Garin, quia advocavit ad comitem Britannie illud quod advocari debuit Pictavi, x. sol.

De domino Symone de Lezeio, pro cavalcata facta cum armis, xv. libr.

De Bodardo, pro secundo tercio x. librarum.

De domino Gaufrido de Caroil, qui se fecit fieri militem nec erat nobilis, pro toto xx. libr.

De Johanne de Berugia, pro traditione cujusdam herbergamenti, xx. sol.

Compotus terre de Luçone.

Recepta ejusdem terre. — De talleiis de Luçone ad festum beati Michaelis, xvii. libr. xiiii. sol. — Item de talleiis in Natali Domini, xv. libr. viii. sol. — De censu Luçonis ad festum beati Michaelis, x. sol. iii. den. — De censu Natalis, ci. sol. vi. den. — De duplici censu, ad idem festum, vi. libr. xv. sol. — Item de censu Pasche ibidem, xiii. sol. — De cohua Luçonis affirmata, pro primo tercio, xii. libr. xiii. sol. iiii. denar. — De rippagio Luçonis et malatolta, xvi. libr. v. sol. iiii. den. — Item de furnis de Luçone affirmatis, pro duobus terciis, vi. libr. xiii. sol. iiii. den. — De firma Roboam, pro prima medietate, l. sol. — De Johanne Genberti, pro prima medietate, xxv. sol. — Pro cuniculis venditis, x. libr. xiiii. sol. — De prepositura Luçonis affirmata, pro duobus primis terciis, vii.^{xx} vi. lib. xiii. sol. iiii. den. — De vendis terrarum, xlv. sol. viii. den. — De sesimentis de Luçone, viii. libr. — De sesimentis de Bretonis, viii. sol. — De commendiciis, xi. sol. — De logis prepositure de Luçonno, vi. libr. — Pro xx. sextariis frumenti venditi, xxiiii. libr. — Pro nemore de Luçonno vendito, pro toto, lx. libr. — De exitibus terre infancium de Insula, quam tenent in garimento, xix. libr.

Summa : iii.^{c} lxiii. libr. viii. denar.

Expensa. — Garennario de Luçonne, ab octabis Nativitatis beate Marie usque ad octabas Penthecostis, cx. sol. vi. denar.

Restat quod debet senescallus de terra de Luçon, iii.^{c} lvii. libr. x. sol. ii. denar.

Compotus terre Thalemondi.

De censu de la Creniere ad carniprivium, IIII. sol. — De vendis fori Thalemondi, a Candelosa usque ad Ascensionem Domini, VI. libr. XVII. sol. III. denar. — De vendis fororum Olone, XLV. sol. II. denar. — Pro pasqueriis arietum et agnorum terre Sancti Hylarii et Olone, IIII. libr. x. den. — De ultimo quarteronno prepositure Cursonii, XX. libr. — De costuma portus Olone et navibus applicantibus ad portum Thalemondi, XXII. libr. XIII. denar. — De vendis terrarum, XLV. sol. — De buchagio et fregonagio Orbisterii, LXI. sol. VI. denar. — Item de fractione nemorum propter ventum, LXXIX. sol. — De terra Gaufridi Boter pro racheto, XV. libr. pro toto. — De vino navium fractarum, XX. libr. — De communibus expletis Thalemondi et Olone, a termino predicto, XV. libr. XV. sol. X. denar. — De expletis foreste Orbisterii, IIII. libr. XIIII. sol. VI. den. — De tribus sextariis et dimidio frumenti de molendinis de Cursonio ; — de IIII^{or} sextariis misture ejusdem molendini ; — de quinque sextariis avene venditis, XVI. lib. XII. den. — De costuma navium Sancti Benedicti, CVII. sol. — Pro XXXII. sextariis frumenti de terra Olone venditi, XLVIII. libr. — Pro XI. sextariis siliginis ejusdem terre venditis, XIII. libr. IIII. sol., per sextarium XXIIII. sol. — Pro XXII. sextariis avene ejusdem terre venditis, XIX. libr. XVI. sol.

Summa : II.^{c} XXII. libr. XII. sol. II. denar.

EXPENSA. — Liberationes. — Castellano Thalemondi pro tercio C. libr. per annum, XXXIII. libr. VI. sol. VIII. den. — Castellano castri Olone, II. sol. per diem. — Castellano Castri-Galteri, XVIII. denar. per diem. — Quatuor servientibus in foresta Orbisterii, II. sol. VIII. den. per diem. Summa istarum liberationum, ab octabis Candelose usque ad festum Sancti

Johannis Baptiste, pro vi.^{xx} xv. diebus, vi. sol. ii. den. per diem, xli. libr. xii. sol. vi. den.

Summa : lxxiiii. libr. xix. sol. ii. den.

Helemosine et minute expense. — Pro lampade sancti Lamberti, xxv. sol.— Pro operibus factis in Castro Galteri, xxxii. sol.— Pro hostiis prisionis Thalemondi faciendis et pro expensis cujusdam latronis, xxxiiii. sol. Summa : iiii. libr. xi. sol.

Summa : lxxix. libr. x. sol. ii. den.

Restat quod debet dictus senescallus de terra Thalemondi vii.^{xx} libr. lxii. sol.— Pro racheto terre Petri Giraudi, militis, site apud Luçonem, Thalemundum et Ruppem super Yon, ii^c libr. pro toto. — Summa totalis : iii^c xliii. libr. ii. sol.

Compotus terre de Roca super Yon.

De tallia boum et vacarum, ad festum omnium Sanctorum, iiii^{xx} viii. libr. xiiii. sol.— De censibus ad idem festum, xv. sol. — De censibus ad Natale, xi. libr. vi. den. — De duabus carnibus boum et dimidia, ad idem festum, vi. libr. v. sol.— De foro de Luco, viii. sol. ix. denar. — De wardis debitis apud Rocham, xl. libr. v. sol. — De boista pedagii de Roscha, a tempore quo decessit domina de Roscha usque ad Ascensionem, x. libr. v. sol.— De xl gallinis ejusdem terre venditis, xiii. sol. iiii. den. — De avicetis ejusdem terre, xl. sol. iii. denar. — De racheto terre Johannis Ruffi in honore de Rocha, pro toto, xx. libr. — De terris Symonis Bocherii in eodem honore, pro toto, x. libr. — De Petro Samon et Rogero de Sancta-Flavia, pro racheto terre sue, pro toto, xvii. libr. — De racheto terre Gaufridi Levraudi,

x. libr. — De nemore avulso propter ventum, xii. libr. v. sol. — De expletis foreste de Rocha a dicto tempore, xvii. libr. xiiii. sol. — De expletis ejusdem terre a dicto termino, xxviii. libr. xiii. sol. vi. den.

Summa : ii.^{c}lxxv. libr. xix. sol. iiii. denar.

Expensa. — Liberationes. — Excubie de Rocha super Yon, vi. denar. per diem; cuidam servienti in foresta, vi. denar. per diem. Summa istarum liberationum, a Nativitate beate Marie virginis usque ad diem lune post Ascensionem Domini, pro xii.$^{xx.}$ xix. diebus, xii. denar. per diem, xii. libr. xix. sol. — Item alii forestarii in dicta foresta, ab octabis Candelose usque ad dictam diem lune, pro cxv. diebus, lvii. sol. vi. denar.

Summa : xv. libr. xvi. sol. vi. den.

Feoda et helemosine. — Priori de Bella-Noa pro toto, c. sol. — Abbatie de Fontenellis, pro toto, vi. libr. v. sol. — Heredibus Johannis Senescalli, pro toto, xx. sol. — Servientibus feodatis in tallia bestiarum, pro toto, xlv. sol. — Aymerico de Verce, militi, pro redditu suo, pro toto, c. sol. — Cuidam maignerio, ii. sol.

Summa : xix. libr. xii. sol.

Opera castrorum et minima expensa. — Pro operibus factis in castro de Roscha, lvi. sol. vi. denar. — Nuncio qui venit ad senescallum pro morte domine de Rocha significanda, vi. sol. — Summa : lxii. sol. vi. denar.

Summa totalis expensarum : xxxviii. libr. xi. sol.

Restat quod debet dominus senescallus de terra Ruppis super Yon, a festo Sancti Michaelis citra, ii.^{c}xxxvii. libr. viii. sol. iiii. den. — Item pro terra Thalemondi, iii.^{c}xliii. libr. ii. sol. — Item de terra de Luçone, iii.^{c}lvii. libr. x. sol. ii. denar. — Item de terra Pictavis, viii.^{c}xli. libr. xi. sol. v.

denar. — Summa : xvii.ᶜ lxxix. libr. xi. sol. xi. den. — Item de arreragiis, vi.ˣˣ vii. libr. x. sol. viii. den. — Item pro debito domini Guillelmi li Tiais, de communia Niorti, xxv. libr. — Item pro eodem debito de Johanne Bonet, vii. libr. xv. sol. — Item de vineta Pictavensi, xxxvii. libr. xvii. sol. vi. denar. — Item pro eodem debito de relicta Renaudi de Perata, xlvi. libr. — Item de eodem debito, de tempore domini Johannis de Insula, x. libr. — Summa solutionis debiti dicti G. Letiais, vi.ˣˣ vi. libr. xii. sol. vi. den. Summa totalis debiti cum arreragio et debito G. Letiais, ii.ᴹ xxxiii. libr. xv. sol. i. denar. — De quibus solvit Parisius Templo xi.ᶜ libr. turonensium. Et sic restat quod debet dictus senescallus per totum : ix.ᶜ xxxiii. libr. xv. sol. i. den.

Compotus Theobaldi de Noviaco senescalli Pictavensis, de termino omnium Sanctorum anno domini millesimo CCº.Lº. nono, factus apud Hospitale juxta Corbolium.

De fine compoti precedentis debet dictus senescallus : ix.ᶜ xxxiii. libr. xv. sol. i. den.

Grossa rascheta. — De domino Gaufredo de Lizigniaco, pro racheto terre, scilicet tercie partis de Luçonio in honore Fonteniaci, pro prima medietate, ii.ᶜ libr. — De vicecomite de Roan, pro rascheto tercie partis ejusdem terre, pro prima medietate, ii.ᶜ libr. — De domino Petro de Cays, pro rascheto terre sue in honore Pictavensi, pro ultima medietate, xxx. libr. — De vino veteri vendito de garnisione Mosterolii, cix. libr. et vi. den. — De exitibus terre Thoarcii sesite pro racheto, a festo Sancti Petri ad Vincula, ii.ᶜ lxix. libr. xv. sol. ix. den.

Summa : viii.ᶜ viii. libr. xvi. sol. iii. den.

Domanium domini comitis. — De prepositura Pictavis, pro primo tercio primi anni, vi^{xx} libr. — De prepositura Niorti, pro secundo tercio istius anni, cvi. libr. xiii. sol. iiii. den. — De prepositura Fontiniaci, pro ultimo tercio primi anni, cxvi. libr. xiii. sol. iiii. denar. — De secunda paga primi anni nove vende foreste Molerie, viii.^{xx} xvii. lib. xv. sol. vi. den. — De communibus expletis ejusdem foreste, a festo Ascensionis, vii. libr. v. sol. iii. den. — De censibus ejusdem foreste, ad festum omnium Sanctorum, c. solid. — De panagio ejusdem foreste, vii. sol. iii. den.

Summa : v.^{c} xxxiii. lib. xv. sol. v. denar.

Conquesta super comitem Marchie. — De prepositura Mosterolii, pro primo tercio primi anni, vi.^{xx} xiii. libr. vi. sol. viii. den. — De terra de Sanceio, pro eodem tercio, xvi. libr. xiii. sol. iiii. denar. — De prepositura de Prahec, pro primo tercio ultimi anni, cx. libr. — De terra de Cherviex, pro primo tercio primi anni, xxxiii. libr. vi. sol. viii. denar. — De nova venda in foresta Mosterolii, pro paga Sancti Johannis et Sancti Michaelis, iiii.^{xx} x. libr. x. sol. — De communibus explectis ejusdem foreste, a festo Ascensionis, cxiii. sol. — De circulis venditis in eadem foresta, pro parte domini comitis, vi. libr. — De comestione costumali domini comitis apud Sanctum Gelasium, pro toto, c. sol. — Pro quodam dumo brulato in foresta Mosterolii, xxi. libr. — De panagio ejusdem foreste, pro ultima medietate de anno preterito, xxx. libr.

Summa : iiii.^{c} li. libr. xiiii. sol. viii. den.

Terre forefacte. — De primo tercio prepositure Sancti Savini anni, lvi. libr. xiii. sol. iiii. den. — De prepositura Montis-Maurilii, pro eodem tercio, lxx. libr. — De terris forefactis circa Montem-Maurilium, pro eodem tercio, iiii^{xx} libr. — De terra aus Rabaus affirmata, pro eodem tercio, xxi. libr. xiii. sol. iiii. denar. — De terra Petri Guitardi de

Genciaco affirmata apud Pictavim, pro primo tercio, xi. libr. xiii. sol. iiii. denar. — De terra Girberti Bordoil in minutis redditibus et costumis, lii. sol. — De terris forefactis circa Sanceium, in minutis redditibus et costumis, xxvii. sol. iiii. denar. — De terra que fuit domini Guidonis de Ruppeforti apud Sanctum Maxencium, in minutis redditibus, lxv. sol. x. denar. — De terra ejusdem Guidonis in Sesina, xx. sol. — De terra venatoris, de feno vendito, xxxv. sol. — De terra au Grifaus affirmata, pro toto, c. solid. — De terra de Podio-Moillereio affirmata, pro toto, xxii. sol. — De terra aus Agaitaus affirmata, pro toto, vii. libr. — De terra domini Guillelmi de Lezeio apud Brolium-Mangoti, pro secundo tercio, xii. libr. x. sol. — De terra de Bauceio affirmata, pro ultimo tercio istius anni, vi. libr. — De terra Constantini Gyboin, in minutis redditibus et costumis, xliiii. sol. viii. den. — De terra de Mauneio affirmata, pro toto, xx. solid. — De terra Petri Boce affirmata apud Oblinqum, pro primo tercio istius anni, xxx. libr. — De terra Raimondi Albiensis, pro primo tercio istius anni, xi. libr. xiii. sol. iiii. denar. — De terra de Faia, ix. sol. vi. denar. — De terris forefactis circa Mortuum-Mare, xxv. sol. — De domino Hugone Popardi de certo racheto in honore Sancti Maxencii, viii. libr. xv. sol. — De Aymerico de Labelliere, pro certo placito terre sue, in eodem honore, c. sol. — De bosco vendito de terra Gileberti Bordoil, vi. libr. pro toto. — De pasquerio de la Fagerere, pro toto, xxxiiii. sol.

Summa : iii.^{c} xlix. libr. iiii. sol. viii. den.

Summa recepte ballivie : xiii.^{c} xxxiiii. libr. xiiii. sol. ix. den.

Explecta ballivie Pictavensis, ab Ascensione usque ad festum omnium Sanctorum : ii.^{c} xxxv. libr. xvii. sol. vi. den.

Explecta :

De hominibus de Boign, quia succubuerunt de forciagio contra dominam Posaugiorum, c. libr.

De domino Aymerico Denardi, pro ultima medietate, c. sol.

De fabbro de Landa de Geruçon, pro simplici emenda, v. sol.

De Choleteau de Theofagiis, pro forciagio, x. sol.

De Achimot de Chalbac, quando cepit violenter pisces magistri Boichardi, lx. sol.

De Thoma de Gasteigne, pro forciagio, lx. sol.

De Colle Aubree, pro suspicione mortis patris sui, pro toto, viii. libr.

De Johanne de Monte-Maurilii, quia contra defensionem domini comitis traxit in foro ecclesie Stephanum David militem, lx. sol.

De Giraudo de Allodio, pro forciagio, lx. solid.

De Boneto de Lucat, pro forciagio, xxx. solid.

De Stephani Danet filio et genero, pro simplicibus emendis, xv. sol.

De Doudon de Arnac, pro simplici emenda, vii. sol. vi. den.

De Vigeron de Sancto Mauricio, pro duobus defectibus, x. sol.

De Andrea de Pui-Orsin et genero Petri Cotaudi, pro simplicibus emendis, xv. sol.

De dicta Rosa de Monte-Maurilii, quia quamdam mulierem pregnantem percussit, et dicebatur quod eam afolaverat, pro toto, x. libr.

De clerico de Moleres, quia quemdam hominem usque ad sanguinem verberaverat, lx. sol.

De Yterio de Monvalier, pro forciagio, lx. sol.

De Philipo de Faidoa, quia cepit boves arantes, xx. sol.

De quodam nemore quod fuit Johannis de Tellines, pro prima paga de x. libr., pro toto, iiii. libr.

De venda nemoris Johannis de Luc, pro toto, iiii. libr.

De Johanne Barbaut, pro forciagio, lx. sol.

De Petro Girardi, pro pluribus saisinis quassatis, x. libr.

De Petro de Rocha, de vendis terrarum, xlv. sol.

De domino Mauricio de Volvire, quia ivit contra curas domini comitis, lx. sol.

De Berteau, eadem ratione, lx. sol.

De Reginaldo de Montibus, quia placitando receperat ab utraque parte, xx. libr.

De exitibus terre Guillelmi Gestin saisitis pro racheto in castellania de Chesa, tempore quo dominus comes tenebat vicecomitatum Thoarcii, xii. libr.

De filio domini de Margnac, pro suspicione homicidii, pro prima paga de xxxv. libr., pro toto, xv. libr.

Totalis summa recepte ballivie cum expletis : m. v.$^{c.}$lxx. libr. xii. sol. iii. denar.

Expensa. — Liberationes. — Pictavis. Pro tercio de l. libris per annum, xvi. libr. xiii. sol. iiii. denar. — Castrum Sancti Maxencii, pro tercio de xl. libris per annum, xiii. libr. vi. solid. viii. den. — Niortum. — Pro tercio de c. libris per annum, xxx. libr. vi. sol. viii. den. — Naverius et Gilebertus in foresta Molerie, ii. sol. iii. den. per diem; Gilo de Ausiaco pro se et iiii.^{or} servientibus in foresta Mosterolii, iiii. solid. per diem; Guillotus in foresta Sancti Savini, vi. den. per diem; Bernerius, vi. denar. per diem. Summa istarum liberationum, a festo Sancti Johannis usque ad octabas omnium Sanctorum, pro vi.$^{xx.}$ xvii. diebus, vii. sol. iii. den. per diem, xlix. libr. xiii. sol. iiii. denar. — Cuidam servienti custodienti garennam de Niorto, pro toto, vi. libr. — Capellano capelle Mosterolii, pro tercio de xx. libris per annum, vi. libr. xiii. sol. iiii. denar. — Magistro Herberto, pro gagiis de vi.$^{xx.}$ xvii. diebus, per diem xii. den., vi. libr. xvii. sol. — Item eidem, pro augmentatione dietarum suarum, lx. sol.

Summa ; vi.$^{xx.}$ xv. libr. x. sol. iiii. denar.

Feoda et helemosine. — Pictavis. — Abbati Cysterciensi, pro toto, L. libr. — Ibidem castellanus Turonis, pro medietate, VII. libr. x. sol. — Relicte Ade Panetarii, pro medietate, xv. libr. — Magistro Renaudo de Wartis, pro toto, x. libr. — Abbatisse Fontis-Ebraudi, pro medietate, xxv. libr. — Apud Mosterolium, Bernerio, pro medietate, L. solid. — Domino Hugoni Bonini, pro toto, c. sol. — Relicte Orgueilleus, pro toto, LX. solid. — Leprosis de Mosterolio, a festo sancti Johannis usque ad octabas omnium Sanctorum, pro xx. ebdomadis, XII. den. in ebdomade, xxII. solid. — Capellano de Mosterolio, pro toto, IIII. sol. IIII. denar. — Comitisse Marchie, pro medietate, III^c libr. — Vicecomitisse de Ruppe Cavardi, pro medietate, c. libr. — Domino Herveo de Caprosia, pro medietate, xxx. libr. — Domino Raimondo de Sancto Martino, pro medietate, VII. libr. x. solid.

Summa : v^c LVI. libr. xvI. sol. IIII. den.

Opera castrorum. — Pro domibus de Croci emendandis, xv. sol. — Pro molendino de Cherviox, v. sol. — Pro muris factis de novo circa domum domini comitis apud Sanctum Maxentium, et pro maçonnaria coquine, xvI. libr. v. sol. — Pro prisione ejusdem loci, xLV. sol. — Pro capusia dictorum operum, vIII. libr. — Pro minutis operibus ibidem factis, xxII. sol. vI. den. — Pro tegula ad dictas domos reparandas, vII. libr. — Summa : xxxIIII. libr. xII. sol. vI. den. — Pro granchia de Frazina retegenda, xx. sol. vI. den. turonensium. — Pro turre Mosterolii retegenda et pro aliis operibus factis in dicto castro, vIII. libr. vI. sol. vII. den. — Pro pondere ad ponderandum bladum apud Mosterolium, cvI. sol. — Pro quodam appendicio facto in cohua Fontiniaci, pro tegula et pro calce, xIII. libr. xvI. sol. — Pro carpentaria cujusdam domus facte in castro Fontiniaci, xI. libr. vI. sol. — Pro lapide et maçonaria, xxIIII. libr. xxII. den. — Pro minutis operariis, xxxvI. sol. vII. den. Pro calce et tegulis et aliis, cIII.

sol. III. den. — Pro charreio dicte domus, x. libr. XVII. sol. VI. den. — Summa : LIII. libr. v. sol. II. den.

Summa : CXVII. libr. VI. sol. IX. den.

Minuta expensa. — Domino Petro Guitardi, pro tercio dotis uxoris sue, quam habet apud Oblinqum, c. sol. — Jacobo leproso, a festo Sancti Johannis usque ad octabas omnium Sanctorum, pro xx. ebdomadibus, II. solid. in ebdomade, XL. sol. — Domino Ymberto de Praelis, pro tercio dotis uxoris sue, quam habet apud Montem-Maurilium, xv. libr. — Relicte Andree de Bello-Podio, pro tercio dotis uxoris sue (sic), XLVI. sol. VIII. denar. — Yterio Coigne pro tercio terre sue, eidem deliberate, postquam affirmata fuit cum terris forefactis circa Montem Maurilii, c. sol. — Pro blado Molerie terendo, VI. sol. VI. denar. — Pro expensa carpentariorum qui venerunt pro cohuis de Niorto et de Pictavi, LX. sol. — Pro vino et blado terrarum de Sanceio colligendo, XVIII. sol. — Pro XXIIII doliis vini emptis ad garnisionem Mosterolii et uno veteri in anno preterito, IIII^{xx} libr. c. sol. — Pro uno roncino mortuo in adducendis denariis, reddito Hugoni de Caritate, c. sol. — Pro incherimentis prepositure Montis-Maurilii et terrarum forefactarum, XXII. libr. x. sol. — Pro inchirimentis prepositure Sancti Savini, VII. libr. x. sol. — Pro incherimentis de Oblinquo, VII. libr. x. sol. — Pro incherimentis terre domini Guitardi, L. sol. — Pro incherimento prepositure Mosterolii, c. sol. — Pro sacis et cordis ad denarios ponendos, III. sol. IIII. den. — Pro locatione quadrige et expensis illorum qui adduxerunt denarios, XIIII. libr. x. solid.

Summa : IX^{xx} libr. LXIIII. sol. v. den.

Gagia senescalli Pictavensis, pro tercio, CL. libr.

Summa totalis expensarum : XI^c·XLII libr. XVII. sol. x. den.

Restat quod debet senescallus de ballivia Pictavensi de presenti compoto : IIII^c·XXVII. libr. XIIII. sol. v. denar.

Compotus terre Thalemondi.

De foro Thalemondi ab Ascensione, ix. libr. iiii. den. — De censibus Thalemondi, ad festum Sancti Johannis et in Assumptione beate Marie et in festo Sancti Michaelis, xxxiii. sol. — De firma burgensi ad dictum festum, xxv. libr. — De vacinagiis, xxi. solid. — De censibus Longeville ad dictum festum et commendiciis, vi. libr. v. solid. ix. denar.— De tallia Sabulorum, xx. libr. — De tallia Longeville, x. libr. — De tallia Sancti Hylarii de Foresta, xxiii. sol. iii. denar. De tallia Sancti Hylarii de Foresta (sic), lx. sol. — De costumis navium, li. sol. ii. denar. — De pasquerio, xxii. sol. — De equis de servicio, vii. libr. — De primo tercio preposilure de Cursonio, xxvi. libr. xiii. sol. iiii. denar. — De foris Olone, lv. solid. viii. denar. — De censibus Olone ad festum Sancti Johannis et Assumptionis, viii. libr. x. sol. x. denar. — De tallia de burgo Olone, lxvi. libr. — De tallia de castro Olone, xlii. libr. — De tallia de la Raouliere, iiii^{xx}ix. libr. xi. sol. — De levagio quadrige, xx. sol. ix. den. — De xxxii modiis vini venditi de terra Olone, xvi. libr.

Summa : iii^{c}xl. libr. viii. sol. i. den.

De communibus expletis terre Olone, xxxi. libr. xii. sol. — De communibus expletis foreste Orbisterii, x. libr. — De exitibus terre Sancti Benedicti, saisite ob deverii debitum, xii. libr. iiii. sol. vii. den. — De Yterio Biron pro ultimo tercio emende avunculi sui, c. sol. — De domino Petro Giraudi et domino Petro de Savore, quia applegiaverunt quemdam garcionem suspectum de furto, xl. libr.

Summa expletorum : iiii^{xx}xviii. libr. xvi. sol. vii. denar.

De racheto terre Aymerici de Noaille, pro toto, xlv. libr. — De racheto terre Sancti Benedicti, pro toto, xxx. libr.

Summa rachetorum : lxxv. libr.

Summa totalis ballivie cum expletis et rachetis : v^{c}xiiii. libr. iiii. sol. viii. den.

Expensa. — Liberaciones. — Castellano Thalemondi, pro tercio, xxxiii. libr. vi. sol. viii. denar. — Castellano de Castro-Olone, ii. sol. per diem. — Castellano de Castro-Olone (sic), xviii. den. per diem. — Quatuor servientibus in foresta Orbisterii, ii. sol. viii. denar. per diem. Summa istarum liberationum, a festo Sancti Johannis usque ad octabas omnium Sanctorum, pro vi.$^{xx.}$xvii. diebus, vi. sol. ii. den. per diem, summa : xlii libr. iiii. sol. x. denar.

Summa : lxxv. libr. xi. den.

Feoda et helemosyne. — Abbati Loci-Dei, vi. sol. — Domino Mauricio de Volvire, pro medietate, xxv. libr. — Domino Rogero de Sancta Flavia, pro medietate, xxv. libr. — Domino Savarico de Foillous, pro medietate, c. sol. — Domino Gaufrido Giraut, pro medietate, c. sol. — Filio domini Guillelmi de Surgeriis, pro medietate, l. sol. — Pro lampade de Borginest, xxv. solid. — Pro lampade de Coz, xxv. sol. — Vicecomiti Ruppis-Cavardi, pro redditu suo de anno preterito, l. libr.

Summa : vi.$^{xx.}$ libr. vi. solid.

Minuta'expensa. — Pro fenis de Olona, xiii. libr. xii. solid. vi. denar. — Pro expensis duorum latronum, xiiii. sol. — Pro vindemiis faciendis apud Olonam, lxxvi. sol. — Pro minutis operibus factis in Castro-Galteri, vi. sol.

Summa : xviii. libr. viii. sol. vi. denar.

Summa totalis expense terre Thalemondi : ii.$^{c.}$xiii. libr. v. sol.

Restat quod debet dominus senescallus de compoto terre Thalemondi : ii.$^{c.}$iiii$^{xx.}$xix. libr. xix. sol. viii. den.

Compotus terre de Roca super Yon.

De tallia burgensi, de termino Sancti Johannis, l. libr. — De pedagio, xxvi. libr. — De censibus et costumis, ix. libr. viii. sol. xi. denar. — De communibus expletis ejusdem terre et foreste, xxxiiii. libr. xviii. sol. vi. den.

Summa : vi.^{xx} libr. vii. sol. v. den.

De racheto filii Viviani, pro toto, ix. libr. — De racheto relicte Guillelmi de Clodis, xv. libr. — De racheto terre de Bello-loco, pro toto, cx. libr.

Summa : vi^{xx}xiiii. libr.

Summa totalis recepte Ruppis super Yon : ii.^{c}liiii. libr. vii. sol. v. den.

Expensa. — Duobus forestariis, pro viii.^{xx}viii. diebus, xii. denar. [per diem], viii. libr. viii. sol. — Excubie de Roca, vi. den. per diem. iiii. libr. iiii. sol. — Alii forestarii, pro cxvi. diebus, vi. den. per diem, lviii. sol.

Summa : xv. libr. x. sol.

Opera castrorum. — Pro pontibus de Ruppe super Yon emendandis, cv. sol. viii. den. — Pro fenis falcandis et fenandis, lxxv. sol.

Summa : ix. libr. viii. den.

Summa totalis expense terre Ruppis super Yon : xxiiii. libr. x. sol. viii. den.

Restat quod debet predictus senescallus de terra Ruppis super Yon : ii^{c}xxix. libr. xvi. sol. ix. den.

Compotus terre de Luçon.

De vino vendito, l. sol. — De fenis venditis, xviii. libr. — De tallia alta et bassa, xv. libr. — De secundo tercio costume de Luçon, xii. libr. xiii. sol. iiii. den. — De ultimo tercio cujusdam costume, xii. libr. xiii. sol. iiii. denar. — De furnis de Luçon, lxvi. sol. viii. den. — De censibus et commendiciis de Luçon, xii. libr. v. sol. iii. den., in festo Sancti Johannis et Assumptionis. — De abbate de Moraille, de firma, lx. sol. — De tallia de Monte-Ocillo, xxi. sol. — De tallia de Bigne, xii. libr. — De vendis terrarum, xii. solid. — De commendiciis, vii. sol. vi. den. — De firma de Champigniaco, xx. sol. — De ultimo tercio prepositure de Luçon, lxxiii. libr. vi. sol. viii. den.

Totalis summa : viii.^{xx} vii. libr. xv. sol. ix. den. De quibus cadunt pro partibus infrascriptis, lx. libr. xviii. sol. x. den.

Expensa. — Domino Gaufrido de Lizigniaco, pro tercia parte exituum de Luçon, a festo Sancti Petri ad vincula, xxviii. libr. xi. sol. vi. den. — Vicecomiti de Roan, eadem ratione, xxviii. libr. xi. sol. v. den. — De garennariis, a festo Penthecostis usque ad octabas omnium Sanctorum, pro vi.^{xx} xii. diebus, vi. den. per diem, lxxvi. sol.

Et sic restat : cvi. libr. xvi. sol. xi. den.

Restat quod debet senescallus de presenti compoto balliviarum Pictavis, Thalemondi, Ruppis super Ion et terre de Luçon : mlxiiii. libr. vii. sol. ix. den. — Item de rachetis ballivie Pictavensis, viii.^{c} viii. libr. xvi. sol. ix. den. — Item de arreragiis, ix^{c} xxxiii. libr. xv. sol i. den. — Item de debitis domini G. Letiais, videlicet de domino Sabran Chabot, c. sol., de domino Girardo Th. fratre, lx. sol. — De domino Amenono de Ruppe, x. libr. — De Hugone de Barra, vii. libr. Summa : xxiiii. libr.

Summa tocius : ii^{m.}viii^{c.}xxx. libr. xix. sol. i. den. — De quibus solvit Templo Parisii, ii.^{m.} libr. — Et sic restat quod debet dictus senescallus, per totum, viii^{c.}xxx. libr. xix. sol. i. den.

Memoria quod non computavit idem senescallus de blado, vino, sale et feno, neque de terra domini Gaufridi de Ranconio.

Compotus Johannis Auberti de moneta Pictavis, a termino Ascensionis usque ad festum omnium Sanctorum, anno L^o. nono.

Recepta ejusdem. — Pro lxix. miliaribus ad parvum miliare, valent vi^{c.} miliaria ad magnum miliare, pro quolibet miliari, xxv. libr.

Summa : xvii^{c.}xl. libr. turonensium.

Expensa. — Pro gagiis Johannis prepositi, pro viii^{xx.}iii. diebus, iii. sol. paris. per diem, xxiiii. libr. ix. sol. paris., valent xxx. libr. xi. sol. iii. denar. turonens. — Pro roba sua, lxii. sol. vi. denar. turon. — Janitori ejusdem loci, pro totidem diebus, per diem vi. denar. turon., iiii. libr. xviii. denar. Illi qui facit cuneum monete, vi.^{xx.}xix. libr. iiii. sol. turon. — Pro denariis apportandis, viii. libr. iiii. sol. — Pro uno equo mortuo, x. libr.

Summa : ix.^{xx.}xv. libr. iii. sol. iii. denar. turon.

Restat quod debet Johannes Auberti de presenti compoto, mv^{c.}xliiii. libr. xvi. sol. ix. den. turonensium. — Item de arreragio, vi.^{c.}xiii. libr. xvi. sol. ii. denar. turon. — Summa totalis debiti : II^m·VII·^{xx}·XIX. libr. XII. sol. XI. denar. turon. — De quibus solvit XII^c· libr. apud Templum. Et sic restat quod debet dictus Johannes : IX.^{c}·LIX. libr. XII. sol. XI. den. turonensium.

Hæc fuerunt tradita Ansoldo clerico per manum magistri Guichardi, et postmodum Egidii Camelini [1].

De mon segneur Jeufroi de Lixengnien, pour l'asise de la terre qui li a esté faite, M. livr. tourn., a paier IIII.^{c}· livr. a la Touz Sains, et VI.^{c}· livr. a la Chandeleur ensuiant, en l'an LX nuef. — De ce sont plege me sire Aymeri de Rochechouart, Challes de Rochefort, Guilliaumes Forz et Jordains de Niçon, chevalier, par lettres baillies au seneschal de Poitou.

De Savari de Thoarz, pour le rachat de Thoarçois, VII.^{M}·VII.^{c}·L. livr. poitevins, a paier III.^{M}·C. livr. pict. a la prochiene Chandeleur en l'an LX nuef, et II.^{M}·XXV. livr. poitevins a l'autre Chandeleur, qui sera en l'an nostre Segneur M.II.^{c}·LXX.; et II.^{M}·XXV. livr. poitevins a l'autre Chandeleur ensuiant, qui sera en l'an nostre Segneur M.II.^{c}·LXXI. — De ce sont plege me sires Cabranz Chabot et Jeufroi de Chauceroie, chevalier, et Jeufroi Chabot et Cabrant Chabot, vallet, par leur lettres retenues ceens.

De Guionet de Thoarz, II.^{M}·II.^{c}·L. livr. pict. pour le rachat dou droit qu'il a en la terre de Talemondois et ès apartenances, a paier, IX.^{c}· livr. a la Chandeleur prochienne en l'an LX nuef, et a l'autre Chandeleur ensuiant qui sera en l'an LXX, VI.^{c}·LXXV. livr. pict., et a l'autre Chandeleur en l'an LXXI, VI.^{c}·LXXV. livr. pict. — Et de ce sont plege me

---

1. Les articles concernant l'Auvergne ont été omis.

sire Cabranz Chabos, Morices de la Haie, Challes de Rochefort, Jeufrois de Chastiaubriant, chevalier, chascuns pour tout, par leur lettres retenues ceens.

Dou commun des barons de Thoarçois, xvi.^{M}·v.^{c} livr. de poitevins pour l'amesurement des rachaz ; desquels doivent estre paié a mon segneur le conte, a la prochienne Chandeleur en l'an lx. nuef, vi.^{M}·vi.^{c} livr. pict., et a la lautre (sic) Chandeleur ensuiant en l'an m.lxx, iiii.^{M}·ix.^{c}·l. livr. pictav., et a l'autre Chandeleur qui sera en l'an lxxi, iiii.^{M}·ix.^{c}·l. livr. pict. — Et de ce doit estre lachié m.v.^{c} livr. pict. pour mon segneur Jeufroi de Chastiaubriant, qui devoit pour le rachat de sa fame de tele partie comme elle a eue de Thalemondois, par les lettres au barons retenues ceens, et par les lettres mon segneur le conte pendans (sic) baillies au seneschal de Poitou.

De mon segneur Challe de Rochefort et ses pairiers, v.^{c} livr. pict. pour les filles de Taunoi, dou rachat de Talemondois, dont il fu finé, quant la pais fu fete entre le conte d'Anjou et le viconte Renaut et la vicontesse Marguerite et lesdites filles. Et sont a paier a la Touz Sains prochiene en l'an lxix, et sont quites de ii.^{c} livr. qui leur furent prestées par parties, que me sire Jehans de Nantuel se recorde qu'eles leur furent données sanz lettres.

Derechief des biens feu Robert de la Ferté, jadis bourjois de La Rochelle, iiii.^{c} livr. pict., par la main dou gardien des frères meneurs de La Rochelle, pour l'aide de la Terre Sainte, a mon segneur le conte sanz lettres.

Derechief pour la meson a la fame feu Guilliaume de Faie, bourjois de La Rochelle, qu'en apele La Gourmenaudiere, confermer a lui, un marbotin chascun an, et xxx. livr. tourn. d'entrée, a paier a la Touz Sains prochiene, par lettres baillies au seneschal de Saintonge.

De Pierre Herbert, bourjois de La Rochelle, xxi. livr. v. solz tourn. pour confermer la Motte, a paier a la Touz Sains prochiene, par lettres baillies au seneschal de Saintonge.

De Sabran Chabot, pour une amende, ii.ᶜ livr. pict. sanz lettres.

Des bourjois de Poitiers, pour l'aide de la Terre Sainte, v.ᶜ livr. tourn. a paier a la Touz Sains, sanz lettres. — (De quibus computati fuerunt in valore terre, in termino omnium Sanctorum, anno lx°.viii°., iiii.ᶜ lib. tur.)

De mon segneur Symon de Baudiment, chevalier, pour l'usage qui li a esté otroié en la forest de Molliere pour sa meson de Boutivel et pour autres choses, cl. livr. pict., a paier la moitié a la Chandeleur prochiene, en l'an lx. nuef, et l'autre moitié à l'Ascension ensuiant, en l'an lxx., par lettres baillies au seneschal de Poitou.

Derechief li vicuens de Rochechoart Offroi, c. livr. pict. pour l'amende en la quele il est tenuz a mon segneur le conte, mès me sires li cuens ne les reçut mie.

De dite Nozire, pour lxx. sol. tourn. acquis, viii. livr. pict. par la lettre dou seneschal de Poitou.

De Nicholas Elye, pour vii. sexters bladi acquis, qui valent environ iiii. livr. x. sol. tourn., x. livr. pict. par la lettre le seneschal de Poitou.

De Guilliaume et Jouhen Voisin, pour xi. livr. tourn. acquis, xx livr. tourn. par les lettres mon segneur le conte baillies au seneschal de Poitou.

De mestre Guilliaume de Saint Vaise pour la peschiere de l'iaue de Niort et confirmacion general, viii ˣˣ livr. pict. et une meaille d'or cha ;cun an, et uns esperons d'or pour service en muance de segneur.

Des hommes de la Roche seur Yon pour cens doublez et pour ce que taille ne soit doublée, c. livr. pict. par la lettre le seneschal de Poitou.

D'une place accensée environ la Roche, xx. solz tourn. de cens, xl. livr. pict. d'entrée, et xx. sol. pict. pour rachat.

De mon segneur Sevestre Nouel pour espervier a prouver sa noblesce, ii.ᶜ livr. tourn.

De la lettre aus hommes de Baconnois doublée, xxv. livr. pro sigillo.

De la lettre la dame de Moretainne, xxv livr. tourn. pour le seel.

De Pierre Fouchier, pour viii. livr. xii. solz ou environ acquises, xxx. livr. a paier a la Touz Sains prouchienne, en l'an lx. nuef.

Finaciones facte per Egidium Camelini in termino Penthecostis anno lx°.ix°.

Finationes in Pietavi pro moderatione terre Thoarcii, xxvi.$^{\text{x}\cdot}$v.$^{\text{c}\cdot}$ libr. pictav.

Item de aliis financiis in Pictavi, ii.$^{\text{x}\cdot}$iii.$^{\text{c}\cdot}$xxviii. libr. turon. pictav. (*sic*).

Item pro finationibus Xanctonis, v.$^{\text{c}\cdot}$xxxi. libr. v. sol. turon. pictav.

ENQUÊTES

(BIBLIOTHÈQUE NATIONALE, MS. LAT. 9019, F° 40.)

Testes producti ex parce vicecomitis Castri-Aeraudi super contentione quæ est inter ipsum vicecomitem ex parte una et dominum comitem Pictavensem super castro Sancti Remigii et ejusdem castri pertinenciis.

Primus testis productus ex parte vicecomitis, Petrus dictus Filhose, homo consuetudinarius vicecomitis Castri-Aeraudi, juratus et requisitus utrum viderit quod rex Ricardus erat in possessione castri et pertinenciarum Sancti Remigii, dixit quod vidit quod fecit ibi villam liberam et baniri eam apud Castrum-Aeraudi, et ad dictum castrum ierunt duo burgenses de Castro-Aeraudi et fuerunt in dicto castro mansionnarii, quorum nomina sunt Warinus Babins et Durandus Calhander. — Requisitus quanto tempore fuit rex in possessione dicti castri de quo agitur, dixit quod nescit. — De tempore, rursus dixit quod L. anni sunt elapsi et quinque. — Requisitus utrum juste vel injuste, dixit quod nescit. — Requisitus utrum viderit quod vicecomes de Castro-Aeraudi fuerit in possessione castri de quo agitur et pertinenciarum, dixit quod vidit vicecomes Castri-Aeraudi possidere dictum castrum, videlicet vicecomes qui vocabatur Jocelinus de Montoere, qui possidebat ratione vicecomitisse castri Aeraudi, uxoris sue. — Requisitus quanto tempore, dixit quod per decem annos. — Requisitus de tempore, dixit quod non recolit. — Requisitus qui possedit post dictum Jocelinum, quod dominus Radulfus de Mortemer. — Requisitus quo modo, dixit quod pro tutela filiorum et filiarum dicti Jocelini, qui erant sui nepotes. — Requisitus quo tempore possedit, dixit per x. annos. — Requisitus quanto tempore, dixit quod non recolit. — Requisitus qui tenuit post dictum Radulfum, dixit quod dominus Hugo de Surgeres. — Requisitus quanto tempore, dixit quod per v. annos. — Requisitus de tempore, dixit quod non recolit, et post ipsum Radulfum (sic) vidit in possessione ejusdem castri comitem d'Ue, et post ipsum, dominum Aemericum de Castro-Aeraudi bis, et dominum Gaufridum de Lezigniaco. — Requisitus quanto tempore possederunt, dixit quod vicecomes Aemericus et dominus Gaufridus de Lezigniaco possederunt per xx. annos. — Requisitus utrum viderit quod isti, quorum nomina suprascripta sunt, susceperint redditus vel proventus, vel alter eorum nomine vel pro eis, dixit quod non vidit quod aliquid in castro nec in pertinenciis ejusdem castri perciperent nec alter pro ipsis, sed bene vidit quod ibi erant servientes pro eis, et audivit dici quod ipsi recipiebant pro dictis vicecomitibus redditus et proventus. — Requisitus quomodo habuerunt dictum castrum de possessione dicti regis Ricardi, dixit quod nescit, quia non habuerunt donec dictus rex fuit. — Requisitus de jure proprietatis, dixit quod credebat quod esset jus vicecomitis. — Requisitus utrum viderit edificare castrum, dixit quod bene vidit quod rex fecit edificare in castro de quo agitur muros et turrellas.

Secundus testis, Giraudus Batan, homo Tenplariorum, juratus et requisitus, dixit idem per omnia quod primus. Hoc addit quod vidit quod supradictus Jocelinus fuit in possessione castri et pertinenciarum ejusdem castri antequam rex Ricardus fuisset in possessione ejusdem castri de quo agitur, et ivit ultra mare idem Jocelinus et mortuus fuit in peregrinacione, et dictus rex, post mortem ipsius Jocelini, exspoliavit vicecomitissam et edificavit ibi castrum.— Requisitus quomodo scit quod rex exspoliaverit dictam vicecomitissam de dicto castro, dixit quod non vidit, sed audivit dicere.

Tercius testis, Micael Nossar, homo vicecomitis Castri-Eraudi et comitis Pictavensis, juratus et requisitus utrum viderit quod rex fuerit in possessione castri de quo agitur, dixit quod vidit eum regem in possessione per tres annos, et mortuo rege, vicecomes Hugo de Castro-Aeraudi, qui fuit captus apud Mirabellum, illud castrum destruxit et dirruit, quod edificaverat rex et fecerat ibi criare villam liberam ad quinque solidos de fiana (sic). — Requisitus utrum rex desæsierit ipsum Hugonem vel antecessores suos, dixit quod nescit. — Requisitus quanto tempore possedit illud castrum dictus Hugo, per annum (sic), et post mortem ipsius Hugonis, vidit quod tenuit illud castrum dominus Hugo de Surgeres, et voluit illud dare domino Aemerico de Castro-Aeraudi et ipse recusavit, pro parte. — Item vidit quod comes d'Ue tenuit illud castrum per III. annos, post ipsum comitem dominus Gaufridus de Lezeignan, racione uxoris sue, et post ipsum, vicecomes Aemericus qui tenuit bis per XIIII. annos. — Requisitus de jure proprietatis, dixit quod nescit sed credit quod vicecomes Castri Aeraudi (sic). — Requisitus super aliis articulis, dixit idem quod primus.

Quartus testis, Gaufridus de Nencre, homo vicecomitis consuetudinarius, juratus et requisitus super predictis articulis, dixit quod nil sciebat nisi per auditum.

Quintus testis, Petrus de Terrace, homo vicecomitis consuetudinarius, juratus et requisitus, dixit quod audivit dici a patre et matre sua quod vicecomes Warinus tenuit castrum, de quo agitur, cum pertinenciis, et post mortem ipsius Warini, vidit quod rex Ricardus tenuit illud castrum et firmavit illud.— Requisitus quanto tempore tenuit, dixit quod quantum vixit, sed in vita sua fecit ibi criare villam liberam, et mortuo rege, cepit illud vicecomes Hugo, qui fuit captus apud

Mirabellum, et destruxit illud et tenuit donec fuit captus. — Requisitus quomodo scit, dixit quod credit. — De super aliis articulis requisitus dixit quod audivit dici quod alii vicecomites tenuerunt castrum de quo agitur. — Requisitus quomodo scivit, dixit quod per auditum. — Requisitus de jure proprietatis, dixit quod nescit, sed dicit quod credit (*sic*) jus vicecomitis.

Sextus testis, Stephanus Ribaudi, homo domini Paen Barbe, juratus et requisitus, dixit idem per omnia quod quintus, hoc addito quod ipse vidit quod dictus vicecomes Warinus tenebat illud castrum de quo agitur, et addito quod audivit quod rex fecit criare ibi villam liberam ad quinque solidos platea (*sic*); mortuo rege vidit quod vicecomes Warinus tenuit illud et dominus Gaufridus de Lezigniaco et vicecomes Aemericus, et de aliis vicecomitibus nichil scit, et addito quod rex fuit in possessione dicti castri per septem annos.

Septimus testis, Stephanus Guveneas, homo consuetudinarius domini Paen Barbe, juratus et requisitus, dixit quod vidit vicecomitem Warinum qui tenebat castrum de quo agitur. — Requisitus quomodo scit, dixit quod per famam tantum. — Requisitus utrum scit quod rex Ricardus illud castrum tenuerit, dixit per III. annos, ut credit. De aliis articulis nichil scit nisi per auditum, sed bene vidit quod rex Ricardus firmavit illud. Requisitus quomodo scit, dixit vidit (*sic*) ibi operarios regis, qui edificabant illud, et audivit quod ex parte regis fuit ibi libera villa criata ad quinque solidos.

Octavus testis, Gaufridus de Bergerece, homo vicecomitis consuetudinarius, juratus et requisitus, dixit quod Jocelinus de Montoere quondam vicecomes Castri-Aeraudi tenuit pacifice castrum de quo agitur. — Requisitus quomodo scit, dicit quod non vidit sed audivit dici. — Requisitus super aliis articulis, dixit quod scit quod vicecomes Hugo de Surgeres tenuit illud castrum de quo agitur et affirmavit illud Guarnerio et Petro Ridea, servientibus suis. — Requisitus quomodo scit, dixit quod vidit solvere firmam dicto Hugoni.

— Requisitus utrum viderit quod rex tenuerit illud castrum et edificaverit et villam francham criare fecerit ibi, dixit quod nichil scit de possessione aliorum vicecomitum, seu dixit sicut primus.

Nonus testis, Johannes Grasset, homo vicecomitis consuetudinarius, juratus et requisitus, dixit quod vidit castrum de quo agitur tenere domino Andree de Calvigniaco, antequam rex Ricardus teneret illud et edificaret et firmaret, et bene vidit quod rex Ricardus illud firmavit et tenuit per III. annos, et postmodum tradidit illud ad custodiendum magistro Philippo qui tenuit illud per III. annos, et dictus Andreas tenuit illud in feodo vicecomitis Castri-Aeraudi. — Requisitus quomodo rex Ricardus habuit illud castrum de manu dicti Andree, dixit quod nescit, sed pro voluntate sua. — Requisitus quanto tempore tenuit rex dictum castrum, dixit quantum vixit, et mortuo rege Ricardo, rex Philipus reddidit illud domino Hugoni de Surgeres. — Requisitus quomodo scit, dicit quod credit et nichil aliud scit. — Requisitus super tenore aliorum vicecomitum, dixit quod bene vidit quod comes d'Ue tenuit, et dominus Gaufridus de Lezignan, et vicecomes Aemericus et frater ejus et dominus Radulfus de Mortuo-Mare; et vidit Warinum Guito, Bochar Guiton et Raemont de Fenis qui balliabant ibi pro dicto Hugone de Surgeres. — Requisitus quanto tempore balliaverunt ibi, dixit quod nescit. — Requisitus de jure proprietatis, dixit quod credit quod sit jus vicecomitis.

Decimus testis, Alexander de Pictavis, juratus et requisitus, dixit quod rex Filipus donavit domino Hugoni de Surgeres vicecomitatum Castri-Aeraudi et Sanctum Remigium pariter. — Requisitus quomodo scit, quod credit sed non vidit, sed audivit dicere ab illo Hugone, et postmodum vidit illud castrum teneri a comite d'Ue et postmodum domino Haemerico de Castro-Aeraudi, racione neptis sue, et post domino Gaufrido de Lezigniaco, et iterum domino Aemerico. — Requisitus quanto tempore possederunt isti supradicti vicecomites, dixit per xl. annos et anplius. — Requisitus super jure proprietatis, dixit quod credit quod sit jus vicecomitis.

Inquesta de castro Sancti Remigii.

Dominus Hugo de Bauceio juratus dixit quod vidit quando rex Ricardus Anglie fecit villam novam in castro Sancti Remigii et fecit illam liberam, unde multi burgenses divites causa morandi in dicto castro, et rex Ricardus eos garantiebat propter quod vicini comites conquerebantur, et tenuit illam quamdiu vixit. — Requisitus utrum vicecomes Castri-Eraudi aliquid petiit in dicto castro vel aliquod jus haberet in eo, dixit quod nescit; post mortem vero regis Ricardi, vicecomes saisivit se de illo castro, et audivit dici quod rex Johannes reddidit eidem dictum castrum. — Requisitus quanto tempore tenuit illud castrum, dicit quod per tres annos vel per quatuor.

Dominus Petrus Baelon juratus dixit quod audivit dici quod rex Ricardus Anglie fecit firmari castrum Sancti Remigii et fecit ibi villam liberam. — Requisitus quale jus habebat ibi, dicit quod nescit nisi pro excambio quod fecit cum monachis Malleacensibus. — Dicit etiam quod vidit teneri assisias in castro Sancti Remigii, ratione regis Francie, cujus erat illud castrum, sicut dicebatur. Vidit etiam quod dominus Guillelmus de Fougere appellavit Johannem Pelerin, eo quod domus ejus erat facta de lapidibus castri Sancti Remigii, et fecit emendam de xx^{ti} libris, sicut audivit dici. — Requisitus utrum vicecomes Castri-Eraut habebat aliquid juris in illo castro, dicit quod sic, sicut credit, excepto hoc quod rex Anglie habebat ibi, ratione excambii, sed nescit quale jus vicecomes habebat ibi.

Petrus Dinire, homo domine de Clerevaus, juratus, dixit quod, post fundationem nove ville castri Sancti Remigii, vidit quod magister Philipus, clericus regis Johannis Anglie, tradidit masuras et plateas ad censum in predicta villa Renaudo Gorron et quinque filiis suis et eorum heredibus et multis aliis, ad faciendas domos. — Requisitus de tempore quo vidit hoc primo, dicit XLV. annos esse elapsos. Dicit etiam quod vidit dictum magistrum Philipum et dominum Angelart et alios ex parte regis Joannis Anglie recipientes et explectantes frumentagium, avenagium et xx. libr. census, exclusam quamdam in Crosa et molendinum juxta exclusa et forestam Pipicœ ; et dicit quod hoc vidit per tres annos vel quatuor. — Dicit etiam quod fuit in garnisione in dicto castro, ex parte regis Anglie, per tres vel quatuor annos, et erat in illo castro, quando barones Francie, qui erant ex parte regis Francie contra regem Anglie, ceperunt illud castrum et funditus subverterunt. — Requisitus utrum vidit vicecomitem Castri-Eraudi expletantem aliquid in illo castro, tempore regis Anglie, dicit quod non. — Requisitus quomodo vicecomes Castri-Eraudi habuit illud castrum, dicit quod, quando fuit captum castrum, idem vicecomes sasivit se de illo castro, quia dicebat quod erat de vicecomitatu suo. — Requisitus de tempore, dicit quod paulo postquam captum fuit castrum ; et vidit quod Terricus de Galardum, ballivus regis Ludovici, sasivit redditus illius castri ex parte regis Ludovici patris istius regis. Vidit etiam, tempore istius regis, ballivos regis, qui sasiebant dictos redditus, et postea relaxabant sasinam. — Requisitus quare hoc faciebant, respondit quia dicebant quod erat jus regis Francie. — Requisitus de cujus jure illud castrum est, credit quod de jure regis Francie, ratione excambii facti cum monachis Malleacensibus, sicut audivit dici ab antiquis hominibus illius patrie. — Requisitus de tempore quo vidit primo ballivos regis sasientes redditus dicti castri, dicit XXIII. annos ; et dicit quod ballivi regis appellaverunt sive accusaverunt Johannem Pelerin, pro eo quod pater ejus fecerat domum suam de lapidibus illius castri diruti et hostia ferrea asportaverat, super quo dictus Johannes apodiavit se et supposuit judicio ballivorum regis, et tandem aufugit, quia non ausus fuit expectare judicium.

Renaudus de Vallibus, burgensis de Haia, juratus, dixit quod vidit regem Richardum et regem Johannem Anglie tenentes et expletantes castrum et villam Sancti Remigii, set non recolit per quot annos; et dicit quod rex Ricardus tradidit illud castrum Andree de Calviniaco, et postea rediit illud castrum ad manum regis Ricardi, et tunc fundavit villam novam ibi, et de hoc bene recolit, et audivit dici quod barones illius patrie ex parte regis Francie ceperunt illud castrum et funditus subverterunt. — Requisitus utrum vidit assisias ibi teneri ex parte regis Francie, dicit quod sic, sed de tempore non recolit. — Requisitus de illis qui abduxerunt lapides castri, dicit quod de hoc non recolit.

Eraudus La Sarpe, miles domini de Prulli, juratus, dixit quod vidit quando rex Ricardus fundavit et construxit castrum Sancti Remigii et villam novam, et audivit preconixari fundationem ville nove. — Requisitus per quot annos vidit regem Ricardum tenere illud castrum, dicit quod bene per decem annos ante mortem suam. — Requisitus quis tenuit castrum post mortem regis Ricardi, dicit quod statim fuit dirutum per barones istius patrie. — Requisitus quomodo vicecomes Castri-Eraudi habuit illud castrum, dicit quod nescit. Dicit etiam quod vidit multociens ballivos regis Francie et comitem Pictavensem tenere assisias in castro illo. — Requisitus de aliis articulis, dicit se nescire.

Guillelmus dictus Monachus de Haia, juratus, dixit quod vidit, antequam rex Richardus haberet illud castrum, monachos Malleacenses tenere illum locum et recipere redditus, scilicet frumentagium, avenagium, molendinum et exclusam et forestam, et alias res; postea rex Richardus per excambium habuit illum locum et redditus ab illis monachis, sicut audivit dici ab abbate et monachis; et vidit quod rex Richardus fundavit et construxit ibi castrum et fecit villam novam liberam. Vidit etiam quod rex Richardus explectabat et recipiebat redditus predictos per magistrum Philipum et per Gaufridum Achart. — Requisitus per quot annos rex Richardus tenuit illud castrum, dicit quod per octo annos. Post mortem regis Richardi, vidit regem Johannem tenentem per tres annos illud castrum, et expletantem et recipientem redditus per dominum Gaufridum de Cella. — Dicit etiam quod vidit quod dominus Bartholomeus Paien et alii milites ex parte regis Philippi Francie ceperunt illud castrum et statim subverterunt illud, et post subversionem dictus Bartholomeus percepit redditus illius castri per annum et vendidit forestam, et iste qui loquitur eruit de foresta de illo Bartholomeo. Et dicit quod in tempore monachorum et regis Richardi et regis Johannis et dicti Bartholomei nunquam vidit vicecomitem Castri-Eraudi aliquid expletare in illo castro. — Requisitus quomodo vicecomes Castri-Eraudi habuit illud castrum, dicit quod nescit. — Requisitus de tempore quo vicecomes tenuit primo illud castrum, dicit xxxv. annos; et dicit viginti annos esse elapsos quod vidit ballivos regis Francie tenere ibi assisias, sed nescit ratione domanii vel alio modo. — Requisitus de domanio dicti castri, ad quem debeat de jure pertinere, dicit quod ad comitem Pictavensem. — Dicit etiam ipse qui loquitur, quod fuit presens quando castrum fuit captum a militibus, qui erant ex parte regis Francie.

Petrus La Dent, miles, homo vicecomitisse Castri-Dunni, juratus, dixit idem quod Guillelmus Lemoine, excepto quod non vidit monachos tenere redditus dicte ville neque vidit aliquem recipere dictos redditus nomine regis Anglie. — De tempore per quod reges Richardus et Johannes tenuerunt illud castrum, non recolit, neque vidit quod dominus Bartholomeus Paien reciperet redditus dicti castri post subversionem ipsius castri. — De tempore quo vicecomes Castri-

Eraudi tenuit primo illud castrum, dicit quod non recolit. Iste non fuit presens captioni dicti castri, sed vidit illud dirui.

Hamericus, prior de Capella, presbyter, dixit in verbo sacerdotis idem quod Guillelmus Lemoine, excepto quod non fuit presens captioni neque subversioni dicti castri, et excepto quod non vidit monachos tenentes nec explectantes redditus castri. — Dicit etiam quod vidit regem Richardum, antequam esset rex, tenere castrum per septem annos, et postquam fuit rex, quamdiu vixit. — Requisitus utrum vidit dominum Bartholomeum explectantem redditus post subversionem castri, dicit quod non.

Johannes le Custurier de Haia, juratus, dixit quod vidit dominum Angelart tenentem castrum predictum pro rege Johanne Anglie per tres menses, et vidit quod barones vicini ceperunt illud castrum et subverterunt ex parte regis Francie, et vidit quod vicecomes Castri-Eraudi sasivit se de castro, sed nescit quo modo. — De aliis articulis requisitus, nichil scit.

Petrus Maumesart, janitor manens in castro Sancti Remigii, juratus, dixit idem quod Guillelmus Lemoine, et addit quod erat janitor castri quando castrum fuit captum. In hoc mutat, quia castrum fuit diritum per biennium post captionem dicti castri. — De tempore quo domini Castri-Eraudi tenuerunt primo castrum Sancti Remigii, dicit xxx. annos.

Guillelmus Bouquigneau, miles, homo domini de Haia, juratus, dixit quod vidit regem Richardum tenentem castrum predictum tempore quo erat rex, sed nescit per quot annos, et decessit sasitus. — Requisitus quis tenuit illud castrum post mortem regis Richardi, dicit quod dominus Bartholomeus Paien, sed nescit ex parte cujus. Dicit etiam quod vidit quando rex Richardus fundavit villam novam liberam. — Dicit etiam quod vidit dictum castrum dirui, sed nescit per quem. — Requisitus quomodo vicecomes Castri-Eraudi habuit illud castrum, dicit quod nescit, sed dicit xx.^{ti}

annos esse postquam vidit dominos Castri-Eraudi tenere castrum illud. — De aliis diligenter requisitus, nichil scit.

Johannes de Croos, homo domini de Haia, juratus, dixit de hoc quod rex Richardus tenuit dictum castrum et de redditibus perceptis a gentibus dicti Richardi et regis Johannis, et de fundatione ville nove libere, de captione dicti castri, idem quod Guillelmus Monachus. — Dicit etiam quod vidit, post captionem dicti castri, quod dominus Bartholomeus Paien tenuit illud castrum, et quia non poterat illud pacifice tenere, illud subvertit. Postea vidit quod dominus Hugo de Surgeres, vicecomes Castri-Eraudi, sasivit se de dicto castro, sed nescit quomodo. — Requisitus utrum gentes regis Francie sasierunt redditus castri pro eo quod dicebant illud castrum ad regem Francie pertinere, dicit quod nescit. — Requisitus utrum vicecomes Castri-Eraudi habeat aliquid juris in dicto castro, dicit quod nescit.

Petrus Chole, octogenarius, homo domini de Haia, juratus, dixit idem quod Guillelmus Monachus, excepto quod nescit utrum dominus Bartholomeus vendidit de foresta post subversionem castri, et excepto quod non vidit monachos Malleacenses tenentes redditus dicte ville ante tempus regis Richardi. — De tempore quo domini Castri-Eraudi tenuerunt primo castrum illud, non recolit. — Requisitus utrum vicecomes Castri-Eraudi habeat aliquid juris in dicto castro, dicit quod non, sicut credit. — Requisitus quomodo habuit illud castrum, respondit quia castrum erat sine domino.

Johannes Coliers, homo domini de Prulli et sexagenarius, juratus, dixit de fundatione castri et ville nove Sancti Remigii, et de hoc quod rex Richardus et rex Johannes tenuerunt castrum, idem quod Guillelmus Lemoine. Sed de tempore per quod tenuerunt dictum castrum, non recolit. — Et dicit quod pater suus recepit unam masuram in dicta villa nova libera ad censum. Et dicit quod Bartholomeus Paien, miles, subvertit illud castrum cum aliis militibus qui erant ex parte regis Anglie (*sic*). — Requisitus de tempore quo vidit dominos Castri-Eraudi tenere dictum castrum, dicit quod non recolit. — Requisitus ad quem debeat pertinere dictum castrum de jure, dicit quod ad comitem Pictavensem, sicut audivit dici ab antiquis. — Requisitus utrum domini Castri-Eraudi aliquid juris habent castro, dicit quod nescit.

Martinus de Charro, homo Joscelini de Chambon, octogenarius, juratus, dixit idem quod Johannes Dinire; et plus dicit quia vidit quod monachi Malleacenses tenebant et percipiebant villam et redditus Sancti Remigii ante tempus regis Richardi. — Requisitus quomodo villa Sancti Remigii venit ad manum regis Richardi, dicit quod per excambium, quia vidit et fuit presens quando rex Richardus et abbas Malleacensis fecerunt excambium de illo castro, quod erat monachorum, cum quadam vineata de Ruppella, que erat regis Richardi, et vidit cyrographum factum super excambio legi coram rege et abbate, et uterque habuit partem suam cyrographi. — Requisitus de loco, dicit quod in platea ante monasterium, et paulo post fundatum fuit et constructum castrum, et villa nova libera facta. — Requisitus de tempore, dicit sexaginta annos esse completos, sicut credit. — De lapidibus castri diruti asportatis, dicit quod vidit Johannem Pelerin super hoc appellari, sed nescit finem.

Petrus Brunus, homo abbatisse de Rives, juratus, dixit de hoc quod rex Richardus tenuit castrum et fecit ibi villam novam liberam, idem quod Guillelmus Lemoine. Vidit etiam quod Guillelmus Guiton, Hugues Acharz et alii percipiebant redditus pro rege Richardo, et postea Girardus de Acis et dominus Angelart tenuerunt castrum et perceperunt redditus pro rege Johanne. Dicit etiam quod vidit quod dominus Bartholomeus Paien et alii milites ex parte regis Francie subverterunt illud castrum. — Requisitus de tempore quo domini Castri-Eraut tenuerunt primo castrum illud, dicit xxx.^{ta} annos. — Requisitus quomodo castrum venit ad dominum Castri-Eraut, dicit quod dominus de Guierchia et alii barones consenserunt, post castrum dirutum, quod dominus Castri-Eraut teneret illud castrum, quia erat sine domino, licet esset de feodo domini Guierchie, sicut dicebatur. — Requisitus ad quem debeat pertinere de jure illud castrum, dicit quod ad comitem Pictavensem, sicut credit.

Brandinus Serviens, juratus, dixit quod vidit in tempore Roberti de Loges, militis, ballivi regis Philippi Francie, quod idem Robertus sasivit castrum Sancti Remigii super vicecomitem Hamericum Castri-Eraut, et tenuit illud per duos annos, et tandem vicecomes Hamericus finavit cum dicto Roberto ad sexaginta libras, ut dimitteret eumdem vicecomitem possidere castrum, et interfuit illi finationi apud Castrum-Eraut. Postea Terricus, ballivus regis Francie, sasivit illud castrum super vicecomitem Castri-Eraut, pro eo quod dicebat quod erat jus regis Francie, et tandem vicecomes finavit cum eodem Terrico pro quatuor marchas argenti et uno falcone gentili, ea condicione quod dimitteret eumdem vicecomitem tenere castrum, et ipsemet qui loquitur ivit apud Castrum-Eraut pro falcone querendo et portavit illum in Franciam Johanni Tritan ex parte dicti Terrici.

Pasquerus Coliers, homo domini de Prulli, juratus et de omnibus sigillatim requisitus, dicit se nichil scire.

Theobaldus Balart, homo abbatisse de Rives, octogenarius et plus, juratus, dixit quod vidit monachos Malleacenses tenere et explectare redditus Sancti Remigii ante tempus regis Richardi, et audivit dici quod rex Richardus habuit illud per excambium a monachis Malleacensibus. Quomodo idem rex Richardus et rex Johannes tenuerunt et explectaverunt castrum et redditus castri, dicit idem quod Guillelmus Monachus, excepto quod non emit de foresta a Bartholomeo Paien, neque scit nominare illos qui recipiebant redditus pro regibus Richardo et Johanne. De sasina ville Sancti Remigii, facta, ut dicitur, a ballivis regis Francie super vicecomitem Castri-Eraut, nichil scit, nec fuit presens captioni castri, sed erat ibi prope.

Johannes Brunus, homo abbatisse de Rives, octogenarius, juratus, dixit quod vidit quod rex Richardus fundavit villam novam liberam et fecit fieri castrum, et vidit quod Hugues de Surgeriis, vicecomes Castri-Eraudi, habuit postea illud castrum, sed nescit quomodo. De aliis articulis diligenter requisitus, nichil respondit, nisi dubitando et variando.

Guillelmus de Mesieres, septuagenarius, de feodo vicecomitis Castri-Eraudi, juratus, dixit quod vidit quando rex Richardus fundavit villam novam liberam et castrum construxit. — Quomodo rex Richardus et rex Johannes explectaverunt castrum et redditus, dicit idem quod Guillelmus Lemoine, et dicit quod per excambium quod fecit cum monachis Malleacensibus, sicut audivit dici ab antiquis, habuit illud rex Richardus. — Requisitus de tempore quo Hugo de Surgeriis, vicecomes, habuit primo illud castrum, dicit xxx.[ta] annos esse elapsos. — Dicit etiam quod vidit dominum Bartholomeum Paien tenere illud castrum, postquam fuit dirutum, ex parte regis Francie. — De sasina castri facta, ut dicitur, per gentes regis Francie super vicecomitem Castri-Eraudi, nichil scit. — Dicit etiam quod vidit, quindecim bene elapsis, ballivos regis Francie tenentes ibi assisias suas.

Raginaldus Bas, homo vicecomitis, centenarius, manens apud les Roches, juratus, dixit quod fuit serviens Gaufridi de Mardes, quondam prioris Sancti Remigii, ante tempus regis Richardi, et vidit illum priorem et monachos explectantes redditus ville, scilicet censum, molendinum, furnum, forestam Sancti Remigii et alios redditus. — Requisitus per quot annos vidit monachos explectantes redditus ante tempus regis Richardi, bene per septem annos et plus. — Dicit etiam, vidit priorem tenentem placita et justiciam illius ville. — Requisitus utrum vicecomes Castri-Eraudi aliquid juris haberet in illo castro tempore monachorum, dicit quod non. — Requisitus de tempore quo vidit primo monachos tenentes et explectantes villam et redditus, dicit octoginta annos esse elapsos. — Requisitus quomodo castrum venit ad regem Ricardum, dicit quod per excambium, sicut audivit dici. — Requisitus per quot annos vidit regem Richardum, tam comitem quam regem, explectantem castrum et redditus, dicit per quindecim annos. — Requisitus quis tenuit castrum post regem Richardum, dicit quod non recolit. — Dicit etiam quod erat in turre quando castrum fuit captum per Bartholomeum Paien et alios milites, et postea circa tres menses fuit dirutum, isto qui loquitur presente. — Postea vidit quod Bartholomeus Paien et Petrus Buisson et Guillelmus de Larablei tenuerunt illam villam, quia erat sine domino. — Requisitus a quo tempore dominus Castri-Eraudi primo tenuit illud castrum, dicit xxx.^{ta} annos. — Requisitus utrum dominus Castri-Eraudi habeat aliquod jus in illo castro, dicit quod nescit. — Dicit etiam quod vidit gentes regis Richardi recipientes redditus illius castri. Item dicit quod vidit quando rex Richardus posuit primum lapidem in fundamento castri, et fundavit villam novam liberam.

Hodeardis Calle, manens apud Sanctum Remigium, vidua, jurata, dixit idem quod Petrus Brunus, homo abbatisse de Ribes. — Requisita de tempore quo domini Castri-Eraudi tenuerunt primo castrum illud, dicit quod non recolit. — De aliis nichil scit.

Stephanus de Pierrecout, manens in terra defuncti Huguonis de La Chese, octogenarius et amplius, juratus, dixit quod vidit monachos tenentes et explectantes villam et redditus, sed nescit per quot annos, ante tempus regis Richardi. Postea vidit regem Richardum et regem Johannem explectantes dictum castrum et redditus, sed non recolit per quot annos, et dicit quod vidit quando villa nova libera fuit ibi facta et castrum constructum per regem Richardum, sed de tempore non recolit. — De tempore quo castrum primo venit ad manum dominorum Castri-Eraudi, non recolit.

Andreas Rodeil, sexagenarius, homo domini de Haia, juratus, dixit quod vidit regem Richardum tenentem et explectantem castrum predictum, sed non recolit per quot annos, nec vidit redditus recipi pro eodem. Vidit etiam quod post ipsum, rex Johannes tenuit illud castrum, sed nescit per quot annos. — Quomodo rex Richardus habuit illud castrum, dicit quod nescit, nisi per excambium. — Requisitus de tempore quo primo tenuit vicecomes Castri-Eraudi castrum illud, dicit quod bene sunt xxx^{ta} anni. — Requisitus quomodo vicecomes Castri-Eraudi sasivit se de dicto castro, dicit quod nescit, nisi per vim suam. — Dicit etiam quod vidit castrum fundari et villam novam liberam.

Thomas de Conde de Haia, sexagenarius et plus, juratus, dixit idem quod Andreas Rodeil, testis precedens, et de tempore certus est quo rex Richardus fundavit villam et castrum; dicit enim quod quinquaginta anni sunt bene elapsi.

Eraudus Legouz, octogenarius, manens in terra vicecomitis Castri-Eraudi, juratus, dixit idem quod Guillelmus de Mesieres, excepto quod dominus Bartholomeus Paien non tenuit castrum postquam fuit dirutum. — De assisiis, utrum gentes regis Francie tenuerunt ibi, dicit quod nescit, et credit quod pocius sit jus comitis Pictavensis quam vicecomitis Castri-Eraudi.

Emelina de Pierrecout, jurata, dixit quod vidit regem Johannem tenere illud castrum et expletare redditus, circiter unum annum vel duos; et vidit quando dominus Bartholomeus Paien cepit castrum et subvertit illud, et statim dominus de Surgeriis sasivit se de castro predicto, sed nescit quomodo.

Bertrandus de Roches, homo domini de la Chese, sexagenarius, juratus, dixit quod vidit quando rex Richardus fundavit castrum et villam novam liberam, et explectavit per magistrum Philipum bene per sex annos vel per septem. — De tempore quo domini Castri-Eraudi primo sasierunt se de castro, dicit quod non recolit.

Gaufredus de Ponte, homo vicecomitis, sexagenarius, juratus, dixit idem quod Guillelmus de Mesieres, addens quod ipsemet cepit unam de masuris, et dicit quod pocius credit comitem Pictavensem habere jus in castro quam vicecomitem Castri-Eraudi.

Fulcherus Leroi, homo vicecomitis Castri-Eraudi, juratus, dixit quod nichil scit nisi de auditu.

Apud Sanctum Remigium juxta Haiam, magister Petrus de Morillon dicit quod sunt ibi circa xx. libr. census reddandas (sic) in festo beati Remigii, et quemdam molendinum et unam exclusam in Crosia, et foresta juxta Morre, et terragium et frumentagium, et homines existentes in territorio. Et talibus gentibus possumus inquirere de rebus supradictis, videliced (sic) Guillelmo Achardi Sancti Remigii, Guillelmo Monachi, domino Guillelmo Chevron, Aymerico Rosee, Petro Lateste, Reginaldo de Vaus, domino Ayraudo la Sarpe, priori de Capella juxta Hayam, domino Guillelmo Bochaniau, Petro Chole, Riginaldo de Maregni, domino Hūgoni de Bauçaio, domino Thome de Avenis, domine Lisie, Guillelmo de Chay, fratri Petro Minaut templario, Alixandro, domino Guillelmo Amassart, domino Petro Aladent, Andree Coubitori, et antiquioribus Sancti Remigii et de Maseres, abbati et priori et panetario Nucharii, Petro de Ivoria.

Homines Sancti Remigii [1] : Renoudus Paneter, Stephanus de Petracaut, Reginaldus Rous, Garinus Alauda, Amelina de Petracoust, Ayrenburgis Lacharde, Petrus Bernier, dominus Petrus Baalon, Johannes Peregrinis. — Stephanus Chevalian dicit quod Gaufridus Montau et Petrus Moutain exierunt de Angla et ierunt stare apud Sanctum Remigium pro franchisiis ville. — Dominus Paganus de Angla debet citari, similiter do-

---

[1]. Désignés sans doute comme pouvant être appelés en témoignage, de même que les précédents.

minus Guillelmus Potet, Andreas Luiller de Sancto Remigio, Maumesert janitor.

Testes abbreviati super castro Sancti Remigii.

Ista videntur facere pro comite Pictavensi : Theobaldus Balart, octogenarius et plus, homo abbatisse de Rives, dicit quod vidit monachos Malleacenses tenentes et expletantes redditus castri Sancti Remigii ante tempus regis Richardi ; et hoc idem dicit Raginaldus Bas, centum annorum, homo vicecomitis ; et plus dicit quia fuit serviens cujusdam prioris Sancti Remigii quem vidit tenere placita et justiciam illi ville. Et hoc idem dicit Stephanus de Pierrecout, Guillelmus Monachus, Johannes Coliers, Martinus Charro.

Martinus de Charro dicit quod fuit presens excambio facto inter regem Richardum et monachos Malleacenses de castro et villa Sancti Remigii, pro quadam vineata que est apud Rupellam, quam rex eisdem monachis dedit pro illo castro. Et plures alii testes istud credunt et a suis antiquioribus audiverunt.

Dominus Hugo de Bauceio dicit quod vidit quando rex Richardus fundavit ibi villam novam liberam. Et hoc idem dicunt Eraude Lasarpe, miles, Guillelmus dictus Monachus, Hamericus, prior de Capella, Petrus Maumesart et multi alii. Idem testes dicunt quod viderunt quando rex Richardus fundavit ibi castrum.

Quod rex Richardus et rex Johannes post ipsum perceperint et expletaverint redditus dicte ville per longum tempus, scilicet frumentagium, avenagium, xx. libras annui census, forestam, molendinum, dicunt plures testes, scilicet Petrus Dinyre, Guillelmus Monachus, Hamericus, prior de Capella, presbyter, Petrus Maumessart, Petrus Chole, octogenarius, et plures alii.

Quod milites et gentes regis Philippi Francie ceperunt per vim castrum supra regem Anglie, dicunt Petrus Dinire, Guillelmus dictus Monachus de Haia, Johannes Cousturarius, Petrus Maumessart, qui erat janitor castri quando fuit captum, Johannes de Croes, Petrus Chole, octogenarius, Martinus de Charro, octogenarius, Raginaldus Bas, centum annorum, homo vicecomitis, qui fuit in castro quando fuit captum, et alii.

Unus testium, scilicet Brandinus Serviens, dicit quod vicecomes Castri-Eraudi dedit cuidam ballivo regis Francie, videlicet Roberto de Loges, militi, sexaginta libras, ut eidem vicecomiti castrum istud dimitteret, quia saisierat illud supra vicecomitem ; et ille testis fuit presens finacioni. Postea quidam alius ballivus regis Francie, scilicet Terricus, saisivit illud castrum supra vicecomitem pro eo quod dicebat quia jus erat regis Francie, et tandem finavit cum illo Terrico pro IIII.^{or} marchis argenti et pro uno falcone, pro quo querendo ivit iste testis apud Castrum-Eraudi, et illud (*sic*) habuit et portavit in Franciam Johanni Tritan ex parte dicti Terrici. — Et quod illud castrum fuerit saisitum per ballivos regis Francie, dicit alius, scilicet Petrus Dinire.

Quod Johannes Pelerins fuerit accusatus coram gentibus regis Francie pro eo quod pater suus de lapidibus dicti castri diruti asportavit et inde domum suam fecit, dicunt dominus Petrus, de Baelun, testis secundus, et Petrus Dinire, tercius testis.

Plures testes requisiti quomodo castrum et villa Sancti Remigii venit ad manus vicecomitis Castri-Eraudi, quidam responderunt quod nesciunt, nisi per vim suam ; hoc dicunt Andreas de Rodel et Thomas de Cunde. Unus vero testium, scilicet Petrus Chole, dicit quod quia castrum erat sine domino. Alius scilicet, Petrus Brunus, dicit quod post castrum dirutum, dominus de Guierchiis et alii barones consenserunt quod vicecomes teneret illud castrum, quia erat sine domino, et quedam mulier Hodeardis idem dicit. Quidam vero dicunt quod nesciunt quomodo castrum ad vicecomitem devenit.

Que sequuntur videntur facere pro vicecomite Castri-Eraudi.

Guillelmus dictus Monachus dicit quod vidit vicecomitem Castri-Eraudi expletantem castrum Sancti Remigii et tenentem, xxxv. annis elapsis, et habet alios testes sequaces, scilicet Hamericum, priorem de Capella, presbyterum. — Petrus Brunus testis dicit de xxx^{ta} annis, et Hodeardis similiter; et alii quidam testes hoc dicunt.

Hugo de Bauceio dicit quod audivit dici quod rex Johannes reddidit vicecomiti dictum castrum.

Petrus Baelon dicit quod vicecomes habet jus in castro, sicut credit, set nescit quale jus.

Hec est inquesta vicecomitis Castri Ayraudi, qui petit habere usagium in foresta de Moleria ad herbergamentum suum de Bonoil, ad omnia que erunt nessessaria dicte domui.

Hi sunt testes ex parte vicecomitis Castri-Airaudi.

Dominus Thomas de Aneres, miles, homo legius vicecomitis Chastri-Airaudi, juratus et requisitus, dicit quod vidit, quadraginta annis elaxis (*sic*) vel amplius, tempore Philippi, tenere dominum Aymericum de Castro-Airaudi vicecomitatum Castri-Ayraudi pro ballo cujusdam neptis sue, que post fuit uxor domini Gaufridi de Lezigniaco, et post mortua fuit sine herede, de qua vicecomitatus rursus accidit domino Aymerico; et vidit, quando idem Aymericus tenuit vicecomitatum primo, quod fecit claudi de foresta de Moleria suum herbergamentum de Bonolio de magno vallo, et reficere domos stratas pro quadam gerra quam habebat cum domino Helia de La Vergne; et vidit quod, tempore domini Gaufridi de Lezigniaco, qui fuit post dictum Aymericum, fecit idem

Gaufridus claudi herbergamentum suum de Bonolio de magno vallo et ponte et breteschia, de foresta de Moleria; et post, quando terra accidit domino Aymerico, de uxore domini Gaufridi de Lezigniaco, que mortua fuit sine herede, vidit quod idem Aymericus fecit facere in herbergamento de Bonolio quamdam domum et reedificari vallum et capi mairomium in foresta de Moleria. — Requisitus quomodo sciebat hoc, dicit quod ipse fuit miles domini Aymerici Castri-Ayraudi, quamdiu tenuit vicecomitatum, et ante et post, et fuit miles domini Gaufridi de Lezigniaco, quamdiu tenuit vicecomitatum, et vidit omnes istas res, et fuit sepe cum carpentariis et cum quadrigariis, quando aducebant mairomium ad illud herbergamentum. — Requisitus si credit quod caperent per justiciam et per usagium, dicit quod credit. — Requisitus si unquam scivit nec audivit dici quod forestarii caperent quadrigas nec anputatores, dicit quod non; sed dicit quod vidit tale tenpus quod barones Pictavenses erant plus domini patrie et plus dubitati quod non sunt modo, et quod non dubitabant tam regem Francie sicut et modo; et quod Pictavis erat in marchia et quod gerre erant magne de rege Francie et de rege Anglie. — Requisitus si credit quod pro posse quod vicecomes habebat tunc plus in patria quam nunc non habet, et ideo quod rex non erat tam dubitatus sicut et modo est, et pro gerra que tunc erat, si capiebat in foresta de Moleria rem quem (*sic*) non debebat usare, dicit quod non.

Johannes Botereas, prepositus de Bonolio, juratus et requisitus, dicit quod vidit, tempore quo dominus Gaufridus de Lezigniaco tenebat vicecomitatum Castri-Ayraudi, et tenpore quo vicecomes Aymericus tenuit eam post eumdem Gaufridum, idem in omnibus quod dominus Thomas d'Aneres predictus.

Petrus Quarreas, juratus et requisitus, dicit idem in omnibus quod dominus Thomas d'Aneres predictus.

Guillelmus Raymons de Bonolyo, hospes levanz et cochanz

vicecomitis Castri-Ayraudi, juratus et requisitus, dicit idem in omnibus quod dominus Thomas d'Aneres, primus testis.

Reginaldus de Furno, hospes levanz et cochanz vicecomitis Castri-Ayraudi, juratus et requisitus, dicit idem in omnibus quod dominus Thomas d'Aneres, primus testis.

Alardus de Charay, homo legius vicecomitis Chastri-Airaudi, juratus et requisitus, dicit idem in omnibus quod dominus Thomas d'Aneres, primus testis.

Guillelmus de Travazai, juratus et requisitus, dicit idem in omnibus quod dominus Thomas d'Aneres, primus testis.

Reginaldus Bardon, hospes levanz et cochanz vicecomitis Castri-Ayraudi, juratus et requisitus, dicit idem in omnibus quod dominus Thomas d'Aneres, primus testis.

Guillelmus Bliant, hospes levanz et cochanz vicecomitis Castri-Airaudi, juratus et requisitus, dicit idem in omnibus quod dominus Thomas d'Aneres, primus testis.

Helias Chalemeas, juratus et requisitus, dicit idem in omnibus quod dominus Thomas d'Aneres, primus testis.

Radulfus Chales, juratus et requisitus, dicit idem in omnibus quod dominus Thomas d'Aneres, primus testis.

Petrus de Travazai, hospes levanz et cochans vicecomitis Castri-Airaudi, juratus et requisitus, dicit idem in omnibus quod dominus Thomas d'Aneres, primus testis.

Isti sunt ex parte comitis.

Stefanus li Normans, juratus et requisitus, dicit quod bene habet XL. annos et plus quod est serviens de foresta de la Molere, et vidit, tempore quo vicecomes Aymericus tenebat Castrum-Ayraudi et vicecomitatum propter ballum neptis sue, et tempore quo dominus Gaufridus de Lezigniaco tenuit, et post quando accidit eidem Aymerico ussare tenpore illorum de foresta de Molere ad herbergamentum de Bonoil, prout dominus Thomas de Aneres, primus testis vicecomitis, dicit, et dicit idem in omnibus cum et ille.

Johannes Anglicus, juratus et requisitus, dicit quod bene habet xl. annos et plus quod est serviens de foresta de la Molere, et vidit idem et per omnia quod Stefanus li Normans predictus.

Petrus Mareas, juratus et requisitus, dicit quod bene habet xxii. annos et plus quod est serviens de foresta de la Molere, et vidit dominum Gaufridum de Lezigniaco vicecomitem Castri-Ayraudi, et post vicecomitem Aymericum cui accidit, et dicit de tenpore suo idem in omnibus quod Stefanus Normannis predictus.

Petrus Petiz, juratus et requisitus, dicit quod bene habet xxx. annos et plus quod est serviens de foresta de la Molere, et dicit idem in omnibus quod dominus Thomas d'Aneres predictus.

Gilebertus de Rosser, juratus et requisitus, dicit quod bene habet xii. annos et plus quod est serviens de foresta de la Molere, et vidit vicecomitem Aymericum Castri-Ayraudi, quamdiu vicit (sic), utantem ad claudendum et ardendum et ad negocia dicte domus de Bonoil in pace.

Godefroiz, juratus et requisitus, dicit quod bene habet xxx. annos et plus quod est serviens de foresta de la Molere, et dicit idem in omnibus quod dominus Thomas d'Aneres predictus.

Guillelmus Dore, juratus et requisitus, dicit quod vidit dominum Gaufridum de Lezigniaco, quantum fuit vicecomes Castri-Ayraudi, et vicecomitem Aymericum, cui post accidit, ussare in pace de foresta de Molere ad herbergamentum suum de Bonoil, ad claudendum et ardendum et edificandum, et ad negocia dicte domus.

Aymericus Adam, juratus et requisitus, dicit quod vidit herbergamentum de Bonoil clausum vallo magno et pontem et breteschia de lignibus, tenpore quo dominus Gaufridus de Lezigniaco tenebat eum, et ita clausam vallo tenpore vicecomitis Aymerici, sed nessit unde nemus illud fuit.

Helias de Travazay, juratus et requisitus, dicit quod vidit, tenpore quo vicecomes Aymericus tenebat vicecomitatum Castri-Ayraudi propter ballum neptis sue, que post fuit uxor domini Gaufridi de Lezigniaco, herbergamentum de Bonoil clausum magno vallo, et tenpore domini Gaufridi de Lezigniaco qui post tenuit vicecomitatum ex parte uxoris sue, et tenpore quo vicecomitatus accidit predicto Aymerico de uxore illius Gaufridi, que erat neptis sua, et obiit sine herede, ita clausam magno vallo, sed nescit ubi nemus fuit captus.

Hugo de Che, juratus et requisitus, dicit idem in omnibus quod Helias de Travazai predictus.

Aymericus Bruneas, juratus et requisitus, dicit idem in omnibus quod Helias de Travazai predictus.

Mace de Maroil, juratus et requisitus, dicit idem in omnibus quod Helias de Travazay predictus.

Radulfus Chale, juratus et requisitus, dicit idem in omnibus quod Helias de Travezai predictus.

Johannes Saornin, juratus et requisitus, dicit idem in omnibus quod Helias de Travazay predictus.

Aymericus de Colomber, juratus et requisitus, dicit idem in omnibus quod Helias de Travazai predictus.

Guillelmus Ayrauz, juratus et requisitus, dicit idem in omnibus quod Helias de Travazay predictus.

Petrus de Vaulabere, juratus et requisitus, dicit idem in omnibus quod Helias de Travazai predictus.

Airauz de Aille, juratus et requisitus, dicit idem in omnibus quod Helias de Travazai predictus.

Ayrauz Jadin, juratus et requisitus, dicit idem in omnibus quod Helias de Travazai predictus.

Johannes Bruneas, juratus et requisitus, dicit idem in omnibus quod Helias de Travazay predictus.

Airaut de Forges, juratus et requisitus, dicit idem in omnibus quod Helias de Travazai predictus.

Thebaut de Colomber, juratus et requisitus, dicit idem in omnibus quod Helias de Travazay predictus.

Ayraut de Maroil, juratus et requisitus, dicit idem in omnibus quod Helias de Travazai predictus.

Hugo Bienasis, juratus et requisitus, dicit idem in omnibus quod Helias de Travazay predictus.

Guillelmus Chaillin, juratus et requisitus, dicit idem in omnibus quod Helias de Travazay predictus.

Ayraut Chaillin, juratus et requisitus, dicit idem in omnibus quod Helias de Travazay predictus.

Gaufridus Fromont, juratus et requisitus, dicit idem in omnibus quod Helias de Travazai predictus.

Gaufridus de Berruge, juratus et requisitus, dicit idem in omnibus quod Helias de Travazai predictus.

Hec est inquesta vicecomitis de Castri Eraudi de venatione in Moleria.

(Arch. nat. J. 1031, n° 15.)

Dictus vicecomes, juratus et requisitus, dixit quod vidit Aymericum patrem suum, vicecomitem de Castro-Eraudi, bersare ad tot arcus quot volebat, absque numero, et cum duobus bersariis in foresta de Moleria. Requisitus si duo bersarii simul currebant, dixit quod non est memor, sed vidit quod ita ivit sepe bersatum in dicta foresta, et ipse ivit multociens cum eo. — Item requisitus si pater suus mitebat alias gentes quando non ibat, dixit quod nescit. Requisitus quis erat ballivus patrie tunc, dixit quod nescit. Item requisitus quis servabat forestam, dixit quod Pogelins. Item requisitus si unquam scivit quod magister forestarius, vel servientes, vel ballivus defanderent patri suo quin bersaret ad plus quam quinque arcus et unum bersarium, dixit quod nonquam audivit defansionem.

———

Hii sunt quos produxit vicecomes pro parte sua.

Philippus de Bellomonte, miles, juratus et requisitus, dixit quod regina Alienor dedit patri vicecomitis Aymerici et ejus heredibus feodum de Bellomonte et dominium de Bonolio et bersam in foresta de Molleria cum tot arcubus quot volebat, et cum quodam bersario currente ad bestiam vulneratam, et quando erat fessus vel falliebat, alium bersarium ponebant et auferebant illum. — Item requisitus quomodo sciebat hoc et si presens fuerat, dixit quod non fuit presens, sed audivit dici a patre suo qui presens fuit. — Item requisitus si unquam vidit patrem vicecomitis Aymerici usantem dictam bersam, dixit quod non, quia non est de illo tempore; sed dixit quod vidit quod vicecomes Aymericus bersabat ad tot arcus quod volebat et cum quodam bersario excanbiente, sicut superius continetur. Item requisitus quomodo sciebat hoc, dixit quod bene sciebat, quia fuit sepe cum eo ad bersam. — Item requisitus si unquam scivit nec audivit quod ballivus vel forestarius vel servientes facerent defansionem vicecomiti Aymerico quin bersaret ad plus quam quinque arcus et unum bersarium, dixit quod non; et vidit quod magister forestarius stabat sepe cum illis et videbat bersam. Item dixit quod postquam vicecomitatus accidit ei de quadam nepte sua, explectavit pacifice, usque ad mortem, dictam bersam. Item requisitus quanto tempore tenuit terram, postquam ei accidit, dixit quod bene credit quod tenuit circa tres annos. — Item requisitus si terra erat in pace in illis tribus annis, dixit quod sic, excepta guerra Regis et comitis Marchie et regis Englie. — Item requisitus si sciebat qui erat senescallus Pictavie et forestarius foreste, dixit quod non [est] memor. — Item requisitus si est homo legitimus vicecomitis, dixit quod sic.

Focherius de Pindraio, miles, juratus et requisitus, dixit idem per omnia quod Philippus predictus, hoc abjecto quod non fuit cum vicecomite ad bersam. Item requisitus si erat homo vicecomitis, dixit quod non.

Aymericus de Mallai, miles, juratus et requisitus, dixit idem per omnia quod Philippus predictus, hoc addicto quod vidit duos bersarios insimul currere. Requisitus si homo erat legitimus, dixit quod sic.

Hugo d'Arci, miles, juratus et requisitus, dixit idem per omnia quòd Aymericus predictus et quod vidit duos bersarios simul currere. Requisitus si erat homo vicecomitis, dixit quod sic.

Aymericus de Bello-monte, miles, juratus et requisitus, dixit idem per omnia quod Hugo predictus, hoc excepto quod vicecomes non ducebat nec ducere debebat nisi unum bersarium. Requisitus si erat homo vicecomitis, dixit quod sic.

Elyas, capellanus de Bonoil, juratus et requisitus, dixit idem per omnia quod Philippus predictus. Item requisitus si nichil tenebat a vicecomite, dixit quod non.

Reginaldus de Nointré, miles, juratus et requisitus, dixit idem per omnia quod Philippus predictus, hoc excepto quod vicecomes non ducebat nec ducere debebat nisi unum bersarium. Requisitus si est homo vicecomitis, dixit quod sic.

Alardinus, juratus et requisitus, dixit idem per omnia quod primus testis, hoc abjecto quod vicecomes non ducebat nec ducere debebat nisi unum bersarium. Requisitus si est homo legitimus vicecomitis, dixit quod sic.

P. Carriaus, juratus et requisitus, dixit idem per omnia quod Alardinus predictus. Requisitus si nichil tenebat a vicecomite, dixit quod sic, quandam domum ad censum.

Petrus Botinus, juratus et requisitus, dixit idem quod Petrus Carriaus predictus. — Item requisitus si nichil tenebat a vicecomite, dixit quod erat sub se et in suo dominio.

Andreas Pelerins, juratus et requisitus, dixit idem quod Petrus Botins predictus, et quod vicecomes non ducebat nec ducere debebat nisi unum bersarium. Requisitus si nichil tenebat a vicecomite, dixit quod est sub se et in suo dominio.

Petrus de Bonolio, juratus et requisitus, dixit idem quod Andreas Pelerins, et quod ibat sepe cum vicecomite ad bersam et quod non ducebat nec ducere debebat nisi quendam bersarium. Requisitus si nichil tenebat a vicecomite, dixit quod sic, unum feodum pro quo debet esse suus homo ligitimus.

Ranulfus Maleti, juratus et requisitus, dixit idem per omnia quod Petrus de Bonolio predictus et quod vicecomes non ibat bersatum nisi cum quodam bersario. Requisitus si nichil tenebat [a] vicecomite, dixit quod sub eo et in suo dominio.

Guillelmus Viaus, juratus et requisitus, dixit idem per omnia quod Ranulfus Maleti predictus et quod vicecomes non ibat bersatum nisi cum quodam bersario. Requisitus si nichil tenebat a vicecomite, dixit quod est sub eo et in suo dominio.

Galterus Bochardi, juratus et requisitus, dixit idem per omnia quod Guillelmus Viaus predictus, et quod vicecomes non ibat bersatum nisi cum quodam bersario. Requisitus si nichil tenebat a vicecomite, dixit quod est sub eo et in suo dominio.

Petrus Pelliparius, juratus et requisitus, dixit idem per omnia quod Galterus Bochardi predictus et quod vicecomes non ibat bersatum nisi cum quodam bersario. Requisitus si nichil tenebat a vicecomite, dixit quod est sub eo et in suo dominio.

Ferandus Batez, armiger, juratus et requisitus, dixit idem per omnia quod P. Pelliparius predictus et quod vicecomes non ibat bersatum nisi cum quodam bersario. Requisitus si ipse erat homo legitimus vicecomitis, dixit quod non, sed planus.

Guillelmus Amassardi, miles, ballivus vicecomitis, juratus et requisitus, dixit quod vidit semel vicecomitem Aymericum Castri-Eraudi ire bersatum in foresta de Molleriis cum arcubus sine numero et ducere quemdam bersarium, et ipse fuit cum eo ad bersam. Requisitus si ibi vidit magistrum forestarium vel aliquem ex servientibus suis, dixit quod non. Item requisitus si senescallus, vel forestarius vel servientes facerent defansionem Aymerico vicecomiti Castri-Eraudi quin bersaret ad plus de v. arcubus, dixit quod non quod sciat; sed audivit quod Pogelius, qui forestarius erat foreste, dixit ei in aula Pictavensi quod vicecomes non debebat bersare nisi ad quinque arcus et unum bersarium. Item requisitus si vicecomes debebat bersare nisi ad v. arcus et unum bersarium, nec si unquam audivit dici a patre suo nec ab ullo, excepto Pogelio, dixit quod non. Item requisitus si erat homo legitimus vicecomitis, dixit quod non, sed erit infra breve tenpus.

Johannes de Colonbiers, miles, juratus et requisitus, dixit idem per omnia quod Philippus, primus testis vicecomitis, hoc excepto quod non est homo vicecomitis, quia quidam nepos suus garantizat eum.

Tomas de Asneriis, miles, juratus et requisitus, dixit idem per omnia quod Philippus supradictus, primus testis. Requisitus si erat homo legitimus vicecomitis, dixit quod sic.

Haimerius de Cursaio, miles, homo legitimus vicecomitis, juratus et requisitus, dixit quod nonquam vidit Aymericum vicecomitem Castri-Eraudi bersare in foresta de Molleriis nisi una vice qua interfecit quemdam leporem, sed nescit quot arcus nec quot bersarios habebat. Requisitus si sciebat quod deberet habere bersam ad v. arcus et quendam bersarium, dixit quod nichil sciebat. Requisitus si unquam audivit dici ab ullo, dixit quod non, excepto Pogelio, a quo audivit dici in aula Pictavensi quod non debebat ire nisi ad quinque arcus et quendam bersarium.

Hii sunt testes producti ex parte domini comitis contra vicecomitem.

Petrus Parvi, juratus et requisitus, dixit quod bene fuit serviens foreste de Molleriis per spacium xx.^{ti} annorum vel amplius, et vidit Aymericum vicecomitem Castri-Eraudi, quamdiu vixit et tenuit vicecomitatum, utantem bersa foreste predicte pacifice ad tot arcus quot volebat, et unum bersarium, ad visum et sene *(sic)* Guillelmi de Suria forestarii tunc nemoris, et servientis qui cum eo erant, et Giraldi Andegavensis, qui fuit forestarius post eum, et Nicholai des Chatelers et Evian Britonis. Item dixit quod vidit dominum Gaufridum de Lezinen ita utantem dicta bersa, quamdiu uxor sua vixit, de qua terra movebat. Requisitus quomodo sciebat hoc, dixit quod bene sciebat, sicut ille qui serviens erat foreste, et videbat eum sepe bersare. Item requisitus si unquam vidit Guillelmum de Surie, nec senescallum patrie, nec alium pro illis facere defansionem vicecomiti quin bersaret ad plus de v. arcubus, dixit quod non. Item requisitus si unquam audivit alium ex hoc loqui, dixit quod non.

Godefroiz, juratus et requisitus, dixit quod bene fuit serviens foreste de Molleriis per xxx. annos vel amplius, et dixit idem per omnia quod P. Parvi predictus.

Gilebertus, juratus et requisitus, dixit quod bene fuit serviens foreste de Molleriis duodecim annis vel amplius, et vidit Aymericum, vicecomitem Castri-Eraudi, una vice bersare in dicta foresta ad tot arcus quot adduxerat et unum bersarium, absque defansione quam Pogelius faceret, qui presens nec alius pro se, et absque defansione quam sciret quod senescallus faceret. Requisitus quot arcus bene poterat habere, dixit decem vel amplius.

Johannes Anglicus, juratus et requisitus, dixit quod bene fuit serviens foreste de Molleriis xl. annis vel amplius, et dixit idem per omnia quod P. Parvi primus testis.

Huguetus de Trevasaio, juratus et requisitus, dixit idem per omnia quod alii supradicti.

Guillelmus de Trevasaio, juratus et requisitus, dixit idem per omnia quod Huguetus predictus.

Elyas de Trevesei, juratus et requisitus, dixit idem per omnia quod Guillelmus predictus.

Radulfus Challes, juratus et requisitus, dixit idem per omnia quod Elyas predictus.

Aymericus de Trevasaio, juratus et requisitus, dixit idem per omnia quod Radulfus predictus.

Guillelmus Botinoz, juratus et requisitus, dixit quod nescit ad quot arcus vicecomes ibat bersatum, sed audivit ab antecessoribus suis quod non debebat ire nisi ad quinque arcus et unum bersarium.

Johannes de Forgiis, juratus et requisitus, dixit idem per omnia quod alii supradicti, et quod vicecomes non debet habere nisi ad unum bersarium. Requisitus si sciebat quod deberet ire ad tot arcus quot volebat, dixit quod non credebat, quia audierat a patre suo, quando vivebat, quod non debebat ire nisi ad v. arcus vel sex (sed non est memor quid dixit, aut v. vel sex), et unum bersarium. Item requisitus quare ergo ibat ad tot arcus quot volebat, dixit quod vidit quod rex non habebat talem potestatem super barones quantam modo habet, quia Pictavis erat in marchia.

Petrus Morelli, juratus et requisitus, dixit quod fuit serviens foreste de Molleriis xxii. annis, et dixit idem per omnia quod alii servientes supradicti, hoc excepto quod audierat dici a gentibus patrie quod vicecomes non debet ire bersatum nisi ad quinque arcus et unum bersarium. Requisitus si memor erat que gentes ei dixerant, dixit quod non. Item requisitus quare ergo ibat ad tot arcus quot volebat, dixit quod vidit quod rex non habebat talem potestatem super barones quantam modo habet, quia Pictavis erat in marchia.

Raemondus de Pinu, juratus et requisitus, dixit quod fuit serviens foreste decem annis vel amplius, et dixit idem per omnia quod P. Morelli predictus.

Teobaldus de Colonbiers, juratus et requisitus, dicit idem per omnia quod P. Parvi, primus testis comitis Pictavensis.

Petrus de Marolio, homo comitis ex hoc quod habet in Molleria, juratus et requisitus, dixit idem per omnia quod Petrus Morelli predictus.

Aymericus Adam, juratus et requisitus, dicit idem per omnia quod P. Parvi primus testis.

Guillelmus Dorez, juratus et requisitus, dixit quod vidit dominum Gaufridum de Lezinen et Aymericum, vicecomitem Castri-Eraudi, ire bersatum cum arcubus et uno bersario, sed nescit quot arcus habebat. Requisitus si defensum fuit illis per senescallum vel per forestarium, dixit quod non.

Machars de Marolio, juratus et requisitus, dixit idem per omnia quod P. Morelli, hoc excepto quod audivit dici a patre suo et matre quod vicecomes non debebat ire bersatum nisi ad quinque arcus et unum bersarium.

Guillelmus de Marolio, juratus et requisitus, dixit idem per omnia quod P. Morelli predictus, et quod audivit a vicinis suis quod vicecomes non debebat ire bersatum nisi ad quinque arcus et unum bersarium.

Guillaume Dorez, jurez et requis, dit idem per omnia quod Petrus Morelli predictus et quod audivit dici a vicinis quod vicecomes non debebat ire bersatum nisi ad v. arcus et unum bersarium, sed non est memor qui dixit.

P. de Marolio, juratus et requisitus, dixit idem per omnia quod P. Parvi, primus testis.

Philippus de Marolio, juratus et requisitus, dixit idem quod P. Parvi, primus testis, et quod vicecomes non debebat habere nisi unum bersarium.

Guido Effrai, juratus et requisitus, dixit idem per omnia quod P. Parvi primus testis, quod vicecomes non debebat habere nisi unum bersarium.

Aymericus de Colonbiers, jurez et requisitus, dixit idem per omnia quod P. Parvi, primus testis.

Johannes de Forgiis, juratus et requisitus, dixit idem per omnia quod Johannes de Forgiis, hoc excepto quod audierat dici a dicto Johanne quod pater ejusdem Johanne dixerat ei quod vicecomes non debebat habere nisi v. arcus et unum bersarium.

Johannes Saorninus, juratus et requisitus, dixit idem per omnia quod P. Parvi, primus testis.

Eraudus de Morolio, juratus et requisitus, dixit idem per omnia quod P. Parvi, primus testis.

Gaufridus de Berugia, juratus et requisitus, dixit idem per omnia quod Johannes de Mariso, et quod audierat a Johanne de Forgiis quod pater suus dixerat ei quod vicecomes non debebat habere nisi v. arcus et bersarium, vel sex.

Gaufridus Bastardi, juratus et requisitus, dixit idem per omnia quod P. Parvi, primus testis.

Guillelmus de Melle, juratus et requisitus, dixit idem per omnia quod P. Parvi, primus testis.

Eraudus d'Albi, juratus et requisitus, dixit idem per omnia quod P. Morelli.

Au dos : Hoc est inquesta vicecomitis Castri-Eraudi super bersa in foresta de Moleres.

Hec est inquesta facta per castellanum Pictavensem, Johannem de Fonte, clericum, Naverium et Gilbertum, forestarios de Moleria, an dominus comes Pictavensis vel dominus de Bonolio habeat jus ponendi mensuras vini et bladi in locis infrascriptis, scilicet in domibus et herbergamentis Helie de Travazay, Ayraudi de Travazay, Pinant de Travazai, Guillelmi de Travazai, Johannis de Travazai defuncti, Petri Veisin, P. Belepea, P. Saire, Helie Chalemea, Johannis Goderel, Johannis Maguaign, Ayraudi Jadin, P. de Prato, dicti Tardi defuncti, Lamberti Doré, P. Forrć, Gilberti Forestier, Parvi Morel, Pinon Chapon. Item quis dominorum predictorum explectavit mensuras in locis predictis; item quis dictorum dominorum habeat jurisdictionem seu sauvedreit in locis predictis; item quis eorum explectavit. Item quis habeat exercitum et calvacatam in locis predictis; item quis eorum explectavit Item quis eorum habeat altam justiciam in locis predictis; item quis eorum explectavit. Item utrum dominus de Bonolio habeat duos solidos de censu in essarto Philippi Gaumer; item utrum eos possedit. Item utrum essarta de Podio de Pelac moveant a domino comite vel a domino de Bonolio; item a quo moveant essarta P. Jorgeti sita in valle Lobere; item a quo moveat quedam pecia terre, quam tenet Johannes Bagot.

(Arch. nat., J. 1032, n° 12.)

Hii sunt testes producti ex parte domini de Bonolio.

I. **Petrus Peletier**, productus testis ex parte domini de Bonolio, juratus et requisitus utrum sciat si dominus de Bonolio habeat jus ponendi mensuras in locis predictis, dicit de jure se nihil scire. Interrogatus quem dictorum dominorum viderit expletare mensuras in locis predictis, dicit quod dominum de Bonolio. Interrogatus utrum dominus de Bonolio habeat propriam mensuram apud Bonolium, dicit quod sic. Interrogatus quomodo scit, dicit quod olim solebant accipere mensuram apud Bonolium unus ab alio sine respicione domini, et post ea consideraverunt inter se, si dominus de Bonolio averteret quod ita accipiant mensuras suas sine requisicione sua, ipse posset eis pugnire, et ordinaverunt inter se quod amodo acciperent mensuras ab ipso domino de Bonolio, et ita fecerunt. Requisitus a quo tempore ita ordinaverunt, dicit quod bene sunt viginti anni elapsi. Interrogatus cujus est emenda, si esset insufficiens, dicit quod domini de Bonolio. Interrogatus quomodo scit, dicit quod ipse vidit quod dictus Normant tunc temporis prepositus de Bonolio tradidit mensuram cuidem qui vocabatur Petrus Petit, et quia dicta mensura fuit insuficiens, ipse prepositus fregit eam. Interrogatus si predictus dominus Gaufridus habeat jus ponendi mensuras in domibus et herbergamentis infrascriptis, scilicet in domo defuncti Ayraudi de Travazai, dicti Peignant de Travazai, Guillelmi de Travazai, defuncti Johannis de Travazai et Helye dicti Chalumeau, Johannis Godereau, Petri Vezein, Johannis Machain, Ayraudi Jadin, Radulfi de Prato, defuncti Tardi, Lamberti Doré, Petri Forré, Gileberti Forestarii, Parvi Morelli, Pignon Chapon, Petri Bellepeau, Petri Sayre defuncti, dicit quod de jure quod dominus Gaufridus habet ibi, nihil aliud scit nisi quod omnes predicti, quocienscumque volebant vendere aliquid ad mensuram vini et bladi, ipsi accipiebant mensuram apud Bonolium a domino de Bonolio vel ejus mandato. — Interrogatus utrum sciat si dominus Gaufridus de Leziniaco habeat jus in jurisdictione et districtu locorum predictorum, dicit quod de jure quod ibi habeat, nichil scit; verumptamen vidit quod Radulfus Challes fecit citari coram domino de Bonolio Helyam de Travazai et tres alios, fratres suos, et ipsi fratres respondebant coram Guillelmo de Rupis alloquato domini de Bonolio. Requisitus super qua occasione trahebantur, dicit quod nescit. Requisitus de tempore traccionis, dicit quod sunt viginti quinque anni elapsi. Interrogatus si unquam vidit aliquem alium hominem de hominibus supradictis citari et respondere coram domino de Bonolio, dicit quod non recolit, nisi de Petro Bellepeau et Petro Sayre, quos multiciens vidit placitare coram domino de Bonolio vel ejus mandato, sed non recolit de modo accionis et an essent actores vel rei. Interrogatus utrum vidit quod dominus de Bonolio vel ejus mandatus saisiret vel gagiaret in locis predictis vel aliquo eorumdem, dicit quod nunquam vidit saisiri vel gagiari in dictis locis per gentes domini de Bonolio; verumptamen audivit dici multociens quod gentes domini de Bonolio sessiebant (*sic*) et gagiabant penes Heliam de Travazai et alios fratres suos; sed quod gagiarent penes alios suprascriptos, hoc non vidit nec audivit dici, quia notorium est quod, si saisina vel gagiacio sit penes alios facienda, fiet per magistrum de Moleria vel per gentes domini comitis Pictavensis. — Interrogatus utrum sciat quod dominus Gaufridus de Leziniaco habeat jus quantum ad exercitum et calvacatam in locis predictis, dicit quod de jure nichil scit; verumptamen vidit quod homines de Booriis et alii qui tunc manebant in locis predictis iverunt cum domino de Liziniaco defuncto, qui tunc erat dominus de Bonolio et vicecomes Castri-Ayraudi, in exercitu et calvacata apud Argentonium. Interrogatus qui submonuit eos ad eundum in dicto exercitu, dicit quod quidem qui vocabatur Robinus, tunc temporis serviens domini de Bonolio. Interrogatus de tempore quo iverunt, dicit quod non recolit, nisi quod hoc fuit tempore domini Gaufridi de Leziniaco defuncti. Interrogatus si sciat quod dominus de Bonolio habeat jus in locis predictis quantum ad altam justiciam, dicit quod de jure nichil scit. Interrogatus si unquam vidit quod gentes domini de Bonolio, in locis predictis vel aliquo eorum, aliquid explectaverint de alta justicia, dicit quod non vidit nec dici audivit. Interrogatus super terris de Podio de Pelac et super exartis Petri Jorget sitis in valle Lobere, et super medietate cujusdem exarti quod tenet Johannes Bigot, et super quadam pecia terre site prope domum Guillelmi Chaumeau, dicit se nichil scire, quia nescit ubi res predicte consistant.

II. Petrus de Varenne, quadragenarius, productus testis ex parte domini de Bonolio, juratus, requisitus utrum sciat si dominus de Bonolio habeat jus ponendi mensuras in locis predictis, dicit se nichil scire quod ibi habeat jus dominus Gaufridus; verumptamen vidit quod homines de Travazai et de Booriis et de domo Gileberti Forestarii veniebant apud Bonolium, recepturi mensuram, et accipiebant ibi mensuram non a domino de Bonolio nec a mandato suo, sed ab aliquo de villa qui habebat mensuram in domo sua, et illam mensuram accipiebat quilibet sine requisicione domini, non sunt sex anni elapsi. Interrogatus utrum sciat si dominus de Bonolio habeat jus in jurisdicione et districtu herbergamenti Helye de Travazai et fratrum suorum, dicit quod sic. Requisitus quomodo scit, dicit quod ipse vidit quod Guillelmus de Fogeriis, miles, tunc temporis senescallus vicecomitis Castri-Ayraudi, habuit pro gagio seu emenda quinquaginta solidos ab Helya de Travezai et fratribus suis. Interrogatus si sciat quid dictus Helyas et fratres sui forefecerant quare tenerentur ad emendam, dicit quod nescit. Item dicit quod audivit dici quod Petrus Sayre et dictus Chalumeau querimoniam detulerunt, unus ab alio, coram domino de Bonolio, et se ibi mutue citari fecerunt, sed istud non vidit, et addit quod omnes illi qui herbergati sunt per gentes domini comitis in territorio de Moleria, sunt de jurisdicione et districtu domini comitis Pictavensis. Interrogatus utrum dominus de Bonolio habeat jus in exercitu et calvacata in locis predictis, dicit quod sic in aliquibus locis, scilicet in herbergamentis illorum de Travazai, et in herbergamento Helye Chalumeau de Booriis, quod tenet modo Raginaldus Reparre, et in omnibus herbergamentis de Booriis et in omnibus herbergamentis moventibus a domino de Bonolio. Requisitus quomodo scit quantum dominus de Bonolio habeat jus in locis predictis, quantum ad exercitum et calvacatam, dicit quia vidit, bene sunt triginta octo anni elapsi, predictos homines euntes cum domino Gaufrido de Leziniaco defuncto, tunc domino de Bonolio, in exercitu suo apud Marnes; item alia vice cum eodem apud Jarode, bene sunt triginta anni elapsi; item alia vice apud Argenton cum eodem domino, bene sunt viginti octo anni elapsi. — Interrogatus si alios herbergatos domini comitis vidit unquam ire in exercitu et calvacata domini de Bonolio, dicit quod non. Interrogatus qui sunt illi herbertati (sic) domini comitis, dicit defunctus Tardi, Lambertus Doré, Petrus Forré, Gilebertus Forestarius, Parvus Morelli, Pignon Chapon. Interrogatus si dominus Gaufridus de Leziniaco habeat altam justiciam in locis predictis, dicit quod sic apud Travazai et apud Booriis. Requisitus quomodo scit, dicit quod dicta loca movent a domino de Bonolio. Item dicit quod Johannes Machain, Ayraudus Jading; item de feodo de Montarain, quod movet a domino de Bonolio. Interrogatus si dominus Gaufridus de Leziniaco habeat et habere debeat duos solidos de censu in exartis Philippi Gaumer, dicit quod multociens vidit dictum Philippum venientem coram domino de Bonolio et petentem dictum exartum sibi deliberari in duobus solidis de censu. — De aliis nichil scit.

III. Philippus Gauvin, octogenarius, productus ex parte domini de Bonolio, juratus, requisitus utrum sciat si dominus de Bonolio habeat jus ponendi mensuras in locis predictis, dicit quod sic. Requisitus quomodo scit, dicit quod semper vidit. Requisitus a quo tempore, dicit quod a sexaginta annis. Requisitus si unquam vidit quod dicti homines acciperent mensuram unus ab alio, sine requisicione domini vel mandati sui, dicit quod non. Requisitus si habeat jurisdicionem in locis predictis, dicit quod sic. Requisitus quomodo scit, dicit quod eos vidit venire aliquociens coram domino de Bonolio. Requisitus si unquam vidit venire herbergatos domini comitis coram domino de Bonolio, dicit quod non. Interrogatus utrum sciat quod dominus de Bonolio habeat exercitum et calvacatam in locis predictis, dicit quod sic in herbergatis suis. Requisitus quomodo scit, dicit quod ipse qui loquitur una cum herbergatis de Bonolio iverunt, diu est, apud Faele et apud Argenton in calvacata. Requisitus de alta justicia, dicit quod ipsa alta justicia apud Travazai et apud Booriis pertinet ad dominum de Bonolio, de aliis non scit. Requisitus super duobus solidis annui census, dicit quod ipse solebat tenere certam terram et solvebat duos solidos annui census domino de Bonolio. Requisitus super exartis de Podio de Pelac, dicit quod movent a capiceria et de feodo domini de Bonolio. Requisitus super exartis Petri Jorget et super exarto Johannis Bibot et super quadam pecia terre prope terram Guillelmi Chaumeau, dicit se nichil scire.

IV. Guillelmus Vevien, sexagenarius, productus testis ex parte domini de Bonolio, juratus, requisitus utrum sciat si dominus de Bonolio habeat jus ponendi mensuras in locis predictis, dicit quod sic. Interrogatus quomodo scit, dicit quod semper vidit ita fieri. Requisitus si unquam vidit quod unus reciperet mensuram ab alio, sine requisicione domini vel mandati sui, dicit quod sic multociens. Requisitus si dominus de Bonolio habeat jurisdicionem in locis predictis, dicit quod sic in quibusdem, scilicet in herbergatis suis. Requisitus qui eorum quos dominus Gaufridus nominat in peticione sua, de herbergatis suis, dicit quod Helyas de Travazai et omnes alii herbergati de Travazai, Petrus Vesins qui tenet ab illis de Travazai; item Johannes Macains et Ayraudus Jadins, Petrus Bellepeau et Petrus Sayre. Requisitus quomodo scit quod omnes isti sint herbergati domini de Bonolio, dicit quod ipse vidit eos venientes ad citacionem domini de Bonolio. Item dicit quod vidit quod Guillelmus de Travazai recessit de exercitu domini Gaufridi de Leziniaco defuncti sine licencia sua, et propter hoc dominus de Bonolio degagiavit eum de xii. solidis, et hoc vidit ipse qui loquitur et scivit. Requisitus qui eorum quos dominus Gaufridus nominat in peticione sua sint herbergati domini comitis, dicit quod Petrus de Prato, dictus Tardi, Lanbert Doré, Petrus Forré, Gilebertus Forestarius, Parvus Moreaus, Pignon Chapon, et illos credit pertinere ad jurisdicionem domini comitis. Requisitus cujus sint herbergati Johannes Godereaus et Helyas Chalumeaus, dicit quod Raginaldi de Maris. Interrogatus a quo teneat ille Raginaldus, dicit quod avoat a domino comite, verumptamen semper dictos duos herbergatos vidit venire et accipere jus coram domino de Bonolio. Interrogatus super exercitu et calvacata, dicit quod dominus de Bonolio, in omnibus herbergatis suis predictis et eciam in domo Johannis Godereau et Helye Chalumeau, habet exercitum et calvacatam. Requisitus quomodo scit, dicit quod ipse qui loquitur et omnes alii predicti fuerunt cum domino Gaufrido de Lizenen, qui erat tunc dominus de Bonolio, apud Argentolium in exercitu et multociens apud Rusay, sed herbergatos domini comitis dicit nonquam vidit ire in exercitu et calvacata quod sciat. Interrogatus super alta justicia, dicit quod dominus de Bonolio habet altam justiciam in omnibus suis herbergatis et duobus herbergatis Raginaldi de Maris. Requisitus quomodo scit, dicit quod semper vidit eos facere et accipere jus coram domino de Bonolio. Requisitus si unquam vidit casus alte justicie in locis predictis evenire, dicit quod sic, apud Booriis, scilicet quod due mulieres venerunt, quare una faciebat se Madaglenam, et furat feuerant denarios apud Bohoriis, et earum una fuit capta ducta apud Bonolium et benita [1]. Interrogatus super duobus solidis census

---

1. *Sic*, pour *bannita* sans doute.

exarti Philipi Gaumer, dicit quod vidit Helyam Gaumer tenere dicta exarta, et reddebat duos solidos annuatim pro dictis exartis, domino de Bonolio. Requisitus quomodo scit, dicit quod ipse vidit et audivit. Interrogatus super terris et exartis que tenet Petrus Jorget, dicit quod nonquam vidit ibi bladum seminari, nisi ab illo qui modo tenet, et ab illo a quo emit, et semper renuetur a domino comite. Requisitus a quo tempore vidit ibi bladum seminari, dicit quod viginti quinque anni sunt elapsi, et addidit quod vidit in dictis terris et exartis, antequam reducerentur ad agriculturam, fagos et alias arbores multas et magnas, Requisitus de exartis Johannis Bigot et de quadem pecia terre sita prope domini Guillelmi Chaumean, dicit se nichil scire.

V. Haymericus Mathé, sexagenarius, productus testis ex parte domini de Bonolio, juratus, requisitus utrum sciat si dominus de Bonolio habeat jus ponendi mensuras in locis predictis, dicit quod sic. Requisitus quomodo scit, dicit quod hoc vidit semper fieri. Requisitus si unquam vidit quod homines predictorum locorum reciperent mensuras unus ab alio, sine requisicione domini vel mandati ejus, dicit quod hoc non vidit, sed bene audivit dici quod sic. Requisitus de jurisdicione, exercitu et calvacata et alta justicia dictorum locorum, dicit idem quod precedentes. Requisitus quomodo scit, dicit idem quod precedentes, excepto quod Helyam Chalumeau et Johannem Godereau nonquam vidit euntes in exercitu et calvacata domini de Bonolio, et addidit quod Helyas de Travazai misit Petrum de Varveries servientem suum in exercitu cum domino de Bonolio apud Argentonium quadam vice, et quia dictus serviens recessit sine licencia domini, ipse disgagiavit dictum Helyam apud Bonolium, et Guillelmum de Travazai in simili casu et pari racione. Interrogatus super exartis Philipi Gaumer, dicit idem quod precedens testis, excepto quod non vidit quod dictus Helias solveret dictos duos solidos annui census, sed hoc audivit multociens dici ab ipso et aliis. Interrogatus super exartis de Podio de Pelac, Petri Jorget, sitis in valle Lobere, medietate exarti Johannis Bigot, pecie terre site prope domum Guillelmi Chalumeau, dicit se nichil scire.

VI. Guillelmus Rapare, quadragenarius, productus testis ex parte domini de Bonolio, juratus, requisitus utrum sciat si dominus de Bonolio habeat jus ponendi mensuras in locis predictis, dicit quod sic. Requisitus quomodo scit, dicit quod semper vidit, a tempore quo ipse potest recolere, quod omnes manentes in locis predictis accipiebant mensuras a domino de Bonolio vel mandato suo usque quo, bene sunt quinque anni, Naverius, magister de Moleria, inhibuit herbergatis domini comitis ne ipsi acciperent mensuram a domino de Bonolio. Interrogatus super jurisdicione dictorum locorum, dicit quod dominus de Bonolio habet jurisdicionem in aliquibus de locis predictis, scilicet in herbergatis suis. Interrogatus qui sint herbergati sui, dicit quod omnes illi de Travazai, Petrus Vezins, Johannes Macains, Hairaudus Jadins, Petrus Bellepeau, Petrus Sayre. Interrogatus quomodo scit quod omnes isti sint herbergati domini de Bonolio, dicit quod multociens, a tempore quo potest recolere, vidit venire et parere juri coram domino de Bonolio omnes predictos et ire in exercitu et calvacata sua. Item dicit quod Helyas Chalumeau et Johannes Godereau sunt de jurisdicione domini de Bonolio. Interrogatus quomodo scit, dicit quod multociens vidit ipsos venire et parere juri coram ipso domino de Bonolio. Interrogatus qui sint herbergati domini comitis, dicit quod omnes illi, quos nominat Guillelmus Vevien. Interrogatus de exercitu et calvacata et alta justicia, dicit idem quod precedens. Interrogatus super exartis Philipi Gaumer, dicit idem quod Guillelmus Veviani. Interrogatus super exarto de Podio de Pelac, a quo moveat, dicit se vidisse quod vicecomes Castri-Ayraudi tradidit dictum exartum ad censum ad colendum Johanni Bogot (*sic*), bene sunt decem anni elapsi, sed Naverius, magister de Moleria, non permisit quod dictus Johannes teneret dictum exartum, immo tradidit cuidam alii, scilicet Ramundo. Interrogatus super exartis Petri Jorget, que tenet in valle Lobere, dicit quod nonquam vidit reddi de illis exartis nisi comiti Pictavensi. Interrogatus de exartis Johannis Bigot et de quadam pecia terre sita prope domum Guillelmi Chalumeau, dicit se nichil scire.

VII. Guillelmus Adam, sexagenarius, productus testis ex parte domini de Bonolio, juratus, requisitus utrum sciat si dominus de Bonolio habeat jus ponendi mensuras in locis predictis, dicit quod sic. Requisitus quomodo sciat, dicit quod semper vidit homines manentes in locis predictis accipere mensuras apud Bonolium. Requisitus quare credat quod herbergati comitis acciperent mensuras apud Bonolium, dicit quod sic credit quia ibi inveniebant magis prope mensuram quam alibi. Interrogatus super jurisdicione et calvacata et alta justicia predictorum locorum, dicit quod dominus de Bonolio habet omnia predicta in herbergatis suis, et dominus comes in suis herbergatis. Requisitus qui de predictis sint herbergati domini de Bonolio, dicit idem quod precedens. Requisitus qui sint herbergati domini comitis, dicit idem quod precedens. Interrogatus super exarto Philipi Gaumer, dicit se nichil scire nisi de auditu. Interrogatus super exartis de Podio de Pelac, dicit se nichil scire. Interrogatus super exartis Petri Jorget sitis in valle Lobere, dicit quod ea movent a domino comite. Interrogatus quomodo scit, dicit antequam terra ubi sunt exarta reduceretur ad agriculturam, erant in ipsa multe arbores et ibi protendebatur foresta de Moleria, que est domini comitis, et addit in causa sciencie sue, quod semper vidit reddi gentibus domini comitis terragia de dictis exartis. Interrogatus super exartis Johannis Bigot et pecia terre sita prope domum Guillelmi Chalumeau, dicit se nichil scire.

VIII. Johannes Bagot, quinquagenarius, juratus, requisitus super mensuris, calvacata et alta justicia predictorum locorum, dicit se nichil scire, nisi de auditu, preter hoc quod multociens vidit quod Helias de Travazai, Guillelmus de Travazai et Peignaut de Travazai fratres citati fuerunt super personali actione coram domino de Bonolio et ibi responderunt. Item dicit quod dominus comes habet omnem justiciam super homines suos. Interrogatus de duo solidis qui sunt super exartis Philipi Gaumer, dicit se nichil scire. Interrogatus super exartis de Podio de Pelac, dicit idem quod Guillelmus Repare, excepto quod vicecomes non tradidit sibi sed suus prepositus. Interrogatus super exartis Petri Jorget sitis in valle Loubere, dicit idem quod Guillelmus Repare. Interrogatus super exartis Johannis Bigot et de quadam pecia terre sita prope domum Guillelmi Chalumeau, dicit se nichil scire.

IX. Raginaldus Bagot, quadragenarius, productus testis ex parte domini de Bonolio, juratus, requisitus super mensura vini et bladi, dicit quod semper vidit quod omnes manentes in locis predictis accipiebant mensuras apud Bonolium, usquequo, bene quinque anni sunt elapsi, quod Naverius inhibuit herbergatis domini comitis ne ipsi acciperent mensuras apud Bonolium. Interrogatus quare credat quod herbergati domini comitis accipiant mensuras apud Bonolium, dicit quod propter hoc, sicut credit, quod gentes domini comitis non intromittebant se de hoc. Interrogatus super jurisdicione, exercitu et calvacata et alta justicia dictorum locorum, dicit quod dominus comes habet omnia ista predicta in herbergatis suis. Interrogatus qui sint herbergati sui, dicit Petrus de Prato, defunctus Tardi, Lanbertus Doré, Petrus Forré, Gilebertus Forestarius, Parvus Morellus, Pignon Chapon. Interrogatus qui de aliis sint herbergati domini de Bonolio, dicit quod omnes illi de Travazai, Petrus Bellepeau, Petrus Sayre. Interrogatus de jurisdicione, exercitu et calvacata et alta justicia dictorum locorum, dicit quod dominus de Bonolio habet omnia ista super eos. Interrogatus quomodo scit, dicit quod semper vidit eos venire et parere juri coram domino de Bonolio. Item dicit quod vidit eos euntes in exercitu et calvacata cum domino de Bonolio; de alta justicia dicit quod nonquam vidit expletare. Interrogatus de cujus jurisdicione sunt Helyas Chalumeaus, Johannes Godereaus, Ayraut Jadins, et cui debeant exercitum et calvacatam, dicit quod domini et domino de Bonolio. Requisitus quomodo scit, dicit quod semper vidit eos venire et parere juri coram domino de Bonolio et ire cum ipso in exercitu et calvacata. Requisitus sub quo domino moveant, dicit quod sub Raginaldo de Maris, qui tenet a domino comite. Interrogatus super exartis Philipi Gaumer, dicit quod vidit Helyam Gaumier, qui colebat dictum exartum et reddebat domino de Bonolio de quolibet arpento III. denarios. Requisitus si vidit solvi, dicit quod non, sed audivit dici. Interrogatus super exartis de Podio de Pelac, dicit idem quod precedens testis. Interrogatus super exartis Petri Jorget, sitis in valle Lobere, dicit quod semper vidit reddi quintum bladi exarti illius gentibus domini comitis Pictavensis et non aliis. Interrogatus de exartis Johannis Bigot et quadam pecia terre sita prope domum Guillelmi Chalumeau, dicit se nichil scire.

X. Petrus Botin, quinquagenarius, productus testis ex parte domini de Bonolio, juratus, requisitus super mensuris, exercitu et calvacata et alta justicia predictorum locorum, dicit per omnia sicut immediate precedens. Interrogatus super exartis Philipi Gaumer, dicit quod vidit Helyam Gaumer, qui colebat dictum exartum et reddebat de eo, quolibet anno, duos solidos de censu domino de Bonolio. Interrogatus quomodo scit quod ipse solveret, dicit quod ipse vidit dictum Helyam solventem duos solidos patri suo, qui erat tunc prepositus de Bonolio. Interrogatus de exartis de Podio de Pelac, dicit quod audivit dici quod movebant a domino de Bonolio, nec aliud scit. Interrogatus super exartis Petri Jorget, sitis in valle Loubere, dicit se nichil scire. Interrogatus super exarto Guillelmi Bigot, dicit se credere quod moveat a domino de Bonolio, eo quod est undique inter terras quarterias ipsius domini. Interrogatus super quadam pecia terre sita prope domum Guillelmi Chalumeau, dicit se nichil scire.

XI. Naverius, serviens domini comitis in Moleria, testis productus a parte domini de Bonolio, juratus, requisitus super jure ponendi mensuras in locis predictis, dicit quod qualitercunque herbergati domini comitis olim acceperant mensuras apud Bonolium; non credit quod propter hoc ipsi domino de Bonolio jus ponendi mensuras in herbergatis domini comitis fuerit aquisitum, quia hoc erat propter ignoranciam servientis et homines erant simplices et ibant ad mensuras ubi propinquius poterant invenire. Item dicit quod credit quod dominus de Bonolio habeat jus ponendi mensuras in herbergatis suis tantummodo, et dominus comes in suis. Interrogatus super jurisdicione, utrum herbergamenta Helye de Travazai, Ayraudi de Travazai, Pignaut de Travazai, Guillelmi de Travazai, Johannis de Travazai, Petri Vesin, Petri Bellepeau et Petri Sayre sint de jurisdicione domini comitis vel de jurisdicione domini de Bonolio, dicit quod nonquam vidit illos fratres de Travazai comparere vel jus accipere, ratione herbergamentorum suorum, nec coram domino comite, nec coram domino de Bonolio, sed ratione usagii foreste, bene vidit eos placitare coram senescalo Pictavie; verumptamen bene audivit dici, dici est a multis, quod ipsi fratres et alii tres predicti erant justiciarii domini de Bonolio. Item dicit quod, bene sunt sex anni, ipse qui loquitur inhibuit Petro Sayre et Petro Bellepeau ne ipsi acciperent mensuras apud Bonolium vel jus facerent coram domino de Bonolio. Interrogatus quare inhibuit, dicit quia credebat eos esse de jurisdicione domini comitis et adhuc credit propter usagium quod habent in foresta, et quia non reddunt aliquod servicium, sicut credit, domino de Bonolio. Interrogatus qui sint herbergati domini comitis, dicit Petrus de Prato, Tardi, Lanbert Doré, Petrus Forré, Gilebertus Forestarius, Parvus Morellus, Pignon Chapon. Item dicit quod Helyas Chalumeas, Johannes Godereaus et Ayraudus Jadins sunt herbergati Raginaldi de Maris, qui tenet a domino comite; de Johanne Maquain nichil scit. Item dicit quod dominus comes habet omnem justiciam altam et bassam in suis herbergatis, et dominus de Bonolio similiter in suis. — Interrogatus super exartis sitis in Podio de Pelac, dicit quod credit quod dominus comes habeat jus. Interrogatus super exartis Petri Jorget sitis in valle Lobere, credit quod dominus comes habeat jus suum. — Interrogatus de duobus solidis annui census super exartis Philipi Gaumer, dicit quod tradidit ad quintum dicta exarta colenda, quia quidam predecessor suus magister foreste, qui vocabatur Pojole, submoverat metas de illis exartis et imo tradidit dicta exarta, et credit quod dominus comes habeat jus in illis. — Interrogatus super medietate cujusdam exarti quod tenet Guillelmus Bigot, dicit quod tradidit ad colendum, quia credebat quod dominus comes haberet jus suum, et adhuc credit. Interrogatus de quadam pecia terre sita prope domum Guillelmi Chalumeau, dicit quod tradidit ad colendum et credit quod dominus comes habeat jus suum.

XII. Gaufridus Venet, quinquagenarius, productus testis ex parte domini de Bonolio, juratus, requisitus a quo moveat herbergamentum suum, dicit quod a domino de Bonolio. Interrogatus quomodo scit, dicit quod semper audivit dici a suis antecessoribus. Interrogatus a quo moveant herbergamenta dictorum locorum, dicit se nichil scire, scilicet de herbergamentis Petri de Prato, defuncti Tardi, Lanberti Doré, Petri Forré, Gileberti Forestarii, Parvi Morelli,

Pignon Chapon. Interrogatus a quo moveant herbergamenta illorum de Travazai, dicit quod a domino comite. Requisitus quomodo scit, dicit quod semper audivit dici quod movent a domino comite. Interrogatus a quo moveant herbergamenta Helye Chalumeau, Johannis Godereau, dicti Machain, dicit quod a Raginaldo de Maris, qui tenet immediate a domino comite. Interrogatus utrum sciat si dominus de Bonolio habeat jus ponendi mensuras in locis predictis, dicit quod sic. Requisitus quomodo scit, dicit quod semper vidit expletare, usque quo magister foreste de Moleria qui vocatur Naverius inhibuit eis ne acciperent mensuras nisi a domino comite. Interrogatus super jurisdicione et districtu, exercitu et calvacata et alta justicia predictorum locorum, dicit quod pertinent ad dominum de Bonolio. Requisitus quomodo scit, dicit quod semper [vidit] expletare in suo tempore; verumptamen dicit quod si monerentur ut irent in exercitu et calvacata cum domino de Bonolio, et dominus comes vocaret eos in exercitum et calvacatam, dimitterent dominum de Bonolio et venirent ad ipsum. Requisitus super exartis Philipi Gaumer, dicit quod dominus de Bonolio habet duos solidos censuales, ut audivit dici ; de aliis nichil scit.

XIII. Ayraudus Godereau, quinquagenarius, productus testis ex parte domini de Bonolio, juratus, requisitus a quo moveat herbergamentum suum, dicit quod tenet herbergamentum suum a domino de Bonolio ad censum. Interrogatus super berbergamentis predictorum locorum, dicit quod movent a domino comite ad censum. Interrogatus super herbergamentis illorum de Travazai, dicit quod nichil scit. Interrogatus a quo moveant herbergamenta Helye Chalumeau, Ayraudi Jadings, dicti Machainz, dicit quod a Raginaldo de Maris, qui tenet a domino comite. Interrogatus si sciat utrum dominus de Bonolio habeat jus ponendi mensuras in locis predictis, dicit quod sic. Requisitus quomodo scit, dicit quod semper vidit explectare usquequo Naverius, magister in Moleria, inhibuit eis ne acciperent mensuras nisi a domino comite. Interrogatus super jurisdicione et districtu, exercitu et calvacata et alta justicia dictorum locorum, dicit quod pertinent ad dominum de Bonolio. Requisitus quomodo scit, dicit quod semper audivit dici et semper vidit expletari in suo tempore; verumptamen dicit quod [si] herbergati dictorum locorum irent in exercitu et calvacata domini de Bonolio, et dominus comes vocaret eos in exercitum et calvacatam, omnibus obmissis, venirent ad dominum comitem. Interrogatus utrum sciat si dominus de Bonolio habeat aliquod deverium supra herbergatos domini comitis, dicit quod non habet. Interrogatus utrum sciat si dominus de Bonolio habeat omnem jurisdicionem in herbergatis suis, dicit quod sic, et similiter dominus comes in suis. Interrogatus super exartis Philipi Gaumer, dicit quod semper audivit dici quod dominus de Bonolio habet duos solidos censuales. Interrogatus super exartis de Podio de Pelac et Petri Jorget, sitis in valle Lobere, dicit quod movent a domino comite ad censum. De aliis nichil scit.

XIIII. Stephanus Adam, quinquagenarius, productus testis ex parte domini de Bonolio, juratus, requisitus utrum sciat si dominus de Bonolio habeat jus ponendi mensuras in locis predictis, dicit quod sic, scilicet in herbergamentis illorum de Travazai, et in herbergamentis Ayraudi Jading et dicti Machain. Interrogatus utrum dominus de Bonolio habeat jurisdicionem et districtum, exercitum et calvacatam et altam justiciam in illis locis, dicit quod sic. Requisitus quomodo scit, dicit quod ita vidit semper expletare. Interrogatus utrum sciat si dominus de Bonolio habeat aliquam jurisdicionem in herbergatis domini comitis, dicit quod non habet. Requisitus quomodo scit, dicit quod nonquam vidit quod dominus de Bonolio aliquid explectaret. Interrogatus qui sunt herbergati domini comitis, dicit quod Petrus de Prato, defunctus Tardi, Lanbertus Doré, Petrus Forré, Gilebertus

Forestarius, Parvus Morelli, Pignon Chapon. Interrogatus utrum sciat si dominus comes habeat jurisdicionem in herbergatis de Travazai, dicit quod non. Requisitus quomodo scit, dicit quod nonquam vidit quod dominus comes aliquid explectaret. Interrogatus super exartis Philipi Gaumer, dicit quod vidit multociens quod dominus de Bonolio habebat duos solidos censuales. Requisitus quomodo scit, dicit quod ita vidit explectare. Interrogatus super exartis de Podio de Pelac, dicit quod audivit dici quod movebant a domino de Bonolio et vidit ibi mesturam seminari. Interrogatus super exartis Petri Jorget, sitis in valle Lobere, dicit quod movent a domino comite et habet dominus comes suum deverium in illis. De aliis nichil scit.

XV. Ayraudus Potet, frater Guillelmi Potet, productus testis ex parte domini de Bonolio, juratus, requisitus super mensuris dictorum locorum, dicit quod credit pertinere ad dominum de Bonolio quod ponat mensuras vini et bladi in locis predictis. Requisitus quare credat, dicit quod ipse qui loquitur fuit serviens apud Bonolium et tradidit mensuras, tanquam serviens, in locis predictis, usque quo Naverius, magister in Moleria, inhibuit herbergatis domini comitis ne ipsi acciperent mensuras apud Bonolium. Requisitus si herbergamenta de Travazai moveant a domino comite, dicit quod non. Requisitus a quo moveant, dicit quod a domino de Bonolio. Requisitus quomodo scit, dicit quod ipse, non est diu, scitavit coram se qui loquitur, qui tunc erat serviens apud Bonolium, Peignaudum de Travazai, quia occiderat anseres Petri Vesin; et quia in curia domini de Bonolio probatum fuit quod canis suus interfecerat anseres, dictus Paignaut condampnatus fuit ad emendam dampni [pro]dicto Petro, et reddidit emendam de septem solidis. Ipse qui loquitur pro domino de Bonolio similem casum vidit de Johanne de Travazai, sed nonquam vidit quod Gilebertus de Moleria, herbergatus domini comitis, pareret juri coram domino de Bonolio. Interrogatus ad quem spectet justicia de dictis locis, dicit quod, bene sunt decem anni, Petrus Bellepeau, manens, apud Travazai comminatus fuit Raginaldo Machain quod ipse interficeret eum cum arcu et sagitta; quo audito Giraudus de Javode, qui tunc erat serviens apud Bonolium, ivit apud Travazai, et duxit secum ipsum qui loquitur et Raginaldum Peletier apud Bonolium, et ceperunt Petrum Bellepeau et adduxerunt captum apud Bonolium, et fecerunt assecurari alium. Item dicit quod Johannes Botereaus, olim prepositus de Bonolio, sesierat quendam locum, qui dicitur Marcheslonc, et quia Helyas de Travazai fregit sesinam dicti prepositi, ipse prepositus cepit apud Travazai gagia dicti Helye in domo sua et redemit eum de tribus sextariis avene pro emenda. Interrogatus quomodo scit, dicit quod hoc vidit et audivit. Interrogatus a tempore, dicit quod bene sunt elapsi viginti anni et plus. Interrogatus si dicta loca sint in castellania Pictavensi, dicit quod sic et eciam Bonolium. Interrogatus si dominus de Bonolio habeat ceupedem [1] mensure apud Bonolium, dicit quod sic ab antiquo. Interrogatus quomodo scit, dicit quod in domo sua apud Bonolium est pes seu cep mensure predicte, et erat ibi ante quam ipse qui loquitur nasceretur. Interrogatus ad quam mensuram est taliatus pes ille, dicit quod ad mensuram Pictavie. — Interrogatus super exercitu et calvacata, dicit quod ipse vidit omnes manentes apud Travazai olim, quando fuit discordia inter vicecomitem Castri-Ayraudi et dominum Robertum de Dreus, ire in exercitu dicti vicecomitis Castri-Ayraudi, domini de Bonolio, et Heliam Chalumeaus, dictum Brigeaut, qui tunc manebat in domo Johannis Godereau, Petrum Vesin, dictum Machain, Petrum Jading, Petrum Bellepeau, Sayre. — Interrogatus si unquam vidit ire herbergatos domini comitis in exercitu, dicit quod non.

XVI. Raginaldus Pelliparius, ex parte domini de Bonolio,

---

1. Forme particulière du mot *cepes* ou *sepes*.

juratus, requisitus utrum sciat si dominus de Leziniaco habeat jus ponendi mensuras in locis prediclis, dicit quod sic. Requisitus quomodo scit, dicit quod ipse fuit serviens domini de Bonolio, bene per tres decim annos et plus, et tradidit multociens in omnibus locis predictis mensuram domini de Bonolio, quam ipse habebat in custodia, tanquam serviens. Requisitus si unquam vidit quod homines de villa acciperent mensuram unus ab alio, sine requisicione domini vel mandati sui, dicit quod non. Interrogatus si dominus Gaufridus habeat jurisdicionem in locis predictis, dicit quod sic in aliquibus, scilicet in herbergamentis de Travezai et de Booriis, scilicet in herbergatis suis, sed in herbergatis domini comitis non habet jurisdictionem vel districtum. Interrogatus qualiter scit quod dominus de Bonolio habeat jurisdictionem apud Travezay et apud Boeries, dixit quod semper vidit eos venientes et respondentes coram domino de Bonolio. Item dicit quod ipse vidit quamdam rixam inter Raginaldum Maquain et Petrum Belepea in taberna que erat in domo quam nunc tenet Guillelmus Potet, que erat tunc Ayraudi de Travazai et fratrum suorum, et vidit quod serviens domini de Bonolio cepit eos in dicta domo, et duxit captos apud Bonolium. — Interrogatus si dominus de Bonolio habeat exercitum et calvacatam in locis predictis, dicit quod sic in locis aliquibus, scilicet apud Travezay et in herbergatis suis de Boeries. Requisitus quomodo scit, dixit quod vidit eos euntes cum domino Gaufrido de Leziniaco, tunc domino de Bonolio, apud Marnes, bene sunt triginta anni, in exercitu. Requisitus si vidit herbergatos domini comitis unquam euntes in exercitu domini de Bonolio, dixit quod non. Interrogatus qui illorum, quos dominus Gaufridus fecit poni in peticione sua, sint herbergati domini comitis, dixit quod herbergamentum Tardi, Lambertus Doré, Petrus Forré, Gilbertus Forestarius, Parvus Morel, Pignon Chapon et P. de Prato. Interrogatus super alta justicia, dixit idem quod Petrus de Varenes, precedens testis; et addit quod vidit duas mulieres que venerunt apud Boeries in domo Jorgeti, et furate fuerunt denarios, et adducta fuit in prisione domini de Bonolio et ibi fuit bannita. Requisitus de tempore, dixit quod bene sunt viginti anni. Requisitus si dominus de Bonolio habeat duos solidos de censu in essarto Philipi Gaumer, dixit quod vidit quod dictus Philipus solvit dictos duos solidos domino de Bonolio bene per duos annos postquam Gilbertus habuit dictum essartum. De aliis nichil scit.

XVII. Ranulphus Chairé, octogenarius, juratus et requisitus si dominus de Bonolio habeat jus in ponendo mensuras in locis predictis, dixit quod sic. Requisitus quomodo scit, [dixit] quod hoc vidit a primo etatis sue. Requisitus si unquam vidit quod homines de villa acciperent mensuram unus ab alio, sine requisicione domini, dixit quod sic, nec sunt decem anni elapsi quod sic faciebant. Interrogatus super jurisdictione et districtu dictorum locorum, dixit quod dominus de Bonolio habet jurisdictionem et districtum apud Travazai et apud Boeries in herbergatis suis. Requisitus quomodo scit, dixit quod ipse vidit semel quod Philipus Larquers, tunc prepositus de Bonolio, levavit emendam undecim solidorum a Guillelmo de Travazay, et semper vidit illos de Travazai et alios herbergatos domini de Bonolio respondere et venire apud Bonolium. Item vidit quod vice-comes Castri-Ayraudi seisivit, bene sunt triginta quinque anni elapsi, domum Guillelmi de Travazai, in qua manet modo Guillelmus Poteti, et posuit ibi custodes. Verumtamen herbergati domini comitis respondent coram domino comite. Interrogatus qui illorum, quos dominus Gaufridus posuit in peticione sua, sint herbergati domini comitis, dixit idem quod precedens. Item dixit quod Helias Chalemeas et Johannes Godereas sunt herbergati Raginaldi de Maris. Item dixit quod Petrus Vesins est herbergatus Guillelmi Poteti; verumtamen istos tres non vidit unquam euntes in exercitu et calvacata domini de Bonolio. Interrogatus super exercitu et calvacata, dixit idem quod Petrus de Varenes, excepto quod non fuit apud

Jarunde, et addit quod dominus de Bonolio duxit secum illos de Travazay et manssionarios suos de Boeries semel apud Toars et alias apud Champaigné super Veude. Requisitus quomodo scit, dixit quod ipse presens fuit, verumtamen herbergatos domini comitis non vidit unquam ire in exercitu domini de Bonolio. Interrogatus super alta justicia, dixit idem quod precedens, et super furto commisso a mulieribus et banno dicit idem quod precedens. Interrogatus super duobus solidis essarti Philipi Gaumer et aliis oraculis (sic), dixit se nichil scire, nisi de auditu, excepto quod essartum Petri Jorget, situm in valle Lobere, movet a domino comite. Requisitus quomodo scit, dixit quod ipse ibi forestam Molerie vidit et erant ibi fagi grosse et concave, et quia illa foresta erat domini comitis, dixit quod essartum ibi factum movet a domino comite.

XVIII. Gaufridus Repare, productus testis ex parte domini de Bonolio, octogenarius, juratus et requisitus utrum sciat si dominus de Bonolio habeat jus ponendi mensuras in locis predictis, dicit quod sic. Requisitus quomodo scit, dicit quod in tota vita sua vidit quod omnes manentes in locis predictis accipiebant mensuras a domino de Bonolio apud Bonolium. Requisitus si unquam vidit quod homines de Bonolio acciperent mensuram unus ab alio, sine requisicione domini vel mandati sui, dixit quod nunquam vidit; et bene vidit multociens quod cum intersigno domini vel servientis accipiebant mensuram unus ab alio et non aliter. Interrogatus super jurisdictione dictorum locorum, dixit quod jurisdictio de Travezay et aliorum herbergatorum domini de Bonolio spectat ad ipsum dominum, et in ipsis hominibus habet suum exercitum et cavalcatam et totam justiciam, sed in herbergatis domini comitis non habet jurisdictionem.

XIX. Dictus Bruns, sexagenarius, productus testis ex parte domini de Bonolio, juratus, requisitus utrum sciat si dominus de Bonolio habeat jus ponendi mensuras in locis predictis, dicit quod sic. Requisitus quomodo scit, dicit quod ita vidit fieri a primevo suo. Requisitus si unquam vidit quod omnes manentes in locis predictis acciperent mensuram unus ab alio, sine requisicione domini vel ejus mandati, dixit quod sic multociens et adhuc faciunt. Interrogatus super jurisdictione et districtu dictorum locorum, dixit quod jurisdictio de Travezay et herbergatorum domini de Bonolio pertinet ad ipsum dominum de Bonolio. Requisitus quomodo scit, dixit quod in tota vita sua vidit manentes apud Travazay et alios herbergatos apud Boueries sub domino de Bonolio, facere et accipere jus coram ipso domino de Bonolio. Item dixit quod vidit quod dominus de Bonolio faciebat saisiri et capi in domo Guillelmi de Travezay et fratrum suorum, ubi moratur modo Guillelmus Potet. Item dixit quod vidit quod dominus de Bonolio fecit capi apud Travezay Guillelmum de Travezay et fratres suos et fecit eos aductos capi in turrim de Bonolio, et necesse fuit quod probi homines de Bonolio applegiarent eos, antequam deliberarentur. Item dixit quod nunquam vidit homines domini comitis venire coram domino de Bonolio et respondere ibi, nisi esset ratione rerum quas tenebant ab ipso domino de Bonolio. Interrogatus qui illorum predictorum hominum, quos dominus de Bonolio fecerat poni in peticione sua, sint herbergati domini comitis, dixit idem quod Ranulfus Charez. Interrogatus super exercitu et cavalcata, dixit idem quod Ranulfus Chayrez, et addit quod ipse vidit quod dominus Aymericus de Castro-Ayraudi, tunc temporis dominus de Bonolio, duxit eum qui loquitur et fratres de Travezay et alios herbergatos suos de Boeries in exercitu apud Ceaus et apud Champaygne sur Veiude, triginta anni sunt elapsi et amplius, et faciebant ipsi homines expensas suas de suo proprio. Interrogatus super alta justicia, dixit idem quod Ranulfus Charé. Requisitus super censu de essartis Filipi Gaumer, dixit se nichil scire, nisi de auditu. Requisitus de aliis, dixit se nichil scire, nisi de essarto Petri

Gorget quod dixit movere a domino comite. Requisitus quomodo scit, dixit quod vidit ibi forestam, que erat domini comitis. De aliis nichil scit.

XX. Petrus Bellepeau, quadragenarius, productus testis ex parte domini de Bonolio, juratus, requisitus super mensuris, dicit quod audivit dici a patre suo quod si mansura de Bonolio omnino esse fracta, necesse esset quod dominus et probi viri de Bonolio irent apud Pictavim pro mensura querenda et illa uterentur apud Bonolium. Requisitus qualiter vidit explectari de mensuris, dicit quod unus tradebat alii, sine requisicione domini vel mandati sui, usquequo, octo anni sunt elapsi, Naverius, magister de Moleria, inhibuit ne herbergati domini comitis acciperent mensuram a domino de Bonolio vel apud Bonolium. Requisitus de jurisdictione dictorum locorum, dicit quod herbergamenta ipsius qui loquitur et Petri Sayre movent immediate a domino comite Pictavensi. Requisitus quale deverium faciebant domino comiti pro dictis herbergamentis, dicit quod ibant in ejus exercitu et calvacata usque ad quadraginta dies, propriis expensis. Requisitus si ipse unquam ivit, dicit quod sic ; viginti anni sunt elapsi quod ivit apud Sanctonem, ad submonicionem domini comitis. Interrogatus de cujus jurisdictione sint herbergamenta fratrum de Travazai, dicit quod modo sunt de jurisdictione domini comitis, sed ab antiquo movent a domino de Bonolio, ut audivit dici a patre suo et ab aliis antiquis. Requisitus de jurisdictione omnium aliorum, dicit quod dictus Tardi, Petrus de Prato, Lanbertus Doré, Petrus Forré, Gilebertus Forestarius, Pignon Chapon sunt de jurisdictione domini comitis. Item dicit quod Helyas Chalumeau, Johannes Godereau, Ayraudus Jadins sunt herbergati Raginaldi de Maris. Interrogatus super exartis Philipi Gaumer et super exartis Petri Jorget, sitis in valle Lobere, et super quadam pecia terre prope domum Guillelmi Chalumeau, dicit se nichil scire nisi de auditu.

XXI. Raginaldus Machain, quadragenarius, juratus, requisitus super mensuris, dicit quod omnes manentes in locis predictis vidit accipere mensuras apud Bonolium. Interrogatus super jurisdictione, dicit quod dominus de Bonolio habet jurisdictionem in herbergatis suis. Interrogatus qui de illis, quos dominus Gaufridus nominat in peticione sua, sint herbergati sui, dicit quod fratres de Travazai, Petrus Bellepeau, Petrus Sayre, Tardi et Petrus Forré. Interrogatus quomodo scit, dicit quod semper vidit eos venire et parere juri coram domino de Bonolio. Requisitus super exercitu et calvacata, dicit quod super eosdem homines habet dominus de Bonolio suum exercitum et calvacatam. Requisitus quomodo scit, dicit quod ipse vidit quod Guillelmus de Travazai, pro se et fratribus suis, et Radulphus Challes, qui morabatur ibi ubi moratur modo Petrus Bellé-Peau, Petrus Sayre et idem qui loquitur, iverunt cum domino Gaufrido de Leziniaco, qui tunc erat dominus de Bonolio, apud Argentolium (*sic*) in exercitu, et quia recesserunt ab exercitu sine licencia domini, dominus redemit eos de tribus sextariis avene. Requisitus qui sint herbergati domini comitis, dicit : Tardi, Lanbertus Doré, Gilebertus Forestarius, Pignon Chapon. Item dicit quod Helias Chalumeaus, Johannes Godereaus et Ayraudus Jadins sunt herbergati Raginaldi de Maris. Item dicit quod Johannes Macaimg est herbergatus domini de Bonolio. Interrogatus de alta justicia, dicit quod dominus comes habet altam justiciam in suis herbergatis, et dominus de Bonolio similiter in suis. — De aliis nichil scit.

Testes producti ex parte domini comitis Pictavensis.

XXII. Morellus, sexagenarius, productus testis ex parte domini comitis, qui bene fuit in foresta per quadraginta annos, juratus, requisitus super mensuris, dicit quod semper vidit, usque bene quinque anni sunt elapsi, quod unus accipiebat mensuram ab alio, sine requisicione quacunque, sed postea, bene sunt illi quinque elapsi, Naverius inhibuit apud Travazai et herbergatis domini comitis, ne ipsi acciperent mensuram, nisi per gentes domini comitis. Requisitus de cujus jurisdictione sint illi de Travazai, dicit quod multociens vidit illos venire et parere juri coram domino de Bonolio et semper ire ad submonicionem suam ad Corbeondionem et alibi. Requisitus utrum dicti homines faciant sacramentum fidelitatis domino comiti, dicit quod sic, et eciam omnes homines domini de Bonolio. Interrogatus a quo teneat Helias Chalumeaus, dicit quod a Raginaldo de Maris. Interrogatus a quo teneat Raginaldus de Maris, dicit quod a domino comite. Requisitus quomodo scit, dicit quod audivit dici. Requisitus de cujus jurisdictione sint dictus Tardi, Petrus de Prato, Lanbertus Doré, Petrus Forré, Gilebertus Forestarius, Parvus Morellus, Pignon Chapon, dicit quod sunt de jurisdictione comitis. Interrogatus si dominus comes habeat super eos censum et costumam, dicit quod sic. Requisitus quomodo scit, dicit quia sunt herbergati sui. Requisitus super alta justicia illorum de Travazai, dicit quod dominus comes habet altam justiciam, sicut credit, sed nunquam vidit explectari. Interrogatus a quo teneat Petrus Vesins, dicit quod a Guillelmo Potet, qui tenet a domino comite. Interrogatus a quo moveat herbergamentum in quo moratur Guillelmus Potet ab antiquo, dicit quod nescit aliud quod eos qui ibi solebant morari, scilicet les Travazains, vidit semper venire et parere juri coram domino de Bonolio. Interrogatus super exarta Philipi Gaumer, dicit quod bene sunt viginti quinque anni elapsi, ipse qui loquitur, de mandato Pojole, ejecerunt Philipum Gaumer de dictis exartis et amoverunt metas, quas mandatum vicecomitis ibi posuerat. De aliis nichil scit.

XXIII. Airaudus d'Alet, productus testis ex parte domini comitis, juratus, requisitus super mensuris, dicit quod olim vidit, diu est, per multum temporis usque ad inhibicionem Naverii, quod homines dictorum locorum quandoque accipiebant mensuras a domino de Bonolio vel mandato suo, quandoque unus ab alio. Requisitus de jurisdictione, exercitu et calvacata dictorum locorum, dicit quod dominus comes habet omnia illa super herbergatos suos, qui sunt tales : Petrus de Prato, defunctus Tardi, Lanbertus Doré, Petrus Forré, Gilebertus Forestarius, Pignon Chapon, Parvus Morelli. Item dicit quod manentes apud Travazai, elapsi sunt viginti anni, se avoant a domino comite, sed antea, ut audivit dici, erant de jurisdictione domini de Bonolio, sed hoc nonquam vidit; credit tamen quod dominus de Bonolio habet altam justiciam et bassam super herbergatos suos, et similiter dominus comes supra suos. De aliis nichil scit nisi de auditu.

XXIV. Petrus Chalumeau, quinquagenarius, productus testis ex parte domini comitis, juratus, requisitus super mensuris, dicit quod semper vidit quod unus accipiebat mensuram ab alio, sine requisicione domini. Dicit quod herbergati de Travazai se avoabant a domino comite, verumptamen audivit dici quod ipsi accipiebant mensuram a domino de Bonolio. Item dicit quod bene audivit dici quod ipsi ibant in exercitu domini de Bonolio, sed nonquam vidit. Item dicit de herbergatis domini comitis, sicut precedens. De aliis nichil scit nisi de auditu.

XXV. Gilebertus Forestarius, quinquagenarius, productus testis ex parte domini comitis, juratus, requisitus utrum sciat si dominus de Bonolio habet jus ponendi mensuras, jurisdictionem et districtum, exercitum et calvacatam et altam justiciam in herbergatis domini comitis, dicit quod non habet. Requisitus quomodo scit, dicit quod nonquam vidit quod dominus de Bonolio in illis aliquid explectaret. Interrogatus qui sint herbergati domini comitis, dicit : Radulphus de Prato, defunctus Tardi, Lanbertus Doré, Gilebertus Forestarius, Petrus Forré, Parvus Morelli, Pignon Chapon; Helias Chalumeau, Johannes Godereau, Petrus Jading, qui sunt herbergati Raginaldi de Marys, qui tenet a domino comite, in quibus tribus dominus de Bonolio habet similiter nullam jurisdictionem. Interrogatus utrum sciat si dominus de Bonolio habeat omnem jurisdictionem in herbergatis fratrum de Travazai, dicit quod sic. Requisitus quomodo scit, dicit quod audivit dici. Interrogatus super exartis Philipi Gaumer, dicit quod audivit dici quod prepositus de Bonolio tradidit exartum Philipi Gaumer colendum, et postmodum venit dictus Pojole, qui tunc erat magister foreste, fecit metas avelli et bladum illius anni ad domum cujusdem hominis in custodia deferri, nec postmodum fuit bladum requisitum; diu remansit terra sine agricultura, et hoc vidit Naverius, magister in Moleria, tradidit dictum exartum colendum. Interrogatus super exartis de Podio de Pelac, dicit quod fuit contencio inter capiceriam Sancte Crucis et dominum comitem, quo audito, senescalus Theobaldus fecit inquestam fieri, et invenit per inquestam quod capiceria habuit duas partes et dominus comes terciam partem, sed nonquam audivit quod dominus de Bonolio aliquid haberet. Interrogatus super exartis de valle Lobere, dicit quod audivit dici quod prius fuerunt nemora et postmodum fuerunt exarta foreste et tradita ad colendum ex parte comitis, et nonquam audivit dici quod dominus de Bonolio aliquid haberet. De aliis nichil scit.

XXVI. Helyas Chalumeau, quadragenarius, productus testis ex parte domini comitis, juratus, requisitus utrum sciat si dominus de Bonolio habeat aliquam jurisdictionem in herbergatis domini comitis nec in tribus herbergatis Raginaldi de Marys, dicit quod non. Requisitus quomodo scit, dicit quod nonquam vidit aliquid expletare. Interrogatus qui sint herbergati comitis, dicit : Radulphus de Prato, defunctus Tardi, Lanbertus Doré, Petrus Forré, Gilebertus Forestarius, Parvus Morelli, Pignon Chapon. Interrogatus super herbergatis de Travazai, dicit quod credit quod dominus comes habeat jurisdictionem. Interrogatus super exartis Philipi Gaumer, dicit idem quod Gilebertus. De aliis nichil scit.

XXVII. Petrus Repar, quadragenarius, productus testis ex parte domini comitis, juratus, requisitus utrum sciat si dominus de Bonolio habeat aliquam jurisdictionem in herbergatis domini comitis, dicit quod non habet. Requisitus quomodo scit, dicit quod nonquam vidit quod dominus de Bonolio aliquid explectaret, nec eciam in tribus herbergatis Raginaldi de Marys. Interrogatus qui sint herbergati domini comitis, dicit : Radulphus de Prato, defunctus Tardi, Lanbertus Doré, Petrus Forré, Gilebertus Forestarius, Parvus Morelli, Pignon Chapon. Interrogatus super herbergatis de Travazai, dicit quod dominus de Bonolio habet omnem jurisdictionem. Requisitus quomodo scit, [dicit] quod semper vidit explectare. Interrogatus super exartis Philipi Gaumer, dicit sicut Gilebertus Forestarius. De aliis nichil scit.

XXVIII. Raymondus Forestarius, productus testis ex parte domini comitis, juratus, requisitus utrum sciat si dominus de Bonolio habeat aliquam jurisdictionem in herbergatis domini comitis et in tribus herbergatis Raginaldi de Marys, dicit quod non habet. Requisitus quomodo scit, dicit quod non vidit quod dominus de Bonolio aliquod explectaret. Interrogatus qui sunt herbergati domini comitis, dicit Radulphus de Prato, defunctus Tardi, Lanbertus Doré, Petrus Forré, Parvus Morelli, Gilebertus Forestarius, Pignon Chapon. Interrogatus super herbergatis de Travazai, dicit quod nichil scit, nisi quod audivit dici quod avoabant se a domino comite. Interrogatus super exartis Philipi Gaumer, dicit quod Adam Le Penetier, qui tunc erat senescalus, et Pojole venerunt et invenerunt quod dominus comes habebat ibi suam jurisdictionem, et similiter in exartis Jorget dicit quod dominus comes habet suam jurisdictionem, nec unquam vidit quod dominus de Bonolio aliquid explectaret. De aliis nichil scit.

XXIX. Stephanus Anglicus, quinquagenarius, productus testis ex parte domini comitis, juratus, requisitus utrum sciat si dominus de Bonolio habeat jurisdictionem aliquam in herbergatis predictis domini comitis et in tribus herbergatis Raginaldi de Maris, dicit quod non habet. Interrogatus quomodo scit, dicit quod nonquam vidit quod dominus de Bonolio aliquid explectaret. Interrogatus super herbergatis de Travazai, dicit quod dominus de Bonolio habet omnem jurisdictionem. Requisitus quomodo scit, dicit quod vidit multociens quod dominus de Bonolio habebat explectamenta in illis. Interrogatus super exartis Philipi Gaumer et super exartis de valle Lobere et super exartis de Podio de Pelac, dicit [quod] dominus comes habet jurisdictionem et nonquam vidit quod aliquis alius aliquid explectaret. De aliis nichil scit.

XXX. Aymericus Pignon, tricesimus (*sic*), productus testis ex parte domini comitis, juratus, requisitus utrum sciat si dominus de Bonolio habeat aliquam jurisdictionem in herbergatis domini comitis et in tribus herbergatis Raginaldi de Marys, dicit sicut Gilebertus Forestarius. Interrogatus super herbergatis illorum de Travazai, dicit quod audivit quod dominus de Bonolio semper habuit omnem jurisdictionem. Interrogatus super exartis Philipi Gaumer, dicit [quod] audivit dici quod dominus de Bonolio habuit aliquam jurisdictionem, verumptamen, dicit quod nonquam vidit quod aliquis explectaret aliquid nisi dominus comes. De aliis nichil scit.

XXXI. Petrus Forré, quadragenarius, productus testis ex parte domini comitis Pictavensis, interrogatus super herbergamentis predictorum locorum utrum sint in castellania Pictavensi, dicit quod sic et eciam Bonolium. Interrogatus a quo moveat suum herbergamentum, dicit quod tenet ad censum a domino comite. Interrogatus sub quo sint herbergati Petrus de Prato, defunctus Tardi, Lanbertus Doré, Gilebertus Forestarius, Parvus Morellus, Pignon Chapon, Petrus Forré, dicit quod sunt herbergati sub domino comite et ab ipso movent. Interrogatus super mensuris, a quo accipiant mensuras dicti homines, dicit quod unus accipiebat ab alio, sine requisicione domini, quousque Naverius, magister in Moleria, inhibuit eis ne acciperent mensuras nisi ab ipso, non sunt sex anni elapsi. Interrogatus super jurisdictione, exercitu et calvacata et alta justicia dictorum locorum, dicit quod dominus comes habet jurisdictionem, exercitum et calvacatam, et altam justiciam in locis predictis. Interrogatus quomodo scit, dicit quod semper vidit explectare; de exercitu et calvacata dicit [quod] ad submonicionem servientis comitis ivit et herbergati dictorum locorum ad Rupam sur Hion. Requisitus super herbergamentis Helye Chalumeau, dicti Jading, Johannis Godereau, dicit se nichil scire. Interrogatus super herbergamentis de Travazai, scilicet super herbergamentis Helie de Travazai, Johannis de Travazai, Ayraudi de Travazai, Peignaut de Travazai, Petri Bellepeau, dicit quod multociens vidit eos venire et parere juri coram domino de Bonolio vel ejus mandato; de exercitu et calvacata et alta justicia nihil scit. Interrogatus a quo moveant herbergamenta Johannis Macaing, Petri Vezins, dicit se nichil scire. Interrogatus super herbergamentis Philipi Gaumer, dicit se nichil scire. Interrogatus super exarto Petri Jorget de valle Lobere, et super exarto de Podio de Pelac, dicit quod nonquam vidit fieri explectamenta nisi a domino comite. Interrogatus super quadam pecia terre site prope domum Guillelmi Chaumeau, dicit se nichil scire; similiter dicit de terra Johannis Bigot.

XXXII. Johannes Charetier, quadragenarius, productus testis ex parte domini comitis, juratus, requisitus a quo moveat suum herbergamentum, dicit quod movet a domino comite, et de dicto herbergamento reddit censum domino comiti vel mandato ejus. Interrogatus a quo moveant herbergamenta dictorum locorum, scilicet herbergamentum Petri de Prato, defuncti Tardi, Lanberti Doré, Gileberti Forestarii, Parvi Morelli, Pignon Chapon, Petri Forré, dicit quod a domino comite. Interrogatus quomodo scit, dicit quod tenent ad censum dicta herbergamenta. Interrogatus super mensuris dictorum locorum, a quo accipiebant mensuras, dicit quod unus accipiebat ab alio mensuram sine requisicione domini, quousque Naverius, magister in Moleria, inhibuit eis ne acciperent mensuram nisi ab ipso, bene sunt sex anni elapsi. Interrogatus super jurisdictione et districtu dictorum locorum, dicit quod dominus comes habet omnem jurisdictionem in locis predictis. Interrogatus quomodo scit, dicit quod semper vidit explectare. Interrogatus super exercitu et calvacata, dicit quod dominus comes habet exercitum et calvacatam in locis predictis. Interrogatus quomodo scit, dicit quod audivit dici quod herbergati dictorum locorum, ad submonicionem servientum domini comitis, semper ierunt ad exercitum et calvacatam domini comitis. Interrogatus super alta justicia dictorum locorum, dicit quod dominus comes habet altam justiciam in locis predictis. Requisitus quomodo scit, dicit quod audivit dici et hoc credit. Interrogatus utrum dominus de Bonolio habeat aliquod dominium in locis predictis, dicit quod non. Interrogatus a quo moveant herbergamenta Helye Chalumeau, dicti Jading, Johannis Godereau, dicit se nichil scire. Interrogatus a quo moveant herbergamenta illorum de Travazai, scilicet Helye de Travazai, Johannis de Travazai, Ayraudi de Travazai, Peinaut de Travazai, Petri Bellepeau, dicit se nichil scire. Interrogatus super herbergamentis Johannis Machain, Petri Vesins, dicit se nichil scire. Interrogatus super exartis Philipi Gaumer, dicit quod audivit dici quod movent a vicecomite. Interrogatus super exartis de Podio de Pelac, dicit se nichil scire. Interrogatus super exartis Petri Jorget, sitis in valle Lobere, dicit se nichil scire. Interrogatus super exartis Guillelmi Bigot et super quadam pecia terre sita prope domum Guillelmi Chaumeau, dicit se nichil scire.

XXXIII. Petronilla, vidua de valle Lobere, quadragenaria, producta testis ex parte domini comitis, jurata, requisita a quo moveat suum herbergamentum, dicit quod tenet dictum herbergamentum a domino comite ad censum. Interrogata a quo moveant herbergamenta dictorum, scilicet herbergamentum Petri de Prato, defuncti Tardi, Lanberti Doré, Gileberti Forestarii, Petri Forré, Parvi Morelli, Pignon Chapon, dicit quod dicti homines tenent dicta herbergamenta a domino comite ad censum. Interrogata super mensuris, a quo accipiebant mensuras antequam Naverius, magister in Moleria, inhiberet eis ne acciperent mensuram nisi ab ipso, non sunt sex anni elapsi, accipiebant mensuram a Gileberto Forestario. Interrogata super jurisdictione et districtu, exercitu et calvacata et alta justicia dictorum herbergatorum, dicit quod dominus comes habet jurisdictionem et districtum, exercitum et calvacatam et altam justiciam in locis predictis. Interrogata utrum dominus de Bonolio habeat aliquod dominium vel aliquam jurisdictionem in locis predictis, dicit quod non. Interrogata a quo moveant herbergamenta illorum de Travazai, scilicet Helye de Travazai, Johannis de Travazai, Ayraudi de Travazai, Peignaut de Travazai, Petri Bellepeau, et a quo moveant herbergamenta Helye Chalumeau, Jading, Johannis Godereau, et interrogata a quo moveant herbergamenta Johannis Machaing, Petri Vesin, dicit se nichil scire. Interrogata super exartis Philipi Gaumer et super exartis de Podio de Pelac et super exartis Petri Jorget sitis in valle Lobere, et super medietate cujusdam exarti quod tenet Guillelmus Bigot, et super quadam pecia terre sita prope domum Guillelmi Chaumeau, dicit se nichil scire.

XXXIV. Gaufridus de Tusca, quadragenarius, productus testis ex parte domini comitis, juratus, requisitus a quo moveat suum herbergamentum, dicit quod tenet dictum herbergamentum ad censum a domino comite. Interrogatus a quo moveant herbergamenta dictorum locorum, scilicet herbergamentum Petri de Prato, defuncti Tardi, Lanberti Doré, Petri Forré, Gileberti Forestarii, Parvi Morelli, Pignon Chapon, dicit quod tenent herbergamenta sua ad censum a domino comite. Interrogatus super mensuris dictorum locorum, dicit quod, antequam Naverius, magister in Moleria, inhiberet herbergatis dictorum locorum, accipiebant mensuras unus ab alio, non sex anni elapsi. Interrogatus utrum dominus comes habeat jurisdictionem et districtum in locis predictis, exercitum et calvacatam et altam justiciam, dicit quod sic. Requisitus quomodo scit, dicit quod audivit dici et credit quod dominus comes habuerit explectamentum in locis predictis. Requisitus utrum dominus de Bonolio habeat aliquod deverium vel jurisdictionem in herbergatis comitis, dicit quod non. Interrogatus utrum sciat a quo moveant herbergamenta illorum de Travazai, scilicet Helye de Travazai, Johannis de Travazai, Ayraudi de Travazai, Peignaut de Travazai, Petri Bellepeau, dicit quod nescit. Interrogatus utrum dominus de Bonolio habeat jus ponendi mensuras bladi et vini in locis predictis de Travazai, et utrum habeat jurisdictionem in locis predictis, exercitum et calvacatam et altam justiciam, audivit dici quod sic, et in herbergamentis Johannis Machain, Petri Vesins, et in herbergamentis Helye Chalumeau, Joannis Godereau, dicti Jading, similiter. Requisitus quomodo scit quod dominus habet exercitum et calvacatam in illis herbergatis, et altam justiciam, dicit quod audivit dici ; verumptamen dicit quod herbergatos illorum locorum vidit aliquociens venire et parere juri coram domino de Bonolio. Interrogatus utrum dominus comes habeat jus ponendi mensuras in locis predictis de Travazai, jurisdictionem, exercitum et calvacatam, credit quod non, quia vidit explectamentum fieri de illis apud Bonolium. Interrogatus super exartis Philipi Gaumer et super exartis de Podio de Pelac, et super medietate cujusdam exarti quod tenet Guillelmus Bigot, et super quadam pecia terre sita prope domum Guillelmi Chaumeau, dicit se nichil scire. Interrogatus super exartis Petri Jorget sitis in valle Lohere, dicit quod Petrus Jorget tenet a domino comite ad quintum.

XXXV. Guillelmus Bernardeau, triginta quinque annorum, productus testis ex parte domini comitis, juratus, requisitus a quo teneat suum herbergamentum, dicit quod tenet a domino comite ad censum. Interrogatus utrum sciat a quo moveant herbergamenta Petri de Prato, defuncti Tardi, Lanberti Doré, Gileberti Forestarii, Petri Forré, Parvi Morelli, Pignon Chapon, dicit quod dicti homines tenent ea ad censum a domino comite. Interrogatus super mensuris vini et bladi, dicit quod accipiebant mensuras a Gileberto Forestario, quousque Naverius inhibuit eis ne acciperent mensuras nisi ab ipso, bene sunt sex anni elapsi. Interrogatus utrum sciat quod dominus comes habeat jurisdictionem, districtum, exercitum et calvacatam, et altam justiciam, dicit quod sic, quia semper audivit dici quod dominus comes habuit in illis explectamentum. Requisitus utrum dominus de Bonolio habeat aliquam jurisdictionem in herbergatis domini comitis, dicit quod non. Interrogatus super herbergatis de Travazai, scilicet super herbergamento Helye de Travazai, Johannis de Travazai, Ayraudi de Travazai, Peinaut de Travazai, Petri Bellepeau, a quo moveant, dicit quod a domino de Bonolio. Interrogatus quomodo scit, dicit quod audivit dici. Interrogatus utrum sciat quod dominus de Bonolio habeat jus ponendi mensuras in locis predictis de Travazai, et utrum habeat jurisdictionem et districtum, exercitum et calvacatam, et altam justiciam in illis locis, dicit quod sic. Interrogatus quomodo scit de jurisdictione et districtu, dicit quod multociens vidit eos venire et parere juri coram domino de Bonolio; verumptamen audivit dici quod habet exercitum et calvacatam et altam justiciam. Interrogatus a quo moveant herbergamenta Helye Chalumeau, Johannis Godereau, Jadins, dicit se nichil scire, nisi quod dicit quod multociens vidit eos venire et parere juri coram domino de Bonolio. Interrogatus a quo moveant herbergamenta Johannis Machain, Petri Vesins, dicit quod movent a domino de Bonolio. Interrogatus quomodo scit, dicit quod nescit nisi quia vidit eos venire et parere juri coram domino de Bonolio vel ejus mandato. Interrogatus utrum dominus comes habeat jus ponendi mensuras, exercitum et calvacatam, jurisdictionem et districtum, altam justiciam, dicit quod sic, quia audivit dici. Interrogatus super exartis Philipi Gaumer, dicit quod vidit reddi duos solidos de illo exarto domino de Bonolio per quinque annos. Interrogatus super exartis Petri Jorget de valle Lobere et super exartis de Podio de Pelac, dicit quod in illis habet dominus comes suum deverium. Interrogatus super exarto Johannis Bigot et super quadem pecia terre sita prope domum Guillelmi Chaumeau, dicit se nichil scire.

XXXVI. Johannes Saturnini, quinquagenarius vel circa, juratus, examinatus, testis productus ex parte domini comitis Pictavensis. Interrogatus quis habeat jus ponendi mensuras in locis predictis, dixit quod credit quod dominus comes habeat jus ponendi mensuras in herbergatis suis et dominus de Bonolio in suis, tamen bene audivit dici quod ipsi solebant accipere mensuras apud Bonolium. Interrogatus sub cujus juridictione predicti consistant, dixit quod herbergati domini comitis, sicut credit, sunt de juridictione domini comitis. Interrogatus qui de illis, quos dominus Gaufridus ponit in peticione sua, sint herbergati domini comitis, dixit quod P. de Prato, dictus Tardi, Lambertus Doré, P. Forré, Gilbertus Forestarius, Parvus Moreas et Pinon Chapon. Interrogatus sub quo herbergati sint Helyas Chalumeas, Johannes Godereas et Ayraudus Jadins, dixit quod sub Raginaldo de Maris. Interrogatus quomodo scit, dixit quod vidit reddi censum ab eis dicto Raginaldo in Ramis Palmarum. Interrogatus a quo teneat Raginaldus de Maris, dixit quod nescit. Interrogatus sub cujus juridictione sint herbergati de Travazay, dixit quod nescit, set bene vidit Heliam de Travazai aliquociens placitare coram domino de Bonolio. Requisitus a quo teneant P. Vesin et Johannes Macain, dixit quod a Guillelmo Potet. Requisitus cujus sint justiciarii, dixit quod domini de Bonolio. Requisitus si unquam vidit eos coram ipso placitare, dixit quod non. Interrogatus super exercitu et calvacata, dixit quod dominus comes habet exercitum et calvacatam super herbergatos suos predictos, sicut credit. Requisitus si unquam vidit eos herbergatos domini comitis predictos ire in exercitu domini comitis predicti, dixit quod bene vidit quod ipse qui loquitur et alii herbergati domini comitis ibant ad submonicionem gentium domini comitis, nec tenentur ire ad submonicionem vicecomitis de Castro-Ayraudi. Requisitus si unquam vidit alios ire in exercitu et calvacata, dixit quod non. Interrogatus super alta justicia, dixit quod nichil scit. Interrogatus utrum sciat quod dominus de Bonolio habeat duos solidos de censu super essarto Philipi Gaumer, dixit quod nichil scit, set vidit Heliam Gaumer multociens, bene sunt viginti anni, arantem in dicto essarto. Interrogatus si sciat a quo moveant ab antiquo essarta de Podio de Pelac, dixit se nichil scire, nisi quod credit quod moveant a domino comite modo. Interrogatus si sciat a quo moveant essarta Petri Jorget sita in valle Lobere, dixit quod a domino comite. Interrogatus quomodo scit, dixit quod semper vidit reddi quintum bladi illius essarti et censum gentibus domini comitis. Interrogatus si sciat a quo moveat essartum Guillelmi Bigot, dixit quod nichil scit, tamen bene scit quod gentes domini comitis tradiderunt illud ad colendum dicto Bigot, decem anni sunt elapsi, nec viderat antea ibi bladum vel culturam aliquam. Interrogatus si sciat a quo moveat pecia terre, que est prope domum Guillelmi Chaumea, dixit quod nescit ubi est terra illa, nec ubi sit domus illa, quia non novit illum Guillelmum.

XXXVII. Aymericus Saturnini, productus testis ex parte comitis Pictavensis, juratus, et interrogatus si sciat quis habeat jus ponendi mensuras ad vinum et bladum in locis predictis, dixit quod dominus de Bonolio sicut credit. Requisitus quare credat, dixit quod semper vidit homines manentes in dictis locis accipere mensuras apud Bonolium, ita quod unus comodabat mensuram alii, sine requisicione domini. Interrogatus si sciat a quibus dominis moveant loca predicta, dixit quod herbergamenta Petri de Prato, dicti Tardi, Lamberti Doré, Petri Forré, Gilberti Forestarii, Parvi Morea et Pinon Chapon movent a domino comite. Requisitus quomodo scit, dixit quia servientes de Molaria herbergaverunt eos et reddunt censos domino comiti de herbergamentis suis. Requisitus qui habeat jurisdictionem in eis, dixit quod dominus comes. Requisitus quomodo scit, dixit quod vidit eos parere juri coram gentibus domini comitis. Requisitus a quo movent alia herbergamenta, dixit quod omnia herbergamenta de Travazay, herbergamentum Petri Vesin, Petri Belepea et P. Saire sunt de feudis vicecomitis. Requisitus quomodo scit, dixit quod semper audivit dici a patre suo et ab antiquis quod movebant ab eo et semper placitabant et veniebant coram domino de Bonolio, et maxime tempore ipsius qui loquitur, fuerunt degagiati illi de Travazay apud Bonolium, sicut dixerunt ei illi qui interfuerunt. Interrogatus a quo teneant herbergamenta sua Helyas Chalumea, Johannes Godereas et Ayraudus Jadin, dixit quod a Raginaldo de Maris, sicut credit, quia ita audivit dici. Requisitus a quo teneat Reginaldus de Maris, dixit se nichil scire. Requisitus a quo teneat Johannes Maquain, dixit quod nescit. Interrogatus super exercitu et calvacata, dixit quod nullum explectamentum vidit super hoc, quare nescit quid debeat super hoc dicere. Interrogatus super alta justicia, dixit se nichil scire. Interrogatus si sciat quod dominus de Bonolio habeat duos solidos de censu in essarto Philipi Gaumer, dixit se nichil scire. Interrogatus si sciat a quo moveant essarta de Podio de Pelac, dixit quod movent a domino comite. Requisitus quomodo scit, dixit quia gentes domini comitis tradiderunt illa ad colendum dicto Raymondo et hoc vidit. Interrogatus si sciat a quo moveant essarta Petri Jorget, dixit quod a domino comite. Requisitus quomodo scit, dixit quia ille Petrus reddit gentibus domini comitis de aliqua parte illius essarti censum et ex alia parte quintum. Interrogatus super essarta Guillelmi Bigot, dixit idem quod precedens. Interrogatus de pecia terre site prope domum Guillelmi Chaumea, dixit se nichil scire.

XXXVIII. Ayraudus Cossaudi, quadragenarius vel circa, productus testis ex parte domini comitis Pictavensis, juratus et requisitus super mensuris, dixit quod semper vidit quod manentes in dictis locis accipiebant mensuram unus ab alio sine requisicione domini, nec aliud vidit. Interrogatus si sciat a quibus dominis moveant loca predicta, dixit quantum ad herbergatos domini comitis idem quod precedens. Interrogatus a quo teneant omnes alii, dixit quod semper audivit dici quod herbergati de Travazay se advoabant per dominum comitem. Interrogatus si unquam vidit eos venire pro jure faciendo coram gentibus domini comitis, dixit quod non, set bene vidit eos multociens venire et parere juri coram domino de Bonolio. Interrogatus a quo teneant Helyas Chalumea, Johannes Goderea et Maquain, dixit quod a Raginaldo de Maris. Requisitus a quo tenet dictus Raginaldus, dixit quod a vicecomite, sicut credit. Interrogatus de cujus juridictione sint ipsi tres, dixit quod de juridictione de Bonolio. Requisitus quomodo scit, dixit quod semper vadunt apud Bonolium facere jus, set hoc non vidit. Interrogatus super exercitu et calvacata, et alta justicia, dixit se nichil scire. Interrogatus si sciat quod dominus de Bonolio habeat duos solidos de censu in essarto Philipi Gaumer, dixit quod sic, ut audivit dici. Interrogatus super essarto de Podio de Pelac, nichil scit. Interrogatus super essarto Petri Jorget et Guillelmi Bigot et pecia terre sita prope domum Guillelmi Chaumea, dixit idem quod precedens.

XXXIX. Lambertus Doré, quadragenarius, productus testis ex parte domini comitis Pictavensis, juratus et interrogatus super mensuris vini et bladi, dixit quod ex quo herbergavit in loquo in quo manet, Gilbertus, serviens domini comitis vel mandatum suum, tradidit ei semper mensuras, set antea bene accipiebat mensuras a mandato domini de Bonolio, quia morabatur ibi prope sub ipso domino, et bene audivit dici ab antiquis quod mensuram solebant accipere apud Bonolium manentes in locis predictis. Interrogatus si unquam vidit quod terra ubi ipse moratur fuit unquam quarteria domini de Bonolio, dixit quod non, nec audivit aliquem qui eam vidisset quarteriam. Interrogatus super juridictione dictorum locorum, dixit quod bene scit quod qui vellet convenire manssionarium comitis, ipsi convenirentur coram gentibus ipsius comitis. Requisitus qui de predictis sint manssionarii comitis, dixit quod ipse qui loquitur, P. de Prato, Tardi, P. Forré, Gilbertus, Parvus Morelli, Pinon Chapon. Interrogatus sub quo domino morentur alii, dixit quod bene audivit dici avie sue quod li Travazaien erant semper justiciarii domini de Bonolio. Interrogatus a quo teneant herbergamenta sua alii nominati in peticione domini Gaufridi de Lezigniaco, dixit quod Helias

Chalemeas, Johannes Goderelli et Ayraudus Jadin tenent a Petro de Maris et sunt de juridictione de Bonolio, prout audivit dici, nec aliud super hoc scit, set Johannes Maquain tenet ab ecclesia, sicut credit. Interrogatus super exercitu et calvacata et alta justicia dictorum locorum, dixit quod nullum de hoc vidit expletum de quo recolat, set bene scit quod nec ipse nec alii herbergati comitis tenentur ire ad submonicionem vicecomitis. Interrogatus si dominus de Bonolio habeat duos solidos de censu super essarto Philipi Gaumer, dixit se nichil scire. Interrogatus si sciat a quo moveant essarta de Podio de Pelac, dixit quod nescit, set bene audivit dici quod movebant a domino de Bonolio. Interrogatus super essartis que tenet P. Jorget in valle Lobere, dixit se nichil scire, set bene audivit dici quod movent a domino de Bonolio. Interrogatus de exarto Guillelmi Bigot et de pecia terre Guillelmi Chaumea, dixit quod audivit dici quod debent movere a domino de Bonolio, set modo movent a domino comite Pictavensi.

XL. Johannes Vevien, octogenarius, productus testis ex parte domini comitis Pictavensis, juratus, requisitus super predictis locis, utrum sint de castellania Pictavensi, dicit quod sic, et eciam Bonolium. Interrogatus super mensuris predictorum locorum, dicit quod manentes in dictis locis accipiebant mensuras apud Bonolium et vidit quod homines de Bonolio talliabant mensuram unus alii, sine requisicione domini. Interrogatus de cujus juridictione sint herbergati apud Travazai, dicit quod de juridictione domini de Bonolio. Requisitus utrum vidit unquam eos respondere coram domino comite vel suis, dicit quod non. Requisitus super exercitu et calvacata, dicit quod dominus de Bonolio habet apud Travazai suum exercitum et calvacatam. Requisitus quomodo scit, dicit quod ipse vidit, bene sunt triginta anni et plus elapsi, quod ipsi herbergati apud Travazai iverunt cum domino Gaufrido de Leziniaco, qui tunc erat dominus de Boñolio, apud Marolium in exercitu, et ibi interfectus fuit dominus W. de Valencia. Interrogatus super alta justicia, dicit quod spectat ad dominum de Bonolio. Requisitus quomodo scit, dicit quia, sicut dominus de Bonolio habet altam justiciam in aliis hominibus suis, ita habet in illis, sicut credit. Interrogatus a quo moveant herbergamenta talium, scilicet Petri de Prato, Petri Forré, Gileberti Forestarii, Parvi Morelli, Pignon Chapon, Lamberti Doré, dicti Tardi, dicit quod credit quod olim moverent a vicecomite Castri-Ayraudi, sed postea gentes comitis ad se traxerunt. Interrogatus si vidit quod dictus vicecomes aliquid explectaret super dictis herbergamentis, dicit quod non. Requisitus quare credit ergo quod moveant a dicto vicecomite, non reddit causam credulitatis sue, nisi quod vidit, non est diu, quod dominus Symon de Baudimento fecit pro vicecomite quamdem inspectionem super terris moventibus a vicecomite, et in illa inspectione fuit domus Farre et Lamberti Doré. Requisitus a quo teneat Petrus Vesins, dicit quod a vicecomite, ut credit. Interrogatus cujus mansionarii sint Helyas Chalumeaus, Johannes Godereaus, dictus Macaings, dictus Jadins, dicit quod nescit. Interrogatus utrum viderit quod dominus de Bonolio aliquid juridictionis, exercitum vel calvacatam explectaverit super predictis, scilicet Petro de Prato, dicto Tardi, Lamberto Doré, Gileberto Forestario, Petro Farre, Parvo Morelli, Pignon Chapon, Helya Chalumeau, Johanne Godereau, Johanne Machain et Ayraudo Jadin, dicit quod non, salvo quod Heliam Chalumeau semper vidit eos (sic) venire et parere juri coram domino de Bonolio. Interrogatus utrum dominus de Bonolio debeat habere duos solidos super exartis Philipi Gaumer, dicit quod sic. Interrogatus quomodo scit, dicit quod multociens vidit solvi. Interrogatus super exartis de Podio de Pelac, a quo moveant ab antiquo, dicit quod nescit, nisi quod audivit dici a matre sua quod movebant a quodam qui vocabatur Morinus. Interrogatus a quo moveant exarta

Petri Jorget, dicit quod movent a domino comite. Interrogatus si sciat a quo moveat exartum Guillelmi Bigot, dicit quod a domino de Bonolio. Interrogatus quomodo scit, dicit quod vidit reddi freceingas dicto domino. Interrogatus de quadam pecia terre sita prope domum Guillelmi Chaumeau, dicit se nichil scire.

XLI. Guillelmus Bobert, quinquagenarius, productus testis ex parte comitis, [juratus, interrogatus] super herbergamentis dictorum locorum, utrum sint de castellania Pictavensi, dicit quod sic et eciam Bonolium. Interrogatus a quo moveant herbergamenta dictorum, scilicet Petri de Prato, Lamberti Doré, Petri Forré, Gileberti Forestarii, Parvi Morelli, Pignon Chapon, a quo moveant, dicit quod a domino comite. Interrogatus quomodo scit, dicit quod semper vidit explectare. Interrogatus super mensuris dictorum locorum, dicit quod in dictis locis unus accipiebat mensuram ab alio usquequo Naverius, magister in Moleria, inhibuit eis ne acciperent mensuram nisi ab ipso, bene sunt sex anni elapsi. Interrogatus super exercitu et calvacata, dicit quod dominus comes habet exercitum et calvacatam in dictis locis. Requisitus quomodo scit, dicit quod semper vidit explectare. Requisitus super jurisdictione et districtu dictorum locorum, dicit quod dominus comes habet omnem jurisdictionem in locis predictis. Requisitus quomodo scit, [dicit] quod semper vidit venire et parere juri coram comite vel mandato ipsius. Interrogatus super alta justicia, dicit quod dominus comes habet altam justiciam in locis predictis. Interrogatus super herbergamentis Helie Chalumeau, Johannis Godereau, Ayraudi Jadins, sub quo sint herbergati, dicit quod sub Raginaldo de Marys qui tenet a domino comite. Interrogatus a quo accipiant mensuras, dicit quod nescit, verumptamen credit quod debeant accipere mensuras a domino comite. Interrogatus super jurisdictione dictorum herbergatorum, scilicet Helye Chalumeau, Johannis Godereau, Jading, dicit quod Raginaldus de Marys habet juridictionem in istis. Requisitus quomodo scit, dicit quod multociens vidit venire et parere juri coram Raginaldo de Maris de faime-droit. Interrogatus super alta justicia, dicit quod dominus comes habet altam justiciam in illis. Interrogatus super exercitu et calvacata, credit quod dominus comes habeat exercitum et calvacatam in locis predictis. Interrogatus super herbergamento Johannis Machaing et Petri Vesins, dicit quod sunt herbergati sub Guillelmo Potet, qui tenet a domino comite. Interrogatus a quo accipiant mensuras, dicit quod a domino de Bonolio. Interrogatus quomodo scit, dicit quod ita vidit. Interrogatus super juridictione et districtu dictorum herbergamentorum sub Guillelmo Potet, dicit quod dominus de Bonolio habet juridictionem. Requisitus quomodo scit, dicit quod eos multociens vidit venire et parere juri coram domino de Bonolio vel ejus mandato. Requisitus super alta justicia, dicit quod credit quod dominus de Bonolio habet altam justiciam in dictis herbergatis Guillelmi Potet. — Requisitus super illis herbergatis de Travazai, dicit quod dominus de Bonolio habet jus ponendi mensuras in herbergamentis Helye de Travazai, Johannis de Travazai, Ayraudi de Travazai, Peinaut de Travazai, Petri Bellepeau, omnem juridictionem, exercitum et calvacatam, altam justiciam. Interrogatus super exartis Philipi Gaumer, dicit quod audivit dici quod Philipus Gaumer reddebat duos solidos domino de Bonolio. Interrogatus super exartis de Podio de Pelac, dicit se nichil scire. Interrogatus super exartis Petri Jorget, similiter. Interrogatus super quadam pecia terre, site prope domum Guillelmi Chaumeau, dicit quod movet a comite, et Naverius tradidit ad colendum.

XLII. Raginaldus de Maris, non productus testis, sed juratus, requisitus, dicit quod Helyas Chalumeau, Johannes Godereau, dictus Jading sunt censivi et mansionarii sui, et censum quem habet super herbergatos illos, tenet a domino comite una cum aliis rebus hereditariis. Interrogatus si faciat homagium domino comiti, dicit quod non, sed ipse debet sibi exercitum et calvacatam ad sumptus suos per quadraginta dies. Interrogatus utrum debeat exercitum et calvacatam domino de Bonolio, dicit quod non debet.

Au dos :

Hec est inquesta Gaufridi de Leziniaco, domini de Bonolio, super mansionariis de Travazai et aliis contentis in dicta inquesta, tradenda magistro Johanni de Senonis, de mandato domini comitis Pictavensis, [ut de illa] [1] fiat responsio infra palamentum vel ad palamentum dicto Gaufrido.

Invenies domum dicti magistri Johannis de Senonis, in vico Sancte Genovefe, Parisius.

Hec est inquesta vicecomitis Castri-Eraudi, qui petit sequi pedagium suum usque ad pontem Longe-Aque.

(Arch. nat. J. 1034, n° 56.)

Hii sunt testes pro parte vicecomitis.

I. P. de Morri, burgensis et homo legius vicecomitis Castri-Eraudi, juratus et requisitus, dixit quod, tempore vicecomitis Aymerici, erat prepositus Castri-Eraudi, VIII. annos habet vel amplius, consecutus fuit unum mercatorem inter elemosynariam et pontem Longe-Aque, quia ducebat unam cadrigatam frumenti, quam dicebat quod honeraverat apud Senelle in castellania Castri-Eraudi, et ducebat in Rupellam, et cepit et reversus fuit apud Castrum-Eraudi, pro levagio quod non reddiderat IIII. den. quos debebat, et duxit coram

---

1. Ce passage est complétement effacé. Les trois mots entre crochets ne sont qu'un essai de restitution.

vicecomite Aymerico; et idem mercator recognovit quod non reddiderat levagium et emandavit, et fecit emandam ajudicari dictus Aymericus usque ad lx. solidos vel amplius, et postea quitavit pro ii. sextariis avene. Requisitus si sciebat quis erat prepositus Pictavensis, dixit quod credit Johannes de Galardone junior. Requisitus si credit quod dictus Johannes vel servientes sui scirent, dixit quod non. Requisitus si unquam cepit pro pedagio Castri-Eraudi nullum qui portaret, nec vidit nec scivit quod alius caperet a trenchea de Neintre usque ad Longam-Aquam, dixit quod non. Requisitus quantum habet quod fuit prepositus, dixit quod habet sex annos sequentes, et dixit quod habet prope viii. annos et semper moratus fuit apud Castrum-Eraudi. Requisitus qualem costumam vocatur levagium, dixit omnes res quas mercator levat a vicecomitatu Castri-Eraudi et gerit extra.

II. Matheus Morin, burgensis vicecomitis et homo legius, juratus et requisitus, dixit quod vidit P. de Morri, prepositum Castri-Eraudi, adducere unum mercatorem et cadrigatam bladi per villam de Tricheria, in qua stabat, pro levagio suo quod gerebat, et mercator recognovit coram eo Matheo, et dixit quod ceperat inter Longam-Aquam et Tricheriam et ducebat apud Castrum-Eraudi pro emenda; sed nescit quomodo finivit, hoc excepto quod postea audivit dici a dicto P. quod habuerat ii. sextaria avene, nec unquam scivit quod justicia Pictavensis nichil sciret. Requisitus si vidit nec scivit unquam ullum arestare pro levagio a barra de Neintre usque ad Longam-Aquam, excepta illa vice, dixit quod non. Requisitus si vidit unquam nec scivit quod nullus esset arestatus pro pedagio, dixit quod non, et bene habet xxxv. annos quod fuit natus et semper moratus fuit apud Castrum-Eraudi et sepe reddit per illud iter apud Pictavim.

III. Nicholaus de Jarundia, juratus et requisitus, dixit quod nonquam vidit nec scivit capere, tempore vicecomitis

Castri-Eraudi levagium nec pedagium inter barram de Neintre et Longam-Aquam, et bene habet xxxv. annos quod est morans in vicecomitatu Castri-Eraudi, et bene fuit xv. annis serviens, nec plus scit.

IV. Gaufridus Anjorranz, juratus et requisitus, dixit quod non habet adhuc unum annum quod vidit servientem vicecomitis arestare apud Tricheriam, que est inter barram de Neintre et Longam-Aquam, iiii. cubas pannorum pro pedagio Castri-Eraudi, quod gerebant, sicut dicebat, et cadrigarii, qui ducebant pannos, perrexerunt conqueri apud Pictavis, mandato domini comitis Pictavensis; et vidit venire Johannem d'Autoil, servientem Ade Panetier qui tunc erat senescallus, qui liberavit cadrigas, et duxit servientem vicecomitis apud Pictavim, qui arestaverat, quia dicebat quod arestaverat in pedagio comitis Pictavensis, et dicebat quod vicecomes non debebat sequi pedagium suum nisi usque ad barram de Neintre; sed nescit quomodo serviens vicecomitis fuit liberatus. Requisitus quomodo sciebat hoc, dixit quod fuit presens. Item requisitus si vidit unquam nec audivit dici, alia vice quam ea, quod gentes vicecomitis Castri-Eraudi arestarent ullum pro pedagio inter barram de Neintre et Longam-Aquam, dixit quod non. Item requisitus si scit quod pedagium habeat ultra barram de Neintre erga Longam-Aquam, dixit quod nescit, sed dixit quod vicecomes habet tale dominium quod nullus habet : non potest jactare nuces que crescerent in sua baronia extra illam baroniam, si vicecomes vel mandatum ejus non dat preceptum quin ille qui jactat non perdat nuces et bestiam que ducit nuces, et si ille qui jactabit portat collo et gentes vicecomitis possunt consequi, perdit nuces et emandat; et dicit quod habet bene octo annos quod ducebat nuces apud Pictavim in cadriga sua cuidam tenatori Pictavensi, quas honeraverat in vicecomitatu : vidit quod Johannes Poitevins, serviens vicecomitis, arestavit eum inter pontem Longe-Aque et elemosynariam, et adduxit nuces et cadrigam apud Castrum-Eraudi et retinuit nuces, et ad hoc fuit presens, sed non vidit facere emandam; sed audivit dici post a dicto tenatore quod perdiderat nuces et constiterat LX. solidos. Requisitus si scit quod justicia Pictavensis sciret, dixit quod sic, et vidit pletum in aula Pictavensi, sed nescit quomodo res fuit definita; et dixit quod vidit, VII. annos habet vel amplius, quod Adam Panetier fecit ducere cum cadrigis apud Jaunaium quandam ulmum, que ceciderat de vanto in itinere, que erat inter barram de Neintre et Tricheriam, et audivit dici quod vicecomes peciit a domino Adam, sed nescivit nec audivit unquam dici quod dictus Adam nichil redderet.

V. Guillelmus Anjorranz, juratus et requisitus, dixit idem per omnia quod Gaufridus Anjorranz predictus.

VI. Hugo de Sancto-Egidio, juratus et requisitus, dixit de cubis pannorum, quas serviens vicecomitis arestavit apud Tricheriam, et quod servientes Pictavenses liberaverunt, et de serviente vicecomitis quem duxerunt, et de umo que cecidit de vanto in itinere quod est inter Tricheriam et barram de Neintre, et quam senescallus fecit duci apud Jaunaium, idem per omnia quod Gaufridus Anjorranz predictus, et dixit quod servientes senescalli dederunt eidem, quandam cocham. Requisitus si vidit nec unquam scivit quod gentes vicecomitis arestarent nullum pro pedagio inter barram de Neintre et pontem Longe-Aque, dixit quod non, sed vidit duos homines arestare inter Tricheriam et Longam-Aquam a serviente vicecomitis Castri-Eraudi, qui ducebant erga Pictavim duas sachetas de nucibus super duos asinos, et vidit quod ille serviens duxit penes dictum Hugonem apud Tricheriam, et postea desiit eos ire idem serviens, sed nescit quid fecerunt erga ipsum, nec quod servientes Pictavenses scirent aliquid. Requisitus si scit quod seca pedagii Pictavensis duret usque ad barram de Neintré nec si vidit unquam hominem arestare, dixit quod nescit, nec de re que peteretur dixit quod nescit magis.

VII. P. Yaumes, juratus et requisitus, dixit de ulmo idem per omnia quod Gaufridus Anjorranz predictus, et de nulla alia re unde esset requisitus, dixit quod nichil sciebat, hoc excepto quod audivit dici a patre suo quod justicia Pictavensis poterat sequi illum qui ferebat suum pedagium, vel unum latronem qui evasisset, usque ad barram de Neintre, et dixit ea pater suus, qui bene habebat IIII^{xx} annos, quod vidit sepe ita usare in tempore suo justiciam Pictavensem.

VIII. Odarz de Jarondia, juratus et requisitus, dixit quod vidit capere, inter pontem et elemosynariam Longe-Aque, Johannem de Jarondia, servientem vicecomitis, quandam sachetam de nucibus, quam unus homo de Bornoil ducebat extra vicecomitatum super asinum, et vidit quod ipse duxit nuces et asinum, sed nescit quid fecit. Requisitus si scit quod justicia Pictavensis sciret, dixit quod nescit. Item requisitus si unquam scivit, nec vidit, nec audivit dici, quod gentes vicecomitis Castri-Eraudi arestarent neminem pro pedagio suo inter barram de Neintre et Longam-Aquam, dixit quod non, et est de patria natus et morans et habet bene LXX. annos quod fuit natus. Item requisitus usquequo seca pedagii Pictavensis vadit, nec usquequo seca pedagii Castri-Eraudi vadit, dixit quod non scit aliquid.

IX. Philippus de Bertaut, juratus et requisitus, dixit idem per omnia quod Odarz de Jarondia predictus.

X. Aymericus Johins de Neintre, judicabilis vicecomitis Castri-Eraudi, juratus et requisitus, dixit de pennis quos serviens vicecomitis arestavit apud Tricheriam, et postea fuerunt liberati per servientem senescalli Pictavensis, idem per omnia quod Gaufridus Anjorranz predictus, et de alia re quam peteretur dixit quod nichil scit.

XI. Alexander Bonuspater de Neintre, homo judicabilis vicecomitis, juratus et requisitus, dixit quod non vidit unquam nec scivit, tempore vice castri (*sic*) arestari nullum pro pedagio vicecomitis inter barram de Neintre et pontem Longe-Aque, et de aliis rebus quas peteretur, dixit quod nichil scit.

XII. Johannes Vilanus de Neintre, homo judicabilis vicecomitis, juratus et requisitus, dixit quod vidit ulmum que ceciderat de vanto inter barram de Neintre et Tricheriam, duci apud Jaunayum a gentibus senescalli Pictavensis. Requisitus si vidit unquam nullum arestari a gentibus vicecomitis pro pedagio vicecomitis inter barram de Neintre et Longam-Aquam, dixit quod non, sed vidit aliquos multociens arestari inter barram de Neintre et Castrum-Eraudi a gentibus vicecomitis, et de aliis que peteretur, dixit quod nescit.

XIII. Johannes Belle de Neintre, homo judicabilis vicecomitis Castri-Eraudi, juratus et requisitus, dixit idem per omnia quod Johannes Villanus predictus.

XIV. Alardus de Neintre, homo judicabilis vice[comitis] Castri-Eraudi, juratus et requisitus, dixit quod vidit accipi a P. Guitado, preposito Castri-Eraudi, unum hominem qui ducebat quandam somam olei super quemdam equm, et duxit hominem et equm, et hominem qui ducebat oleum, et oleum usque ad trancheam de Neintre, ideo quod ducebat sine mandato vicecomitis; sed nescit quid fecit, nec si justicia Pictavensis scivit, nec unquam vidit nullum arestari pro pedagio a gentibus vicecomitis inter barram de Neintre et Longam-Aquam, et de aliis unde esset petitus, dixit quod nichil scit.

Hii sunt testes pro parte comitis Pictavensis.

I. Aymericus Landein, juratus et requisitus, dixit quod vidit dominum Gaufridum de Lezinen, vicecomitem Castri-Eraudi, et ideo quod redidit Vovant et Merevant regi Anglie qui nunc est, et quod posuit suas municiones rex Francie qui nunc est, cepit in manu sua tribus annis vel amplius vicecomitatum Castri-Eraudi, et credit quod bene habet xvi. annos vel amplius quod hoc fuit; et tunc misit rex dominum Guillelmum de Fogere, qui custodivit vicecomitatum et Pictaviam et Turoniam ex parte regis, et idem Aymericus Lendeins moratus fuit serviens apud Castrum-Eraudi, ad custodiendum vicecomitatum et pertinancias ex parte domini Guillelmi de Fogere, quamdiu rex tenuit in manu sua, et post reddidit eidem Gaufrido; et vidit et audivit idem Aymericus Londein quod idem Guillelmus de Fogere defandidit Guidoni de Chantepie et Leonardis de Bruays, qui ceperant ad firmam vicecomitis, quod nichil explectarent nec fecerant prisiam ratione vicecomitatus ultra barram de Neintre, quia inquisierat per gentes vicecomitis et per gentes castellanie Pictavensis, quod non habebant explectum nec prisiam ratione vicecomitatus ultra barram de Neintre; et vidit quod ita separavit in tempore suo castellaniam Pictavensem et vicecomitatum, et quod barra de Neintre erat meta; et dixit quod audivit dici a Johanne de Galardon seniore, qui prepositus fuit Pictavensis diu, et qui sepe tenuit assisias pro senescallo, quod castelania Pictavensis durabat usque apud barram de Neintre et quod secutus usque uc (*sic*) prisiam suam. Et de aliis rebus quam peteretur, dixit quod nichil scit.

II. Johannes Massiau, juratus et requisitus, dixit quod vidit ulmum que cecidit de vanto inter baram de Neintre et

Tricheriam duci apud Jaunayum a gentibus senescalli Pictavensis. Requisitus si vidit nec scivit quod esset reddita vicecomiti, dixit quod non, et dixit quod fuit ad hoc presens, et acomodavit cadrigam suam senescallo, que duxit partem de olmo; et de aliis unde esset requisitus, dixit quod nichil scit.

III. Brandinus, juratus et requisitus, dixit quod vidit, tenpore quo Terricius de Galardone erat senescallus Turone et Pictavi, capi a servientibus Gileberti Sache-Epee, qui tunc erat prepositus Pictavensis, III^{or} somarios qui ducebant sef de poivres ultra barram de Neintre erga Castrum-Eraudi pro pedagio ejusdem Gileberti, quod portabant, et vidit eos redducere apud Pictavim in aula, et vidit quod emandaverunt eidem Gileberto et juraverunt ei de emanda, et habuit idem Brandinus de emanda unam libram piperis, quam idem prepositus dedit eidem. Requisitus quomodo scit, dixit quod erat serviens Terricii de Galardone, qui tunc erat senescallus, et fuit tenpore regis Philippi, et fuit presens ad hec omnia. Et dicit quod tenpore quo idem Gilebertus Sache-Epee erat prepositus Pictavensis, cepit idem Brandinus et servientes ejusdem prepositi justa barram de Neintre duos latrones et tres latronas, qui scinderant bursas et fecerant alia malefacta apud Pictavim, et reduxerunt eos apud Pictavim eidem Gileberto preposito; et fuerunt duo latrones supansi, qui erant signati, et quadam latrona fossata, que erat signata, et alie due signate, que non habebant ullum signum pro malefactione, quod cognoverint omnes simul. Nec unquam vidit nec audivit dici quod vicecomes Castri-Eraudi qui tunc erat, nec gentes sue conquererentur ; de aliis quas peteretur nescit plus.

IV. Johannes de Beruge, juratus et requisitus, dixit quod recipiebat apud Jaunayum pedagium pro Johanne de Galardone seniore, qui prepositus erat in tenpore illo Pictavi, bene habet x. annos vel amplius, et secutus fuit gentes que ducebant ferrum et acerium super equos et asinos, qui portabant suum pedagium, et arestavit an la foire Sancti Leodarii, que est ultra pontem Longe-Aque, et reduxit eas apud Pictavium et tradidit Johanni de Galardon, et vidit quod finaverunt eidem Johanni, et levavit emandas ; et dixit quod vidit ulmum, que cecidit de vanto in itinere quod est inter barram de Neintre et Tricheriam, facere adducere apud Jaunay servientibus domini [comitis], et erat presens et cadriga sua, que duxit unam partem. Et de aliis qua (*sic*) peteretur dixit quod nescit rien (*sic*).

V. Guillelmus Baudoin, juratus et requisitus, dixit quod vidit ulmum, que cecidit de vanto in itinere quod est inter barram de Neintre et Tricheriam, facere adduci apud Jaunay a servientibus domini Ade Panetier, et erat presens, et vandiderunt Tome Bretoniau de Jaunay, sed nescit quanto, et audivit dici quod vicecomes peciit dominum Adam Panetier, qui tunc erat senescallus; sed nescivit nec audivit dici quod haberet recuperamentum, nec credit, et de aliis que peteretur dixit quod nichil scit.

VI. Aymericus Boter, juratus et requisitus, dixit idem per omnia quod Guillelmus Baudoin predictus.

VII. Guillelmus Bretonniaus, juratus et requisitus, dixit idem per omnia quod G. Baudoin predictus.

VIII. Theobaldus Gasteriaus, juratus et requisitus, dixit idem in omnibus quod G. Baudoin predictus.

IX. Matheus Baudoins, juratus et requisitus, dixit idem per omnia quod G. Baudoin predictus; sed nescit quod vicecomes peteret Adam Panetier.

X. Tomas Bretoniaus, juratus et requisitus, dixit idem per omnia quod Guillelmus Baudoin predictus, et dixit plus quod emit ulmum a Johanne d'Autoil, serviente Ade Panetier, xvi. solidis, et persolvit eidem Johanni d'Autoil, precepto domini Ade Panetier.

XI. Guillelmus Bretoniaus, filius Tome Bretoniau, juratus et requisitus, dixit idem in omnibus quod Guillelmus Baudoin predictus, et dixit plus quod vidit quod Tomas Bretoniaus pater suus emit ulmum xvi. sol. de Johanne d'Autoil, et vidit solvere denarios dicto Johanni, precepto Ade Panetier.

XII. P. Arve de Bornoil, juratus et requisitus, dixit idem in omnibus quod Guillelmus Baudoin predictus.

XIII. Stefanus Arve, juratus et requisitus, dixit idem in omnibus quod Guillelmus Baudoin predictus.

XIV. Johannes de Vivonne, juratus et requisitus, dixit idem in omnibus quod Guillelmus Baudoin predictus, et dixit plus quod audivit dici a Thoma Bretoniau de Jaunay, in cujus curia ulmus fuit ducta, quod emerat xvi. sol. de Johanne d'Autoil, serviente senescalli, et audivit dici quod idem Thomas Bretoniaus persolverat eidem Johanni d'Autoil.

Inquesta facta per abbatem de Pinu et magistrum scolarum ecclesie Beati Hilarii Pictavensis super justicia quam dicunt se habere Templarii in quadam domo sita Pictavii. (Milieu du xiiie siècle).

(Archives nat. J. 1028, n° 10.)

Testes producti ex parte magistri milicie Templi in Pictavia ad probandum, ex parte illius magistri, justiciam quam dicit se habere in quadam domo sita apud Pictavium, que fuit quondam Soroneti, quam domum ipse magister tenet dono ipsius Soroneti.

Johannes de Forgis, homo mansionarius Templi, juratus et requisitus, dixit quod illa domus, de qua agitur inter fratres milicie Templi ac dominum comitem Pictavensem, fuit Soroneti, qui eam domum habebat liberam ab omni consuetudine et exactione. Requisitus utrum vidisset vel scivisset quod idem Soronetus posset in illa domo aliquam justiciam explectare, dixit quod sic, quia vidit quod quidam, qui vocabatur Petrus Anins, trahebatur in causa coram dicto Soroneto, ad instanciam cujusdam mulieris, que vocabatur Arsendis, que appellabat illum Petrum de raptu ; et vidit dictos P. et Arsendim coram dicto Soroneto in dicta domo apud Pictavium placitare. Requisitus utrum ipsis redditum fuisset in dicta domo judicium, dixit quod non, set idem Soronetus vocavit partes apud Sanctum Georgium et judicatum fuit inter ipsos quoddam jœsium (*sic*). Requisitus utrum dictus Soronetus dedisset predictam domum dictis fratribus cum omni dominio quod ibidem habebat, nichil sibi retinendo, dixit quod credit. Item requisitus utrum scivisset vel vidisset quod, postquam dicta domus devenit ad manum fratrum Templi, aliquis casus in dicta domo evenisset latrocinii, homicidii vel alicujus casus ad justiciam pertinentis, dixit quod non ; verumptamen dixit quod vidit quod frater Guillelmus de Sonayo, magister Templi, tenuit placitum in dicta domo de duobus hominibus suis de Forgis, quorum unus vocabatur Mateus de Marolyo, et alius Johannes de Marolyo, et judicatum fuit inter ipsos duellum in predicta domo. Requisitus utrum factum, propter quod judicatum fuit inter ipsos duellum, in predicta domo evenerat, dixit quod non, quia ipsi super quibusdam hereditatibus se ad invicem appellabant. Requisitus utrum vidisset vel scivisset quod illi qui mansionarii erant in predicta domo, ex parte dictorum fratrum, per dominum comitem, vel per ballivum, vel per prepositum Pictavensem in aliquo explectarentur, dixit quod non vidit nec scivit. Super omnibus aliis requisitus, dixit se nichil scire.

Andreas, cappellanus de Monte-Tamizer, in verbo sacerdotis requisitus utrum in domo de qua agitur, tempore Soroneti predicti, et tempore quo eam dicti fratres Templi possederunt, vidisset vel scivisset aliquem casum evenisse latrocinii, murtri, homicidii vel alicujus casus ad justiciam pertinentis, super quo dictus Soronetus, tamquam dominus, vel dicti fratres, postquam eam habuerunt, tamquam domini cognovissent, dixit quod non; verumptamen dixit quod a sex annis citra vidit Philippum Chevaler qui petebat a Gaufrido de Sancta-Cruce, mansionario in dicta domo, vendam vini quod vendebatur in ipsa domo, et diu inter ipsos super hoc fuit disceptatum in dicta domo coram fratribus Templi, set nescit utrum dictus Philippus obtinuit quod petebat vel non. Requisitus utrum mansionario dicte domus vidisset a ballivis domini comitis Pictavensis explectari, dixit quod non.

Johannes Frogers, uxoratus, juratus et requisitus, dixit quod ipse fuit serviens dicti Soroneti per decem annos, et manebat cum ipso Soroneto in dicta domo. Requisitus utrum in ipsa domo aliquem casum vidisset vel scivisset evenisse, super quo idem Soronetus tamquam dominus cognosceret, dixit quod non. Item requisitus utrum tempore quo dicti fratres ipsam domum possederunt, vidisset vel scivisset aliquem casum evenisse, super quo dicti fratres, tanquam domini, cognoscerent, dixit quod non. Item requisitus utrum vidisset vel scivisset mansionarios dicte domus a ballivo sive preposito Pictavensi in aliquibus casibus explectari, dixit quod non. Requisitus de aliis, dixit se nichil scire, nec prece nec precio, de subornacione nichil.

Petrus de Maries, sexagenarius, uxoratus, juratus et requisitus, dixit idem per omnia quod Johannes Frogers, hoc excepto quod non fuit serviens dicti Soroneti. Adjecit tamen idem qui loquitur quod vidit multociens dictum Soronetum tenere in dicta domo placita sua de hominibus de Forgis. De aliis nichil scit.

Johannes Colunbea, sexagenarius, juratus et requisitus super omnibus et singulis articulis, dixit idem per omnia quod J. Frogers et P. de Maries, hoc addito quod fuit serviens dicti Soroneti bene per decem annos.

Aymericus Garnerii de Chassenolyo, uxoratus, juratus et requisitus, dixit quod quidam canonicus Beate Marie Majoris Pictavensis, qui vocatur Petrus de Turonia, habebat quandam ancillam que furata fuit in domo dicti canonici unam culcitram puintam et orelers et linteamina, que cum dictis rebus affugit in domo predicta de qua agitur. Tunc venit dictus canonicus ad prepositum Pictavensem, petens quod veniret ad domum dictorum fratrum predictam et caperet dictam ancillam; tunc dixit dictus prepositus quod ibi non habebat facere capcionem, quia domus erat fratrum Templi. Postea venit dictus canonicus ad preceptorem Templi, qui erat apud Sanctum Porcharium, et petiit ab ipso quod dictam ancillam faceret capi in domo sua. Tunc dictus preceptor misit istum qui loquitur ad dictam domum, presente preposito Pictavensi, qui erat cum ipso preceptore, precipiens ei quod dictam mulierem caperet. Tunc venit ipse qui loquitur ad dictam domum, et invenit dictam mulierem, et cepit eam cum rebus quas furata fuerat. Item requisitus utrum dictus canonicus res suas per manum fratrum Templi habuisset, dixit quod nescit; verumptamen dixit quod vidit dictum canonicum per multos dies venientem coram dictis fratribus pro deliberacione rerum suarum habenda. Requisitus quid factum fuit de dicta muliere, et utrum judicata fuisset in curia dictorum fratrum, dixit quod nescit; verumptamen bene audivit a preceptore, cujus erat serviens iste qui loquitur, quod dictus preceptor habuerat aliquid a dicta muliere, ut ipsam dimitteret. Requisitus quid et quantum, dixit se nichil scire. Item requisitus utrum mansionarios dicte domus vidisset a ballivo sive a preposito Pictavensi in aliquibus casibus explectari, dixit quod non.

Mateus de Marolyo, sexagenarius, juratus et requisitus super omnibus et singulis articulis, dixit idem per omnia quod J. Frogers, P. de Maries et P. Columbeas.

Guillelmus Chalyns, sexagenarius, uxoratus, juratus et requisitus super omnibus et singulis articulis, dixit se nichil scire.

Johannes de Columbers, sexagenarius, uxoratus, juratus et requisitus diligenter super omnibus et singulis articulis, dixit se nichil scire.

Gaufridus de Berugia, sexagenarius, uxoratus, juratus et requisitus, dixit quod vidit quod quidam qui vocabatur Trencheas erat mansionarius in dicta domo, qui quadam die tractus fuit a preposito Pictavensi in causam; imponebat enim dictus prepositus eidem Trenchea quod ipse Trencheas interfuerat cuidam pugne, que facta fuerat in domo, ut dicebat. Tunc venit preceptor Templi ad dictum prepositum, petens quod sibi redderet curiam suam et ipse reddidit. De aliis requisitus, dixit se nichil scire.

Esraudus Chalyns, sexagenarius, uxoratus, juratus et requisitus diligenter super singulis articulis, dixit se nichil scire.

Ademarus de Borigia, sexagenarius, uxoratus, juratus et requisitus diligenter super omnibus et singulis articulis, dixit se nichil scire.

Pro parte domini comitis producti sunt isti :

Hylarius Fulcherii, civis Pictavensis, uxoratus, juratus et requisitus, dicit quod audivit dici quod quidam prepositus Pictavensis ceperat quemdam hominem in domo de qua agitur, propter injuriam quam ipse fecerat. Super aliis articulis omnibus requisitus dicit se nichil scire.

Guillelmus Moreil, civis Pictavensis, uxoratus, juratus et requisitus, dicit quod vidit Guillelmum Acuchardi de Castro-Esraudi manentem in domo de qua agitur, et quod faciebat et obediebat mandatis majoris comunie Pictavii, sicuti alii jurati comunie faciunt. Item requisitus utrum dictus Soronetus et Templarii aliquid ad justiciam pertinens explectassent in dicta domo, dicit se nichil scire.

Philippus Arquerii, civis Pictavensis, uxoratus, juratus et requisitus, dicit quod vidit Reginaldum Gaudin manentem in domo de qua agitur, et quod ipse Reginaldus pauper erat et senex, et propter hoc pepercerunt ei de asizia ville. Item vidit in eadem domo Guillelmum Acuchardi manentem, et audivit dici quod Guillelmus Bouvins et Gaufridus, clericus comunie, ceperunt vel capi fecerunt gagia dicti Guillelmi pro talliata, ut dicebant, et majori Pictavensi tradiderunt. Item vidit in eadem domo Gaufridum de Sancta-Cruce manentem, et quod major Pictavensis capi fecerat gagia sua pro asizia ville, in eadem domo, et quod dictus Gaufridus instanter petebat sibi gagia deliberari, set nescit utrum dictus major deliberaverit; et quod idem G. multociens secum adducit fratres Templi pro gagiis deliberandis, et non vidit deliberari. Item vidit quemdam garciferum qui furatus fuerat calligas ferri domini Guidonis de Rupe-Forti in eadem domo, et adductus fuit a gentibus dicti Guidonis ad prepositum Pictavensem cum furto; quid factum fuit de ipso garcione nescit. Item dicit quod nunquam vidit ipsos Templarios habere seu exercere justiciam vel dominium in domo predicta; sed tamen dicti Templarii dicebant se tantum juris habere in dicta domo quantum habebant in ballia de Forgis, set nunquam vidit ipsos aliquam justiciam explectare. Requisitus de aliis, nichil scit.

Videtur nobis quod per dicta istorum testium non sit probatum quod Templarii usi fuerint aliqua justicia in dicta domo, de qua agitur.

(Pièce annexe, qui paraît être un supplément d'enquête.)

Guillelmus Elencharz requisitus, juratus, dixit quod ipse fecit mansionem per spacium viginti annorum vel circa in domo Templariorum apud Pictavium, de qua est mencio, et quod in tempore quo ipse manebat in dicta domo, [non] fuit explectatus de aliquibus costumis a preposito Pictavensi nec a majore, ymo semper faciebat jus coram Templarios. Requisitus utrum vidit in ipsa domo evenire casum latrocinii, dixit quod non, sed multociens vidit garciferos et ribaldos qui faciebant contenciones in ipsa domo, in taberna, et quando erant extra ospicium, gentes prepositi ipsos capiebant, sed in domo non.

Johannes de Galardo requisitus, juratus, dixit idem per omnia quod Guillelmus Elencharz, excepto hoc quod de mansione domus dixit quod bene vidit ipsum manentem in domo, sed de tempore non est certus.

Brandinus, qui fuit prepositus Pictavensis per tres annos et serviens domini regis et domini comitis per triginta annos vel anplius, dixit idem per omnia quod Johannes de Galardo, hoc remoto quod fecit nec vidit fieri prisiones in domo nec coram domo.

Guillelmus Oray, major Pictavensis, requisitus, juratus, dixit quod nunquam explectavit aliquam juridicionem in ipsa domo nec vidit alicui explectare.

Ylarius Fochers requisitus, juratus, dixit idem per omnia quod major.

Aymericus Garners requisitus, juratus, dixit quod vidit quandam mulierem arestatam in ipsa domo, eo quod ipsa furata fuerat pannos cujusdam clerici, ut dicebat idem clericus, et ipsa contradicebat, et vidit causam agitare coram magistro Templi, et de aliis rebus nichil scit.

Johannes Frogers requisitus, juratus, dixit quod vidit Sorenet qui tenebat placita sua in dicta domo et post vidit Templarios similiter tenentes placita sua in ipsa domo. De aliis dixit idem quod major.

Matheus de Marolio requisitus, juratus, dixit idem per omnia quod Johannes Frogers, hoc adito quod dixit quod in ipsa domo ajudicatum fuit duellum contra fratrem suum et difinitum et pacificatum fuit per curiam Templariorum. De aliis nichil scit.

Ayraudus de Forges requisitus, juratus, dixit idem quod major, et de placitis idem quod Johannes Frogers.

Johannes Columbeas requisitus, juratus, dixit idem per omnia quod Ayraudus de Forges.

Johannes de Forges requisitus, juratus, dixit idem per omnia quod Matheus de Marolio.

Johannes Chevreas requisitus, juratus, dixit idem per omnia quod major Pictavensis.

Michael de Valibus requisitus, juratus, dixit idem per omnia quod Aymericus Garners, hoc adjecto quod ipse tenuit placitum in loco magistri Templi.

Johannes Garners requisitus, juratus, dixit idem per omnia quod Matheus de Marolio.

Guillelmus de Faye requisitus, juratus, dixit idem per omnia quod major.

Reginaldus Bayners requisitus, juratus, dixit idem per omnia quod major.

Philipus Largers requisitus, juratus, dixit quod vidit Guillelmum Gonnin et Gaufridum, clericum communie, qui, de mandato majoris, ceperunt gagios Guillelmi Acuychart, videlicet unam velatam, et disserunt quod ipsi ceperant dictam velatam in domo de qua est contencio, ut audivit idem Philipus. Item dixit quod vidit unum garciferum qui furaverat unas calcias ferreas, et aductus fuit coram preposito Pictavensi, et captus fuit in ipsa domo, ut audivit dici.

Inquesta super costuma de portu novo de Rupella.

(Archives nationales, J. 1033, n° 1.)

Hec est inquesta per senescallum Xanctonis facta, ad instanciam domini R. de Precigni, super costuma de portu novo, de mandato domini comitis, secundum arresta domini comitis de parlamento Candelose LX.°VIII^{vo} que sequntur : de peticione domini R. de Precigni super costuma de portu novo, de qua diu est spoliatus, super qua spoliatione et jure dicti domini R. et super costuma precepit dominus comes inquiri. Dominus comes bene vult quod inquiratur per senescallum super jure dicti domini R., et super costuma et super proprietate, quamvis per xxx. annos tenuerit dominus comes.

De eodem, super pedagio seu costuma veniencium per illum locum predictum, et de rebus exeuntibus de mari, quod gentes domini comitis volunt habere, quod esset prejudicium ipsius R., super quo petit inquiri de jure suo. Responsum est ut supra, hoc excepto quod dominus comes non tenuit per tot tempus ut supra.

Dominus Reginaldus de Precigne contendit et asserit se habere jus percipiendi et habendi costumam de omnibus mercimoniis que ponuntur in navibus vel discargantur de navibus in portu novo per mare vel per terram, ita quod prepositus de Rupella non debet de illis navibus et mercimoniis capere aliquam costumam, et de hiis dicit se et antecessores suos fuisse in possessione et se de novo spoliatum.

Item dicit idem Reginaldus quod ipse habet jus percipiendi et habendi bortulagium de navibus aplicantibus et descendentibus in portu novo, bortulagium debentibus, ita quod prepositus de Rupella nichil debet habere de bortulagio.

Item dicit idem Reginaldus quod ipse habet jus piscandi mullos et quoslibet alios pisces in piscaria de portu novo, ita quod prepositus de Rupella non debet nec potest ibidem piscari.

Item dicit idem Reginaldus quod naves existentes in portu novo et homines in dictis navibus existentes, dum sunt ibidem, justiciari debent per dictum dominum R., quamdiu sunt ibidem.

Item dicit quod predecessores sui et ipse fuerunt in possessione explectandi predicta.

Inquesta facta super portu novo per dominum Johannem de Vileta, militem, de mandato domini comitis Pictavensis, ad requestam domini Reginaldi de Precigni, militis.

I. Arnaldus Bertrandi de Fourras, sexagenarius, ut credit, juratus et requisitus utrum dominus Reginaldus de Precigni vel predecessores sui fuerunt in possessione percipiendi et habendi costumam de mercimoniis que ponuntur vel disquarguantur, per mare vel per terram, de navibus vel in navibus in portu novo existentibus, et utrum idem Reginaldus habeat jus percipiendi et habendi dictam costumam, ita quod prepositus de Ruppella nichil ex costuma predicta ibidem debeat percipere, et utrum idem Reginaldus de predictis de novo fuerit spoliatus, dixit se penitus nichil scire. Item requisitus et interrogatus utrum sciat quod idem Reginaldus habeat et habere debeat bortulagium de navibus aplicantibus et descendentibus in portu novo, bortulagium debentibus, dixit se penitus nichil scire. Item requisitus per juramentum utrum idem Reginaldus habeat et habere debeat jus piscandi mullos et quoslibet alios pisces in piscaria de portu novo, ita quod prepositus de Ruppella non possit nec debeat ibidem piscari, dixit quod quadraginta anni sunt elapsi quod ipse, de mandato prepositi domini Porteclie, domini de Allodio, piscavit ibi pisces et undecimum piscem reddidit domino de Allodio. Nescit tamen utrum esset jus suum vel non; tamen piscavit ibidem de mandato prepositi domini de Allodio. Requisitus utrum prepositus de Ruppella sciret quando ipse piscavit ibidem de mandato prepositi de Allodio, dixit quod non. Adjecit eciam per juramentum suum requisitus, quod post tempus illud, de mandatis prepositorum de Ruppella tunc existentium, sine cujusquam contradictione, una cum quibusdem aliis sociis suis, piscavit ibidem quadraginta vicibus et amplius, et undecimum piscem reddidit prepositis pro tempore existentibus in Ruppella. Item requisitus utrum sciret metas et fines portus de portu novo, dixit se nichil scire. Requisitus utrum naves existentes in portu novo et homines in dictis navibus existentes sint de juridicione domini de Allodio, et utrum delinquentes ibidem debeant justiciari per ipsum, et utrum predecessores sui et ipse fuerint in possessione explectandi premissa, dixit se nichil scire.

II. Martinus de Vallegoini de Allodio, quadriginarius (*sic*), juratus et requisitus utrum sciat metas et fines portus de portu novo, dixit quod sic. Requisitus qui sint fines, dixit quod protenduntur a terra que dicitur Pelerz usque ad locum qui dicitur la Vente et durat usque ad furnum de Amillo. Requisitus utrum dominus R. de Precigni habeat jus percipiendi et habendi costumam de mercimoniis que ponuntur vel disquarguantur in navibus vel de navibus, per mare vel per terram, in portu novo predicto existentibus, ita quod prepositus de Ruppella nichil inde percipere debeat vel habere, dixit quod sic. Requisitus quomodo scit, dixit quod pater suus fuit prepositus de Allodio, et vidit ipsum explectantem predicta. Requisitus qualiter vidit ipsum explectantem predicta, dixit quod vidit quod de quolibet dolio vini quod ponebatur in navi seu navibus ibidem existentibus, recipiebat duos denarios et obolum, et tantumdem de quolibet dolio quod extrahabatur de navibus ibidem existentibus, et pro qualibet tacra corii iii^{or} denarios. Requisitus utrum prepositus de Ruppella sciret hoc vel contradictionem aliquam poneret, dixit se nichil scire. Requisitus utrum prepositus de Ruppella quicquam deberet in dicta costuma percipere, dixit quod non. Requisitus quomodo scit : quia nunquam vidit ipsum ibidem aliquid explectare, nisi in tempore istius prepositi qui accipiebat costumam de furmento qui discharcabatur ibidem, contradicentibus gentibus domini de Allodio. Adjecit eciam requisitus quod tempore Petri La Crie, qui erat prepositus de Allodio, et tempore Guillelmi Gualien et defuncti Jarrion, nomine domini de Allodio, vidit expletari predicta. Requisitus utrum dominus de Allodio habebat jus percipiendi bortulagium de navibus in portu novo aplicantibus, bortulagium debentibus, dixit se nichil scire, et utrum dictus dominus de Allodio vel antecessores sui fuerint in possessione habendi dictum bortulagium, dixit se nichil scire. Item requisitus utrum dominus de Allodio habeat jus piscandi mullos et alios pisces in piscaria de portu novo, ita quod prepositus de Ruppella non debeat ibidem piscari, dixit quod sic. Requisitus quomodo scit, dixit quod viginti quinque anni sunt elapsi quod vidit gentes domini de Allodio ibidem sine contradictione piscantes bis vel ter. Requisitus utrum propositus de Ruppella vel gentes domini de Ruppella scirent gentes domini de Allodio ibidem piscare, dixit se nichil scire. Adjecit eciam quod vidit gentes domini comitis a viginti quinque annis citra, et prepositos de Ruppella ibidem sine contradictione piscare plus quam decies. Item requisitus utrum gentes domini comitis dissaziverint dominum de

Allodio de predictis, dixit quod sic. Requisitus quomodo scit, dixit quod vidit gentes domini comitis percipere levatas, contradicentibus gentibus domini de Allodio et dicentibus quod sibi injuriabantur. Item requisitus utrum naves existentes in portu novo et homines in dictis navibus existentes sint in jurisdicione domini de Allodio, dixit quod sic. Requisitus quomodo scit, dixit quod vidit patrem suum nomine domini de Allodio, qui adduxit IIII^{or} homines apud Allodium, qui fecerant ibi rixam. Requisitus utrum prepositus de Ruppella sciret hoc vel contradiceret, dixit quod nescit. Item requisitus dixit quod vidit, tempore domini Guillelmi de Mause, qui tunc tenebat Allodium, quod mensura ejus erat in navibus existentibus in dicto portu, ad vendendum vinum, set non recolit quis posuit ibi mensuram. Item vidit quod, tempore dicti domini Guillelmi, vidit boissellum ejus in dicto portu ad bladum mensurandum. Requisitus utrum prepositus de Ruppella sciret hoc, dixit quod nescit. Item requisitus quis dissazivit dominum de Allodio de premissis, dixit quod credit quod dominus Hardoin de Mailli vel mandatum ejus.

III. Hilarius Forguet de Yves, quinquagenarius, juratus et requisitus utrum sciat dominum de Allodio habere jus percipiendi costumam de navibus in dicto portu aplicantibus, cargantibus et discargantibus ibidem, per mare vel per terram, dixit quod sic. Requisitus quomodo scit, dixit quod vidit levari a quolibet vassello XII den. et vidit poni mensuras de Allodio in dictis navibus de portu novo, ad vendendum vinum, tempore defuncti Johannis de Motoire, tunc ballivi de Allodio, triginta anni sunt elapsi. Item requisitus dixit quod vidit gentes domini de Allodio recipientes portulagium de navibus portulagium debentibus in portu novo plus quam duodecies. De justicia et de aliis explectamentis dixit idem quod Martinus de Vallegoini.

IV. Iterius de Monasterio de Allodio, sexagenarius, juratus

et requisitus, dixit idem quod Martinus de Vallegoini, excepto de bortulagio, de quo dixit quod dominus de Allodio fuit in possessione habendi illud, sicuti de aliis.

V. P. Bouguerini, octogenarius vel circa, ut credit, juratus et requisitus utrum dominus de Allodio habeat jus percipiendi costumam navium garchancium (*sic*) et discargancium in portu novo, per mare vel per terram, ita quod prepositus de Ruppella nichil debeat ibidem percipere, dixit se nichil scire. Dixit tamen, requisitus, quod vidit gentes domini de Allodio explectare ibidem costumam, xx. anni sunt elapsi vel amplius. Requisitus quociens, dixit quod bis vel ter. Requisitus quam costumam vidit ibidem explectare, dixit quod non recolit. Requisitus de costuma bortulagii, dixit se nichil scire. Item requisitus super piscacione piscium de portu novo, dixit quod semel vidit Jarrinum, servientem de Allodio, accipere undecimum piscem pro costuma. Item requisitus utrum viderit post modum gentes domini comitis explectare costumam navium vel piscium, dixit quod non, quia non frequentat sepius locum illum. Item requisitus utrum naves existentes in portu novo et homines in dictis navibus existentes sint de jurisdicione domini de Allodio, dixit quod sic. Requisitus quomodo scit, dixit quod vidit quod gentes domini de Allodio intraverunt naves ibidem existentes, propter hoc quod nautores dictorum navium habuerant rixam insimul, et aportaverunt secum virgam et velum et posuerunt ea in domo de Bosco-florido, et hoc vidit qui loquitur. Requisitus utrum dominus de Allodio fuerit dissazitus per gentes domini comitis de premissis vel aliquo eorumdem, dixit quod nescit.

VI. Savaricus Brotille de Allodio, quinquagenarius, homo domini Reginaldi, juratus et requisitus, dixit quod vidit Savaricum de Vallegoini, nomine domini de Allodio, recipientem costumam navium chargancium et dischargancium in portu novo. Requisitus super piscatione, dixit idem quod

Martinus de Vallegoini, et super justicia et mensuris idem. Adjecit eciam quod a triginta annis citra, tempore Stephani Georii, prepositi regis Francie in Ruppella, vidit gentes regis et comitis in Ruppella explectare predicta. Requisitus utrum credat quod dominus de Allodio habeat jus percipiendi predictas costumas, dixit quod sic. Requisitus causam scientie, dixit quod ita vidit expletari. Item dixit quod de vassellis Britanie, vidit gentes domini de Allodio accipere xii. denarios pro bortulagio.

VII. Hugo Brotille de Allodio, quadrigenarius, homo domini de Allodio, juratus et requisitus, dixit idem quod Martinus de Vallegoini, hoc addito quod vidit quod gentes domini de Allodio accipiebant xii. denarios pro bortulagio vassellorum de Britania in dicto portu deschargantium.

VIII. Gauffridus Jamonet, quinquagenarius, juratus et requisitus, dixit idem quod Martinus de Vallegoini, hoc excepto quod de tacra corii non vidit gentes domini de Allodio aliquid explectare.

IX. Guillelmus Fauriau de Allodio, sexagenarius, juratus et requisitus utrum dominus de Allodio habeat jus percipiendi costumam de navibus chargantibus et dischargantibus, per mare vel per terram, in portu novo, ita quod prepositus de Ruppella nichil debeat inde percipere, dixit quod sic. Requisitus quomodo scit, dixit quia vidit, tempore domini Guillelmi de Mause, xxx^{ta} anni sunt elapsi, vidit Johannem Radulfi, Johannem de Montoire, Savaricum de Valgoin et Aymericum Giret, tunc prepositos de Allodio, levare costumam de dictis navibus de omnibus rebus existentibus ibidem, videlicet de dolio vini : ii. den. obol., de sextario bladi : i. den., et fessello pannorum : iiii. den., et de omnibus mercimoniis in dictis navibus existentibus, nec vidit quod prepositus de Ruppella aliquid acciperet pro costuma in dictis navibus, nisi de novo circa tres annos, quod Johannes Auberti, prepositus de Ruppella, cepit ibidem costumam de blado, dissaziando dominum de Allodio. Super bortulagio dixit quod tempore dicti domini Guillelmi de Mause vidit pluries quod gentes de Allodio accipiebant de navibus Britanie xii. den. pro bortulagio, et credit quod Stephanus Gereire, prepositus de Ruppella pro domino rege Francie, dissazivit dominum de Allodio de dicto bortulagio, tempore domini Hardoini de Malli, tunc senescalli. Item requisitus, dixit idem de costuma piscium in dicto portu, quod, tempore dicti domini Guillelmi de Mause, gentes ejus accipiebant undecimum piscem de quolibet pisce capto in dicto portu, et credit propter hoc quod sit jus domini de Allodio. Et dixit requisitus quod de hoc fuit dixazitus per Stephanum Gereire, prepositum de Ruppella, tempore dicti domini Hardoini, nec credit quod prepositus de Ruppella habeat jus ibidem piscandi. Item requisitus, dixit quod, tempore dicti domini Guillelmi de Mause, vidit quod gentes de Allodio ponebant mensuras in navibus existentibus in dicto portu, ad vinum vendendum et bladum mensurandum. Vidit eciam quod gentes de Allodio ducebant apud Allodium mercatores, quando fecerant aliquam rixam vel aliquam contentionem, et quando clamor fiebat de ipsis ab aliquibus, gentes de Allodio justiciabant ipsos, et de hoc fuerunt dissaziti tempore dicti Stephani Geroere, et ab illo tempore citra vidit gentes domini comitis explectare predicta.

X. Petrus Mathiaut de Allodio, homo dicti domini R., quinquagenarius, juratus et requisitus, dixit idem in omnibus et per omnia quod Guillelmus Fauriaus, testis immediate precedens, hoc addito quod ipsemet, a decem annis citra, nomine domini de Allodio, posuit mensuras ad vinum vendendum et ad bladum mensurandum in quadam navicula existenti ibidem. Requisitus an prepositus de Ruppella sciverit hoc, dixit quod nescit.

XI. Bonnaudus Guasconelli de Allodio, homo domini de Allodio, sexagenarius, juratus et requisitus, dixit idem et per omnia quod Guillelmus Fauriau.

XII. P. Mestivier de Vallegoini, quinquagenarius, homo domini de Allodio, juratus et requisitus utrum dominus de Allodio habeat jus percipiendi et levandi costumam de navibus cargantibus et discargantibus, per mare vel per terram, in portu novo, dixit quod triginta anni sunt elapsi quod ipse vidit gentes domini de Allodio defferre pignora de navibus pro hiis que debebant, et credit quod pro costuma. Requisitus quomodo scit, dixit quod pluries vidit kadrigam patris sui euntem pro pignoribus defferendis. Requisitus cujusmodi costumam accipiebat dominus de Allodio et de quibus rebus, dixit se nichil scire. Requisitus super bortulagio et mensuris, dixit se nichil scire. Requisitus super costuma piscium, dixit quod vidit dominum de Allodio tunc explectare costumam piscium. Requisitus quam costumam, dixit quod de piscibus hic captis, habebat decimum vel undecimum piscem. Item requisitus dixit quod prepositus de Ruppella tunc temporis nichil accipiebat. Requisitus quis disazivit dominum de Allodio de predictis, dixit se nichil scire, set dixit quod viginti quinque annis citra vidit gentes domini comitis explectare predicta. De aliis nichil scit.

XIII. Johannes Ledet, quinquagenarius, de Allodio, juratus et requisitus, dixit idem quod Guillelmus Fauriau, quartus testis precedens, excepto de mensuris, quia dixit quod non vidit poni mensuras aliquas ad vinum vendendum vel bladum mensurandum in dictis navibus. Addit tamen quod ipse erat presens quando Stephanus Gereire, tunc prepositus de Ruppella, dissazivit dominum de Allodio de costuma piscium, quia percuciebat gentes domini de Allodio, qui volebant habere costumam piscium in dicto portu captorum, et ab illo tempore, bene sunt xxx^{ta} anni, vidit gentes domini comitis explectare costumam piscium et bortulagium, et justiciam hominum in dictis navibus existencium.

XIIII. Guillelmus de Allodio, quinquagenarius, homo domini de Allodio, juratus et requisitus, dixit quod dominus de Allodio habet jus percipiendi costumam de omnibus mercimoniis navium cargancium et discargancium in portu novo, et quod prepositus de Ruppella non habet jus percipiendi ibidem aliquam costumam. Requisitus quomodo scit, dixit quod quinquaginta anni sunt elapsi quod vidit Jarrion, Guillelmum Galien, Bernardum du Viron et Morellum servientem domini de Allodio, [qui] accipiebant de dictis navibus in dicto portu existentibus. Requisitus quam costumam, dixit idem quod Guillelmus Fauriau, quintus testis, nec vidit aliquid prepositum de Ruppella ibidem accipere pro costuma. Requisitus super bortulagio et justicia et mensuris, dixit idem et per omnia quod Guillelmus Fauriau predictus, et super dissazina similiter idem quod Guillelmus Fauriau.

XV. Hugo Babin, sexagenarius, ut credit, homo domini Reginaldi, juratus et requisitus, dixit idem et per omnia quod Guillelmus Fauriau, sextus testis precedens.

XVI. Guillelmus Moton, sexagenarius, ut credit, homo domini de Allodio, juratus et requisitus, dixit idem et per omnia quod dictus Guillelmus Fauriau, septimus testis precedens.

XVII. Clemencius François, quinquagenarius, ut credit, homo domini de Allodio, juratus et requisitus, dixit idem et per omnia quod Guillelmus Faurelli, octavus testis sepedictus, hoc excepto quod nescit qualem costumam gentes domini de Allodio accipiebant de mercimoniis in navibus in dicto portu existentibus.

XVIII. Johannes Bienvenu, quinquagenarius, de Vallegoini, juratus et requisitus, dixit idem et per omnia quod Guillelmus Fauriau, hoc addito quod fuit presens quando Stephanus Gereire, prepositus de Ruppella, dissazivit gentes domini de Allodio de costuma piscium.

XIX. P. Lion, quadrigenarius, homo domini Reginaldi, juratus et requisitus super omnibus articulis, dixit se nichil scire nisi de auditu, quia audivit dici a patre suo quod dominus de Allodio habet jus in predictis. Requisitus utrum viderit dominum de Allodio vel gentes ejus aliquid explectare in predicto portu, dixit tamen requisitus quod vidit quod, quando aliqui de nautoribus faciebant aliquod forefactum in terra juxta portum novum, quod gentes domini de Allodio accipiebant ancora sua et pignora sua et justiciabant ipsos. Super aliis dixit se nichil scire.

XX. Gauffredus Dubois, sexagenarius, ut credit, juratus et requisitus, dixit idem et per omnia quod Guillelmus Fauriau sepe nominatus.

XXI. Savaricus Tourtriau, quinquagenarius, juratus et requisitus, dixit se nichil scire, hoc excepto quod vidit gentes domini de Allodio accipientes costumam piscium, videlicet undecimum piscem, et hoc excepto quod vidit quod, de dolio quod cargabatur de terra vel discargabatur ibidem ad terram sine batello, gentes domini de Allodio accipiebant ii. denarios obolum de quolibet dolio vini. Vidit eciam semel quod gentes domini de Allodio duxerunt apud Allodium quemdam magistrum navis, eo quod fecerat rixam in navi. Item interrogatus utrum viderit gentes domini comitis vel prepositum de Ruppella explectare ibidem costumam piscium et bortulagium, et justiciam hominum in dictis navibus existencium, dixit quod sic a triginta annis citra.

XXII. Aymericus Rochefort, quadragenarius, juratus et requisitus, dixit quod credit quod dominus de Allodio habeat jus percipiendi costumam de mercimoniis existentibus in navibus in dicto portu. Requisitus quare credit hoc, dixit quod triginta anni sunt elapsi quod vidit, tempore domini Guillelmi de Mause, quod Jarrion ejus prepositus cepit bis vel ter costumam de dolio qui discargabatur de navi in batello in dicto portu, videlicet II. denarios obolum pro quolibet dolio. Item requisitus dixit quod vidit bis vel ter gentes domini de Allodio accipere bortulagium et costumam piscium in dicto portu. Vidit eciam quod mandatum Johannis de Montoire, prepositi de Allodio, posuit semel mensuras ad vendendum vinum in navi existente in dicto portu. Vidit eciam quod mercatores qui fecerant rixam in navibus fuerunt ducti apud Allodium, set nescit utrum prepositus de [Rupella] sciret aliquid de premissis. Item requisitus dixit quod audivit dici quod Stephanus Gereire dissazivit dominum de Allodio de predictis, triginta anni sunt elapsi, et a dicto tempore citra vidit gentes domini comitis explectare predicta, set non vidit ipsos explectare antea.

XXIII. Durandus Bredon, quinquagenarius, homo domini R., juratus et requisitus super omnibus articulis, dixit idem et per omnia quod Guillelmus Fauriau, nonus testis.

XXIIII. Guillelmus de Portu de novo (*sic*), juratus et requisitus, dixit se super omnibus explectamentis et articulis nichil scire de tempore domini Guillelmi de Mause, quia non recolit de dicto tempore, nisi de auditu. Dixit tamen requisitus quod bis vidit poni mensuram ad vendendum vinum in quodam vasselleo existente in dicto portu, tempore Andree Vendier, prepositi de Allodio, duodecim anni sunt elapsi. Dixit tamen requisitus quod vidit gentes domini comitis a XVIII. annis citra explectare ibidem costumam piscium et bortulagium et costumam navium ibidem requiescencium.

XXV. P. Guarini de Allodio, octogenarius, ut credit, juratus et requisitus utrum dominus de Allodio habeat jus percipiendi et habendi costumam de omnibus mercimoniis que cargantur in navibus sive discargantur, per mare vel per terram, in portu novo, ita quod prepositus de Ruppella nichil ibi perciperet, dixit quod sic. Requisitus quomodo scit, dixit quod tempore domini Gauffridi de Burli, senescalli tunc in Pictavia et Xantonia, pro domino rege Francie, vidit gentes domini Gaufridi de Mause, tunc domini de Allodio, explectare predicta, nomine ipsius domini. Requisitus quam costumam levabant, dixit quod de quolibet dolio vini, que cargabantur vel discargabantur ibidem per mare vel per terram, duos denarios et obolum, et pro quolibet sextario furmenti, unum denarium. Requisitus de nominibus servientum qui predicta explectabant, dixit quia P. Itier et Johannes de Montoire et Johannes Normanni et Stephanus Tondu de Marampno. Addidit eciam quod per dictos servientes vidit, nomine dicti domini, explectari bortulagium in dicto portu, videlicet de quolibet navi debente bortulagium, xii. denarios. Requisitus super costuma piscium, dixit quod audivit dici ab eisdem servientibus quod accipiebant undecimum piscem pro costuma. Item requisitus utrum dominus de Allodio habeat jus exercendi justiciam hominum delinquencium in dictis navibus in dicto portu existentibus, dixit quod sic. Requisitus quomodo scit, dixit quod vidit illud, nomine domini de Allodio, explectari per servientes predictos. Requisitus utrum dominus de Allodio de predictis fuerit dissazitus et per quem, dixit quod credit quod fuit dissazitus per gentes domini regis Francie et comitis, quos vidit a triginta annis citra explectare predicta. Item requisitus utrum predictis explectis contradicerent gentes de Allodio, dixit quod sic pluries, set eorum contradictio non fuit valida.

XXVI. P. Siccaris, octogenarius, homo domini de Allodio, juratus et requisitus utrum sciat quod dominus de Allodio habeat jus percipiendi et levandi costumam de omnibus mercimoniis que cargantur sive discargantur de navibus in portu novo, per mare vel per terram, dixit quod sic. Requisitus quomodo scit, dixit quod, tempore domini Porteclia et domini Gauffridi filii sui, vidit per gentes suos explectari predicta. Requisitus per quos, dixit quod per Aymericum Eschalart, tunc prepositum de Allodio, et per alios de quorum nominibus non recolit. Requisitus quam costumam vidit percipi et levari, dixit quod de qualibet navi de Britannia, xii. denarios de bortulagio, et de quolibet dolio vini carguato vel discarguato, duodecim denarios et obolum, et de sextario furmenti unum denarium. Requisitus utrum prepositus de Ruppella quicquam perciperet in predictis, dixit quod non. Item requisitus utrum dominus de Allodio habeat jus piscandi vel piscari faciandi (sic) mulos et alios pisces in portu novo, et accipiendi costumam piscium, dixit quod tempore domini Gauffridi de Mausiaco et domini Guillelmi de Mausiaco, videlicet de mandato ipsorum, piscari ibidem et undecimum piscem reddi sibi, ita quod prepositus de Ruppella nichil percipiebat ibi. Item requisitus utrum delinquentes vel rixantes in navibus existentibus in portu novo debeant justiciari per dominum de Allodio, dixit quod sic. Requisitus quomodo scit, dixit quod, tempore domini Gauffredi de Mausiaco et domini Guillelmi de Mausiaco, vidit a gentibus suis explectari predicta. Requisitus qualiter, dixit quod vidit illos qui rixati fuerant, in navibus captos, duci apud Allodium. Requisitus utrum super premissis aliquam contradictionem posuerint prepositus vel gentes regis qui custodiebant Rupellam, dixit quod non. Item requisitus utrum dominus de Allodio de predictis fuerit dissazitus, dixit quod credit quod sic. Requisitus qualiter et per quem, dixit quod per Stephanum Geroere, qui tunc erat prepositus de Ruppella, qui tunc, contradicentibus gentibus domini de Allodio, incepit explectare predicta. Requisitus a quo tempore citra, dixit quod a viginti quinque annis citra, et ab illo tempore vidit gentes domini regis et comitis explectare predicta.

XXVII. Savaricus Gasconelli, quadrigenarius, juratus et requisitus, dixit idem et per omnia quod Guillelmus Faurelli, nonus testis.

XXVIII. Pascaudus de Allodio, quadrigenarius, homo domini de Allodio, juratus et requisitus utrum dominus de Allodio habeat jus percipiendi costumam de mercimoniis que cargantur, vel dischargantibus (*sic*) in navibus aplicantibus in portu novo, dixit quod sic. Requisitus quomodo scit, dixit quod ipse fuit diu in servicio domini Reginaldi in Allodio, et vidit quod, quando naves cargabant vel discargabant ad portum novum, ita quod planca, per quam ponebantur mercimonia in navibus, adherebat terre ex una parte et navibus ex altera, dominus de Allodio vel prepositus ejus percipiebat costumam, et vidit aliquociens quod, quando naute deposuerant sive removerant plancam et recedebant, non soluta costuma, prepositi domini de Allodio et ipse qui loquitur insequebantur eos in mari et compellebant eos solvere costumam, et LX solidos pro guagio; et ita vidit explectari a duodecim annis citra. Requisitus utrum dominus de Allodio debeat habere costumam quando naves cargabantur vel dischargabantur in mari per batellas in portu novo, dixit quod istud non vidit explectari. Requisitus super bortulagio, dixit quod audivit dici quod dominus de Allodio debet habere duodecim denarios, de quolibet vaissello Britanie, pro bortulagio, set non vidit quod dominus de Allodio istud explectaverit; vidit tamen quod prepositus de Allodio istud, diu est, explectavit. Requisitus utrum dominus de Allodio habeat jus faciendi exclusam et piscandi mulos in portu novo, dixit quod audivit dici a senioribus et predecessoribus suis quod piscaria illius loci erat domini de Allodio; eam tamen, diu est, vidit explectari per prepositum de Ruppella. Requisitus utrum dominus de Allodio habeat jus ponendi mensuras in navibus in portu novo existentibus, quando fit ibi taberna, dixit quod sic, prout audivit dici ab antiquis, nonquam tamen vidit explectari. Requisitus, si aliquod homicidium vel furtum fieret in navibus, cujus esset justicia, dixit quod nescit. Addidit tamen quod si illi qui fecissent furtum vel homicidium descenderent ad terram, gentes domini de Allodio acciperent ipsum.

XXIX. Adam de Germant, quadrigenarius, homo domini de Allodio, juratus et requisitus utrum dominus de Allodio habeat jus percipiendi costumam de mercimoniis que cargantur vel discargantur in navibus existentibus in portu novo per mare vel per terram, ita quod prepositus de Ruppella non debeat inde habere costumam, dixit quod bene sunt xii anni elapsi quod, quando aliqua mercimonia cargabantur in dictis navibus per terram, costuma solvebatur domino de Allodio tantummodo, set modo habet dominus de Allodio costumam de dictis mercimoniis que chargantur de terra in navibus, et prepositus de Ruppella similiter; set nescit cui debeatur costuma quando chargatur per mare in batellum, vel dischargatur. Item requisitus dixit quod, xii anni sunt elapsi, vidit quod mensura ad bladum vendendum fuit posita in navibus de portu novo, per gentes domini de Allodio. Addit tamen quod modo ponuntur per prepositum de Ruppella ibidem. Super bortulagio requisitus, dixit se nichil scire. Item requisitus dixit quod duodecim anni sunt elapsi quod vidit, quando naute faciebant rixam in navibus, quod gentes domini de Allodio accipiebant ipsos et ducebant apud Allodium, set dixit quod modo justiciantur per prepositum de Ruppella. Super piscaria dicti portus, dixit quod vidit eam explectari semper per prepositum de Ruppella.

XXX. Guillelmus de Gros-Bois, quinquagenarius, juratus et requisitus diligenter super premissis omnibus et singulis, dixit se nichil scire, hoc addito tamen quod duodecim anni sunt elapsi quod ipse emit farinam de quodam vaissello

Britanie existente in portu novo, et vidit quod cepit mensuram de Allodio ad mensurandum in dicto vaissello. Addidit quod audivit dici ab antiquis quod justicia de portu novo et de delinquentibus ibidem debet esse domino de Allodio. Addidit eciam quod x. anni sunt elapsi quod ipse adduxit vinum per mare de insula de Re, quod vinum discargavit in portu novo ad terram, et reddidit costumam domino de Allodio tantummodo. Dixit eciam quod bladum quod adducebat de Saujon, pro victu suo, et dischargabat in portu novo, non solvebat costumam alicui, neque domino de Allodio, neque preposito de Ruppella; set modo prepositus de Ruppella habet costumam de dicto blado.

XXXI. Johannes du Carroi de Ruppella, quinquagenarius, juratus et requisitus utrum dominus de Allodio habeat jus percipiendi de omnibus mercimoniis que ponuntur in navibus, vel dischargantur de navibus in portu novo, ita quod prepositus de Ruppella nichil debeat de illis mercimoniis accipere pro costuma, sive sit in terra sive in mari, in portu novo, dixit quod sic. Requisitus quomodo scit, dixit quod xL. anni vel triginta quinque anni sunt elapsi, tempore domini Guillelmi de Mause, vidit quod Johannes de Montoire et Aymericus Guet et Chaalat, prepositi dicti domini Guillelmi, accipiebant costumam de mercimoniis que cargabantur vel discargabantur in portu novo, per mare vel per terram, ita quod prepositus de Ruppella nichil accipiebat de illis pro costuma. Addidit eciam quod vidit mensuram domini de Allodio, ad vendendum vinum et bladum mensurandum, esse in dictis navibus in portu novo existentibus. Addidit eciam quod vidit quod, quando rixa fiebat, vel aliquod delictum in dictis navibus, quod justiciabantur per prepositum de Allodio. Super bortulagio, dixit se nichil scire. Dixit eciam quod vidit tempore Stephani Geroere, prepositi de Rupella pro domino rege Francie, gentes de Fourras piscari in portu novo et facere exclusam, nomine et mandato domini de Allodio, et dominus de Allodio vel ejus prepositus accipiebat undecimum piscem pro costuma, et vidit quod Stephanus Geroere ivit ad portum novum et invenit gentes ibi piscantes et quesivit ab eis de mandato cujus piscabant ibi, et dixerunt ei quod de mandato domini de Allodio; requisivit eciam qualem costumam solvebant domino de Allodio et dixerunt undecimum piscem; et tunc dictus Stephanus posuit portum in manu domini comitis, et cepit undecimum piscem pro costuma a piscatoribus.

XXXII. Johannes Bredon, de Allodio, quadrigenarius, homo domini de Allodio, juratus et requisitus, dixit quod tempore domini Guillelmi de Mause, vidit quod, quando dolium vini vel bladum vel panni dischargabantur de navibus existentibus in portu novo, gentes domini de Allodio accipiebant costumam, et prepositus de Ruppella nichil accipiebat ex eis pro costuma; et hoc idem vidit quando vinum chargabatur de terra in navibus. Super bortulagio, dixit se nichil scire cui debeat esse. Item requisitus, dixit quod vidit, tempore Petri La Crie, prepositi de Allodio xx. anni sunt elapsi, quod gentes de Allodio acceperunt ancora navium ibidem existencium, propter nautas qui fecerant rixam ad terram et fugerant in navibus; vidit eciam tunc temporis quod illi qui vendebant bladum in navibus accipiebant mensuram sive boissellum de Allodio. Item quando sal chargabatur de terra in navibus, costuma solvebatur domino de Allodio. Item requisitus super piscaria, dixit se nichil scire.

XXXIII. Guillelmus du Fosse, de Allodio, trigenarius, homo domini de Allodio, juratus et requisitus super premissis, dixit idem quod Johannes de Bredon, proximus testis, hoc excepto quod non vidit aliquas poni mensuras de Allodio in navibus in portu novo existentibus.

Hec est inquesta super explectis quod fecit dominus comes in portu novo; et sunt testes adducti ex parte domini comitis, et hoc fecit senescallus de officio suo, ut dominus comes melius posset instrui de jure suo.

I. Helias de Valle, sexagenarius, juratus et requisitus utrum dominus comes vel predecessores sui debeat habere costumam navium cargancium et discargancium, per mare et per terram, in portu novo, dixit quod, quando navis cargatur vel discargatur per terram in portu novo, tunc dominus de Allodio debet habere costumam, et si cargetur vel discargetur per mare in portu novo, tunc dominus comes debet habere costumam, et si taberna vel rixa fiat in navibus existentibus in portu novo, dominus comes tunc debet inde habere justiciam et ponere mensuras, et ita audivit ab antecessoribus suis ita explectatum fuisse. Addidit eciam quod si naute qui fecissent rixam in navi descenderent, post rixam vel homicidium seu furtum, ad terram, post recessum maris, si tamen maripleno posset in loco illo ubi descenderent vel ubi invenirentur navicula fluctuare, justicia esset domini comitis. Adjecit eciam quod tota terra quam mare tegit in portu novo et circa est de justicia domini comitis, prout audivit dici ab antecessoribus suis. Requisitus utrum vidit ex parte domini comitis aliqua explecta fieri de predictis, dixit quod tempore magistri Girardi Venderii, tunc majoris de Ruppella, vidit discargari furmentum de quodam vaissello Britanie in magna navi, nec fuit reddita costuma domino de Allodio; inmo credit preposito de Ruppella costumam redditam fuisse. Super aliis nichil scit.

II. Nicholaus Tuaut, quinquagenarius, juratus et requisitus utrum dominus comes vel predecessores sui debeant habere costumam navium chargancium vel dischargancium per mare vel per terram, in portu novo, dixit quod nescit, quia nunquam vidit istud explectare. Dicit tamen quod si alique naves veniant per mare et intrent in portu novo et ibidem morantur, prepositus de Ruppella habet costumam, et hoc vidit a tempore Helye Brunatier, prepositi quondam de Ruppella, citra explectare. Item requisitus dixit quod vidit pluries, tempore Stephani de Limoges et aliorum prepositorum de Ruppella, quod quando rixa fiebat in navibus existentibus in portu novo, quod prepositus de Ruppella transmittebat ibi nuncios suos, et si inveniebant rixam fuisse in navibus, accipiebant illos qui fecerant rixam. Addit eciam quod si prepositus de Allodio cepisset illos rixantes et duxisset apud Allodium, nuncii prepositi de Ruppella adducebant ipsos apud Ruppellam, et si prepositus de Allodio nollet eos reddere, prepositus de Ruppella retinebat ipsum prepositum de Allodio quousque reddiderat dictos rixantes. Requisitus super mensuris ponendis in portu novo, dixit se nichil scire. Item addit eciam quod tota terra quam mare tegit in portu novo et circa, est de justicia domini comitis, prout vidit istud explectare a prepositis de Ruppella. Item dicit quod vidit pluries quod gentes de Fourras et alii piscatores veniebant ad prepositum de Ruppella, quando volebant piscare in portu novo, et prepositus de Ruppella dabat eis licenciam piscandi in dicto portu, et accipiebat undecimum piscem captum in dicto portu.

III. Helias le Cerclier, sexagenarius, juratus et requisitus utrum dominus comes vel predecessores sui debeant habere costumam navium chargancium et dischargancium, per mare vel per terram, in portu novo, dixit quod, quando navis chargatur vel dischargatur per terram in portu novo, tunc dominus de Allodio debet habere costumam, et si chargatur vel dischargatur per mare in portu novo, tunc dominus comes debet habere costumam, et ita vidit explectare a viginti annis citra et amplius. Addidit eciam quod, tempore Stephani Geroire, prepositi de Ruppella pro domino rege Francie, vidit et audivit quod quidam homo fuit occisus in portu novo; quidam homo cui imponebatur factum, qui erat de Allodio, fuit adductus apud Ruppellam et se deffendidit et litigavit coram preposito de Ruppella contra illos qui insequebantur ipsum de dicto facto. Item dixit quod tota terra quam mare tegit et ubi navicula potest fluctuare per mare, est de justicia domini comitis et de costuma sua, et ita vidit explectare. Addit eciam quod audivit dici quod illi qui piscabant in portu novo, piscabant ibi nomine et mandato prepositi de Ruppella, et accipiebat costumam ab eis. Super aliis nichil scit.

IIII. Gilebertus Venderii, burgensis de Ruppella, quinquagenarius, juratus et requisitus, dixit quod, quando navis chargatur vel dischargatur per terram in portu novo, costuma est domino de Allodio, set si chargatur vel dischargatur per mare in portu novo, nescit cui pertineat costuma. Item dixit, quod, tempore Helie Brunatier, prepositi de Ruppella, quando rumor veniebat ad ipsum prepositum quod rixa fiebat in navibus in portu novo, quod dictus prepositus mitebat nuncios suos et pignorabat in navibus existentibus in portu novo. Super aliis articulis, dixit se nichil scire.

V. Guillelmus de Sarragoce, quinquagenarius, juratus et requisitus, dixit idem et per omnia quod Helias de Valle, primus testis, hoc excepto quod non vidit furmentum dischargari de vaissello Britanie nec reddi costumam de eodem alicui.

VI. Hugo Anglici, sexagenarius, juratus et requisitus super premissis, dixit idem et per omnia quod primus testis, excepto de furmento dischargato de vaissello Britanie.

VII. Savaricus Bataille, quinquagenarius vel circa, juratus et requisitus diligenter super premissis, dixit se nichil scire, hoc addito quod, tempore Stephani Geroire, prepositi de Ruppella pro domino rege Francie, vidit gentes dicti prepositi piscare in portu novo, et hoc addito quod audivit dici communiter quod tota terra quam mare tegit in portu novo et circa, est in dominio et jurisdicione domini comitis.

VIII. Petrus de Rabec, quinquagenarius, juratus et requisitus super premissis, dixit se nichil scire, nisi quia semper audivit dici, quod tota terra quam mare tegit est de jurisdicione domini comitis, et hoc addito quod vidit quod gentes qui rixam fecerant in navibus existentibus in portu novo, fuerint adducte apud Ruppellam, et quod audivit dici semper quod dominus de Allodio nichil accipiebat in aqua neque in terra quam mare tegit.

IX. Baudoin Guandelart, sexagenarius, juratus et requisitus, dixit quod quinquaginta anni sunt elapsi quod ipse exercuit portum novum, et dicit quod quando navis ejus erat in portu novo et volebat adducere per mare mercimonia sua, ipse solvebat costumam preposito de Ruppella et non domino de Allodio, et tunc ponebat mercimonia sua de navi in batello et adducebat per mare apud Ruppellam. Dixit eciam quod, quando ipse chargabat sal sive mercimonia sua de terra in navi existente in portu novo, ipse solvebat costumam domino de Allodio. Item dicit quod quando ipse chargabat in batellis aliqua mercimonia et ducebat in navi existente in portu novo, ipse solvebat costumam preposito de Rupella, et hoc fecit quadraginta vicibus et amplius. Item dixit quod si rixa fieret in navibus existentibus in portu novo, quod justicia erat semper preposito de Ruppella, licet navis esset in terra sica post recessum maris, et hoc vidit pluries. Item dicit quod vidit et audivit dici pluries ab antiquo quod tota costuma et mensura posita in navibus existentibus in portu novo, pertinebat ad prepositum de Ruppella. Super aliis diligenter requisitus, dixit se nichil scire.

X. Raymondus de Lupi-Saltu, sexagenarius, juratus et requisitus, dixit quod audivit dici quod, quando alique naves chargantur vel dechargantur per terram in portu novo, costuma debet esse domino de Allodio. Dixit eciam quod audivit dici quod, quando aliqua mercimonia ducebantur per mare in navibus existentibus in portu novo, vel dischargantur de navibus in portu novo existentibus in batellis et ducentur apud Ruppellam per mare, costuma debet esse domino comiti. Item dixit quod audivit dici pluries quod, quando rixa fiebat in navibus existentibus in portu novo, prepositus de Ruppella et prepositus de Allodio petebant justiciam de eisdem, set nescit cui debeat esse justicia. Dixit tamen quod audivit dici pluries et credit quod omnes naves qui intrant in costumau portus de Ruppella citra cepam, costuma debet esse preposito de Ruppella, et portus novus est infra illum costumau. Super mensuris et aliis articulis dixit se nichil scire, hoc addito quod audivit dici quod Stephanus Geroire, quondam prepositus de Ruppella, fecit piscari in dicto portunovo.

XI. Marcheant Chauchepot, septuagenarius, juratus et requisitus super premissis, dixit quod costuma navium que cargantur et discargantur in portu novo est domini comitis, sive cargantur per mare sive per terram, dum tamen planca per quam mercimonia cargantur in navibus, sit in terra ubi mare consueverit fluctuare, et addidit quod si planca ex uno capite attingeret terram ubi mare non fluctuat nec consueverit fluctuare, costuma tunc reddetur domino de Allodio, ratione terre, et nichilominus domino comiti, ratione maris. Item requisitus super bortulagio, dixit [quod] qualibet navis Britanie aplicans ad portum novum debet domino comiti xii. denarios pro bortulagio. Item requisitus quis habet jus ponendi mensuras in navibus et exercendi justiciam de delictis que comituntur ibidem, dixit quod dominus comes. Addidit eciam, requisitus, quod dominus comes habet jus piscandi et accipiendi mulos in dicto portu novo, et ita vidit explectari omnia premissa a tempore quo terra erat regis Anglie usque nunc. Addidit eciam quod omnes naves existentes intra Ruppellam et locum illum qui dicitur la Cepe, debent costumam domino comiti de mercimoniis in dictis navibus existentibus. Addidit eciam quod tota terra quam mare tegit vel tegere potest, est de jurisdictione et costuma domini comitis.

XII. Stephanus de Costa, burgensis de Ruppella, sexagenarius, juratus et requisitus, dixit quod, quando naves existentes in portu novo chargantur vel dischargantur per mare, costuma est prepositi de Ruppella, set si chargatur vel dischargatur per terram, costuma debet esse domino de Allodio, ut credit. Addidit eciam quod vidit solvi bortulagium preposito de Ruppella de navibus Britanie, et ita vidit explectari, xx. anni sunt elapsi. Addidit eciam quod, si rixa fieret in navibus existentibus in dicto portu, justicia debet esse domino comiti, et ita vidit explectari. Super mensuris [requisitus] quis debeat ponere eas in navibus in portu novo, dixit se nichil scire. Addidit eciam quod vidit, quindecim anni sunt elapsi, prepositos de Ruppella facere piscari pisces in portu novo. Addidit eciam se vidisse pluries quod servientes prepositi de Ruppella ire (*sic*) apud portum novum et intrare naves ibidem existentes, et quando inveniebant aliqua mercimonia non costumata preposito de Ruppella, ipsi accipiebant pignora in dictis navibus, et prepositus de Ruppella accipiebat lx. solidos pro emenda.

XIII. Henricus de la Riole, de Ruppella, septuagenarius, juratus et requisitus, dixit quod pluries vidit, xx. anni sunt elapsi, quod, quando alique naves chargantur vel dischargantur in portu novo per mare, costuma est preposito de Ruppella ; si vero chargantur vel dischargantur per terram, costuma est domini de Allodio et prepositus de Ruppella nichil accipit tunc pro costuma. Addidit eciam quod vidit pluries quod, quando alique naves sunt in mari in quodam loco qui dicitur Boscum, et dubitant de malo tempore, veniunt mercatores dictorum navium ad prepositum de Rupella et accipiunt licenciam ab eodem, quando volunt intrare in portu novo, licet non dischargant ibidem, et prepositus de Ruppella accipit costumam de omnibus mercimoniis existentibus in dictis navibus in dicto portu novo existentibus, nisi velit eis facere gratiam. Super justicia et mensuris, dixit se nichil scire cui debeat esse, vel domino comiti, vel domino de Allodio. Item requisitus super piscaria, dixit se nichil scire; addidit tamen quod credit, ut audivit dici pluries ab antiquo, quod tota terra quam mare tegit, est de juridictione domini comitis.

XIIII. Petrus de Chambon de Ruppella, septuagenarius, juratus et requisitus utrum dominus comes vel antecessores sui debeant habere costumam navium chargancium vel dischargancium per mare vel per terram in portu novo, dixit quod, quando naves chargantur vel dischargantur per mare, costuma debet reddi preposito de Ruppella. Si vero chargantur vel dischargantur per terram in portu novo, costuma debet reddi domino de Allodio. Addidit eciam quod tota terra quam mare tegit vel ubi navis potest fluctuare in portu novo, est de jurisdictione domini comitis. Addidit eciam quod si rixa fieret in portu novo, in navibus vel in terra quam mare tegit, justicia pertinet domino comiti. Addidit eciam quod si esclusa fieret in portu novo, vel aliqui piscatores vellent ibi piscare mulos, hoc esset de mandato prepositi de Ruppella et prepositus de Ruppella haberet undecimum piscem pro costuma. Addidit eciam quod omnes naves qui intrant in portu novo, sive debeant bortulagium seu aliam costumam, debent costumam preposito de Ruppella, et omnia premissa vidit explectari a prepositis de Ruppella, a tempore quo dominus rex Francie acquisivit terram de Ruppella et eam tenuit, non contradicentibus dominis de Allodio. Item addidit quod quando naute solverent costumam de mercimoniis existentibus in navibus in portu novo aplicantibus, vidit pluries quod prepositi de Ruppella mitebant nuncios suos in dictis navibus et intrabant dictas naves, et si inveniant aliqua mercimonia, pro quibus non fuerit soluta costuma, prepositus de Ruppella habet LX. solidos pro emenda, et istud vidit pluries explectari. Requisitus super mensuris ponendis ibidem, dixit se non vidisse aliqua explecta fieri a preposito de Ruppella nec ab aliquo.

Compotus Johannis Auberti de moneta Pictavie, in termino Ascensionis Domini anno millesimo CC⁰ quinquagesimo tercio.

(Arch. nat. J. 1034, n° 20.)

Recepta ejusdem Johannis.

De XIII. miliaribus et v^c. libris ad parvum miliare, que valent XII. miliaria ad magnum miliare, pro quolibet magno miliari : XXX. lib. Summa : III^c. LX. libr.

Expensa.

Pro gagiis Johannis prepositi, de centum sexdecim diebus, III. sol. par. per diem. Summa : XVII. libr. VIII. sol. parisiensium, valent XXI. libr. XV. sol. pictavensium.

Pro janitore Mosterolii, de eodem termino, VI. den. pictav. per diem. Summa : LVIII. pictav.

Pro feodo illius qui facit cuneum monete, XXIII. libr. pictavensium.

Pro roba Johannis prepositi, LXII. sol. VI. den. pict.

Summa expense : LI. libr. XV. sol. VI. den. pict.

Restat quod debet Johannes Auberti, de presenti compoto : III.^{c} VIII. libr. IIII. sol. VI. den. pict., et de arreragio : M. VIII.^{c}. libr. XVI. sol. VI. den. pict. et XXIX. libr. X. sol. VII. den. turon.

Summa totalis debiti cum arreragio :

II^m. c. libr. XVII. sol. XIII. den. pict. et XXIX. libr. x. sol. VII. den. turonensium.

De quibus solvit magistro Petro de Sanctolio, per dominum G. de Capsia : IIII^c. I. libr. pict. Et sic restat quod debet Johannes Auberti per totum :

XVI^c. LXVII. libr. XII. den. pictav.; et XXIX libr. x. sol. VII. den. turon.

Ordre d'Alphonse à son lieutenant du Poitou.

(Arch. nat. J. 1034, n° 22.)

De portu Niorti ordinatum est ita, quod per duos inquiratur, quorum vos unum discretum et fidelem apponatis, et abbas de Mallezai alium, qui inquirant utrum portus Niorti fuerit ab antiquo; et hoc fiat infra Assumpcionem beate Marie, et quod per inquestam inventum fuerit, nobis infra dictum terminum rescribatis.

De Herberto Verlem, sic est : Videatis litteras quas se dicit habere de nundinis Pictavie; et si viditis eum aliquid de jure nostro occupasse insuper hoc quod concessum est ei per cartam suam, illud capiatis in manu nostra.

De judicio duellorum Ruppelle, sic est : quod vos loquamini cum majore et probis hominibus Ruppelle, quod si placet eis, ut dictum fuit eis alias, quatinus fiat inquisitio qualiter olim usum fuerit super judicio duellorum, et si in hoc consentire voluerint, nobis significatis, et nos inquisitionem fieri faciemus per fideles et discretos. Si vero consentire noluerint, adjornetis eos coram nobis ad octabas Omnium Sanctorum, ubi audierint dominum regem et nos esse.

De vineis proditorum, quas tenet ille qui fuit major Ruppelle anno preterito, sic est, ut veritatem super hoc addiscatis diligenter, utrum fuerint proditores et qualiter ille dictas vineas occupavit, et utrum jus habeamus in eis. Et si jus nostrum inveneritis, dictas vineas in manu nostra capiatis.

De mercato novo comitis Auge, sic est, ut addiscatis utrum sit novum vel vetus, et si inveneritis quod de novo factum fuerit, inhibeatis ei ex parte nostra ne sustineat de cetero mercatum ibi esse.

Nisi Guido de Hispania recesserit a foresta nostra de Banahone, dicatis ei ex parte nostra ut recedat, nec ei ab octabis Ascensionis citra gagia pagetis.

De omnibus hiis superius nominatis, nos certos reddatis infra Assumpcionem beate Marie Virginis

DOCUMENTS

RELATIFS A

L'ASSEMBLÉE DE LA ROCHELLE

Dans un article très-bienveillant, que M. G. Fagniez a publié dans la *Revue historique* [1], au sujet des *Actes de l'Assemblée de La Rochelle*, notre confrère émet le vœu de voir ce document complété par des pièces justificatives. Nous n'avons pu les joindre aux *Procès-verbaux*, parce qu'elles auraient donné au volume des proportions exagérées. Nous tentons de combler aujourd'hui cette lacune en mettant sous les yeux de nos lecteurs une collection de pièces qui permettent de se faire une idée exacte du rôle de l'Assemblée de La Rochelle ; on pourra apprécier ainsi les événements sur lesquels elle exerça une longue et active influence. Les procès-verbaux sont souvent très-laconiques ; ils mentionnent des lettres sans en faire connaître le contenu, surtout lorsque celui-ci est en opposition avec les opinions partagées par la fraction dominante de la Compagnie ; nous avons pu retrouver plusieurs de ces dépêches.

Un certain nombre de ces documents sont complétement inédits ; d'autres ont déjà été publiés. De ces derniers, nous avons cru devoir

---

1. *Revue historique*, n° de novembre-décembre 1878 (t. VIII, p. 438). M. Fagniez a remarqué que dans la liste des députés, par provinces, l'Anjou est mentionné deux fois, p. XIV et XV. Il est facile de constater qu'il y a là une erreur, rectifiée par le fait à la page 1 des procès-verbaux, où l'on voit que le mot *Anjou*, en tête de la liste, a été, par distraction, substitué au nom de *La Rochelle*.

donner une courte analyse, en renvoyant aux ouvrages où l'on peut les consulter *in extenso*; nous n'avons fait d'exception, et cela rarement, que pour les pièces dont l'importance justifie la reproduction.

Le lecteur ne trouvera pas inutile de voir ici la mention bibliographique d'une foule de plaquettes, contemporaines des événements, quelques-unes presque introuvables; elles font connaître des détails curieux et reflètent l'état de l'opinion publique au fur et à mesure que la lutte devenait plus vive ou se calmait peu à peu. Autant que possible, nous avons signalé ces publications éphémères à leur date; cependant, il en est quelques-unes, d'un intérêt plus général, qui ne pouvaient guère se classer ainsi : nous les réunissons ici en note [1].

Nous ne doutons pas que dans les archives particulières on ne puisse encore faire une ample moisson de lettres et de documents relatifs à l'Assemblée de La Rochelle; mais nous croyons qu'ils

---

1. *Avertissement au roi, pour connaître la vérité de ceux qui sont cause des troubles de son Royaume.* S. L. 1621, in-8°. — *Discours sur ce que ceux de la religion réformée ne sont cause de la guerre, combien qu'elle leur soit plus utile en ce temps que la paix feinte et simulée dont on veut les abuser.* St-Jean-d'Angely, par N. Crespon, 1621, in-8°. — *Libres discours pour l'affermissement de l'assemblée tenue à Loudun, par la permission du roi, étant à présent assemblée à La Rochelle.* (S. L. 1621.) — *Avertissement à l'assemblée de La Rochelle par Abraham Elintus, docteur en médecine.* Paris, F. Julliot, 1621, in-8°. — Une réponse à ce factum fut faite en décembre sous ce titre : *Discours des vraies raisons pour lesquelles ceux de la religion, en France, peuvent et doivent en bonne conscience résister par armes à la persécution ouverte que leur font les ennemis de leur religion et de l'État, par un des députés de l'assemblée de La Rochelle.* S. L. 1622. — Daniel Tilenus fit une réplique, publiée à Paris, chez N. Buon, 1622, in-8°. — *L'adieu de Perot le Sage, ennuyé à l'excès des insolences et concussions de l'assemblée rochelaise.* Maillezay, 1621, in-8°. — *Le surveillant de Charenton aux citadins de La Rochelle, salut et amendement de vie.* S. L. 1621, in-8°. — *Les rebellions rochelaises contre leurs anciennes fidélités protestées aux rois de France.* Paris, D. Langlois, 1621, in-8°. — *A MM. de la religion prétendue réformée, sur les rebellions de ceux de La Rochelle, St-Jean d'Angely, et leurs adhérents, etc.*, par Mᶜ Jean Estienne (S. L. 1621, in-8°). — *La capilotade huguenote envoyée aux rebelles de La Rochelle et Montabanistes*, s. l. n. d., in-8°. — *Le pétard d'éloquence de Mᶜ Guillaume le jeune; à MM. les rebelles de La Rochelle.* Montauban, J. d'Ollivier,

n'ajouteront que peu de choses, au point de vue général, à ce que nous apprennent ceux que nous avons réunis. Parmi les ouvrages imprimés, nous avons surtout consulté : *Les lettres et mémoires de messire Philippe de Mornay,* éd⁰ⁿ de 1651, t. II; *les lettres de Jean Besly à Pierre du Puy,* publiées d'après le volume 803 de la collection du Puy (Bibl. Nat¹ᵉ), par M. Marchegay [1] ; *la correspondance du duc de Caumont la Force,* mémoires, t. II, publiée par le marquis de Lagrange ; *le Mercure Français* de 1621-1623.

Les Archives nationales, la Bibliothèque nationale, les Archives de M. le duc de La Tremouille, celles des villes de Poitiers et de La Rochelle, nous ont fourni la plus grande partie des pièces que l'on trouvera ici imprimées pour la première fois.

A. DE B.

---

s. d., in-8o.— *Le fidèle François, des églises réformées de France, contenant désavœu des résolutions prises à l'assemblée de La Rochelle.* Grenoble, Arnaud de St-Bonnet, 1621, in-8o. — *Le plan de l'anarchie rocheloise, fondée sur les sablons de la mer. Dressé par Fr de Formineau, sr de Beaulieu.* Toulouse, J. Maffré, 1621, in-8o. — *L'anti-Rochelle, ou doux contrepoison à l'insolent manifeste des Rochelois..., par le sr Guerson.* Pont-à-Mousson, M. Bernard, 1622, in-8o. — *Avis au roi pour facilement prendre Montauban, La Rochelle et autres villes occupées par les rebelles,* par Fontenay. Paris, N. Alexandre, 1622, in-8o.— *Les méditations d'un avocat de La Rochelle.* S. L. 1622, in-8o.

1. Annuaire de la Société d'émulation de la Vendée, 2ᵉ série, t. **VII**, p. 99 à 130.

DOCUMENTS

RELATIFS A

L'ASSEMBLÉE DE LA ROCHELLE

1620, 16 août. *Saumur*. Du Plessis au vicomte de Favas. — Il regrette de ne l'avoir pas vu à Saumur, comme il l'espérait ; il charge Villarnoul de lui expliquer plus particulièrement sa pensée ; « on peut pescher en ce temps non moins par trop se desfier que par trop se fier ». Du Plessis est d'avis qu'il faut laisser les événements suivre leur cours, avoir toujours son nord devant les yeux, la gloire de Dieu et le bien de son Église ; avoir grande confiance dans les bonnes intentions du roi, et se confier en Lesdiguières pour solliciter le roi, M. le Prince et le duc de Luynes. Il termine en offrant ses services.

Lettres et Mémoires de M. du Plessis, éd^{on} de 1651, T. II, p. 417.

— 14 octobre. Les maire, échevins, pairs, bourgeois et habitants de La Rochelle convoquent l'Assemblée en leurdite ville au 25e jour de novembre 1620. — Lettre adressée à MM. des conseils de la Basse-Guyenne.

Not. histor., Actes de l'Assemb. gén. de La Rochelle, p. XXIV.

— 22 octobre. *Grenade*. Déclaration du Roi, enregistrée au Parlement de Paris le 14 novembre suivant, défendant la réunion de l'Assemblée de La Rochelle.

Imprimé.

1620, 23 octobre. *Saumur*. Du Plessis à Bouchereau, député. — Il lui expose ce qui s'est passé à La Rochelle, la convocation de l'Assemblée ; l'arrivée, de la part du roi, de La Chesnaye que l'on ne voulut pas écouter parce que les lettres étaient déjà parties. Du Plessis regrette que l'on n'ait pas eu plus de patience et croit que les mesures prises retarderont la restitution de Lectoure, empireront la condition du Béarn et irriteront le roi contre le général des églises.

<small>Lettres et Mémoires, etc., II, p. 448.—Du même jour il y a une lettre adressée au duc de Montbazon, au sujet de l'Assemblée de Loudun ; elle a été imprimée à Paris par C. du Pré, et à Saumur par D. Lerpinière, in-8°, 1620 ; il parut aussitôt à Paris, chez S. Moreau, une réponse à cette lettre, signée des initiales : M. S. H.</small>

— 27 octobre. *Blaye*. Le Roi à Du Plessis ; il lui accuse réception d'une lettre du 11, lui indique l'itinéraire qu'il suivra. Parti de Pau, il était arrivé en six jours à Blaye, comptait passer la Toussaint à Saintes, puis se rendre à Poitiers et Paris. Il annonce qu'il entend que l'interdiction qu'il a faite de l'Assemblée de La Rochelle soit exécutée.

<small>Lettres et Mém., etc., II, 450.</small>

— 8 novembre. *Saint-Jean-d'Angély*. Le duc de Rohan au Roi. Il le supplie de supporter quelques petits défauts de forme dans la réunion de l'Assemblée ; il lui dépeint l'inquiétude qui règne en Poitou ; l'attitude menaçante des catholiques ; les députés se sont assemblés dans la persuasion qu'on leur avait permis de le faire dans les six mois.

<small>Bullet. de la Soc. de l'Hist. du Protestantisme, t. VI, p. 362. — Not. hist., p. XXVI.</small>

— 9 novembre. Propos tenus entre Schomberg et Du Plessis, à Saumur. Dans cette entrevue (Schomberg se rendait dans son château de Duretal), chacun discuta à son point de vue les événements. Du Plessis, rédacteur de ce mémoire, défend de son mieux ses coréligionnaires. En présence des faits accomplis, ces deux personnages s'accordent à conclure que le mieux serait que les députés étant arrivés, les Rochellais leur déclarassent que, depuis la convocation faite, satisfaction ayant été donnée par le roi, ils ne voyaient plus d'utilité à la réunion; que par conséquent ils étaient libres de se retirer. Du Plessis s'engageait à proposer cette solution.

Lettres et Mémoires, etc., II, p. 458.

1620, 13 décembre. *Saumur*. Du Plessis à Espinay et à Menuau, députés de l'Anjou. — « Il y a de grands personnages au conseil du Roy qui portent à la paix et ont besoin d'estre aydés à ce que les violens ne l'emportent. Je me confie en vos prudences et discrétions qui sçavent assez juger qu'il n'est besoin que je sois nommé. » — Cette lettre est accompagnée d'un mémoire dans lequel il conclut qu'il serait opportun qu'un député général fût chargé de représenter au roi la bonne foi des députés partis de leurs provinces, aussitôt la convocation reçue, et sans connaître l'édit de défense; il aurait aussi à se plaindre à M. le Prince et à Luynes de ce que les promesses faites par eux n'avaient pas eu d'effet.

Lettres et Mém., etc., II, 487.

— 14 décembre. *Sedan*. Le duc de Bouillon à Russelay.

Monsieur, j'ay veu par vostre dernière la continuation de vostre amitié et combien vous vous plaisés à m'en rendre des effectz, par la facilité que vous rendés à estre employé pour mes affaires. Croyés fermement que je suis ferme à vous honnorer et désirer vous rendre service. Je suis libre de mes douleurs que ce mauvais temps ne m'a renouvelées, me laissant mon esprit libre pour pouvoir sans violente agitation discourir sur l'estat des affaires présentes, voyant les pertes de Boheme tirer plustost une longueur de guerre qu'une fin, tant par les espérances de la maison d'Austriche que par les appuys partout où son besoing les luy fera avoir, ce que faisant il en trouvera pour à l'advenir balancer les évenemens. Nuls remedes à tant de maulx s'ils ne viennent du Roy……. Je ne scay si ceux de La Rochelle ont satisfait à ce qu'on leur a mandé ; s'ils l'ont fait, la cause cessant les effectz cesseront, sinon il ne me peut estre persuadé qu'on y aille à la rigueur qui peut avoir des suittes plus difficiles que celles qui peuvent estre produittes ; en laissant tenir l'assemblée à leurs deliberations on ne doit attendre rien si mauvais que de se laisser convaincre d'aller ailleurs qu'au Roy ny de desirer rien plus que l'estendue de l'aucthorité de Sa Majesté pour les faire jouyr de ses edicts ; s'ils estimoient en la forme de les interpreter les faire outrepasser, rien plus malaisé, comme aussy à eux de se prevaloir de tels advantages par une conformité de sentimens. Ainsy les edictz leur seront pour reigle quils suyvront par l'aucthorité du Roy. Pourquoy donc porter de la rigueur, Sa Majesté ny pouvant recevoir que choses facheuses pour les maux qui la suivent tousjours. De dire qu'on veuille proceder par une cause commune de relligion, le Roy bon et juste ne se laissera persuader par maximes pieuses que la guerre porte des instructions aux ames et aussy peu les raisons de la France le doivent conduire à perdre ce droict d'arbitrer les differents en l'Europe et ne s'arrester à voir diminuer les nerfs de sa maison pour fortifier ceux de ses voisins. . . . . . .

Arch. Nat., Papiers de Bouillon, R³ 53.

1620, 27 décembre. *Saumur*, Du Plessis à Espinay et Menuau, députés d'Anjou. — Il déplore l'incident de Navarreins, engage à tout faire pour empêcher l'arrivée du roi, en laissant deviner qu'il ne parle ainsi qu'après avoir pressenti l'avis des plus grands personnages protestants. Favas lui paraît trop tarder à se rendre à sa charge de député général, alors que son collègue Chalas est malade.

M. d'Oriac, qui commande les troupes du Bas-Poitou, a licencié les soldats protestants et les a remplacés par d'autres; on dit que M. le Prince est désigné pour former l'armée.

<small>Lettres et Mém., *etc.*, II, p. 495.</small>

1620, 28 décembre. L'Assemblée de La Rochelle à M. Du Plessis.

<small>Note histor., p. xxvii.</small>

— 31 décembre. *Saint-Jean-d'Angély*. Le duc de Rohan à Du Plessis. — Il a reçu des lettres du roi, apportées par MM. de Seaux et de Pontchartrain qui l'engagent à aller à la Cour pour traiter des affaires présentes; il attend pour répondre des nouvelles de l'Assemblée. Il a envoyé à Favas, passant à Niort, ce jour même, pour lui parler conformément aux sentiments de Du Plessis : détourner l'orage et que l'Assemblée puisse se séparer de bonne grâce et sûrement. Il supplie Du Plessis de calmer les esprits; le peuple de Saint-Jean est très-excité et veut travailler aux fortifications; il se trouve donc dans une position très-délicate, car s'il était forcé d'y accéder, ce serait lever le masque.

<small>Lettres et Mém., *etc.*, II, 502.</small>

1621, 2 janvier. *Sedan*. Le duc de Bouillon au Roi.

Sire,

Je m'estois proposé de demeurer dans le silence, ne recherchant qu'à soulager mon indisposition ordinaire dans la douceur du repos de ma famille : mais à present jay estimé ne debvoir taire à V. M. que depuis peu de jours les depputés de la province du hault Languedoc et haulte Guyenne assemblez a Milan ont envoyé vers moy un gentilhomme pour me donner advis des craintes et deffiances esquelles sont vos subjectz de la religion de ces quartiers, aussi bien qu'es autres provinces, à cause des menaces qu'on leur faict tous les jours en tous les endroictz de vostre royaume qu'on veult rompre les edicts, leur oster la liberté de leurs consciences, la seureté de leurs vies et la paisible jouissance de leurs biens et de leurs dignités. Esmeus, comme ils me disent, de ce qui sest passé en l'affaire de Bearn de ce qu'on en a anticipé l'execution, contre l'ordre dont on avoit donné asseurance de la part de V. M. à la dernière assemblée de vosdictz subjectz de la religion à Loudun, sans que de leur part il ait esté interrompu par aucune action contraire à leur debvoir. A quoy ils adjoustent l'inexecution des choses qui avoient esté promises, la jalousie que leur donne les garnisons que sans necessité on a laissées en divers endroicts, les deffenses rigoureuses publiées contre l'assemblée de La Rochelle qu'ils tiennent fondée sur la parole quils croyent aussi avoir esté donnée de la part de V. M. a la ditte assemblée de Loudun, ainsi que les deputez dicelle ont rapporté à leurs provinces, et autres diverses occasions qu'ilz disent voir naistre tous les jours et qu'ils estiment deppendre d'un dessein general qu'on a de ruiner la religion et tous ceux qui en font profession en vostre royaume. Et sur cela, Sire, protestans quils ne veulent jamais départir du debvoir et obeissance à quoy leur subjection et leur conscience les oblige vers V. M., ils me convient de compatir à leur mal, y prendre l'interest a quoy m'oblige la profession de religion que j'ay commune avec eux, leur donner mes advis et envoyer quelqu'un de ma part en l'assemblée de La Rochelle pour me joindre aux plaintes et tres humbles remonstrances quelle desire faire à V. M. à laquelle j'ay estimé en debvoir donner advis avant que de leur faire response, et la supplier, comme je fais tres humblement, de me donner ses commandemens la dessus; lesquels attendant par le s^r Justel que j'envoye expres pour cest effect vers V. M. je prendray la hardiesse de vous dire, Sire, avec le tres humble respect que je vous doibs et à la liberté que mon aage et quelqu'experience u passé me donne, que les remonstrances estans le seul et legitime moyen par lequel vos subjectz de la religion se doibvent adresser à V. M. laquelle par son équité jugera la justice ou injustice d'icelles, elle pourroit recevoir plus de contentement et d'utilité pour son service en les recevant qu'en les rejettant, maintenant principallement que la deffiance est telle parmy eux quils croyent qu'on a resolu leur ruine et qu'on les veut porter à l'extremité pour les perdre, le remede, Sire, ne doibt estre applicqué que par V. M. mesme laquelle seule apres Dieu peut destourner ce mal et le prevenir par sa prudence et par son authorité, en continuant sa loyale protection à ses subjectz de la religion, sans souffrir que pour advancer la ruine de tant de personnes innocentes qui ne respirent que la prosperité de son regne et une fidele obeissance à son service, on face violence aux edicts des Roys vos predecesseurs que V. M. a plusieurs fois confirmez. Je ne peux croire, Sire, qu'on vous donne des conseils si nuisibles et si préjudiciables a vostre Estat, moins encores que V. M. les voulut pratiquer pour rallumer au milieu de son royaulme le feu de la guerre civile que le feu Roy vostre pere, de tres heureuse memoire, a esteint avec tant de peine et de prudence cognoissant bien que les consciences ne se doibvent ny peuvent forcer par la puissance du fer et du feu, ny les esprits estre contrainctz à croire ce qu'ils ne croyent point. Il seroit plustost a craindre que pour une esperance doubteuse et incertaine que la passion des malveillans de vos subjects de la religion pourroit donner à V. M. de reunir par les armes tous vos subjects en une mesme creance, on n'engageast vostre aucthorité en des dangereux inconveniens, et Dieu veuille destourner d'auprès de vostre personne sacrée ceux qui vous voudroient induire a iceste violence et avec eux les funestes presages qui se peuvent tirer de leurs conseils. Que si dans ces occurrences presentes qui m'ont donné subject d'escrire ceste lettre à V. M., touché du vif ressentiment que j'ay du mal que ces deffiances peuvent apporter et sur lesquelz j'attends l'honneur de vos commandemens je suis si heureux que de pouvoir contribuer quelque chose pour ayder a maintenir la paix et tranquillité publique, j'y porteray tout ce que V. M. peut attendre de moy et de ma devotion et fidelité à son service. Je la supplie aussi tres humblement de m'excuser si a cause de l'incommodité de ma goutte je suis contrainct d'emprunter la main de mon filz pour signer la presente..... que de manquer a ce que j'ay estime estre de mon devoir. Et en cest endroit je supplie le createur

  Sire,

Qu'il continue a estendre sur V. M. toutes sortes de benedictions et vous donne en toute prosperité tres longue et tres heureuse vie.

De Sedan, le 2e jour de janvier 1621.

  Vostre tres humble, tres fidele et tres obeissant subject et serviteur

    Henry DE LA TOUR.

Archiv. Nat., R^e 53. *Papiers de Bouillon.* Cette lettre a été imprimée en 1621, sans nom d'imprimeur, in-8°.

1621, 3 janvier. *Grenoble.* Le duc de Lesdiguières à Du Plessis. — Il consent à servir d'intermédiaire auprès du roi, en se conformant aux avis de Du Plessis; il ne veut pas se mettre entre deux pour la justification de l'Assemblée envers le roi qui est offensé, mais pour le rendre flexible à oublier l'offense et à recevoir les très-humbles requestes et remontrances de ses serviteurs qui n'ont point pensé à vouloir heurter son autorité. Avant de commencer toute démarche, il désire savoir exactement à qui doit s'adresser son envoyé, M. de Colignon, lorsqu'il se rendra à La Rochelle où il a ouï dire que la municipalité, l'Assemblée et les habitants organisés en démocratie, formaient trois partis.

  Lettres et Mém., *etc.*, II, 503.

1621, 4 janvier. Extrait du Registre du Conseil de ville de Poitiers, n° 75, p. 82.

Monsieur le maire a proposé qu'il avoit reçeu lettres du Roy que luy avoit envoyées monsieur l'évesque de cette ville par son secretaire, lesquelles il demandoit estre leues affin d'exécuter le contenu en icelles, lesquelles le conseil a ordonné estre leues à haulte vois et sont trouveez contenir un commandement du Roy de faire mieux les gardes aux portes que par cy devant et enjoint aux habitans de Poictiers de vivre avec ceux de la religion prétandue réformée comme ils ont faict par cy devant sans y rien innover ny apporter aucun trouble, et a aussi esté ordonné que le mois et cent de la ville seroit indict à ce jourduy à une heure de relevée pour y lire les dictes lettres et qu'il y seroit obéy entierement et que la dicte lettre seroit imprimée et afficzée aux carrefours avec l'ordonnance de M[rs] de la ville.

Sous la même date, fut publiée, sans lieu d'impression, une lettre de Rohan au roi.

— 4 janvier. *Saumur*. M. Du Plessis à Messieurs de l'Assemblée de La Rochelle.

Messieurs, j'ay reçeu celles qu'il vous a pleu m'escrire du 28 du passé, et prie Dieu de toute mon affection qu'il luy plaise sous la conduite de son saint Esprit, faire réussir vos conseils et labeurs au bien, repos et salut de ses églises. Vous ne pouviez plus prudemment faire, que d'avoir pressé Messieurs les députés généraux de se rendre auprès de Sa Majesté à leur charge. Car c'estoit l'unique moyen, après une telle déclaration, pour renouer une négociation, et présenter en toute humilité vos remonstrances. Et j'appris hier par lettres de M. de Rohan que le dernier du passé M. de Favas disnoit à Niort, s'acheminant à Paris, où il est souhailté et attendu de plusieurs gens de bien d'une et d'autre religion, amateurs de l'estat. Pour ce qui est de moy, Messieurs, je vous supplie de croire de plus en plus que je ne plaindray jamais ny mon sang, ny ma vie pour le service de Dieu, et la conservation de nos églises sous le bénéfice des édits de nos rois ; me voulant aussi promettre que S. M. reconnoistra que la manutention d'iceux ne fait pas la moindre partie de son service. Particulièrement, avec la grâce de Dieu, je n'oublieray rien vers tous ceux auxquels j'ay quelque accès, et vers Sa Majesté mesme, à ce que vos bonnes intentions soient reconnues, et vos remonstrances receues de bonne part, et respondues avec quelque contentement. Sur ce, Messieurs, je vous offre mes très-humbles services en qualité de vostre très humble et très affectionné serviteur. — Du Plessis. De Saumur, le 4ᵉ janvier.

Lettres et Mém., etc., II, 505. — Actes de l'Assemblée, p. 10.

1621, 4 janvier. *Saumur*. Du Plessis au président Jeannin. — L'Assemblée de La Rochelle s'est réunie le 24 décembre passé pour le service du roi et le désir des gens de bien, afin de calmer les appréhensions des provinces et de régler les mouvements déréglés ; Favas, chargé de ses remontrances, doit être arrivé à la Cour. Du Plessis offre ses services, et laisse voir qu'il est effrayé des bruits qui courent sur une disgrâce dont il serait menacé.

Lettres et Mém., etc., II, 506.

— 5 janvier. *Saumur*. Du Plessis au duc de Rohan.

Monsieur, j'ai receu celles qu'il vous a pleu m'escrire du dernier de l'an. Je suis de vostre advis, de traitter de loin. M. de Favas arrivera à propos, car les gens de bien l'attendent. M. le chancelier, M. le garde des sceaux, M. le président Jeannin et autres se sont donnés la main de la paix, et prendront volontiers ce bout de filet. M. de Mayenne peut estre maintenant à Paris ; le roy y doit aussi arriver aujourd'huy en poste, et a mandé de Calais à la roine qu'elle tinst son équipage prest, parce qu'il ne vouloit estre que huict jours à Paris. L'arrivée de M. de Favas, et l'affaire du Parlement, qui persiste, pourront l'arrester davantage. C'est pour venir à Tours, dont je ne suis pas en petite peine. Je n'oublie rien pour empescher la précipitation de ce costé-là. Mais de nostre part nous debvons aussy haster la résolution de l'assemblée. C'est d'attendre l'advis des grands, nous le pouvons bien présupposer, puisque M. de Bouillon et M. de Lesdiguières vont à la séparation, conformément à nous. Et M. de La Trémouille a promis de s'en faire entendre à M. de Besseny et autres ses amis. Ce ne seroit pas peu gagner que de reculer les troupes. Le s^r de Montizet est arrivé en court de la part de M. de Lesdiguières. Il est gendre de madame sa femme. Par honneur et bienséance il n'accepte pas la connestablie ; mais promet de venir trouver le roy au plustost, et alors qu'il fera tout ce qu'il luy plaira, je croy qu'il prétend par sa présence lever la condition. Il mande aussy qu'il a donné advis à l'assemblée de se séparer..... — De Saumur, ce 5 janvier.

Lettres et Mém., t. II, p. 507.

1621, 6 janvier. *Saumur*. Du Plessis à l'Assemblée de La Rochelle.

Messieurs, je vous envoye ce porteur exprès sur une depesche que je reçues hier de Paris, de l'advis de nos plus confidens amis, en date du 4e du présent. Et ay pensé ne pouvoir mieux, afin que la suite vous y fasse voir plus clair, que de vous en communiquer la copie entière. Vous y reconnoistrez que les gens de bien, amateurs de l'Estat, désirent aller audevant des maux, et en recherchent les voyes.

Ce qui leur a fait jetter les yeux sur M. de Rohan et sur moy nommément, pour entremetteurs d'un accommodement, parce que cy-devant nous nous estions ingérés d'escrire à S. M. en justification de vous, Messieurs, assemblés pour le bien de nos églises ; le tout, comme je croy, à faute de la présence des députés généraux, auxquels proprement cest office appartient. J'estime donc que maintenant que M. de Favas doit estre arrivé par delà, ils auront accepté ce chemin, comme le plus naturel, pour par sa bouche entendre vos intentions et remonstrances. Toutesfois, pour ne manquer à mon debvoir, j'ay creu estre à propos de recevoir vos bonnes instructions là-dessus, et jusques où vous aurez agréable que je concoure à une œuvre si nécessaire, pour le service de nos églises et vostre. Parce que, comme je ne voudrois pas y choquer en rien ceux à qui proprement ceste charge est commise, aussi aurois-je à desplaisir qu'il me fust reproché d'avoir rien obmis de ce que j'y pourrois contribuer. Cependant, parce que les choses sont sur un mauvais penchant, et qu'il est à craindre qu'il y ait plus de force pour les pousser que pour les retenir, j'ay redepesché cejourd'huy le courrier qui m'estoit venu en toute diligence, avec les lettres dont vous verrez copie, pour estre communiquées à Messieurs les ministres de l'Estat, en espérance qu'ils les retiendront en balance. Le porteur vous dira le surplus, auquel vous pouvez avoir pleine confiance, qui me fera abréger celle-cy, en saluant très humblement vos bonnes grâces et priant Dieu, Messieurs, vous avoir en sa sainte garde. — De Saumur, le 6° de janvier.

Lettres et Mém., II, p. 513. — Actes de l'Assemblée, p. 11.

1621, 6 janvier. *Saumur*. Du Plessis à M. de Rohan.

Monsieur, je vous depesche le porteur exprès, pour vous communiquer ce que j'eus hier de la Court du 4°, que je vous supplie vouloir bien considérer en tous ses points, selon vostre prudence. Vous y estes convié, et moy indigne avec vous, pour rechercher l'accommodement de l'assemblée, avec quelque apparence d'y réussir, veu la bonne inclination de la pluspart des ministres de l'Estat; et ce, comme j'estime, au défaut des députés-généraux, que nous avions proposés pour instrumens de renouer la négociation. Mais puisque M. de Favas doit estre maintenant arrivé, je pense qu'on aura repris la voye ordinaire, comme la plus naturelle, et moins subjette à la jalouzie. Cependant cela ne nous doit point empescher de procurer par tous moyens, que nostre entremise y soit fructueuse, concurrant avec l'industrie de M. de Favas, et de son collègue, s'il y est. Car je ne croy pas qu'il y ait moins à travailler à La Rochelle qu'à la Court, pour les raisons que vous pouvez assez juger. C'est pourquoy je fay passer le porteur jusques-là, avec mes lettres, tant à Messieurs de l'assemblée, qu'à nos députés d'Anjou, pour leur donner pareille communication des choses cy-dessus, et entendre par leur response jusques à quoy ils trouveront bon que nous intervenions, pour ne rien faire qui choque leurs bonnes intentions, et ne rien obmettre qui les puisse advancer. Ce que je ne doute point que desjà vous n'ayez fait pour vostre regard. Et parce que je voy que la chose presse, et qu'entre deux, sur le retour du roy, le moindre accident pourroit nous précipiter, j'ai redepesché mon homme avec la lettre à M. Marbaut dont je vous envoie copie, pour estre icelle par luy communiquée à Messieurs les Ministres et autres qui peuvent le plus auprès de Sa Majesté, afin qu'en ceste attente de voir réussir nos labeurs à bonne fin, ils retiennent les choses dans les termes. De vostre costé, Monsieur, je croy que vous n'oublierez pas d'escrire en mesme sens et à mesme fin; aussi de faire entendre de vos nouvelles à M. de Favas, à ce qu'il n'interprète point ceste concurrence à entreprise sur sa charge, laquelle il a autre but que de destourner ce grand orage, qui menace infailliblement nos églises. Particulièrement j'estimerois à propos que vous requissiez M. de Rouvray, comme je fay, de ne partir point de Paris que ceste partie ne fust bien liée ; parce que sa dextérité par delà, et sa créance vers ceux à qui nous avons affaire, peuvent estre grandement utiles. Le porteur vous dira le surplus, auquel vous pourrez parler confidemment de tout ce qu'il vous plaira me faire part. Et sur ce, Monsieur, je vous baise très-humblement les mains. — De Saumur, le 6ᵉ de janvier.

<small>Lettres et Mém., t. II, p. 511.</small>

1621, janvier. Requeste présentée au Roy par le sieur de Favas (le sʳ Chalas n'estant encore de retour du synode d'Alez).

AU ROY.

Sire,

Les depputez généraux de vos sujetz de la relligion aiant apris de la bouche de Vostre Majesté qu'elle n'avoit agréable d'ouir n'y recevoir aucune chose venant de la part de vos très-humbles, très-obéissants et très-fidelles sujetz en vostre ville de La Rochelle, mais qu'elle trouveroit bon de nous ouïr sur toutes les choses qui concernent leurs affaires, pour à quoi obéir ilz vous remonstrent en toute humilité que vosditz sujetz aiant esté cy devant assemblés en la ville de Loudun soubz la permission et auctorité de Vostre Majesté pour faire leurs plainctes et procurer la réparation de tant de griefz par lesquelz leur liberté et seureté sont blessées et l'auctorité de vos édictz de jour en jour affoiblie, les feirent lors insister six moys entiers pour obtenir de Vostre Majesté quelleque effect de sa bonne vollonté envers eux ; enfin après cette longue instance elle trouva bon, en leur commandant de nommer les députtez et de se séparer, que Monseigneur le Prince et Monsieur le duc de Luynes donnassent leur parolle à Messieurs le duc des Diguières et de Chastillon et par eulx asseurance à l'assemblée que, se séparant selon vostre commandement, Vostre Majesté feroit exécutter de bonne foy dans six mois pour terme préfix quelques principaux poincts de leurs demandes, et respondroit favorablement leurs cahiers présentez et à présenter ; et en outre qu'un mois après l'exécution desdites choses les deputtez de Béarn seroient ouis en leurs remonstrances et qu'avenant manquement desdites promesses ilz se pourroient assembler de rechef en mesmes personnes ou subdéléguez, dont Monseigneur le Prince et Monsieur de Luynes donnèrent dès lors leurs parolles en termes fort spécieux ; à quoy l'on adjousta de plus, qu'estant la première parolle que Vostre Majesté avoit donnée à sesditz sujetz de la relligion que l'on la devoit croire inviolable, et ceste considération ne trouva point de résistance en leur consentement, et feist voir leur obéissance toute prompte ; aussy aprez la nomination des deputtez Vostre Majesté confirma de bouche à ceux qui luy en aportèrent les noms qu'elle effectueroit les parolles que Monseigneur le Prince et Monsieur de Luynes leur avoient données ; à l'instant l'assemblée fust séparée aprez avoir dressé un acte de son obéissance, qui contenoit les choses susdittes, suivant lequel les deputez des provinces en l'assemblée de chacune d'icelles auroient nommé ceux qui sont à présent assemblez en vostre ville de La Rochelle pour dresser leurs plainctes sur l'inexécution des poincts qui avoient esté accordez. Or nulle des choses promises n'ayant esté exécuttées dans les six moys, l'on a néanmoings poussé Vostre Majesté à s'acheminer en Béarn avant le septiesme contre la response au cahier de la lettre escrite au Parlement de Pau le xxiie jour de septembre, et au préjudice des choses sy expresses l'on n'a laissé de passer outre et d'anticiper l'exécution de la main levée des biens ecclésiastiques qui a esté suivie d'un très grand changement dans le pays et d'une entière ruyne de la seureté et liberté de ceux qui y font profession de la mesme relligion que vosditz sujets. C'est pourquoy, suivant l'ordre pris entr'eux et sur les dites asseurances données de la part de vostre dicte Majesté (le cas estant escheu) ilz ont été convoquez en vostre ville de La Rochelle, en intention de procurer par leurs très-humbles supplications vers Vostre Majesté l'accomplissement des choses promises, la réparation des griefz importans survenus depuis, et l'effet de vos bonnes inclinations à leur protection contre les menaces et les alarmes qu'on excite de toutes parts, qui tendent à leur entière dissipation. Sur quoy ils disent et protestent en bonne conscience qu'ilz n'ont jamais pensé de desplaire à Vostre Majesté ny de toucher à son auctorité, mais au contraire qu'ilz ont creu que la cause de leur dite convocation est légitime et leur procédé sans crime, puisqu'il est auctorizé et appuyé de vostre parolle sacrée; que sy leurs ennemis ont tant faict que d'obtenir une déclaration contr'eux par laquelle l'on révoque en doubte la parolle qui leur a esté donnée de la part de Vostre Majesté, et on les rend criminels, ils la supplient très humblement de reconnoistre qu'ilz ne le peuvent estre que pour avoir creu à la parolle du premier Prince de vostre sang et d'un seigneur que Vostre Majesté chérit uniquement, et pour renouveller leurs plainctes que l'évidance de tant de griefz a rendues sy publiques. Plaira donc à Vostre Majesté, Sire, mettre en considération leur innocence et qu'ilz ne sont oprimez devant elle par leurs ennemis, qui les calomnient de violer son auctorité, que pour ce qu'ilz poursuivent avec respect et révérance l'exécution de vos édictz, la réparation de tant d'infractions et les moiens de leur conservation; ce n'est pas cela, Sire, qui blesse Vostre Majesté, mais ce seroit plustost qu'après de sy solemnelles promesses l'on n'a peu obtenir la dellivrance de l'estat des places du Dauphiné dont le desny ne tend qu'à les leur faire perdre ou du moins les principalles. L'on a aussy promis la réception de deux conseillers en vostre Parlement de Paris et la remise de Lectoure entre les mains d'un de voz sujetz de ladite relligion; si l'un et l'autre est accomply, ç'a esté depuis la convocation de ladite assemblée en vostre ville de La Rochelle, et cette réception desditz conseillers semble estre elludée parce que vostre Parlement a arresté que le sieur Lecocq, conseiller en ycelle, ne poura résigner qu'à un catholique, qui est une oppression que vos dictz subjetz de la relligion reçoivent sy grande qu'il n'y en peut avoir de semblable ny de sy contraire à vos édictz, d'autant que la liberté qui est donnée à vosdictz subjetz d'entrer et possedder indifféremment les charges publiques leur est ostée; mais leur imputant à crime qu'aprez la séparation dernière qui s'est faicte soubz la foy et promesse sy solemnelle avecq droit de se rassembler en cas de manquement pour reprendre leurs supplications et remonstrances vers Vostre Majesté, au lieu de les ouïr on les déclare criminelz, on les menace, et la ville où ils sont, de siége et de ruine qui seroit pourchasser beaucoup de malheurs en vostre Estat. Il y a tant d'autres chefz de vostre édict enfreintz depuis vostre advènement à la couronne dont les plainctes ont esté faictes en vostre Conseil sans fruict. L'on a faict de grandes instances pour le rasement du fort de Grèse, pour la remise de Privatz et restablissement du fort de Gergeau, que l'on continue encore à présent de razer, et de ce qu'on a donné des provisions à quelques gouverneurs de places de sureté sans l'attestation requise par les brevetz de Vostre Majesté, et pour raison duquel faict (ceux) de Clermont ayant obtenu quelques arrestz de vostre Conseil, au mépris d'iceulx, leurs ennemis ont empesché l'exécution et repoussé les commissaires que Vostre Majesté y a envoiez pour réparer ce qui avoit esté faict contre vos édictz, et cependant la relligion est bannie de ladite place qui leur a esté consignée pour en affermir la seureté; et affin que les autres places que Vostre Majesté leur a (sic) données inutilles les deniers des garnisons comme aussy ceux des pasteurs n'ont pas esté payez depuis longtemps. Enfin contre la volonté de Vostre

Majesté et au préjudice du repos et de la tranquilité publique l'on presche partout sédicieusement, l'on publie des livretz à mesme fin, dont il est arrivé depuis peu en divers lieux qu'on déterre les mortz, on brusle et ruine leurs temples, on chasse leurs pasteurs des villes, et l'on ne veult souffrir que les lieux qui ont esté donnez près des villes pour l'exercice de leur relligion leur demeurent, comme à Bourg-en-Bresse, à Laval proche Guysé, Moulins, Bourges, Baux en Provence, Lyon, Dijon et autres lieux ; l'on n'adjouste pas icy tant d'autres griefz dont les cahiers sont chargés, lesquels sont sans response ou respondus contre l'intention et le texte de vostre édit, et dont l'on ne tient compte depuis tant de temps de le réparer. Les prédicateurs crient la guerre et asseurent le peuple que Vostre Majesté y est portée, disent que le dé en est jeté, que les aprestz en sont faictz de toutes parts en Poictou et Guyenne.

Ces alarmes, Sire, et ces funestes accidens sont les principalles causes qui nous font supplier très-humblement Vostre Majesté de discerner la justice de vosdictz subjets d'avec la calomnie et la haine qu'on leur porte, et, les traictant favorablement, faire lever la déclaration publiée contre ladicte assemblée et vostre ville de La Rochelle, leur donner aux uns et aux autres un libre accès vers elle, afin qu'elle puisse escouter leurs plainctes et très-humbles supplications et qu'ilz puissent emporter un actuel tesmoignage de vostre bonne volonté et qu'eux et nous puissions espandre dans les cœurs de tous quelque semence d'un meilleur espoir. Et cependant pour commancer à rasurer les espritz de vosditctz subjets et prévenir les inconvéniens que la deffiance où ilz sont peult produire, qu'il plaise à Vostre Majesté retirer les troupes de vos provinces de Poictou, Guienne et Béarn, affin que Vostre Majesté nous recognoissans pour ses très-humbles, très-obéissans et très-fidelles sujects nous vueille aussy protéger contre tous les desseings et entreprises de ceux qui nous haïssent, et qu'ainsi nostre liberté, noz biens et noz vies nous estans asseurés, nous les puissions employer au service de Vostre Majesté ; protestant saintement devant Dieu, au nom de tous voz sujectz de la relligion, que nous ne désirons la liberté de noz consciences pour servir à Dieu avecq autre intention que de demeurer inséparablement attachez à vostre obéissance et à l'affection du bien et advancement de vostre estat et couronne, et du règne long et heureux de Vostre Majesté, la prospérité duquel recommandant de tous nos vœuz à Dieu, nous le prions qu'il nous face trouver grâce vers Vostre Majesté, et qu'il inspire en son esprit que ceux de la relligion de ce royaume ne seront jamais autres que ses très-humbles, très-fidelles et très-obéissans serviteurs et sujectz. Signé FABAS, député général.

Response faicte de la part du roy par la bouche de Monseigneur de Pontchartrain audit sieur de Favas, sur la précédente requeste.

Cette requeste aiant esté leue au roy en son conseil, Monseigneur de Pontchartrain a eu commandement de dire à Monsieur de Favas pour response ; qu'à peine Sa Majesté a peu prendre la patience de l'ouir lire jusques à la fin, à cause des impostures et faulses positions qui y sont contenues, lesquelles offensent et sont du tout contraires à ses bonnes intentions ; que pour ce qui touche l'assemblée de La Rochelle Sa Majesté a faict expédier les lettres de déclaration dont l'exposition est très-véritable : que puisque ceux qui y sont assemblez ont sy avant mesprisé ses deffences, elle fera effectuer le contenu en icelles. A quoy elle se portera d'autant plus volontiers qu'elle sçait qu'elle n'est composée que d'un nombre particullier de factieux et séditieux qui se sont portez là pour l'espérance qu'ilz y ont de profiter et s'avantager dans le trouble, et que le corps général de ceux de la religion prétendue refformée n'y trempe point, ainsy qu'elle connoist par ce qui luy est chacun jour dit, raporté et escrit par plusieurs personnages de toutes qualitez de ladicte relligion ; aussy l'intention de Sa Majesté est toujours de faire soigneusement observer l'édit à l'endroit du général et de tous ceux qui par leur obéissance s'en rendront dignes ; que si ledict sieur de Favas comme depputé a quelque chose à désirer pour l'observation desdictz édictz, qu'il en présente ses requestes et mémoires, et qu'il ne mette en iceux que discours véritables et respectueux. Sa Majesté y fera respondre et pourvoir, et luy fera connoistre sa bonté et ses bonnes intentions à l'endroict de ceux de ladite relligion qui se contiennent en leur devoir.

<small>Actes de l'Assemblée, p. 15.</small>

1621, 13 janvier. Mémoire envoyé par M. du Plessis à M. le duc de Lesdiguières.

Le roy persiste en son indignation contre l'assemblée de La Rochelle, et menace tousjours de l'assiéger. Partie des troupes sont au haut Poictou, commandées par M. d'Auriac, partie en Guyenne sur la Garonne, lesquelles ont commandement de s'approcher ; et S. M. retournée à Paris du 8e de ce mois fait estat de n'y séjourner que huit jours, pour s'acheminer à Tours et Poictiers, où ses magasins sont tout prets. On doute si d'abord on attaquera La Rochelle, ou si le premier on esplanera toutes les places qui sont entre Loire et la mer, pour la facilité qu'on se promet d'y trouver.

Cependant on doit faire une déclaration qui assure en leurs maisons ceux qui s'y voudront contenir. Mais les esprits sont si effarouchés que peu de gens s'y confieront. L'assemblée commença à se former le 24e du passé, de XIV provinces, laquelle advertie que ses députés ne seroient receus du roy, attendue la prétendue criminalité, fait représenter ses très-humbles requestes par M. de Favas, député-général, à présent en Court, et espère que S. M. aura esgard à ses raisons, pour n'interpréter point les choses à la rigueur.

Plusieurs gens de bien, grands personnages, prévoyans le malheur où ces choses nous pouvoient porter, au défaut de nos députés-généraux absens de la Cour, avoient proposé une entremise de M. de Rohan et de M. du Plessis, lesquels l'avoient déjà entamée. Mais, maintenant que ledit s^r de Favas y est arrivé, il y a apparence que la négociation se renouera par ceste voye; sauf à eux à contribuer à ce bon œuvre tout ce qui sera de leur pouvoir.

Mais, parce qu'il est certain que personnes puissantes, pour divers intérests poussent à la guerre, et qu'il est à craindre qu'ils forcent les raisons qu'on leur peut opposer, prenans occasion du moindre accident qui puisse entrevenir; il est temps que M. le duc de Lesdiguières s'en escrie pour le bien du roy et de l'Estat, et n'y a point de moment à perdre. Au roy ne peut avec plus forts arguments que luy remonstrer la ruine inévitable d'une guerre civile, soit qu'on considère les confusions qui en arriveront au dedans, soit qu'on ait esgard au péril qui nous menace du dehors. Et ne faut point luy dissimuler que ceux qui luy font croire que par parcelles on viendra à bout de ceux de la religion, le trompent, parce qu'ils sont tous persuadés qu'on n'entame les uns, que pour percer générallement tous les autres. Ce qui ne seroit pas seulement ressenti de ceux de mesme profession en ce royaume, mais seroit en danger de scandaliser les plus utiles alliés de ceste couronne.

Et quant à ce qui est de l'autorité du roy, que nous avons tous grand interest de conserver; outre les raisons qui luy sont alleguées par lesquelles S. M. reconnoistra que ceux qui ont fait ceste convocation, ont pensé estre fondés en son intention; il est certain que les peuples, esmeus par le changement advenu en Béarn, l'ont ardemment sollicitée, l'interprétans en veille de leur ruine. Et peut-estre sera-t-il venu à propos pour le repos public que ceste assemblée générale se trouve debout, pour réprimer les eslans des particuliers, qui passoient mesure. Semble néantmoins qu'elle doit estre conseillée, pour donner contentement à S. M. de se séparer au plustost, mais avec quelque bienséance et utilité.

1. Sa Majesté leur faisant ceste grâce de recevoir ses raisons, plaintes et requestes très-humbles par les mains dudit s^r de Favas, sous promesse de respondre favorablement leur cahier dans un bref temps, et faire exécuter de bonne foy ce qui leur sera accordé.

2. De rappeler les troupes de Poictou, Guyenne et autres lieux, qui tiennent nos églises en continuelle allarme, ne se voyant autre subject de les y retenir.

3. De relever les députés de la criminalité, afin qu'ils se puissent retirer en toute seureté en leurs maisons.

4. De faire une déclaration nouvelle, pour esteindre toutes les desfiances, par laquelle S. M. déclare estre résolue d'entretenir inviolablement les édits concernant ceux de la religion, et les grâces et concessions à eux accordées, et ordonne à tous magistrats supérieurs et inférieurs d'y faire leur devoir.

5. Parce que c'est une plainte générale de tous les gouverneurs des places de seureté, que leurs garnisons, depuis quinze ou dix huit mois, ne sont point payées, par où ils ont matière de croire qu'on les veut faire mourir à petit feu ; il plaise à S. M. y faire pourvoir par un ordre invariable, conformément au brevet à eux accordé pour le paiement d'icelles, tant pour ce qui se paye sur l'extraordinaire, que sur le s^r de Candal.

6. Et quant au fait de Béarn, de penser obtenir leur entier restablissement, ce seroit plustot chercher rupture qu'accommodement. Mais S. M. de pleine grâce leur pourroit assurer leurs remplacemens par les mesmes conditions que paravant elle leur avoit accordées, lesquelles ne doivent avoir rien perdu de leur justice, ny par leur obstination, ny par la misère qui leur en est survenue.

Pourroit aussy sadite Majesté les laisser paisibles en quelques chasteaux qui sont encor en leurs mains, à ce qu'ils ne se voyent pas despouillés de toute seureté, et exposés aux injures de leurs adversaires, sauf à leur eslargir dans certain temps sa bénignité, selon la preuve qu'elle aura par leurs bons comportemens de leur fidélité et obéissance.

Monsieur le duc de Lesdiguières, s'il approuve ce que dessus, le pourra mesnager en Court, selon son auctorité et prudence, et en rendre capable M. le duc de Luines, lequel pour plusieurs raisons, quoy qu'on luy puisse dire d'ailleurs, a intérest que les affaires ne se troublent point.

Et quant à l'assemblée, tendant à une si bonne fin, ne doit faire difficulté de luy escrire, parce que toute autre voye seroit subjecte à jalousie. Sera bon aussi qu'il escrive à Messieurs de La Rochelle; une lettre particulière aussi à M. le Maire ne sera pas sans fruit. La ville, grâces à Dieu, est en assez bon estat, et l'appréhension du péril commun a, pour la pluspart, guari leurs maladies.

Ne sera oublié d'escrire à Messieurs les députés généraux en Court, présupposant que M. de Chalas y sera arrivé, selon la charge qu'il en a, et la semonce qui luy en a esté faite par ladicte assemblée.

Monsieur de Bouillon, ayant receu un gentilhomme de la part de l'assemblée du Haut Languedoc et Haute Guyenne, tenue à Millau, pour luy communiquer leurs plaintes et craintes, a dépesché le s^r Justel vers le roy avec fort bonnes lettres, par lesquelles, en luy représentant les inconvéniens qui peuvent arriver, il supplie Sa Majesté de luy commander ce qu'il aura à respondre.

Monsieur de la Trémouille est aussi requis et exhorté par plusieurs personnes d'honneur, de contribuer à ceste entremise, comme il peut grandement par la bonne créance qu'il a vers ceux qui sont escoutés en l'assemblée. Et sur ce subject il est attendu à Loudun en premier jour.

Les menaces continuent, et grossissent par les nouvelles qui viennent de la Court mesme à l'heure présente; et pour ce n'y a point de temps à perdre. — De Saumur, ce 13 janvier 1621.

<small>Lettres et Mém., 1651, t. II, p. 537.</small>

1621, 20 janvier. Lettre de l'Assemblée au Roi.

<small>Not. hist., p. xxx. — Imprimée à La Rochelle et à Lyon, chez C. Armand dit Alphonse, mais avec la date du 29.— Il n'est pas fait mention de cette lettre dans les actes de l'Assemblée.</small>

— 23 janvier. Du Plessis à l'Assemblée de La Rochelle.

Messieurs, M. de Rohan ayant pris la peine de s'advancer jusques à Loudun, M. de la Trémouille et moy avons eu ce bien de nous aboucher avec luy, suivant l'ouverture de laquelle je vous avois cy-devant escrit, qui auroit esté remise sus, mesmes depuis l'arrivée et audience de M. de Favas nostre député général, en la response duquel nous ne doutons point que vous n'ayez trouvé quelques desgoust. Mais nous ne voulons point croire de la bonté du roy, que la chose en puisse demeurer là, quand S. M. aura daigné considérer les raisons qui luy seront représentées sur le fait de vostre convocation. C'est pourquoy, nous trouvans icy ensemble sur ce subject, nous avons estimé en devoir escrire de commun advis à Sa Majesté concurrens par là avec la poursuite du s^r de Favas, en espérance que le tout bien entendu, Sa Majesté luy donnera gracieuse audience, et nous departira sa bonne justice. Ce que nous vous disons, Messieurs, afin que d'une part vous sçachiez que nostre intention n'est autre que de contribuer tout ce qui est en nous à ce que le labeur dudit s^r de Favas réussisse au bien de nos églises, et à nostre commun contentement ; et que de l'autre aussy, selon nostre prudence, en pourvoyant à la seureté d'icelles, vous preniez garde à retenir les choses dedans les termes, tandis qu'il nous reste quelque apparence d'obtenir le repos, comme de diverses parts nous sommes advertis que les gens de bien y travaillent. Je remets le surplus sur ce que lesdits seigneurs vous en feront entendre par gentilhomme exprès ; et sur ce salue très humblement vos bonnes grâces, et prie Dieu, Messieurs, etc...

<small>Lettres et Mém., t. II, 550. — Actes de l'Ass., p. 21 et 22.</small>

1621, 29 janvier. Lettres de l'Assemblée à du Plessis.

Monsieur, nous vous avons cy-devant escrit sur l'occasion d'une depesche que vous nous fistes exprès, contenant l'advis de quelque accommodement en nos affaires, désiré à la Court par quelques grands personnages, et recherché moyennant l'entremise de Messieurs de Rohan, de la Trémouille, et de vous ; sur quoy nous vous fismes sçavoir nostre intention, et ce que nous estimions nécessaire pour nostre bien ; comme aussy à M. de Favas par lettres expresses, et par autres depuis, respondons à celles que nous avons receues de luy, qui vous auront esté communiquées de nostre part par M. de Veilles. Maintenant ayans encor appris par lettres que nous en ont escrit mesdits sieurs de la Trémouille et de Rohan, et par la vostre qui nous vient d'estre rendue, que les ouvertures de ceste entremise nous ont esté renouvellées par une depesche du 16ᵉ de ce mois, nonobstant la rude response faite à M. de Favas ; ayans de rechef meurement considéré là-dessus ce que nous en pouvons espérer de bien et d'advantage à nos églises, et à ceste assemblée, ou craindre de mal et d'inconvénient, selon la forme et la nature du traitté, auquel ceux qui le proposent désireroient peut-estre vous engager ; nous avons estimé nécessaire de vous dire encor icy, Monsieur, vous expliquans pleinement nostre désir, et ce que nous croyons debvoir procurer pour le bien des églises qui nous ont icy envoyés, que reconnoissans en sincérité comme le zèle et l'affection que vous avez tousjours porté au bien de nos églises, et au repos de cet

Estat vous font embrasser les moyens que vous estimez convenables pour la conservation de l'un ou de l'autre; nous ne doutons point que vous ne soyez porté de mesme intention en ceste occurrence. C'est pourquoy, louans entièrement vostre bon mouvement, nous regardons principalement à celuy de ceux qui, proposans le moyen d'une telle entremise, n'ont pas peut-estre l'intention semblable à la vostre. Car vous sçavez combien, depuis quelque suite d'années, ceux qui se plaisent à altérer nostre seureté, et la vigueur des édits et concessions du roy, qui nous la conservent, ont pris ceste méthode de descrier toutes nos assemblées, comme odieuses et pleines d'ombrages contre l'auctorité du roy, et qualifier nos plaintes, et l'instance que nous faisons pour obtenir quelque réparation sur icelles, du titre de rébellion, afin de nous contraindre par les menaces de l'indignation du roy, de nous en retourner à chaque fois dans nos provinces les mains vuides de la justice que nos églises s'attendoient que nous leur remporterions. D'où est arrivé que toutes nos assemblées nous deviennent non-seulement infructueuses, mais dommageables par l'événement. Et ce mal, à nostre grand regret, s'est empiré plus que jamais par les moyens qui ont abusé nostre crédulité en la dernière séparation de Loudun, dont nous ressentons aujourd'huy la plaie si cuisante. Nous voyons bien qu'encor à présent on veut procéder sur les mesmes erres. Car on nous a desja fait déclarer rebelles, anticipans par ces menaces nostre réunion, exprès pour nous faire descheoir du droit que les conditions frustratoires des points accordés nous avoient acquis, afin de s'attacher contre nous d'abord sur la formalité, et par la fin de non-recevoir nous faire perdre tout le fruit que nous requérons et pouvons attendre de la justice du roi sur nos plaintes. Tellement qu'au lieu du contentement espéré par nos églises de la bonté de nostre roy sur nos très humbles supplications, on parle de moyenner à faire recevoir contentement à S. M. de la part de cette assemblée, présupposant que le roy est offensé quand nous luy demandons justice. C'est à ceste fin qu'on nous veut donner des intercesseurs, et des moyenneurs pour obtenir grâce, et de plus, pour nous faire encor tomber au piége plus dangereux, qui nous a desja esté tendu à Loudun. C'est à sçavoir que refusans de nous donner en nos mains les tesmoignages et les asseurances de la bonne volonté du roy, pour les remporter dans les provinces, on veut choisir quelques-uns de nos grands, pour les en rendre dépositaires, afin que nostre ordre n'ait plus de lieu. Et ainsi par ceste accoustumance, qui passera par après aisément en luy, tout accès estant doresnavant interdit à nos églises vers le roy, par le moyen de nos assemblées, et par conséquent nostre ordre du tout annullé, on fera seulement servir nos grands pour garants des vaines promesses qu'on nous fait. Et par ce moyen les rendant instrumens des mescontentemens qu'on nous donne, on veut anéantir la créance et l'auctorité qu'ils ont parmy nous, et la bonne volonté que nous leur portons; c'est-à-dire, ruiner nostre union de fonds en comble, pour perdre les uns et les autres. Ce sont les raisons, Monsieur, qui ayant pour but conjoinctement l'interest de nos églises et de nos grands en particulier, nous font justement appréhender le danger d'une telle entremise. Et nous ne pouvons vous céler que nous apercevons desja clairement l'intention de ceux qui vous la proposent avoir directement pour but les inconvéniens cy-dessus remarqués. Car on a rudement rejetté M. de Favas et nous, et néantmoins à mesme temps on a recherché quelqu'un des vostres, pour continuer et entretenir la proposition de ceste ouverture. Ainsi on ferme la voye naturelle, pour ouvrir celle-cy, et nous y faire rencontrer le danger que nous taschons d'éviter principalement. C'est pourquoy, Monsieur, nous vous supplions de rechef de vous tenir tousjours avec nous dans le chemin ordinaire. Et parce que nous ne sommes point tels, que nous ne reconnoissions les affaires estre aujourd'huy en un dangereux précipice, et que les moyens d'accommodement sont dignes d'estre tousjours embrassés par ceux qui ayment le repos de nos églises, et la paix de l'Estat, et que les personnes de la qualité de ces deux seigneurs, et de vostre mérite et considération, peuvent grandement contribuer à ce bon œuvre par leur intervention ; nous ne désirons rien davantage, sinon que ces deux seigneurs, ainsi que nous leur en escrivons, et tous les autres de leur rang parmy nous, et vous avec eux, Monsieur, vueilliez contribuer et conjoindre à nos très humbles supplications vostre crédit envers le roy, comme participant à mesme intérest que nous, et nostre cause estant toute commune et générale à toutes nos églises, dont vous estes membres très-considérables, à ce que moyennant la bénédiction de Dieu, nous nous efforcions d'obtenir de la bonté de S. M. que, chassant les ombrages odieux dont on luy couvre nostre procédé, et reconnoissant nos bonnes et sincères intentions, il aye agréable de donner favorable audience à nos députés généraux pour nous, et en nostre nom, et chargés de nos très-humbles requestes, ou les entendre par la bouche de quelques-uns des députés de cette assemblée, ne pouvant approuver autre voie que celle-là. Et en ce faisant, sans nous esloigner de l'obéissance et du respect deu à nostre Roy, nous conserverons la fermeté de nostre fondement, qui est nostre ordre, nous acquitterons nos charges envers nos Eglises, et nostre conscience envers Dieu, lequel nous prions de tout nostre cœur pour vostre prospérité et santé, estant, Monsieur, vos bien humbles et très affectionnés serviteurs, les députés des Eglises réformées de France, et souveraineté de Béarn, assemblés à La Rochelle.— CHAPELIÈRE, adjoint ; DE LA GRANGE et DE LA GOUTTE, secrétaires.

A la Rochelle, le 29e de janvier.

Lettres et Mém., t. II, p. 559. — Actes de l'Ass., p. 21.

1621, 30 janvier. Lettre de l'Assemblée de La Rochelle à Monsr le duc de Lesdiguières.

Monsieur,

Par noz préceddentes vous avez sceu comme, incontinant après avoir formé nostre assemblée, nous avons dressé et envoié à Monsr de Favas noz très humbles remonstrances pour les porter au roy, en la bonté et justice duquel nous cherchons les remèdes convenables à nos maux, et les y aurions trouvés sans ce que les conseils violants de ceux qui nous sont mal affectionnés et qui dans les troubles de l'Estat cherchent leur grandeur et nostre ruyne ont prévalu près de Sa Majesté à laquelle ilz ont rendu nos proceddures, quoyque non moins nécessaires que légitimes, suspectes et odieuses et l'ont porté à ne voulloir recevoir nos remonstrances et à faire une réponse à la requeste que ledit sieur de Favas luy a présentée comme député général tout autre que la justice de noz demandes et sa bonté royalle ne nous faisoit espérer ; ce que vous verrez, Monsieur, par la coppye de la lettre que nous vous envoyons que ledit s^r député général nous a escripte ; auquel nous avons donné charge de se jetter derechef aux piedz de Sa Majesté et la supplier très humblement de permettre qu'avec humilité et soumission nous puissions verser dans son sein les plaintes de tant d'églises languissantes et luy demander justice et réparation des griefz qu'elles souffrent. Nous attendons de jour à autre réponse dudit sieur pour aprendre quelle aura esté la suitte de ceste seconde instance, et que sy tost que nous l'aurons receue, nous ne manquerons pas de vous en donner advis. Cependant, Monsr, nous vous dirons que Messrs de Rohan et de La Trimouille et Du Plessis ont esté sollicitez par quelques uns qui sont en Court de s'entremettre à rechercher les moyens d'un accommodement. Nous ne doutons point qu'on ne vous escrive sur ce subjet; mais nous vous asseurons aussy que vostre prudence saura bien connoistre à quoy tend ceste recherche, et quelle jugera avec nous que toute autre entremise que celle des depputéz généraux agissant de nostre part, ou autres du corps de ceste compagnie, nous doibt estre grandement suspecte comme trainant après soy de très dangereuses conséquences, et que nous n'avons point dissimulé à ceux que l'on veult industrieusement faire entremettre, non pour nostre bien, mais pour nostre ruine et la leur; vous supplians, Monsieur, de voulloir bien intercéder envers Sa Majesté à faire recevoir noz remonstrances par les mains de noz depputez généraux, comme aussy de nous envoyer quelqu'un de vostre part avec charge et pouvoir de jurer et signer en vostre nom l'union des églises et de se soumettre aux résolutions génératles de l'assemblée avec mémoires et instructions signées de vous, affin que, sur l'ocurence des affaires importantes, nous puissions avoir voz advis seurement, desquelz nous ferons toujours telle considération que mérite vostre qualité, sagesse et prudence confirmée par une longue suitte d'années, lesquelles nous supplions Dieu vous continuer pour servir à sa gloire et au bien de son église; demeurans à jamais, Monsieur, voz très humbles et très obéissans serviteurs : les depputez des Eglises refformées de France et souveraineté de Béarn assemblés à La Rochelle. Signé Comborn, président, Chapelière, adjoint, Lagrange, secrétaire, et de La Goutte, secrétaire.— De La Rochelle, ce xxx janvier 1621.

Actes de l'Ass., p. 21.

1621, 31 janvier. *Paris.* Le s^r d'Iray à La Trémouille.—Il a reçu les lettres et mémoires de l'Assemblée pour le duc de Bouillon, et l'ordre de La Trémouille de les porter; il demande des instructions précises et semble peu disposé à s'y rendre en personne.

<blockquote>Arch. de M. le duc de La Trémouille. — De cette date est une lettre de Rohan au roi, imprimée à La Rochelle, in-8°. — V. Actes de l'Ass., p. 16.</blockquote>

1621, 1er février. *Grenoble*. Lesdiguières à l'Assemblée. — Il accuse réception de la lettre qui lui a été envoyée le 28 décembre ; la réunion n'a pas été autorisée ; les prétextes pour la tenir sont sans valeur, puisque le roi a rempli tous ses engagements, hormis en ce qui concerne le Béarn, et encore ce retard est en quelque sorte commun de part et d'autre. Ce sont les Béarnais qui ont poussé à la réunion, sans écouter ses conseils ; il aurait fallu charger soit les députés généraux, soit lui-même et Châtillon d'agir auprès du roi ; il ne pourra être utile que si l'Assemblée se sépare au plus tôt.

<blockquote>Impr. Paris, Ant. Vitray, 1621, in-8°.</blockquote>

— 1er février. *Saumur*. Du Plessis à l'Assemblée de La Rochelle.

Messieurs, j'ay receu celles qu'il vous a pleu m'escrire du 29e du passé, par ce porteur exprès, et pense que vous avez observé en la copie de celles que nous avons escrit au roy, que nous nous sommes tenus religieusement dedans les termes de vostre intention : sçavoir, de représenter au roy la sincérité de vos procédures, et supplier S. M. de vouloir, en considération d'icelle, nous départir sa bonne justice sur les très humbles requestes à elle présentées par M. de Favas. En mesme sens avons nous aussi escrit, chacun en son endroit, à nos amis de la Court, ainsi que vous aura peu dire M. de Veilles, auquel j'en ay fait veoir les copies. Je vous supplie, Messieurs, de croire que je ne suis ny si présomptueux, ny si convoiteux d'affaires, que de m'y ingérer légèrement. Me suffira de m'y employer, autant que vous jugerez que mon service vous y pourra estre utile, et de prier Dieu de toute mon affection, comme je fay, qu'il lui plaise présider au milieu de tous par son esprit, et vous inspirer salutaires conseils pour le bien et repos général de nos églises. Sur ce, Messieurs, je vous baise très humblement les mains, etc. — De Saumur, le 1er febvrier 1621.

<small>Lettres et Mém., II, 562. — Act. de l'Ass., p. 22.</small>

1621, 2 février. *Sedan.* Le duc de Bouillon à..... Son avis est qu'on laisse l'Assemblée sans la prendre à partie, et que le roi, par ses bienfaits au public, l'oblige et les églises à lui rendre toutes les reconnaissances et devoirs que S. M. peut désirer des protestants. Il désire que l'on évite les prises d'armes de part et d'autre.

<small>Arch. nat. Papiers de Bouillon. R* f. 3.</small>

— 3 février. *Paris.* Le Roi à Du Plessis. — Il approuve la conférence qu'il a eue avec les ducs de Rohan et de Thouars, persuadé qu'il a donné de bons avis à ceux de La Rochelle. Il sait que ceux-ci persistent dans leur désobéissance, mais ne l'en rend nullement responsable.

<small>Lettres et Mém., etc., II, 563.</small>

— 5 février. Le duc de Bouillon à M..... Il redoute d'user de la voie des armes ; en exigeant la séparation de l'Assemblée, on se heurtera à une impossibilité et on fera naître une désobéissance. Il recommande donc la patience, et si Luynes le trouve bon, il s'emploiera auprès des protestants.

<small>Arch. nat. Pap. de Bouillon.</small>

— Du Plessis au duc de Rohan. — L'Assemblée a pris ombrage de son entrevue avec lui ; Favas a laissé paraître sa jalousie. Il semble désespérer d'arriver à un bon résultat.

<small>Lettres et Mém., II, 565.</small>

1621, 7 février. Troisième lettre de l'Assemblée au Roi.

Sire,

Nous nous jetons pour la troisième fois aux pieds de Vostre Majesté pour luy tesmoigner, avec le respect et humilité qui nous est possible, le deuil extrême dont nos âmes ont été attaintes aux nouvelles d'un second refus de recevoir des mains de Monsieur de Favas nos lettres avec les très humbles supplications et remonstrances que nous luy adressons : affliction qui nous a esté d'autant plus sensible que moins attendue ; mais les perplexités fascheuses esquelles la hayne de nos malveillans nous a réduit par l'oppression entière des uns, et les menaces universelles de la ruyne des autres, nous obligeant nécessairement à ceste importunité, nous nous promettons, Sire, que quelque indignation à laquelle nos hayneux ayent peu porter Vostre Majesté allencontre de nous, elle nous supportera d'autant plus volontiers qu'elle peut appercevoir qu'au soulagement de nos misères nous ne recherchons de remède qu'en sa seule authorité et royale protection. C'est pourquoy, comme nostre fidélité et dévotion n'a de bornes que le tombeau, aussi croyons-nous, Sire, ne devoir desespérer de vostre paternelle bonté, tant qu'il nous sera permis de luy faire paroistre en la sincérité de nos procédures les preuves indubitables de nostre très humble subjection, fidélité et obéissance. Il advient bien parfois à un père débonnaire d'estre courroucé contre ses enffans, mais aussy sa cholère ne dure pas tousjours. Permettés, Sire, que Vostre Majesté nous tenant lieu de père en l'honneur du respect que les loix divines et humaines luy donnent, nous puissions aussy ressentir les mesmes effects de la douceur et bénignité que l'inclination de son bon naturel nous promet. Le tiltre plus glorieux et plus le plus chéry des roys vos prédécesseurs, mesmes du dernier de vostre nom, a esté d'estre appelés pères de leurs peuples. C'est la marque d'honneur la plus auguste qu'ayent jamais recherché les plus grands monarques de la terre, d'autant que comprenant en ce seul mot les caracthères plus certains de leur puissance absolue, ainsy que de l'amour de leurs subjects, ils croient ne se pouvoir rien désirer davantage pour l'affermissement de la félicité de leur Estat. C'est au ressentiment de ceste affection paternelle, Sire, que non moins aymé que révéré de tous vos subjects en adjoustant cest éloge aux autres qualités éminentes dont vostre royale Majesté est revestue vous esleverez vostre gloire au souverain période, et vostre couronne en la plus haute splendeur qu'elle se soit encores veue en toute la suitte des siècles passés ; au lieu qu'il se peult dire et avec vérité, Sire, que c'est en la perte de tant de bons et fidelles subjects, lesquels ont tasché à desseing d'esloigner des bonnes grâces de Vostre Majesté, pour les exposer aux outrages et violences de leurs adversaires, que consistent les moyens les plus puissans dont les ennemis de vostre Estat prétendent se servir à la ruyne d'iceluy. Ayés donc agréable, Sire, que les députés assemblés en ce lieu de tous les endroicts de vostre royaume, obtenans de vostre grâce et bienveillance l'accès favorable qu'ils recherchent vers Vostre Majesté, luy puissent faire entendre leurs justes doléances, et ils se promettent de luy faire paroistre avec la justice de leurs plainctes, que daignant leur départir celle que vous rendés à tous vos autres subjects, ils ne leur céderont à l'avenir non plus que par le passé au zèle et dévotion de consacrer leurs vies et leurs biens pour le maintien, grandeur et affermissement de vostre Estat, affin de vous tesmoigner, Sire, par ceste ferme et constante résolution, et par les vœux continuels qu'ils font à Dieu pour les jours longs et heureux de Vostre Majesté qu'ils sont en effect ainsy que par debvoir.

Sire,

Vos très humbles, très fidelles et très obéissans subjects et serviteurs, les députés des Eglises réformées de vostre royaume de France et souveraineté de Béarn assemblés à La Rochelle, et au nom de tous : [Chasteauneuf], président, Chapelière, adjoinct, Delagrange, secrettaire, Delagoutte, secrettaire. — De vostre ville de La Rochelle, ce sept febvrier mil six cens vingt un.

<small>Impr. La Rochelle, P. Pied-de-Dieu, 1621, in-8°.</small>

1621, 13 février. *Pau*. La Force au Roi. — Il plaide la cause des protestants, et insiste vivement pour que le Roi reçoive favorablement les remontrances de l'Assemblée présentées par M. de Favas, député général.

<small>Correspondance du duc de Caumont La Force ; Mém. II, 490. — On imprima à La Rochelle, en 1621, deux lettres de La Trémouille au Roi et à M. le Prince, datées du 23 février, et celle de La Force, au sujet de l'Assemblée de La Rochelle.</small>

1621, 17 février. *Saumur*. Du Plessis au Roi. — Il écrit au roi dans le même ordre d'idées que M. de La Force.

<small>Lettres et Mém., etc., II, 575.</small>

Même date. Déclaration générale des premiers et principaux ministres de la religion prétendue réformée, envoyée à l'Assemblée de La Rochelle le 17 février 1621. Paris, suivant la copie impr. à Xaintes par S. Crespon, in-8°.

1621, 17 février. Du Plessis à l'Assemblée de La Rochelle.

Messieurs, je me sens fort honoré du soin qu'il vous a pleu à avoir de me visiter par M. de la Tour de Genet. Monsieur de la Trémouille a pris la peine de me venir voir en mesme temps ; et dès ce matin, selon vostre désir, j'ay fait partir un courrier qui porte nos lettres à la Court, concurrentes avec les poursuites de Messieurs nos députés généraux, desquelles ledit s^r de la Tour a eu communication, et vous porte copie. Il vous dira aussi ce que nous apprenons de diverses parts, sans que il soit besoin que je m'en estende icy. Pour les autres points, tant contenus en vos lettres, que remis à sa bouche, en ce qui regarde soit le général, soit mon particulier, vous me permettrez de m'en remettre sur sa suffisance, et prendrez en bonne part quelques considérations miennes, qui toutesfois ne touchent pas moins le bien ou mal public, que le mien propre. Tant y a qu'avec l'ayde de Dieu je ne manqueray jamais à ce que je doy à nos églises, qui me sera tousjours plus cher que la vie, et tous les honneurs du monde. Pour ce qui est de ceste place, je luy en fait connoistre ce qui en est. Je l'ay mise seule en bon estat, sans aide d'aucun, avec beaucoup de contradictions, de peines et de frais, mais je ne la puis pas seul défendre. Et pour ce, aussi est-il raisonnable que vous, Messieurs, me fassiez part de vostre soin général, et par effet, et à temps, puisque je ne demande que les moyens d'y mourir en mon devoir, et avec quelque honneur. Sur ce, Messieurs, je prie Dieu qu'il vous vueille inspirer salutaires conseils, et nous faire trouver grâce vers le roy, pour nous asseurer les choses nécessaires au repos de nosdites églises, saluant etc. — De Saumur, le 17e febvrier.

<small>Lettres et Mém. de M. du Plessis, t. II, p. 574.</small>

1621, 21 février. Mémoire de Du Plessis concernant l'avis à donner par les Grands de la religion à l'Assemblée de La Rochelle. Le mémoire conclut à ce que, pour satisfaire le roi, l'Assemblée se sépare sans se séparer, c'est-à-dire, sans retenir l'apparence extérieure et sans agir, en se répandant ès lieux circonvoisins, d'où néanmoins elle se puisse retrouver ensemble, à faute d'être satisfait à ses requêtes, en 24 heures. Ce procédé serait justifié par ce fait que les députés étant criminalisés par les édits ne peuvent se mettre en route pour leurs provinces avant d'avoir été absous.

Lettres et Mém., etc., II, 578.

1621, 21 février. *Pau.* La Force fait connaître à l'Assemblée qu'il a écrit au roi pour le prier de recevoir ses remontrances.

Correspond., etc., Mém., II, 474.

1621, 21 février. *Pau.* La Force à Du Fresche. — Il l'invite à conférer avec le marquis de Châteauneuf et les membres de l'Assemblée, mais en particulier sur ce qu'il doit faire. Il a reçu l'ordre de venir à la Cour dans un délai de huit jours pour se servir de lui et de Lesdiguières, afin d'arriver à un accommodement ; mais il n'aura garde de le faire, afin de suivre les ordres de l'Assemblée. Sa position, très-menacée à la Cour, nécessite qu'il soit vigoureusement soutenu, d'autant qu'il prévoit dans un avenir prochain une nouvelle sommation de venir en Cour. Il craint qu'on ne lui donne pas le commandement du cercle de Béarn (il avait déjà celui de la Basse-Guyenne), et s'il avait à subir cet affront, il serait disposé à se retirer des affaires, lui et les siens.

Correspondance; Mém., II, 492.

1621, 23 février. *Response du duc de Lesdiguières à l'Assemblée de La Rochelle.*

Messieurs, j'ay faict response à vostre lettre du xxviii de décembre, et maintenant je fais ceste-cy pour respondre à celle que vous m'avez escrite le xxx de janvier receue le jour d'hier par le mesme porteur. J'estime que vous aurez lu ma précédente. Mais sy elle s'estoit perdue vous en trouverez icy une véritable coppie à laquelle je vous prie de donner foy comme à l'original. Vous me représentez par vostre dernière lettre et par la coppie de celle que vous avez eue par Monsr de Favas ce qui s'est passé à la cour lors de la représentation de la requeste qu'il a faicte au roy au nom des depputtez généraux, sur laquelle il n'a peu avoir response par escrit. Mais les parolles de Monsieur de Pontchartrain représentées par ledit sieur de Favas en disant les raisons qui sont que ladite requeste a esté reffusée parce que Sa Majesté improuve vostre assemblée et ne vuet rien recevoir d'elle, et qu'en faisant mention de vostre dite assemblée comme permise cela n'a pas été aprouvé. Tout cela va à la conservation de l'auctorité du roy, qu'on voit estre par vous heurtée, parce qu'on vous soustient que vous n'avez point eu permission de vous assembler, c'est un mal aisé à guérir : Sa Majesté mesme y veult appliquer le remède pourveu que vous vous sépariez, et pourvoir à toutes les plainctes et remonstrances de ceux de la relligion, sy elles luy sont présentées par noz depputtez généraux et non par autres, puisque sa grâce nous a donné ce légitime moyen de l'aborder. Si vous y résistez et persistez à demeurer ensemble vous favoriserez sans y penser ceux qui n'ont point de bonne volonté pour nous, et que vous dites porter des conseilz violentz. Croyez, je vous prie, que telz conseilz ne pouront prendre pied dans l'esprit du roy ny en ceux qui ont l'honneur de l'aprocher de plus près, si vous n'en estes la seule cause par vostre demeure en corps, comme vous estes. Ce qui me faict désirer vostre séparation pour nostre bien commung et pour la subsistance de touttes noz églises dont vous apréhendez la ruine, que vous pouvez esviter en vous séparant, et commettant à noz depputtez tout ce que vous aurez à dire au roy, s'il voulloyt escoutter non soubz vostre nom, mais sous celuy de tous ceux de nostre religion ; et ne doubtez point qu'il n'y face justice. Car son intention est de faire observer ses édictz fais en vostre faveur et de tenir son estat et ses subjetz en paix. Et comme le roy veult que ses édictz de paciffication soient observez, il est bien raisonnable que nous qui sommes ses sujetz demeurions dans l'obéissance et respect deu à Sa Majesté royale. Les édictz nous deffendent très expressément de nous assembler sans la permission du roy. Je me vouldroys tromper moi-mesme pour prendre quelque raison venant de vostre costé pour rendre vostre assemblée légitime, et empescher qu'on ne puisse dire de nous que nous sommes les premiers qui contreviennent aux édictz. Mais certes j'ay examiné le plus favorablement qu'il m'a esté possible vos remonstrances contenant les causes de vostre assemblée, et je ne les voy point telles qu'elles ayent deu vous faire assembler sans la volonté du roy. Vous savez que ce qui nous a esté accordé lors de la séparation de Loudun sous promesses de nous pouvoir rassembler, a esté entièrement exécuté et de bonne foy : quel prétexte pouvons-nous prendre maintenant pour empescher que nostre procédure ne soyt suspecte à S. M.? tâchons par nostre obéissance de conserver les édictz. Le roy veult oublier tout le passé, et, à mon advis, fera une déclaration pour permettre à vostre assemblée de se retirer en toute seureté. Et pour les plaintes et demandes que le général de ceux de la relligion peut faire à S. M., il le fault faire par supplications et par la voye de noz députez généraux légitimement establis par une assemblée auctorizée par Sa Majesté. Je prendz pour une leçon le désir que vous faittes paroistre avoir que Messieurs de Rohan, de la Trimouille et du Plessis ne s'entremettent point de voz affaires pour y chercher quelque accommodement, et vostre résolution de n'y agir que par vous-mesmes. A la vérité, c'est un chemin pour vous perdre, quelque soit l'oracle qui le vous ayt révélé. Aussi fault-il que vous croyiez que ces Messieurs pleins d'honneur, de zèle et affection envers le général de nostre relligion ne nous procureront que du bien et de l'advantage, et que leur entremise ne peut estre que très utile pour le publicq. Permettez moi de vous dire que ceux qui vous donnent le conseil de n'user de leurs entremises n'ont pas bien considéré les inconvéniens qui peuvent arriver d'une telle proposition très dangereuse et capable d'aporter un grand désordre et une notable division parmy nous, et vous supplie d'en bien considérer les conséquences. Ilz désirent, avec tous les gens de bien, s'employer pour destourner le malheur qui vous menace et nous aussy; et l'un de nous ne sera point jaloux du bien qui nous sera donné par le moien et l'entremise de l'autre. Il me semble que l'on ne se doit pas plaindre de l'entremise que j'ay aportée avec Monsieur de Chastillon envers l'assemblée de Loudun. Je ne me lasseray jamais de donner mes advis avec toute franchise aux depputez généraux, quant ilz me les demanderont ; et puisque le roy me fait cet honneur de m'appeler en ses plus particuliers conseilz, je diray tousjours à Sa Majesté que le seul moien de conserver son royaume en paix et lui donner l'arbitrage de toute la chrestienté, est de faire exécuter de bonne foy l'édict de Nantes, et conserver ses promesses royalles faittes à ses sujetz de la relligion. Voilà l'entremise que je désire, en laquelle j'estime consister le bien du service du roy, nostre repos et contantement. C'est ce que j'ay à vous dire sur vostre dernière lettre, remettant à voz prudences de bien juger de mes saines et saintes intentions qui ne se porteront jamais qu'au service de Dieu, à celuy du roy et à la paix de son royaume. A Grenoble, ce XXIII febvrier.

Bibl. nat. F. Dupuy, 100, p. 11.

1621, 23 février. *Lettre de l'Assemblée de La Rochelle au duc de Lesdiguières.*

MONSIEUR,

Nous avons différé de respondre aux deux premières lettres qu'il vous a pleu de nous escrire pour réponce à nos précédantes, attendant que le gentilhomme que nous avions envoié vers vous nous eust raporté plus particulièrement voz ressentimens sur l'estat de noz affaires présentes ainsy qu'il a faict, nous aiant exposé bien au long vostre advis et bonnes intentions à ayder nos églises pour recouvrer le repos, seureté et contentement que nous recherchons de la bonté du roy, lorsque vous serez près de Sa Majesté où vous nous faittes entendre que vous vous acheminez. Cette bonne affection, Monsr, dont vous nous asseurez amplement nous conviant aux très-humbles remerciemens que nous sommes obligés de vous en rendre, augmente nostre désir de satisfaire ensemble par ceste cy à nos deux premières lettres, comme la nécessité de nostre entière justiffication que vous désirez entendre le requiert de nous, espérant que vous ayans levé tous les scrupules qui semblent vous arrester sur le sujet de nostre convocation et de nostre demeure en ce lieu, (comme il nous sera très facile) vous aurez agréable de conjoindre vostre bonne volonté à noz soumissions pour obtenir de Sa Majesté le fruict de noz très humbles requestes, et par ce moien arracher à nos ennemis les trophées qu'ilz eslèvent contre nous sur le doubte que vous semblés faire de l'audition de nostre justice par vostre première lettre qu'ils ont publiée à cet effet ; sur quoy nous vous supplions, Monsieur, de trouver bon que pour vous résoudre de toutes ces difficultés nous vous remémorions que la résolution que nous fismes lors de nostre séparation de Lodun de nous rassembler en cas de manquement des choses qui nous estoient promises a eu pour fondement la parolle qui vous fust donnée et à Monsr de Chastillon par Monseigneur le Prince et Monsieur le duc de Luynes au nom du roy et par vous à nous, ce que nos églises, aiant suivy de bonne foy sous cette condition, confirmèrent dans toutes les provinces les députtez ou leur en subdeléguèrent d'autres pour se trouver issy. Le cas estante scheu, il n'est jà besoing de vous raporter d'autres preuves ou compulser nos archives pour vous remettre en mémoire quelles promesses nous furent faictes lors sous la condition de nous pouvoir rassembler sy elles n'estoient accomplyes dans le temps, puisque vous-mesme, Monsieur, estes le plus suffisant tesmoing que nous en puissions produire, qui reconnoissez et nous confirmez de rechef ceste vérité par vostre seconde lettre du 22 febvrier dernier, où vous nous dites en propres termes que ce qui nous a esté accordé lors de la séparation de Lodun, sous promesse de nous rassembler, a esté entièrement exécuté, de quoy nous parlerons cy-après ayant esclaircy ceste permission que vous désiriez que nous puissions monstrer évidemment, et laquelle nous estimions devoir estre jugée vallable et suffisante sans contredict et au gré des plus scrupuleux, si nous adjoustions que outre l'intervention de mondit Seigneur le Prince et de Monsieur de Luynes, desquels l'éminente qualité en l'un et la grande faveur de l'autre ne peuvent recevoir d'ombrage de désadveu, nostre bonne foy a encores esté de plus appuyée sur la parolle expresse de la propre bouche sacrée de Sa Majesté, de laquelle vous nous estes de rechef tesmoing irréprochable quant vous nous le représentés par vostre première du premier dudit mois nous disant en ces motz, que ce que vous nous avez promis au nom de S. M. a esté confirmé à Fontainebleau par sa royalle bouche aux députtez de l'assemblée de Lodun, lorsqu'ils l'advertirent de sa séparation. Nous n'estimons pas qu'il nous eust esté loisible de désirer ou de nous figurer qu'il y avoit permission plus valable ou une asseurance plus certaine que la sacrée parolle du roy. Le papier et l'encre ne peuvent adjouster de pois ny d'auctorité aux parolles du roy, et certainement nous eussions creu estre indignes de la grâce de nostre roy, injurieux à son auctorité sy nous eussions requis ceste permission sous une plus grande seureté que sa parolle; sur quoy pardonnez-nous, Monseigneur, sy nous vous disons que nous ne demandasmes lors aucun brevet et qu'on ne nous l'a point refusé. Il est vray, au contraire, que lorsqu'on pressoit nostre séparation, on nous offroit bien de nous donner brevet pour nous rassembler sy on ne nous faisoit justice, et plusieurs foys et des principaux tindrent ce langage mesme en plein conseil à nos députtés, qu'aussy bien ne doubtoit-on pas que nous ne nous rassemblassions, mais nous qui ne craignions rien plus...... peynes et telles rencontres que nos ennemis mesnagent tousjours en malencontre, nous désirions lors et insistions à remporter quelque contentement réel sur nos justes plaintes pour rasseurer l'estonnement et la perplexité de nos frères et refréner l'insolence de noz ennemis par un tesmoignage de la protection et de la bonne volonté du roy envers nous, affin de n'y retourner plus et pour ne tomber de rechef en ce labyrinthe; mais toutes nos instances ne peurent rien obtenir, nous fusmes contrains de nous contenter de ces promesses dont les artiffices de nos ennemis ont bien seu faire naittre les inconvéniens et les maux que nous prévoyions et en appréhendions. Telle ayant esté doncques l'asseurance et la permission de nous pouvoir rassembler, qu'estoit-il besoin comme vous dites, Monseigneur, que noz députtez généraux fissent de nouveau instance au roy pour le nous permettre? C'eust esté révoquer en doute et préjudicier à nous-mesmes. Car nous ne craindrons point de vous dire ce qui ne vous peut estre caché, que noz ennemis nous ont fait sentir par diverses expériences que toutes foys et quantes que les choses qui nous sont les plus asseurées ou par les édicts ou par d'autres concessions du roy tombent en controverse, ilz ont ce pouvoir de faire retarder ce qui nous estoit accordé et nous faire perdre un droict acquis. Nous pourions monstrer infinies plainctes sur ce sujet, et comme sur plusieurs articles concernans la manutention ou exécution des choses à nous auparavant accordées et depuis enfraintes, on nous a donné des responses directement contraires aux concessions précédentes, et qui les éludent du tout; puis, qui doubtera que le mesme pouvoir de noz ennemis qui nous faict aujourd'huy desnier les choses qui nous ont esté promises n'eust aussy bien faict rejetter toute requeste de nos députez généraux? Vous aiant donc,

Monseigneur, justifié de la sorte nostre permission et en conséquence la droicture de nostre procéddé auctorisé sur icelle, reste seullement de vous monstrer aussy évidemment les occasions, la condition et la nécessité de nous rassembler et de recourir à nos plainctes : les circonstances du temps et de ce qui s'est obmis ou commis au contraire des promesses suffiront à cela. Il vous souvient, Monsr, (et vostre lettre nous en faict encore mention) que le roy nous avoit promis que dedans six mois du jour de nostre séparation il feroit rendre Leytoure, recevoir les conseillers de la relligion au Parlement de Paris, bailler le brevet de la garde des places de seureté que les estatz d'icelles nous avoient baillées ; que nos cayers seront répondus favorablement et les réponses exécutées de bonne foy, et pour le regard du Béarn, que dans sept mois les députés du païs seroient ouis sur ce qu'ils voudroient remonstrer à S. M. Nostre séparation se fist le XIII d'avril de l'année dernière ; les six mois du jour d'icelle eschoient au XIII octobre ensuivant ; en tout ce temps rien n'a esté exécuté des choses promises, hors la délivrance du brevet de la garde des places, quelque instance et poursuite que noz députés généraux en ayent peu faire. En ce mesme temps le roy s'est acheminé en Béarn pendant le dellay octroyé pour les remonstrances, et ycelles non entendues ni attendues, non seullement la main levée a esté exécutée, mais depuis noz eglises ont perdu toute la seureté et liberté dont elles avoient jouy dans ce païs-là par sy longues années, et en un seul et mesme instant s'est ensuivy l'événement de toutes les dangereuses conséquences qu'on redoutoit dès le commencement quant l'arrest fust donné pour ceste mainlevée. Sur ce temps les six mois passés, ce grief survenu et nul des autres réparé, nostre convocation a esté faicte au XXV de nov^{bre}, que sy depuis la ville de Leytoure a esté remise à un gentilhomme de la relligion, la guérison de ceste vieille playe, sy longtemps soufferte après une récente et infiniment plus griefve, pouvoit-elle entrer en compensation pour arrester noz plainctes sur cettecy et sur toutes autres qui restent ? Nous estions desjà rassemblés et nos très humbles remonstrances desjà présentées à S. M., quand les deux conseillers ont esté receus mais sous une modiffication pire que les précédantes, qui nous oste la liberté que le roy nous a accordée par ses édits d'entrer indifféremment aux charges. Tellement que tant s'en faut que ce grief nous soit réparé qu'on nous l'a grevé en ce faisant. Telles doncques ont esté, Monsr, les occasions de nous assembler qui subsistent encore à ce misérable estat de Béarn, le dény de l'estat des places de seureté du Daulphiné qu'on maintient ouvertement contre la parolle qui nous a esté donnée, et que vous nous confirmés icy par vostre lettre ne nous avoir jamais esté promis, quoy que vous savez que ce nous a esté, premièrement dès l'année MVI^{c}XVI en la conférence de Lodun, et par ces dernières promesses faictes à vous-mesme. Outre les tesmoignages publics que vous nous en rendez encore icy, vous pouriez vous souvenir, Monsr, que vous l'avez confirmé à plusieurs en parolles, les informant de l'absolue nécessité que nous avons d'en faire poursuite. Suit après la contravention faicte à l'art. 22 de l'édit touchant nostre admission aux charges, les réponses favorables déniées à noz cahiers, l'envoy des commissaires par les provinces négligé, et finallement les trouppes et garnisons laissées dans les païs de Béarn, de Guyenne et de Poictou, qui donnent l'alarme continuelle et une juste deffiance à toutes noz églises. Ce sont les principaux chefs de noz plainctes auxquelles non le nombre, mais l'importance donne le poids, puisque ce peu d'articles en la réparation desquels nous avions espéré recevoir l'asseurance des bonnes volontés du roy, dont noz ennemis s'efforcent de nous esloigner, ne doit estre tiré en conséquence contre nous; ains au contraire nostre obéissance en est d'autant plus remarquable que nous nous estions contantez de ce remède pour fortiffier nostre raison, au reste de tant d'autres infractions qui blessent continuellement la liberté que le roy nous octroye ; et pour la mesme raison nostre cause doit estre aujourd'huy plus favorable et nostre justice plus manifestée. Sy ce peu d'articles n'ayant esté exécutés contre les promesses de bonne foy qui nous en avoient esté données, ains nostre condition estant mesme de beaucoup empirée, nous avons recours à la grâce de nostre roy par la voye de noz très humbles remonstrances en l'estat auquel il nous a permis de nous remettre pour les luy présenter. Sur quoy nous ne pouvons estimer la poignante douleur que nous ressentons, quant, pour ceste proceddure que nous avons suivie par les voyes légitimes du respect et de la révérence deue à S. M., nous nous voyons criminalizés par les artifices de noz ennemis qui nous calomnient de blesser l'auctorité du roy, afin d'allumer son indignation contre nous, taschant de nous réduire à ce point, ou que nous encourions l'effect de sa collère par une guerre ouverte dont on nous menace, ou que pour l'éviter nous nous taisions en noz justes plainctes et souffrions tous les maux que chaque jour on nous accumule sur noz testes ; sy bien que désormais on ne reconnoistra autre obéissance de nous qu'une patience à souffrir tous les maux qu'on nous voudra faire sans qu'il nous soit permis de nous plaindre, et nos doléances et les précautions en telles fraudes et machinations de noz ennemis seront expliquées en désobéissance et à crime. Jugerez-vous, Monsr, qu'il n'y ait point de milieu en ces choses ? Ains plustost recongnoissant comme il vous appert que la permission qui nous a esté donnée par S. M. de nous rassembler, que l'importance des griefz ou non réparez ou mesmes accidens, purgent nostre assemblée du blasme d'estre illégitime ou précipitée, nous espérons que vous estimerez plus raisonnable d'employer la bonne affection qu'il vous plaist nous promettre de l'auctorité et crédit que l'excellance et nombre infiny de services sy recommandables vous ont acquis près de S. M., à luy faire entendre la sincérité de noz intentions et la nécessité de noz justes plainctes, que de presser nostre séparation avant ce contantement donné à noz églises, l'inquiétude desquelles nous recommande de plus soigneusement persister à leur procurer ceste consolation. — Pour à quoy parvenir, nous avons voulu conjoindre aux voyes de respect que nous devons à nostre roy celle qui nous elloigne plus de l'ombrage que noz ennemis tachent de luy donner de nous, ayant à cet effect prié noz députtés généraux, après qu'ils nous ont apris le continuel reffus qu'on faict de les ouïr en nostre nom, de présenter nos justes demandes au leur et de celuy de toutes nos églises; en quoy nous nous persuadons, Monsr, que aprouvant nostre procédé et favorisant en iceluy nosditz députez généraux, vous jugerez aussy qu'avec très juste raison nous leur avons faict entendre sur la proposition que leur dernière depesche nous donne à connoistre qu'on faict à la Cour de ne nous donner aucun contantement, et de nous vouloir obliger à nous séparer sous un pardon que nostre conscience et le soing de l'honneur et du bien de toutes noz Eglises ne souffriront jamais que nous consentions à ceste flétrisseure qui entraineroit avec soy outre l'oprobre sur nostre relligion la ruyne totale de nos affaires. Sur quoy nous avons désiré de vous informer de nostre sentiment et résolution, afin qu'il vous plaise, selon la faveur que vous promettez, faire au plus tost connoistre à Sa Majesté que quant sa royalle bonté aura agréable d'octroyer les grâces que noz églises requièrent d'elle en toute humilité pour esteindre dans l'esprit de tant de peuples les deffiances que les maux que nous souffrons et les menaces continuelles de noz ennemis y font naistre, elle ne fera qu'asseurer de plus en plus son auctorité, telle que la prudence incomparable du feu roy son père l'a tousjours conservé appuyant la tranquillité de son Estat sur la manutention de ses édictz, sous la vigueur desquelz nous ne désirons respirer avec liberté que pour continuer l'obéissance que nous avons tousjours rendue sans reproche à nos roys. C'est là le bien que nous vous suplions, Mons*, qu'il vous plaise contribuer à l'estat présent de nos affaires ainsy que nous en avons humblement requis chacun autre de Messieurs noz Grands à diverses foys alors principalement que, pour prévenir la ruyne de toutes noz affaires par la division que nous avons préveu que l'on vouloit semer entr'eux et vous, nous les avons suppliés de n'entendre à aucune entremise qu'on leur proposoit tendante à rendre désormais infructueuses toutes les poursuites que nous faisons par l'ordre establyentre nous sous la permission du roy, et qui plus est, à les charger envers tous les nostres de la haine du reffus ou des tromperies dont noz malveillans éludent les promesses que la bonne volonté du roy nous accorde ; ce qu'estimant non moins préjudiciable à eux mesmes qu'au général de toutes noz églises, nous avons creu estre obligez en conscience de vous supplier tous de n'y entendre. Ce que nous souhaitons ainsy, Mons*, que vous vueillez prendre en ceste part et non pour une exclusion du bien et avantage que vostre auctorité et faveur, intervenant avec nos justes requestes, peut nous procurer. Car nous ne désirons et n'avons autre but en l'acquit des charges qui nous ont esté données que de resserrer autant qu'il nous sera possible le lien de nostre union avec tous les membres de nostre corps, et principallement ceux de vostre qualité grandement plus considérables ; tant s'en fault que nous voulions chercher le chemin de nous perdre en faisant séparation entre vous et nous, qu'au contraire depuis que nous sommes issy nous n'avons travaillé à rien plus soigneusement qu'à rallier ensemble les particulliers et le général par une conjonction d'intérest, d'une mesme affection, et l'avancement de la gloire de Dieu, et le bien de noz églises sous l'obéissance de Sa Majesté ; en quoy nous avons à rendre grâces à Dieu de ce que non seullement les villes et communautés de nostre religion, mais aussy tous ceux qui tiennent un plus grand rang entre nous, Mons*, ont continué leurs asseurances très particulières de leur fermeté en nostre union, comme vous aussy par la protestation que vous nous faictes du semblable, et de voulloir perpétuer vos services à l'église de Dieu en la profession de nostre religion. Sur quoy les calomnies contraires impudemment publiées par ceux qui haïssent vostre vertu à cause de ceste profession, n'ont jamais esbranlé nostre créance. Aussy en ceste confiance et sur les asseurances spécialles que Monsr de St-Bonnet nous a rapportées de vostre bonne affection à faire trouver en la grâce du roy contantement en noz églises ès occurrances, nous vous supplions de rechef d'y voulloir contribuer ceste bonne volonté, en sorte que dissipans l'ombrage que nos ennemis s'efforcent malicieusement de donner de nous à l'auctorité du roy noz suiaves (?) intentions recognues, noz églises puissent avec nostre seur et honnorable retour envers icelle recevoir sur ses plus importantes plainctes de sy long-temps espéré et promis et sy nécessaire à nostre conservation et repos, et qu'ainsy la paix de l'Estat plainement affermie nous puissions selon noz souhaitz et de tous les bons François voir l'arbitrage de toute la chrétienté dans la main de nostre roy, et vous, Monsr, par son commandement entre plusieurs de ses meilleurs sujetz porter par la vostre victorieuse la terreur de son nom et de ses armes sur les ennemis qui s'efforcent à bon escient et plus que jamais aujourd'huy d'abatre la dignité et l'auctorité de ceste monarchie, pour le bien de laquelle et de l'église qui y est recueillie Dieu vueille augmenter vos ans par grâces sur vous, de qui nous sommes pour jamais, etc.

Bibl. nat, fonds Dupuy., T. 100.

1621, 23 février. *Thouars*. La Trimouille au roi.

Sire,

Aussitost que Messieurs de Rohan, Du Plessis et moy, avons entendu que V. M. n'auroit point désagréable que nous nous trouvassions ensemble pour moyenner par commun advis qu'elle receut contentement et satisfaction de la part de ceux de la religion assemblez à La Rochelle, nous avons estimé pouvoir asseurer V. M. n'avoir rien recognu en leurs intentions qui s'escarte à leur escient du respect qui luy est deu, s'estant les uns persuadez qu'ils estoient fondez en la volonté de V. M. en ce qui est de la convocation de ceste assemblée, et les autres y ayant comparu de bonne foy pour se présenter aux pieds de V. M. avec leurs requestes tres humbles. C'est pourquoy, Sire, nous la supplions très humblement de ne souffrir point que les choses soient pressées à la rigueur, ains en desployant vostre bonté et bénignité sur eux, passer pardessus le mescontentement qui pourroit estre, pour vouloir entendre leurs remonstrances par la bouche des députez de vos subjectz de la religion, résidans sur le bon plaisir de V. M. prez de sa personne. Moyennant quoy, Sire, nous nous asseurons que V. M. recognoistra qu'ils ne désirent plus grand'heur que sa bonne grâce, et leur continuera son accoustumée équité et justice. V. M. est si haute et levée au dessus de toutes les considérations qu'on pourroit alléguer là dessus, que le bien qu'il vous plaira leur faire ne pourra estre imputé qu'à sa débonnaireté; comme de fait aussi, il n'y a celuy d'entre nous qui n'ait matière de ressentir qu'entre tous voz subjects il n'y en a point qui soient plus intéressez à la conservation de vostre auctorité, de laquelle nostre manutention dépend uniquement. Je sçay que ceux qui ont plus de cognoissance que moy des misères passées ont fait entendre à V. M. l'estat dont les Provinces (sic), et les calamités des guerres civiles ont cy devant agité vostre royaume. C'est pourquoy je m'en suis retenu; et si je suis honoré de ses commandemens, je tascheray de lui tesmoigner de plus en plus ma fidélité. Et cependant je fais une dépesche ausdits députez de La Rochelle, à ce qu'ils ne s'allarment point sur la nouvelle qu'ils pourront avoir receue de l'indignation de V. M., leur faisant espérer qu'elle daignera appaiser son courroux vers eux, dont nous ayons tous matière de louer Dieu, et moy encore en recognoissance de ceste grâce de me continuer à jamais, Sire, vostre très humble et très obéissant subject et serviteur.

La Trimouille.

De Touars, ce 23 février 1621.

Bibl. nat., Cab. des titres; coll. du St-Esprit, LI, 3.

1621, 25 février. *Pau.* La Force à Du Fresche. — Il exprime sa reconnaissance pour avoir reçu Hespérien, envoyé vers lui par l'Assemblée, et rappelle avec insistance l'affaire du commandement du cercle du Béarn recommandé à M. de Chasteauneuf.

Correspondance, etc., II, 521.

« 26 février. *La Rochelle.* Du Fresche à La Force.

Monseigneur, vous verrez par les lettres de MM. de La Noue et de Favas, dont on vous envoie copie, comme M. de Favas n'a pas encore eu audience et qu'il ne s'attend pas à un plus favorable traitement que par le passé. Le sieur de Veilles fit hier son rapport des sentiments que M. le duc de Bouillon a sur les articles que l'assemblée lui avoit envoyés, qui sont à mon avis semblables à ceux que le sieur d'Hespérien vous a proposés. Il n'a rapporté que des généralités, approuvant néanmoins tout ce que l'assemblée a fait, protestant qu'il n'y a rien au monde qu'il n'emploie pour la défense de la cause; il est d'avis que l'on jette des forces dans Saumur et dans La Rochelle, car il sait que la résolution est prise d'y venir. Néanmoins, pour justifier nos actions et faire voir notre obéissance aux Princes étrangers, il seroit d'avis de rompre le bureau par une feinte, sans sortir de la ville, comme n'osant se retirer dans les provinces à cause qu'ils sont criminels; que ceux de La Rochelle écrivent au roi une lettre sur la séparation de l'assemblée, et que les députés généraux présentent requeste sur ce sujet, et on verra que la malice de nos ennemis prévaudra à nos saintes intentions et soumissions. Il fait espérer d'envoyer M. le Prince de Sedan et voudroit de bon cœur que sa santé lui permit de venir de deçà lui-même porter à la pointe de son épée les avis et les assurances qu'il donne par écrit; mais si la goutte qui le travaille lui ôte toute espérance de venir servir de deçà, il travaille fort vers les Princes étrangers, et est d'avis qu'aussitôt que le roi partira pour venir à nous, de faire une députation vers eux. L'assemblée doit envoyer quelques uns du corps vers MM. de Rohan et de La Trimouille qui se trouveront à Fontainoy le second de mars, et ce pour les faire parler *clair* et les *réconforter,* car il semble que ils appréhendent les approches du roi et de son armée; mais leurs irrésolutions nous pourroient faire perdre Saumur. Il y a des brigues pour commander à La Rochelle. M. de La Trimouille y voudroit être, et d'autre part M. de Soubise y aspire. On voulut avant-hier proposer dans la maison de ville d'envoyer vers M. de Pardaillan, mais cela fut rompu. On tient que M. de Lesdiguières ne va point à la Cour, et croit-on qu'il est de l'intelligence des Princes; cela nous fait espérer bien de nos affaires. Dieu veuille nous fortifier en l'union et résolution qui semblent être en nous, et à vous, Monseigneur, vous départir ses bénédictions aussi largement que je suis etc... Du Fresche. — Fait à La Rochelle, le 26ᵉ février.

Correspondance, etc. T. II, p. 495.

1621, 27 février. La municipalité de La Rochelle à M. le vicomte de Turenne.

Monseigneur,

Nous avons tout subjet de louer Dieu ainsy que nous faisons de ce qu'au milieu des persécutions qu'on nous veult faire pour sa gloire, il nous suggère par vostre prudence les moyens que vostre longue expérience recongnoist nous estre nécessaires pour résister à ses mauvais jours, et de ce que en l'accroissement du dessain et projet de nostre ruyne il vous accroist le courage et le zèle pour la conservation de ses églizes et de ceste ville. Cest pourquoy, Monseigneur, ayans apris par le retour de monsieur de Veilles les questions et demandes qu'il vous a pleu luy faire, les offres et les advis qu'il vous a aussy pleu nous faire porter par luy regardans nostre bien et sureté, nous avons aussytost dépesché ce courrier, Monseigneur, pardevers vous pour vous randre grâces très humbles de nostre part, ainsy que nous faisons par ceste cy mesme du soing qu'il vous plaist avoir de nous, que nous recongnoissons estre une œuvre purement deuhe à vostre charité et zèle qui nous provient du Ciel, plus tost que par nos considérations propres. Nous l'avons aussy chargé de vous représenter naïvemant tout ce qui peult estre de nostre estat pour prandre de vostre prudance l'ordre de ce que vous jugés nous y estre nécessaire, et comme vous avez desja recongnu, Monseigneur, que plusieurs choses nous deffailloient, nous vous supplions très humblement que pour icelles et toutes autres que vostre sagesse remarquera, il vous plaise nous y faire pourveoir selon vostre puissance et le plus promptement et puissammant quil vous sera possible, et au surplus nous tesmoigner en toutes choses et nécessitez les effects de vostre favorable assistance et secours, soit par vous ou par vos grandes alliances à ce que souffrans pour une mesme vérité que nous professons avec eulx et vous, on puisse recongnoistre l'estroit liain de nostre religion commune. Remectans les particullaritez de noz supplications en la créance que nous avons donnée à ce porteur, nous vous supplions, Monseigneur, qu'il vous plaise vous ouvrir entièrement à luy comme à nous mesmes, le retour duquel espérans avec fruict de vostre part, nous prions Dieu pour l'accroissement de vostre Grandeur qu'il vueille bénir vos sainctz désirs et qu'il nous face rencontrer les occasions du service que nous vous avons vouhé pour vous en rendre les effectz à Monseigneur le prince vostre filz et à toute vostre postérité et alliance, comme ceux qui ont tousjours esté et seront pour jamais,

Monseigneur,

Vos très humbles et très affectionnez et obligez serviteurs,

Les Maire, Eschevins, Pairs,
bourgeois et habitans de la ville de La Rochelle.

A la Rochelle, ce xxviie febvrier 1621.

<small>Arch. nat. Papiers de Bouillon, R^t. 53. — Au dos, sceau plaqué représentant un cavalier l'épée à la main. Légende... MAIORIS DE ROCHELLA.</small>

1621, 27 février. *La Rochelle.* Du Fresche à La Force.

Monseigneur, depuis avoir fermé ma lettre, on m'en a envoyé communiquer une de M. de Favas, par laquelle il mande comme le roi a envoyé devers vous pour vous faire commandement de l'aller trouver, ou à faute de ce, qu'il pourvoiroit à vos charges et à celles de Messieurs vos enfants. S. M. fait même dépêche à M. de Chastillon. L'assemblée a donc été d'avis de vous faire une dépêche à tous deux pour vous exhorter à ne point sortir de votre Gouvernement pour quel prétexte que ce fut. De là, je pris prétexte de parler et leur faire entendre qu'il sembloit que par cette clause, ils voulussent vous attacher au Béarn et vous frustrer de la conduite des troupes de Guienne ; qu'il y avoit trente ans que vous aviez eu l'honneur d'y être mis par le feu roi, et depuis appelé par diverses fois pour les conduire. Sur cela, il y eut force contentements, et me dirent que ce n'étoit nullement leur intention, mais seulement vous prier de n'aller point en Cour, et que lorsque l'ordre se prendroit, ils vous considéreroient selon votre mérite et expérience. Nos députés trouvèrent cela un peu aigre; néanmoins je leur ai fait comprendre, par de bonnes raisons, que c'étoit de vous seul que nous devions attendre notre rétablissement, et qu'étant en Guyenne, vous le pouviez mieux qu'étant en Béarn. J'espère que si les affaires se portent là, comme il y a de l'apparence, qu'eux et tout le reste de l'assemblée se portera à vous nommer chef en Guyenne, sans contredit. Je leur ai remontré de plus que voyant les grandes violences dont on usoit en votre endroit, il n'étoit pas raisonnable de vous abandonner; de là, ils me promirent de joindre vos intérêts aux leurs, et refirent la lettre pour vous y donner cette assurance. MM. le marquis de Chasteauneuf, baron de Serignac, de Freton, pour la noblesse; Chapelière, pasteur, Avvias et un autre, pour le tiers-état, ont été députés pour aller à Fontainoy conférer avec MM. de Rohan, La Trimouille, du Plessis et autre noblesse du pays. Ils n'ont nul pouvoir que d'aviser aux moyens de conserver les places des gouvernements, et ce qu'on peut défendre, et voilà tout. On ne veut point ouïr parler d'aucun accommodement, car on se méfie des irrésolutions susdites. J'ai vu de votre part force députés des provinces, qui m'ont promis que, lorsqu'il s'y agira des affaires de Béarn ou de vos intérêts particuliers, ils me témoigneront l'état et estime qu'ils font de votre personne, et particulièrement M. de Veilles. Il y a force gens qui croient qu'on n'auroit pas de guerre puisqu'on différoit si longtemps à donner audience aux députés généraux. Incontinent après la conférence, s'il n'y a rien de résolu, ni s'il n'y a réponse de M. de Favas, je ne manquerai à vous tenir averti de tout.... Du Fresche. — A La Rochelle, ce 27 février.

Correspondance, etc., II, p. 496.

1621, 28 février. *Saumur*. Mémoire de Du Plessis, envoyé à La Trimouille s'en allant à la conférence de Niort. — Il propose toujours que les députés de l'Assemblée se séparent en se dispersant aux environs de La Rochelle ; d'obtenir du roi, à ce prix, le rappel des troupes de Guyenne, de Poitou et autres lieux ; la mainlevée de la modification en la réception des conseillers ; l'ordre pour les garnisons, tant pour le passé que pour l'avenir, tant sur l'extraordinaire de guerres que sur le s^r du Candal ; l'octroi de quelques sûretés à ceux du Béarn ; la déclaration confirmative des édits et concessions qui rassure le peuple.

Lettres et Mém., *etc.*, II, 584.

« 28 février. Modèle de l'avis à donner par les Grands à l'Assemblée de La Rochelle, baillé par Du Plessis à M. de La Trimouille s'en allant à la conférence de Niort. — On donne le conseil aux députés de se séparer et de se retirer dans les villes du voisinage, afin de faire acte d'obéissance au roi, et de laisser les députés généraux faire leur efforts auprès de celui-ci pour examiner leurs requêtes et y faire droit.

Lettres et Mém., *etc.*, II, 587.

« 1er Mars. *Thouars*. La Trimouille au roi.

Sire,

Vostre Majesté a daigné recevoir celle que je luy escrivis du vingt troisiesme du passé, avec une si grande bonté, qu'elle me donne la hardiesse de retourner vers elle, et luy redoubler en toute humilité ma supplication, à ce qu'il luy plaise favorablement entendre les très humbles requestes de ses subjects de la religion assemblez en la ville de la Rochelle, à elle présentez par les députez-généraux de nos églises, qui ont l'honneur d'estre près d'elle. Ce que V. M.

n'imputera point, s'il luy plaist, à aucune présomption, mais partie à la confiance que j'ay, qu'elle ne se sent point importunée, là où elle recognoit en ses serviteurs une droite intention en ce qui est de son service ; partie aussi à l'impatience qui me tient de me voir dévelopé de toute autre pensée que de tascher de mériter les bonnes graces de V. M. auprez d'elle, et aux occasions qui sembleront se présenter pour sa grandeur et gloire ; lesquelles, Sire, j'ose dire à V. M. estre recognues de telle importance, que quand elle relâchera quelque chose de la sevérité pour les embrasser à bon escient, outre ce qu'elle obligera toute la chrestienté, tant s'en faut que rien dépérisse de son auctorité, qu'au contraire, en se surmontant elle mesme, en la vertu qui de plus prez l'approche de Dieu, elle aura redoublé en tous ses subjetz de la religion non le devoir seulement de fidélité, mais le désir d'une entière obéissance. Pour moy, Sire, il me tarde que je ne rende à V. M. de celles qui sont imprimées en mon âme, dont elle ait matière de cognoistre, Sire, que je suis et ne peux estre autre que vostre très humble, très obéissant et très fidelle serviteur et subject

La Trimouille.

De Touars, ce 1er de mars 1621.

Bibl. nat. Coll. du St-Esprit, LI, 4.

1621, 1er mars. *Sedan.* Le duc de Bouillon au roi.

Sire, j'escris à Vostre Majesté avec crainte que mes lettres ne luy soient agréables, m'ayant semblé par la dernière que j'ay faicte à Vostre Majesté du 12e du mois de janvier que quoyque plaine d'une obéissance respectueuse, que la response qu'il lui a pleu m'y faire m'a tesmoigné ne l'avoir agréé ; néantmoins convié par ses subjectz assemblés à La Rochelle de luy faire entendre les desplaisirs qu'ils reçoivent de se voir en sa mauvaise grâce, estans privez d'avoir ses oreilles portées pour ouïr leurs plaintes, ilz ont estimé qu'elle auroit plus à gré d'ouïr cela de moy qu'ilz estiment estre autant obligé que nul autre le peut estre d'aimer et maintenir la dignité royalle ; et qu'ainsy il luy plairoit recevoir en bonne part ce que je luy pourrois dire sur ce subject auquel je voy Vostre Majesté jusques icy arrestée à faire satisfaire expressément au commandement qu'elle leur a faict de se séparer, n'ayant voulu recevoir aucune chose venant de leur part, encore qu'avec le respect que je doibs, je puis dire que V. M. et les roys ses prédécesseurs ont souvent souffert long délay à l'exécution de leurs commandements pour ouïr les raisons de ceulx qui avoient à obéir, pourquoy ils différoient l'obéissance, demeurans tousjours en leur puissance de faire effectuer leurs commandemens après les avoir ouys, ou bien de recevoir les raisons de ces délays ; procédure qui semble en la cause présente plus raisonnable, attendu que la crainte est leur passion qui tire les esprits bien souvent hors d'eulx, n'estant aussy lesditz députez proprement libres de faire ce qu'ilz voudroient, ains obligez de suivre les instructions de ceux qui les ont envoyez ; et qu'aussi ils peuvent estimer que leur roy doux et bénin aimera mieux les ouïr que non pas les faire désespérer du tout de sa bonne grâce. Ainsi, Sire, vostre royalle Majesté demeure toujours puissante d'agréer ou de refuser ce qu'ilz luy représenteront, afin que dans la justice et débonnaireté de ses responces ilz soient du tout inexcusables, si l'obéissance ne luy est rendue promptement. J'oy, Sire, à mon grand regret pour le service que je dois à vostre Majesté et pour le bien que je souhaite au repos de vostre Estat, qu'il se faict des préparations d'armer en divers lieux de vostre royaume, lesquelles, quelque succez qu'elles puissent avoir, feront sentir à tous vos subjectz des douleurs très grièves aussy bien aux bons qu'aux mauvais, s'il y en a, et lairront à interpréter à quelques-ungs comment il y fauldra obéir, et durant ces contestations eschapper l'occasion la plus grande, la plus juste et la plus chrestienne qui se soit de longtemps offert pour arrester les maulx de l'Europe, et l'agrandissement de ceux qui par la prospérité auront peine d'arrester leur ambition, et par la paix de son Estat estre puissant de faire déférer aux conseilz qu'il luy plaira tenir pour restablir une paix en l'Europe, et rendre vostre règne le plus illustre et glorieux que nul autre qui l'ayt préceddé. Sire, que Vostre Majesté me pardonne si quelque peu d'expérience que j'ay acquis dont l'aage où je suis me luy faict dire que jamais les armes n'ont esté, pour quelque précaution qu'on y ayt portée, qu'il n'y ayt eu du hazard aux événemens ; à ouïr vos subjectz, à recevoir ce qui sera juste ou à rejetter ce qui ne le sera poinct, il ne peut en arriver qu'une recognoissance entière de vostre authorité, et lorsqu'il y en auroit quelques-ungs qui contesteroient contre cest office royal qu'ils ne fussent si foibles pour pouvoir contester qu'ils serviroient d'exemple à tous autres désobéissans. Donc, Sire, par grâce, donnez comme roy et père vos oreilles pour ouïr et après vostre justice pour loy qu'on devra entièrement suivre. Je prens ceste hardiesse de parler ainsi à Vostre Majesté pour le long temps qu'il y a que j'ay servi honnorablement et dignement les roys ses prédécesseurs, et particulièrement le feu roy son père de très heureuse mémoire, qui a souvent receu mes conseils, les recognoissant n'avoir autre but que son service, ainsy que je proteste à Vostre Majesté ceux-cy n'estre réglez que de la passion qu'un fidelle sujet, officier de sa couronne, aymant sa personne et son estat luy peut donner, pour demeurer tout le reste de ses jours, Sire, vostre très humble et très obéissant et très-fidel subject et serviteur, HENRI DE LA TOUR. A Sedan, ce premier de mars 1621.

Bibl. nat. ; fonds Dupuy, T. 100.

1621, 4 Mars. *Paris*. Le roi à La Force. — Il lui reproche sévèrement de ne pas avoir obéi à l'ordre de venir à la Cour, et de ce qu'il se joint à des personnes déclarées criminelles. Il lui donne un nouveau délai de trois jours pour arriver.

Correspondance, etc., II, 522.

1621, 7 Mars. *Saumur*. Mémoire envoyé par Du Plessis à La Trimouille. — Du Plessis est d'avis que le duc écrive à ses amis les plus sûrs, afin qu'ils fassent connaître aux ministres les résultats de la conférence tenue à Niort le 2 mars précédent. — MM. de Rohan, de Soubise et de La Trimouille cherchèrent à faire comprendre aux délégués de l'Assemblée venus avec Chasteauneuf la gravité de la position; la noblesse du Poitou et de Saintonge, réunie à la prière des trois ducs, inclinait en faveur d'un accommodement; M. de Rohan doit écrire dans le même sens. (Il est à noter qu'ici Du Plessis passe sous silence des détails assez importants qui sont mentionnés dans le document suivant; peut-être ne les connaissait-il pas encore.)

Lettres et Mém., etc., II, 589.

« 8 Mars. *Ste-Hermine*. La Tabarrière à Du Plessis, au sujet de la conférence de Niort.

Monsieur, encor que M. de La Trémouille m'aye asseuré qu'il vous donneroit advis de tout ce qui s'est passé à Niort, en ceste assemblée qui y avoit esté convoquée, j'ay estimé toutefois vous en devoir informer plus amplement. MM. les députés de l'Assemblée s'y trouvèrent donc, dont le principal estoit M. de Chasteauneuf pour la noblesse, avec M. de Freton, pour l'église Chapelière ; aussi du tiers-Estat y avoit aussy des députés de la ville de La Rochelle, eschevins et bourgeois, dont le baillif d'Aunis estoit, et Tarais pour les bourgeois. Lesdits députés de l'Assemblée parlèrent seulement à Mrs de Rohan, de La Trémouille, et de Soubize et non en présence de la compagnie; dirent leur charge, qui estoit, non de demander des advis, mais apporter des résolutions, et prendre ordre avec eux pour nostre commune conservation, particulièrement pour le siége de La Rochelle qui estoit menacée. Ces Messieurs respondirent ne pouvoir leur respondre sans avoir pris advis de l'assemblée qu'ils avoient convoqué là, et les remirent au soir; et l'après-disnée appelèrent la compagnie à laquelle ils demandèrent advis si l'assemblée de La Rochelle devoit obéir au roy ou subsister. La pluspart opinèrent à une séparation, chacun en ayant dit ses raisons, et là fut aussy dit que l'advis des Grands et des plus considérables des nostres estoit semblable. M. de Rohan, avec M. de La Trimouille, leur rapporta sur le soir ses sentimens fortifiés de ceste compagnie, leur dit qu'ils tendoient à une séparation, les exhorta de le faire pour le bien de nos églises. A quoy M. de Chasteauneuf respondit qu'il leur estoit impossible ; qu'ils avoient pris des résolutions toutes contraires, et que mesmes depuis qu'ils estoient partis il s'estoit encor résolu en leur assemblée de nouveau, qu'ils subsisteroient, et qu'il en avoit eu lettres. Mais il oublioit à dire que c'estoit par la rumeur de quelques séditieux, qui, craignans qu'à ceste assemblée de Niort l'on donneroit ces advis pour la séparation et que leurs députés s'y laissent aller, entrèrent dans l'assemblée, les intimidèrent, et les contraignirent de prendre ceste résolution. Et cela dit-on avoit esté mesnagé par eux avant de partir. Ces Messieurs aussi parlèrent fort à M^{rs} de La Rochelle, leur dirent qu'ils n'estoient criminels et menacés que pour l'amour de l'assemblée, les exhortèrent à leur persuader d'obéir plustost que se mettre en tel danger. A quoy quelques-uns prestèrent fort l'oreille, et le considérèrent, et peut-estre, estant arrivés à leur ville, le feront-ils considérer. J'oubliois de vous dire que ces Messieurs voyant l'opiniastreté des députés, leur dirent qu'ils se jouoient à estre abandonnés, et eurent force autres paroles hautes ; à quoy ils respondirent, que si ainsi estoit, qu'ils se conserveroient bien sans eux. Mais voicy ce qui est arrivé depuis : c'est que ces MM. de La Rochelle, estant venus le soir prendre congé de nos Grands, après les avoir encor exhortés de persuader ceux de l'Assemblée à se séparer, leur disant que c'estoit le moyen de fuir et d'éviter le naufrage; et mesmes, le roy venant à eux, ce prétexte levé, ils seroient mieux secourus, n'y ayant plus alors de division parmy nous, adjoustèrent que toutesfois, quoy qu'ils fissent, il ne les falloit pas laisser perdre; et Messieurs de de Soubize et de La Trimouille par jalousie, s'offrans à eux, quoy qui arrivast, M. de Rohan fit le semblable, dont M. de Parabère adverti fut très mal content, et le vint trouver, luy disant que ce qui avoit esté si bien fait, et qui s'estoit passé en nostre assemblée, avoit tout esté gasté par ces promesses. Et moy-mesme dis à mondit s^r de Rohan qu'il falloit mieux se préparer à les assister, quoy qu'ils fissent, que de leur dire (puisque cela empescheroit) qu'ils ne se portassent avec vigueur à la séparation, estant asseurés; il respondit qu'il reconnoissoit avoir failly, mais que son intention n'avoit point péché. Mondit s^r de Parabère se monstroit très-mal content. Voilà au long ce qui s'est passé, et maintenant nous verrons de quelle utilité envers eux aura esté ladite assemblée. Le conseil de Xaintonge assemble la province à St-Jean lundy. On craint que tout cela sera inutile, et que leurs résolutions soient prises. M. de Rohan m'a asseuré qu'il me fera savoir ce qu'ils auront délibéré, ayant eu vos advis de tous, que l'on leur a envoyés signés de vous tous. Je ne sçais quelle sera vostre résolution, au cas qu'ils s'opiniastrent, et que le roy descende. Et n'eust esté un grand rheume, qui me donne la fiebvre, j'eusse eu l'honneur de vous voir, pour apprendre vos sentimens sur tout ce qui se passe, désirant despendre de vous. Si les affaires en viennent aux extresmes, vous me ferez l'honneur de me mander vos intentions, et ce qu'il vous plaist que je fasse, estant très disposé de vous obéir, et suivre entièrement toutes vos volontés. En attendant l'honneur d'apprendre de vos nouvelles, je supplie Dieu, Monsieur, etc. A Ste-Hermine, le 8 mars 1621.

Lettres et mém, etc., II, 594.

1621, 8 Mars. *La Verpillière*. Lesdiguières à Du Plessis. — Il lui demande ses instructions, annonce son départ pour Paris, où il se rend sans s'arrêter nulle part, pour travailler à relever les affaires du mauvais état où les divisions du parti les veulent porter. Il lui communique la dépêche que le même jour il adresse à l'Assemblée en réponse aux instructions qu'elle lui avait envoyées.

Lettres et Mém. etc., II, 593.

« 9 Mars. *Paris*. Pascal à La Force. — Nouvelles de la Cour ; M. de Favas va à St-Germain où est le roi; mais on ne pense pas qu'il fasse grand'chose, parce que les affaires sont en trop mauvais état, bien que l'on demande partout la paix. Le bruit court que les Rochellais ont occupé militairement Surgères.

Correspondance, etc., II, 525.

1621, 10 Mars. *La Rochelle*. Du Fresche à La Force. — Lesdiguières a écrit une lettre très-mauvaise à l'Assemblée pour lui dire qu'il ne pouvait lui envoyer de représentant, attendu qu'elle était réunie sans permission ; il a été défendu de lui donner de la publicité, et on lui fera une réponse pour la forme. Les députés de Rohan et de La Trimouille sont venus apporter les propositions arrêtées à Niort par eux, Soubise et Du Plessis, pour arriver à une séparation ou suspention et à diviser la maison de ville de l'Assemblée ; ces tentatives ont échoué, et le peuple est grandement animé contre les partisans de ce projet. Favas a eu le 25 février une audience du roi qui ne veut l'entendre que comme député général; Luynes lui a donné un nouveau rendez-vous. L'Assemblée, ce matin, a décidé qu'elle subsisterait, et écrirait aux députés généraux afin de voir s'ils pourraient obtenir de venir aux accommodements en parlant au nom de toutes les églises et de la souveraineté de Béarn.

Correspondance, etc., II, p. 498.

1621, 12 mars. *Paris*. Les Députés généraux à l'Assemblée de La Rochelle.

« Messieurs, par notre dernière du sixième du courant, vous avez appris comme nous étions encore une fois assignés à St-Germain par M. le duc de Luynes, et que nous partions pour l'aller trouver ; cet avis sans doute vous tient en attente, et peut-être, après si longtemps, en quelque espérance d'accommodement et de justice à nos justes plaintes ; mais avec un déplaisir incroyable, nous sommes contraints de vous dire que nous n'y avons trouvé qu'une fermeté à vouloir une séparation ; aussi fermement avons-nous là-dessus de rechef pressé le droit de votre assemblée, les causes de nos défiances, la résolution des provinces et les maux qui tomberoient sur l'Etat, et qui jà naissoient de partout, et que ce ne seroit pas de nous qu'ils viendroient. Tout cela n'a pu nous servir, et toujours cette obéissance première nous a été opposée avec ces termes exprès : *que ce seroit nous abuser et tromper, nous promettre et nous faire attendre autre chose.* Vous reconnoitrez, Messieurs, où va tout cela, et en userez suivant votre prudence ; bien devons-nous vous dire que l'assemblée de Niort, dont on savait déjà les résolutions, peut bien en quelque façon avoir aidé à cette fermeté si grande, et que si toutes choses ne se permettent à l'assemblée générale et qu'on voie en vos délibérations tant de changement, vous ne devez attendre, ni pour vous ni pour elle, que toute sorte de mal ; nous ajoutons que tout ce que vous faites se sait ici, à quoi vous devez bien prendre garde. Nous vous avons ci-devant donné avis du mandement très-exprès fait à M. de La Force de venir en cour, et par celle-ci nous vous dirons qu'on s'est fort offensé de ce qu'il s'est excusé, et qu'on lui a, depuis six jours, fait un nouveau commandement, par lequel on ne lui donne que trois jours de délai après la réception d'icelui, avec charge de remettre, avant son départ, les canons qu'il a, dedans Navarreins. Les nouvelles des Princes portent qu'il y a eu quelque combat sur un logement, où la perte est égale, ce qui nous fait croire qu'il y a eu de l'avantage de notre côté. On parle que durant le séjour de St-Germain, on pourra faire une escapade en Normandie. Ce que nous savons d'Allemagne porte que le comte de La Tour a défait en Moravie presque toute l'armée du comte de Buquoy, et reconquis les villes perdues, et pris deux cent mille thalers qui étoient pour le paiement de l'armée dudit comte; que le comte de Mansfelt fait furieusement la guerre en Bohême et a déjà rétabli la province pour le roi, excepté Prague, laquelle il incommode grandement. Nous attendons toujours vos lettres en priant Dieu vous vouloir assister de ses grâces, qui est la prière de ceux qui sont, Messieurs, vos très-humbles serviteurs. DE FAVAS. CHALAS. — A Paris, ce 12e Mars. »

Et par un billet à part est écrit :

« Nous vous eussions envoyé un courrier exprès sans ce que nous avons rencontré cette occasion de M. de Chandolan qui s'en va en poste; mais nous vous supplions de faire promptement, et par quelque voie assurée, savoir de vos nouvelles et ce que nous avons à faire; cependant on attend ici M. de Lesdiguières dans huit jours. Les protestants d'Allemagne font une armée de quarante mille hommes de pied et de dix-huit mille chevaux. Le roi de Bohême est à Lahaye en Hollande. »

Reçu le 17e Mars par un gentilhomme de Mr de Chandolan.

<small>Correspondance, etc., II, p. 501.</small>

1621, 15 mars. *Saumur*. Le duc de Rohan à Du Plessis. — Le conseil de Poitou assisté de 30 gentilshommes, de quelques pasteurs et du tiers-état a écrit à l'Assemblée de suivre les avis de Rohan qui partage l'opinion de Du Plessis, de Lesdiguières, de Sully et de Chastillon ; il espère beaucoup, si les nouvelles de Favas sont favorables, de ce que l'Assemblée semble disposée à faire traiter par ses députés généraux, en cessant elle-même toute action, sans consentir à un acte de séparation ; il espère aussi beaucoup de l'intervention de Lesdiguières.

Lettres et Mém., II, 599.

1621, 16 Mars. *Pau.* La Force à Du Fresche. — Dans cette lettre, commencée le 16 mars et terminée le 1ᵉʳ avril, La Force fait connaître les événements et les bruits qui lui surviennent. Au 16 mars, il est très-inquiet de la seconde lettre reçue du roi pour venir en Cour et se plaint de Poyanne. — Au 28 mars : il parle des dispositions stratégiques que prend Poyanne, et demande à être soutenu et secouru ; Poyanne cherche à engager l'autorité du roi ; il faut en prévenir les députés généraux. Au 1ᵉʳ avril, Vignoles concentre ses troupes pour marcher sur le Béarn.

Corresp. II, 528.

1621, 18 Mars. Réponse de l'Assemblée aux Députés-généraux.

« Messieurs, l'attente d'un meilleur succès en l'assignation qui vous avoit été donnée à Sᵗ-Germain, selon que vous nous touchiez par vos dernières, auroit, en quelque façon, adouci l'amertume du déplaisir que nous avons reçu au troisième refus qui vous a été fait par S. M. de recevoir les très-humbles supplications que vous lui avez présentées de notre part ; mais cette espérance nous étant comme retranchée, ne recevant sur ce de vos nouvelles, nous vous dirons que pour ne perdre point le temps qui nous doit être cher en affaires si pressantes, encore qu'il nous soit bien grief de voir dans un tel rebut, avec le mépris, un renversement de l'ordre dans lequel nous jugions consister les plus assurés moyens de notre conservation, néanmoins, obligés que nous sommes de ne laisser perdre aucune occasion que nous estimions porter quelque fruit ou avantage au bien de nos églises, que nous tenons pour seul et principal but de notre vocation, nous avons dressé un bref sommaire des choses que nous avons jugées entièrement nécessaires pour nous mettre à l'abri de l'orage dont nous sommes menacés. Nous l'avons, pour en rendre l'obtention plus facile, réduit à sept articles, lesquels nous vous envoyons par courrier exprès, afin de les présenter à S. M. au nom général de toutes nos églises, puisqu'il ne se peut espérer qu'ils soient reçus de notre part, vous priant de procurer de tout votre pouvoir que nous en puissions avoir encore une favorable réponse et avec effets, et nous donner avis de ce que vous y aurez fait, le plus promptement que faire se pourra. C'est ce que nous attendons des soin et vigilance que vous avez accoutumé d'apporter à tout ce qui concerne le bien de nos églises, et dont nous ne saurions assez exprimer la louange qui vous en est due ; nous vous promettons encore le même de l'instance que nous vous avons faite par nos précédentes, pour être éclaircis au vrai, du nom et de toutes les particularités que pourrez apprendre de ces donneurs d'avis dont vous nous avez écrit, et que nous vous recommandons comme chose d'importance et au général et au particulier de cette Compagnie, et encore au bien et repos de cette ville, laquelle a un notable intérêt en la découverte de telles gens. Au surplus, ayant appris, au retour de M. de Saint-Bonnet, que nous avions envoyé vers MM. les ducs de Sully et Lesdiguières et vers M. de Chastillon, que mondit sieur de Lesdiguières s'acheminoit en cour, nous vous envoyons une lettre responsive à deux, le sujet de laquelle, regardant particulièrement la justification de notre assemblée, nous vous prions de lui présenter de notre part, et par même moyen, l'animer des plus fortes considérations que votre prudence saura mieux employer, afin que lui ôtant les impressions mauvaises qu'il (Lesdiguières) pourroit avoir conçues de notre subsistance, il puisse avoir plus d'affection et de courage à favoriser la justice de nos demandes, en contribuant tout ce qui sera de son pouvoir pour nous faire obtenir de la bonté de S. M. les choses nécessaires pour notre sureté et conservation. Ce qu'estimant vous être assez recommandé, nous n'estimons nous y devoir davantage étendre. Nous y ajouterons seulement deux faits particuliers : l'un qui regarde les armes qui ont été prises à M. de Chastillon, en quoi nous vous prions assister ceux qui vous en parleront de sa part en tout ce qu'ils désireront de vous ; l'autre est en faveur de ceux de la province de Vivarais, lesquels nous vous prions d'assister en ce que vous serez requis par ceux qui ont charge de leurs affaires, pour empêcher qu'ils ne soient travaillés indûment par une évocation que l'on poursuit contre eux au conseil du roi, de certain procès pendant en la cour des aides de Montpellier, sur ce qu'au préjudice des édits, les Etats du pays veulent comprendre ceux qui font profession de la religion, ès contributions à taxe qui se font pour le bâtiment des temples de ceux de l'église romaine, ès donations et libéralités qu'ils font à leurs églises, et en toutes les autres charges ecclésiastiques de ladite province. Et sur ce, après avoir prié Dieu qu'il vous fasse prospérer en toutes vos voies, nous sommes, Messieurs, etc. Cressonnière, président; Rossel, adjoint; La Piterne et Geneste, secrétaires.— La Rochelle, ce 18ᵉ de mars. »

Correspondance, etc., II, p. 503.

1621, 18 mars. Articles dressés en l'Assemblée de La Rochelle, et envoyés avec la lettre précédente à MM. de Favas et Chalas, députés des églises réformées de France et souveraineté de Béarn, pour être présentés par eux au roi, en leur qualité de députés-généraux.

1° Supplient tres humblement Sa Majesté que ses sujets de

la religion ne soient point contraints ni obligés de se qualifier de la religion prétendue réformée, contre la liberté de nos consciences, nonobstant la réponse faite au premier article du cahier de l'assemblée de Loudun, présenté à Sa Majesté.

2° Que Sa Majesté soit très humblement suppliée de pourvoir, selon sa clémence et royale bonté, aux justes plaintes et doléances de ses sujets de la religion, de la souveraineté de Béarn, pour raison des griefs qu'ils ont soufferts et souffrent encore, par le changemeut fait, tant de l'état ecclésiastique que politique de ladite souveraineté; et ce faisant, les rétablir au même état qu'ils étoient en l'an 1616, et de suite maintenir M. de La Force, gouverneur et votre lieutenant-général en ladite souveraineté, et messieurs ses enfants, en l'exercice libre de leurs charges, en leur faisant payer les arrérages qui leur sont dus, et leur continuer aussi tous les appointements dont il a plu au feu roi et à Votre Majesté les honorer et gratifier; comme aussi de lever l'interdiction et révoquer l'arrêt donné contre le sieur de Lescun, l'un des conseillers en cette cour souveraine de Pau, et le faire effectivement jouir de toutes ses charges et honneurs.

3° Que suivant la promesse à eux faite aux articles 15 et 16 de leurs cahiers, répondue à Loudun en l'an 1610 et depuis audit Loudun en l'an 1620, le bon plaisir de Votre Majesté soit de leur faire délivrer un état signé des places du Dauphiné, pareil et semblable à celui qui leur fut accordé et expédié en l'an 1598, et mis ès main de M. de Lesdiguières, signé : Henry, et plus bas : de Neufville.

4° Que la modification et restriction faite par l'arrêt de votre Parlement de Paris, sur la réception des deux conseillers de la religion, et sur l'office de M. Le Cocq, conseiller audit Parlement, soit levée et ôtée, et comme contraire à vos édits, et particulièrement à l'article 16 de celui de Nantes.

5° Qu'il plaise à Sa Majesté faire promptement et favorablement répondre les deux cahiers dressés en l'assemblée générale de Loudun, et mis ès mains des députés généraux pour être présentés à Votre Majesté, laquelle les auroit assurés d'y faire incessamment travailler, comme aussi de faire revoir en votre conseil le cahier qui lui fut présenté par les députés de ladite assemblée, auquel il se trouve plusieurs choses moins favorablement répondues qu'aux cahiers précédents, et en commander l'exécution par les commissaires, tant de l'une que de l'autre religion.

6° Que le bon plaisir de Sa Majesté soit de faire pourvoir au payement, tant de l'entretien des pasteurs que des garnisons des places qui nous sont données en garde, faisant fournir, pour cet effet, de bonnes et valables assignations, tant pour le passé que pour l'avenir.

7° Et pour ce que les gens de guerre et garnisons qui sont ès provinces de Béarn, Guyenne et Poitou, outre la grand'-foule et dommage qu'elles apportent à vos sujets de la religion, leur donnent aussi beaucoup de défiances par les mauvais traitements qu'ils en reçoivent, Sa Majesté sera très humblement suppliée les vouloir faire retirer et ôter les garnisons qui sont ès lieux qui appartiennent aux particuliers qui sont en l'assemblée.

Signé, CRESSONNIÈRE, président; ROSSEL, adjoint; GENESTE et LA PITERNE, secrétaires.

Correspondance, etc. II, p. 505.

1621, 18 Mars. *La Rochelle*. Du Fresche à La Force. — On est peu satisfait de Lesdiguières, de Sully et de Châtillon; Lesdiguières est arrêté à Lyon, où il attend les avis de Du Plessis, qui l'engage à ne point aller à la Cour. Bouillon, le Conseil de Poitou, Saintonge et Angoumois réuni à St-Jean, Rohan et Soubise qui s'y trouvaient, ont fait acte d'adhésion à l'Assemblée. Favas annonce que Luynes exige la séparation, et se plaint des traîtres qui sont dans l'Assemblée; ils préviennent le roi avant lui de ce qui s'y passe.

Du Fresche annonce qu'il a conclu un accord entre Benac et La Force. On a appris que Poyanne armait ainsi que La Force, et on fait des vœux pour son succès.

Correspondance, II, p. 499

1621, 18 mars. Lettre de MM. de l'Assemblée à M. le duc de Lesdiguières. La Rochelle, par P. Pied-de-Dieu, 1621, in-8°.

20 Mars. L'Assemblée à MM. les Députés-généraux.

« Messieurs, vos lettres du 12 nous font de plus en plus reconnoitre votre ordinaire vigilance pour le bien de ceux desquels vous soutenez les personnes, et le fidèle soin que vous prenez continuellement de répondre dignement à votre vocation, que nous n'avons point de paroles assez expresses pour vous témoigner le ressentiment que nous en avons, et pour vous en rendre les remerciments que vous méritez. Si toujours là où se trouve la fidélité, là même se pouvoit trouver le succès, nous aurions, il y a longtemps, tiré de grands fruits de vos labeurs, sur lesquels la bénédiction d'en haut ne s'est point encore étendue; non plus que sur les nôtres, pour pouvoir obtenir quelque soulagement, et quelque sureté à nos pauvres églises. Il y a à la vérité sujet de gémir et déplorer le malheur de ce siècle, et se plaindre de la malignité de ceux qui, par la dureté du traitement qu'ils nous font, nous ôtent tous les moyens de faire paroitre avec combien de respect et de soumission nous sommes désireux de recevoir tout ce qui nous pourroit venir de la part du roi, notre souverain, et de rendre, avec promptitude et courage, toutes sortes d'obéissances aux commandements de S. M. Mais aujourd'hui, de nous séparer sans remporter contentement à nos provinces ; d'abandonner notre vocation ; de tromper l'espérance de ceux qui ont les yeux jetés sur nous continuellement, et qui attendent de nos fidélités quelqu'avantage ; de nous reconnoitre criminels, nous à qui nos consciences ne rendent autre témoignage que d'intégrité et d'innocence ; de jeter la consternation et la terreur dans les esprits de tous les nôtres ; d'abandonner tous ceux qui sont dans l'oppression, et tant d'autres qu'on en menace, à la fureur des adversaires ; de rendre à jamais illusoires et ridicules toutes nos assemblées, et laisser, par une insigne lâcheté, tomber en ruines l'ordre sagement et utilement établi au milieu de nous, c'est chose à laquelle il nous est impossible de consentir, et n'y a pas un seul de nous à qui la mort ne soit beaucoup plus douce. Et si quelques-uns ont fait ci-devant quelques ouvertures, sinon de séparation, à tout le moins de chose en approchant, nous vous prions, Messieurs, de croire qu'elles ne sont venues de nous, ni nous n'y avons aucunement voulu entendre ; car, outre que la convocation de Niort s'est faite en autre forme que nous ne pensions, ceux que nous avions envoyés vers trois de MM. nos Grands pour prendre d'eux l'ordre qui devoit et pouvoit être établi ès provinces de deça, voyant qu'on leur proposoit choses de toute autre nature et tendant insensiblement à nous désassembler, s'y opposèrent formellement en notre nom, et enfin, après plusieurs considérations alléguées de part et d'autre, tirèrent parole de ces trois Messieurs qu'ils se tiendroient à toutes nos résolutions, ce qui nous a encore été confirmé, tant par la bouche de leurs envoyés que par lettres ; et non-seulement cela, mais nous avons eu les mêmes protestations de la part d'une assemblée de Xaintonge, tenue à Saint-Jean par l'ordre que nous en avons prescrit, sans néanmoins qu'il soit besoin de vous ajouter que toute cette ville demeure en union très étroite avec nous ; si bien que nous n'avons point jusqu'ici sujet d'appréhender aucune division, au contraire, nous avons toute matière d'espérer que plus nous irons en avant, et plus notre concorde paroitra. Pour ce qui est des avis qui se donnent, c'est une maladie à laquelle nous n'avons aucun remède, si ce n'est que nous puissions découvrir les noms de ceux qui procèdent avec tant d'infidélités, à quoi nous vous supplions nous vouloir assister de votre industrie et de votre franchise, comme déjà nous vous en avons très instamment priés. Demeurant fermement appuyés sur la justice de notre cause, nous vous disons par le dernier en un mot, que nous ne pouvons nous séparer, que premièrement nous n'ayons contentement réel en nos demandes, et que nous sommes résolus, moyennant la grâce de Dieu, de subsister ensemble tant et si longuement que le bien et la nécessité de nos églises le pourra requérir. Nous prions Dieu, qui reconnoit nos cœurs et tous nos mouvements, et qui sait que nous ne tendons qu'à la paix de l'Etat, qu'il lui plaise bénir notre roi et toucher son cœur, nous le rendre propice, protéger son église, et vous donner, Messieurs, etc. CRESSONNIÈRE, président; ROSSEL, adjoint; LA PITERNE et GENESTE, secrétaires. — A La Rochelle, ce 20 mars. »

<small>Correspondance, etc. II, p. 507.</small>

1621, 21 Mars. *La Chapelle-la-Reine.* Instructions données par Lesdiguières à La Roche de Grane envoyé par lui à l'Assemblée. — Il offre ses bons offices auprès du roi qu'il n'a pas encore vu, mais qu'il sait n'avoir aucune mauvaise intention contre les Protestants; que le bruit contraire est répandu par des brouillons qui veulent faire leur profit dans le trouble. L'Assemblée doit se séparer sans retard, sans cela elle doit s'attendre à la répression la plus énergique.

<small>Arch. de M. de Florent, à Tain.</small>

» Lesdiguières à Du Plessis. — Il lui annonce l'arrivée près de lui de La Roche de Grane lui apportant la lettre qu'il écrit à l'Assemblée, et invite à user de toute son influence dans le même sens.

<small>Lettres et Mém. *etc.*, I, 602.</small>

« 27 Mars. *Saumur.* Du Plessis à Lesdiguières. — Il a vu La

Roche de Grane, a conféré avec lui, et se recommande à Lesdiguières pour dire un mot au roi qui le défende contre ses ennemis qui veulent le perdre.

Lettre et Mém., II, 602.

1621, 30 Mars. *La Rochelle.* Du Fresche à La Force. — Le marquis de Châteauneuf a été condamné à avoir la tête tranchée, par le Parlement de Bordeaux; l'Assemblée a écrit aux députés généraux de prévenir les ministres que de pareils faits forceront les Protestants à prendre les armes; Lesdiguières est arrivé en Cour et sera connétable sans conditions; on blâme beaucoup La Force qui, d'après un bruit venu de Bordeaux, aurait volontairement laissé passer l'occasion de tailler Poyanne en pièces.

Correspondance, *etc.*, II, p. 509.

« 1er Avril. *Paris.* Lesdiguières à Du Plessis. — Il a reçu les nouvelles générales qu'il lui a transmises le 27 mars, et a fait l'éloge de sa prudence et de sa patience en bon lieu; il a parlé au roi; les actions de Du Plessis sont en bonne odeur.

Lettres et Mém., II, 606.

« 2 Avril. Ltetre de l'Assemblée aux Députés-généraux.

« Messieurs, depuis votre dernière, M. de La Roche étant venu vers nous de la part de M. le duc de Lesdiguières, et nous ayant fait entendre ses avis, qui tendent à nous induire à une séparation, avant que nous ayons obtenu aucun contentement pour nos églises, nous avons cru nécessaire de vous prier que, suivant ce que nous vous avons ci-devant écrit et à mondit sieur de Lesdiguières, que notre conscience et le devoir qui nous oblige à procurer le bien de nos églises, résiste à consentir à une telle séparation, il vous plaise informer particulièrement mondit sieur des causes nécessaires de notre subsistance, lesquelles vous savez toutes au mieux, et spécialement comme les craintes et les justes méfiances nous enserrent plus étroitement, et croissent de jour en jour tout autour de nous, qui font que, quoique nous ne doutions nullement du bon naturel de notre roi, et de sa bonne volonté et intention à l'entretien de ses édits, toutefois, apercevant très-sensiblement que la haine de nos malveillants est plus puissante à détourner l'exécution de ce que S. M. nous a accordé et entend nous être entretenu, que notre bonheur à en obtenir la jouissance, nous ne pouvons abandonner les charges qui nous ont été données de nos églises, pour insister vers S. M. en nos très humbles supplications, jusqu'à ce que nous puissions leur rapporter la satisfaction qu'elles se sont promise; car nous avons déjà assez expérimenté comme les arrêts, jussions ou autres déclarations et réponses de S. M. en notre faveur, trouvent partout où il est question de l'exécution, des obstacles inflexibles à l'obéissance de S. M., de sorte que toutes les commissions qui nous sont octroyées, demeurent illusoires, témoin la réception des officiers ès cours souveraines et autres, l'affaire de Clermont de Lodève, de l'établissement des lieux pour l'exercice de notre religion près des villes, et infinis autres exemples que vous savez. Mais outre ces considérations, nous voyons encore à présent comme nos ennemis, contre la bonne volonté de S. M. envers nous (de laquelle mondit sieur de Lesdiguières dit être très assuré, et nous le certifie très-expressément), néanmoins ont tant fait que, tout récemment, par un arrêt du conseil d'Etat, les recettes et élections de toutes les villes de sureté qui sont en la province de Poitou et de cette ville, sont transportées en des villes et bourgs de contraire religion, où, sous prétexte de garder les deniers du roi, on met des garnisons, et croyons qu'on en aura fait de même aux autres généralités; en quoi il nous appert d'un témoignage évident d'une défiance ouverte qu'on veut prendre de notre fidélité, et qui, outre la flétrissure et la menace toute apparente de passer outre à un plus rude traitement, nous est un grief et une manifeste contravention au brevet qui nous a été accordé par S. M. pour lesdites places de sureté, par lequel il est porté, entre autres choses, que pour l'entretien des garnisons desdites villes, les deniers de la recette d'icellles sont affectés particulièrement sans qu'ils puissent. être divertis ; et cependant par cet arrêt, non-seulement ils sont divertis, mais on les a ôtés du tout, ce que nous vous prions représenter à S. M. et à son Conseil, avec la prudence et vigueur dont vous avez accoutumé d'accompagner toutes vos poursuites ; comme aussi de le faire connoitre à M. le duc de Lesdiguières, ensemble ce que nous vous avons écrit par notre dernière sur le sujet des jugements et arrets des condamnations de mort données contre les députés de notre assemblée, et des troupes qu'on fait avancer à l'entour de nous ; afin que par là et pour les autres raisons qui vous sont assez connues, il puisse entendre que n'ayant autre intention que de demeurer dans l'obéissance due à S. M., telle que nous et nos pères avons observée inviolablement envers elle et le roi son prédécesseur, nous ne tendons qu'à obtenir par nos très humbles prières, représentées par nous au nom de toutes les églises, de bons effets qui puissent remettre sus la confiance et le bon espoir duquel plusieurs déchoient par les continuelles souffrances et menaces de ruine qu'on nous fait ; et pour cet effet, avons jugé nécessaire de demeurer ensemble, attendant que ce bien nous arrivant de la grâce de S. M., nous nous puissions retirer vers ceux qui nous ont envoyés, et leur porter cette satisfaction qu'ils attendent, pour à quoi parvenir nous ne dontons point que n'employiez toute sorte de peines, de suffisance et fidélité que nous prions l'Eternel accompagner de ses saintes bénédictions, et vous maintenir en sa garde, etc. H. DE CAUMONT, président; HESPÉRIEN, adjoint; MONTMÉZART, ALLAIN, secrétaires. »

Correspondance, etc. II, p. 510.

1621, 2 avril. L'Assemblée à Lesdiguières.

Monsieur, la lettre qu'il vous a pleu nous escrire nous a esté randue par M. de La Roche, lequel nous a faict entendre bien particulièrement vos intentions. Nous nous persuadons que n'eussiez faict ceste dépesche, ny donné les advis que vous nous envoyez, sy vous eussiez receu nostre dernière qui contenoit les raisonnables fondemens de nostre convocation, ensemble la justice et nécessité de nostre subsistance; mesmes vous eussiez recognu que nous quitons ce qu'on appelle formalitez et qu'en nous attachant au principal but de nostre vocation qui est de remédier aux maux que souffrent nos églises, avons chargé noz députtés généraux de poursuivre en leur nom et de celuy desdites églises la justice de noz demandes, ainsy que le pourez plus amplement entendre par leur bouche. Comme par toutes ces proceddures, Monsr, nous vous justiffions noz nécessaires résolutions, aussy ce nous a esté un sensible déplaisir d'entendre voz sentimens contraires, lesquelz ne peuvent servir qu'à entretenir noz vifves deffiances, à fortiffier la mauvaise vollonté de ceux qui retardent les effetz de nos légitimes poursuites. Car à ceste séparation de noz assemblées se sont raportées depuis quelque temps toutes les pratiques de noz malveillans qui doivent estre d'autant plus suspectes à tous les membres de noz églises qu'on nous y veult amener par des voies qui réduisent noz affaires en désolation et noz personnes en opprobre. Car, en abandonnant les moyens de nostre seureté que nous recherchons depuis plusieurs années avec tant de soin et de peine, nous rejetterons noz églises dans de nouveaux labyrinthes, à raison desquelz ne leur restant plus que le désespoir, elles n'oublieroient aucun remède pour se retirer d'une injuste persécution. Nous savons, Monsr, combien nous devons déférer aux advis qui viennent d'une sy meure expérience que la vostre; mais aussy remémorez vous, s'il vous plaist, ce qui a suivy, contre vostre attente et la nostre, vostre entremise de Lodun et en combien de mauvais intérest nostre facilité nous a jettez avec autant d'apparence de ne mieux rencontrer à l'advenir, quand bien on prendroit les mesmes erremens, afin que vous nous suportiez, sy le grand mal que ce coup a donné à nostre conservation nous rend incapables de la séparation que vous requérez de nous avec tant d'instance, joignant à vos advis les reproches de désobéissance, et les menaces d'un rude traitement. Lesquelles choses nous ne trouverions estranges de la part des ennemis de nostre profession qui esloignent de nous les bonnes inclinations de Sa Majesté, se plaisent aux calomnies et à la violence, et que nous savons avoir assez d'animositez pour ne s'arrester à la désolation des églises de Béarn. Mais quant ceux qui sont obligez au repos de la maison de Dieu en laquelle ils ont pris leur estre, et doivent laisser leur mémoire honnorable et utile à la postérité, lèvent le bras contre nostre innocence, ce nous est une affliction audessus de noz parolles. Car quant aux accusations dont on nous voudroit charger, nous n'atendons un plus fort tesmoignage de la perpétuelle obéissance de nous et de noz pères que celuy de vostre propre connoissance qui avez si souvent expérimenté que jamais on ne nous accuse de désobéissance avec tant d'instance que pour reculler les advantages que la raison, la justice et les promesses de noz roys rendent indubitables. Ces artiffices ne vous estant inconnus nous attendrons de vous, Monsr, choses meilleures et conformes à la profession que vous avez commencé avec nous, y estant obligés, non seulement par des paroles sy expresses de vostre part qui nous doivent estre une foy publicque, conséquemment inviolable, mais par le sérieux ressouvenir du rang et de l'auctorité où Dieu vous a eslevé par la singulière bénédiction qu'il a multipliée sur vous, la faisant croistre avec vos ans en diverses manières par la connoissance de sa vérité qui n'est une des moindres qualités que remporterez d'issy bas par la sainte communion qu'avez de si long temps avec l'église de Dieu ; par ce moien vous aurez ce tesmoingnage en vostre conscience d'avoir employé les talens de Dieu à l'utilité des siens. Sur quoy nous vous dirons, Monsr, qu'il importe beaucoup à l'honneur de vostre profession de considérer comment vous mettez la main à nos affaires qui sont maintenant exposées à la veue de toute la chrestienté, comme un moien propre que Dieu vous met en main pour avancer sa gloire, mettre nos églises une bonne foys à un estat asseuré, pourveu qu'il vous plaise appuyer de vostre crédit en faveur des justes poursuites de nos députés généraux, de mesme vous laisserez une honnorable marque qui vous fasse tousjours revivre en la mémoire des hommes. Que sy quelques considérations du siècle estoient capables de vous porter à mettre nostre ruine en indifférence, ce que nous n'atendons pas de vous, nous nous deffandrons pourtant en l'atente de la protection de Dieu, espérant qu'il touchera le cœur de nostre roy par les moyens admirables de sa providence pour faire naistre à son temps un plein contentement à son peuple. Nous le supplions qu'il vous face reconnoistre à bon escient la malice de noz malveillans, l'importance de noz maux, la sincérité de noz déportemens, la justice de noz demandes et l'oppression des affligez, à ce que touché d'une compassion chrestienne vous fassiez valloir ce qu'il vous a donné de pouvoir et de crédit pour voir en voz jours la prospérité de l'Église et de l'Estat. Ce sont les prières bien humbles que nous vous avions dejà faictes par nostre dernière lettre, et que maintenant nous vous réitérons très affectueusement, vous supplians de prendre ceste asseurance de nous que nous sommes tous en général et en particulier, Monsr, ..., ce 2e avril 1621.

(*S. l.* 1621, in-8º.)

1621, 3 avril. *Paris.* Le roi à Du Plessis. — En présence de la désobéissance de l'Assemblée et de ce qui se passe en Béarn, il annonce son départ pour Tours, après les fêtes de Pâques ; là il avisera ; Luynes est nommé connétable.

Lettres et Mém., II, 607.

— 4 avril. *Saumur.* Du Plessis à Jaucourt. Il attend le retour de La Roche de Grane, ainsi que la visite du comte de Soissons.

Lettres et Mém., II, 608.

— Le même aux députés d'Anjou à l'Assemblée. — Réflexions sur l'importance qu'il y a à chercher le moyen général de sortir d'affaires. Il a réclamé à la Cour au sujet du transport des Élections.

Lettres et Mém., II, 608.

— 5 avril. *La Rochelle.* Du Fresche à La Force. — Il lui envoie la dernière lettre des députés généraux à l'Assemblée, les mémoires de Lesdiguières, la réponse qui y a été faite par l'Assemblée qui préfère « endurer la mort que de se porter à des lâchetés. » La nouvelle de la dispute des Princes encourage l'Assemblée qui espère que, si elle n'est arrangée, ses affaires en iront mieux.

Correspondance, etc., II, page 515.

— 6 avril. *Saumur.* Du Plessis à Lesdiguières. — La Roche de Grane va retrouver le duc et lui rendre compte de son voyage à La Rochelle ; il ne semble pas qu'on réussisse du premier coup, mais il espère que Lesdiguières ne se rebutera pas. On avait compté que son séjour à la Cour retarderait les arrêts du Parlement, la translation des Élections et les mouvements de troupes vers les places de sûreté.

Lettres et Mém., II, 609.

1621, 13 avril. *Saumur.* Du Plessis au roi. — Il répond à la lettre du 3; il espère que le roi daignera relâcher quelque chose de son autorité pour condescendre paternellement à ces infirmités et donner aux protestants le moyen d'abolir et expier tout ce qu'ils auraient omis ou commis. Il rappelle qu'il a tenté tous ses efforts auprès de l'Assemblée, et il fait des vœux pour que la haute dignité conférée à Luynes lui fournisse les moyens de rétablir la paix.

Lettres et Mém., II, 612.

— Du Plessis à Lesdiguières. — Il charge Villarnoul, son gendre, qui a été porter au roi la lettre précédente, de lui expliquer le sujet de son voyage; il espère que sa présence auprès du roi arrêtera les événements, et insiste pour que les députés du Dauphiné viennent à l'Assemblée augmenter le parti des raisonnables.

Id., 614.

— Du Plessis aux députés d'Anjou. — Il leur envoie la lettre du roi du 3; il fait un dernier effort auprès du roi, de ses conseillers et du connétable pour détourner le danger qui devient menaçant. Les Suisses sont à Orléans et le roi y est attendu; plusieurs redoutent l'Assemblée.

Id., 617. — Not. hist., p. XXXIV.

— 13 avril. *Saumur.* Du Plessis à Favas et à Chalas, députés généraux. — Lettre dans le même sens; il les engage à donner à l'Assemblée de sages conseils pour qu'elle se décide à se soumettre à temps.

Id., p. 615.

— 13 avril. *Sedan.* Le duc de Bouillon au roi.

Sire,

J'ay receu la lettre qu'il a pleu à V. M. me faire l'honneur de m'escrire du 4e du présent par laquelle j'ay apris avec grand desplaisir le mescontentement que V. M. continue à recevoir de ses subjectz de la Religion assemblez à la Rochelle, et la résolution qu'elle a prise de s'acheminer à Tours, pour estant là, adviser aux moyens de pouvoir maintenir son authorité et de ses édicts. Sur quoy, Sire, je supplie très humblement V. M. me pardonner si j'ose encores luy dire qu'elle pourroit recevoir plus de contentement en cette fascheuse affaire d'user de sa bonté et clémence que de la rigueur et de la force de ses armes en faisant, sans autre considération que d'elle-mesme et de sa justice, en bonne volonté, pourveoir aux contreventions et inéxécutions de ses édictz pour le passé, et à ce qu'à l'advenir ilz soient bien entretenus et observez. Car par ce moyen on lèveroit les craintes qu'ont presque tous vos subjectz de la Religion, presque par toutes les provinces, que, contre l'intention de V. M., on veut rompre les édictz, et que l'on ne prend que pour prétexte la désobéissance de ceux de la Rochelle; qu'à cela tendent les sermons qui se sont faicts depuis quelque temps mesmes en présence de V. M. Et ceste appréhension qui est presqu'universelle venant à se tourner en créance qu'on veut leur ruine, elle ne pourroit produire que des très dangereux inconvéniens qui se pourroient éviter en faisant voir le contraire par effect. Car ces craintes estant levées, il paroistroit une notable désobéissance que personne n'approuveroit. Sur cela je prie Dieu donner de bons et salutaires conseils à V. M., laquelle m'ayant faict l'honneur de me donner advis qu'elle a pourveu M. le duc de Luynes de la charge de connestable, je n'ay qu'à louer ce qu'en cela et toute autre chose est faict par V. M., laquelle a jugé que ceste place devoit estre remplie d'un personnage dont elle congneust les qualitez convenables à icelle. Je supplie aussy très humblement V. M., comme j'ay faict par mes dernières, qu'il me soit pourveu pour ce qui est de la protection de ce lieu, et la supplie très humblement de croire que je seray toute ma vie, Sire, de V. M., etc.

Arch. Nat. Papiers de Bouillon. R¹, 53.

1621, 14 avril. L'Assemblée de La Rochelle à Du Plessis. — Par suite des dernières nouvelles données par les députés généraux, et de l'acheminement du roi vers Tours, elle lui envoie Veilles pour conférer avec lui.

Lettres et Mém., II, 619.

— 14 avril. Cahier présenté au Roy à Fontainebleau au mois d'avril mil six cents vingt ung par les sieurs de Fabas et Chalas, députés généraux, et dressé par ledit sr Chalas.

Au Roy,

Sire, les députés généraux des églises réformées de France et souveraineté de Béarn, désirans au nom de tous vos très humbles et très fidelles subjectz de la rellgion de tesmoigner à Vostre Majesté l'affection qu'ilz ont à la conservation du repos public par le moien de vostre justice, recourent avec toute submission à elle, supplians très humblement Vostre Majesté la leur vouloir départir favorablement sur ce qui peult à présent leur estre le plus nécessaire, en attendant qu'il vous plaise leur continuer ceste mesme grâce lors qu'avec semblable respect ilz présenteront à Vostre Majesté leurs autres demandes sur les inexécutions et infractions qu'on faict aux édictz qu'elle leur a si royallement octroyés.

I.

Supplient très humblement Vostre Majesté que nonobstant ce qu'il luy auroit pleu leur respondre sur le premier article du cahier de l'assemblée tenue à Loudun, il soit de son bon plaisir et de sa justice d'ordonner que lesdictz subjectz de la religion ne seront plus tenus ny contraincts de se qualifier de la religion prétendue réformée, comme estant une chose contraire à leur liberté, et une violence qui est faicte à leurs consciences.

II.

Supplient aussy très humblement Vostre Majesté de vouloir regarder en bénignité ses peuples de la religion de sa souveraineté de Béarn, et les remettre au mesme estat qu'ils estoient en mil six cents seize, tant en ce qui peut concerner les villes, conseil, ordre de leur religion que leur police, et maintenir Monsieur de La Force gouverneur et vostre lieutenant général en ladicte souveraineté, et Messieurs ses enfans au libre exercice de toutes leurs charges, leur continuant tous les appointemens dont il a pleu au feu roy d'heureuse mémoire et à Vostre Majesté de les honnorer et gratifier, leur faisant paier les arrérages qui leur en sont deubz comme aussy lever toute interdiction et révoquer l'arrest donné contre le sieur de Lescun, l'un de vos conseillers en la Cour souveraine de Pau, le faisant effectuellement jouir de toutes ses charges, biens et honneurs.

III.

Que suivant la promesse qui leur fut faicte à Loudun et les articles quinze et seize de leur cahier respondu en la conférence de ladicte ville, il plaise à Vostre Majesté faire délivrer à vos dictz subjectz de la religion un estat signé des places du Dauphiné, tout tel que celuy qui leur fust accordé et expédié en mil cinq cents quatre vingts dix huit, et mis ès mains de M^r le duc de Lesdiguières, signé Henry et plus bas Neufville.

IV.

Qu'il plaise aussi ordonner que la modification apportée par vostre Parlement de Paris à la réception des deux conseillers de la religion touchant les offices de Messieurs Le

Coq et Berger, conseillers audict Parlement, sera levée et ostée, puisqu'elle est contraire aux édictz et particulièrement à l'article vingt sept^{me} de celuy de Nantes.

V.

Et que les deux cahiers de la dernière assemblée tenue à Loudun et mis ès mains de Monsieur de Vic par lesdictz députés généraux, seront bénignement et promptement respondus suyvant ce qu'il auroit pleu à Vostre Majesté d'asseurer lesdictz députez d'y faire travailler incessamment; et que oultre ce, le premier cahier de la susdite assemblée sera reveu en vostre conseil comme fort deffavorablement respondu et en plusieurs choses moins favorablement que les précédentz, et qu'il sera très expressément enjoinct aux commissaires d'une et d'autre religion de s'acheminer aux provinces pour y mettre à exécution sans autre remise la justice qui sur lesdictz cahiers sera rendue à vosdictz subjectz.

VI.

Qu'il sera pourveu aux payemens tant des pasteurs que des garnisons des places qui nous sont laissées en garde, faisant pour cest effect fournir de bonnes et valables assignations tant pour le passé que pour l'advenir.

VII.

Que les gens de guerre qui sont en vos provinces de Béarn, Guyenne et Poictou, et qui entretiennent les deffiances et aportent une grande foule et dommages à vosdictz subjectz de la religion, se retireront par commandement de Vostre Majesté, sans que les garnisons qui sont ès lieux appartenans aux particuliers de vosdictz subjetz de la religion y puissent plus estre.

VIII.

Que tous tabliers, burreaux, eslections et receptes tant générales que particulières demeureront ou retourneront aux villes de leur ancien establissement sans pouvoir estre transportés des villes gardées par vosdictz subjectz de la religion, et à ces fins tous arrestz contraires et donnés pour leur changement seront révoqués, et celui du restablissement du Bureau des finances en vostre ville de Montpellier sortira son plein et entier effect.

IX.

Et d'autant que contre vos édictz les dernières volontés et dispositions desdicts de la religion sont ouvertement et avec passion destournées par les arrestz de la Chambre de l'Édict du Parlement de Paris, en ce qui concerne l'éducation des enfans en la profession de la religion de leurs pères, ainsy qu'il se vérifie par l'arrest du huict^{me} jour de febvrier dernier, lequel nonobstant l'expresse volonté du testateur privé, le sieur de La Galaye, tucteur testamentaire de l'éducation des enfans dudict testateur son frère, la commet à la mère qui est de contraire religion : et, par autre arrest depuis donné, oste l'éducation de ses enffans à Marie de Sevenis, leur mère, qui est de la religion, et la donne à Baptiste de Beaugrand, leur oncle, qui n'en est pas; plaise à Vostre Majesté d'esvocquer à soy lesdites causes et ordonner que lesdictz seront réformés par vostre conseil conformément à l'article trente-neuf des particuliers.

X.

Que sur les articles si défavorablement respondus au premier cahier présenté par les supplians, il plaise à Vostre Majesté pourvoir deux personnages de la religion de deux offices de M^{es} des requestes de vostre hostel, et ce gratuitement à la nomination des églises, ainsy qu'il leur a esté promis.

XI.

Plaise aussy à Vostre Majesté leur donner à continuer les commissaires et rapporteurs ordinaires de leurs affaires, comme il leur auroit esté accordé sur leur première demande de la conférence de Loudun, et en cas de mort de quelqu'un de ceulx y vouloir pourvoir de personne non suspecte à la réquisition desdits députés généraux, comme aussy leur vouloir octroyer que l'un des sept commissaires sera de la religion.

XII.

Que pour oster toutes occasions de division et de deffiance le fort du rocher de Grèze sera démoli et la garnison de Greize congédiée.

XIII.

Et se ressentans par trop de la passion des juges qui leur sont donnés en la Chambre de l'Édict au Parlement de Paris, plaise à Vostre Majesté ordonner que lors du changement desdictz juges sur le tableau de vos conseillers audit Parlement, lesditz députés généraulx pourront faire eslection des moings suspectz et passionnés, comme aussy qu'en ladicte chambre y aura deux conseillers de la religion oultre lesdictz conseillers, ainsy qu'il auroit esté pratiqué, et ce à cause des maladies, affaires et autres incomodités qui peuvent survenir à l'un d'eulx.

Présentans au roy ce cahier en son conseil à Fontainebleau, il respondit :

Qu'il ne vouloit point que ceux qui estoient à La Rochelle et qui sont dans la rébellion se ressentissent de ses grâces et faveurs, mais bien tous ses autres subjects de la religion qui seront dans l'obéissance, et qu'il fairoit respondre aux articles de nostre cahier.

(*S. L.*, 1621, in-8º.)

1621, 17 avril. *La Rochelle*. Du Fresche à La Force. — Il a fait connaître à l'Assemblée que La Force avait reçu un troisième commandement pour désarmer et se rendre à la Cour; faute d'obéir, Épernon avait ordre de marcher vers le Béarn. Il s'est rendu à St-Jean pour conférer avec Rohan au sujet d'une entente qui tramait de donner la Basse-Guyenne à La Trimouille, et la Haute-Guyenne et le Haut-Languedoc à Bouillon; Rohan promet son dévouement à La Force, mais demande que celui-ci use de son crédit pour lui faire donner la Haute-Guyenne et le Haut-Languedoc; l'Assemblée a donné des ordres pour que l'on secoure La Force et le Béarn; le roi va partir pour Tours. Après le départ de Lesdiguières, le Dauphin a nommé Montbrun général; celui-ci arme pour aller se joindre à Châtillon à la fin de résister à Montmorency qui assiége Vals. Si on fait la guerre, Du Fresche demande à revenir auprès de La Force.

Correspondance, etc., II, page 515.

— 18 avril. *La Rochelle*. Les députés d'Anjou à Du Plessis. — L'Assemblée a nommé neuf commissaires pour organiser la défense, s'il y a lieu, mais en tenant cette mesure secrète; ces commissaires ont désigné Veilles pour aller le trouver. Si chacun pensait comme eux, la paix serait promptement faite ; mais il y a une majorité de six à sept voix contre eux ; il serait à désirer que les Grands écrivissent en particulier aux députés du Bas-Languedoc, des Cévennes, du Vivarais et du Poitou pour leur faire comprendre la folie de leurs résolutions; il faut agir en particulier parce que « l'air de la salle de l'Assemblée n'est pas susceptible » de pareilles communications.

Lettres et Mém., II, 620.

1621, 18 avril. *Saumur.* Du Plessis à Jaucourt, à La Rochelle. — Il vient d'avoir la visite de Veilles, et pour donner ses avis attend des nouvelles de la Cour. Il voit bien que l'Assemblée considère ceux qui veulent arriver à un accommodement comme des *enfants perdus.* Lesdiguières lui a mandé que l'on est disposé à faire droit aux articles proposés, mais il faut que le roi soit obéi, et que les défiances s'évanouissent.

Lettres et Mém., II, 621.

— Du Plessis à l'Assemblée de La Rochelle. — Il a reçu les lettres de l'Assemblée, en date du 14, apportées par Veilles et demande à ne donner les avis qui lui sont demandés que lorsque Villarnoul sera revenu lui dire les suites des démarches faites dans la négociation de Fontainebleau.

Id., p. 619.

— 18 avril. *Fontainebleau.* Instructions données par Lesdiguières à La Roche de Grane se rendant à La Rochelle. — Il exprimera son regret de ce que l'Assemblée ne comprenne pas les conseils contenus dans sa lettre du 2 avril; il continue ses démarches auprès du roi qui considère la persistance de l'Assemblée comme un acte de rébellion ; la publication de la lettre de l'Assemblée est une maladresse qui a blessé le roi ; en se séparant immédiatement, on peut encore espérer obtenir tout ce que l'on peut désirer ; le roi hasardera sa vie et sa couronne plutôt que de négocier avec l'Assemblée qui n'a qu'à envoyer au plus vite Favas donner l'assurance de la soumission et demander des lettres de sûreté pour les députés.

La Roche de Grane parlera de même aux maire et aux échevins de La Rochelle en les invitant à user de toute leur influence sur l'Assemblée s'ils ne veulent perdre définitivement le siége de l'Élection.

Il passera aussi auprès de MM. de Royan, de La Trimouille, de Soubise et Du Plessis pour les prévenir qu'il n'est que temps de parler franchement à l'Assemblée.

<small>Arch. de M. le Vte de Sallemart, à Peyrins.</small>

1621, 22 avril. *Saumur.* Du Plessis à l'Assemblée de La Rochelle. — Villarnoul est revenu le 20, et il l'envoie près de l'Assemblée pour rendre compte de son voyage et faire part de son avis. « Il est temps, et par plusieurs raisons, que vous preniez une résolution que Dieu vous veuille bien inspirer » ; Favas en apporte un dernier mot après lequel il n'y a plus rien à espérer. Il vient d'apprendre l'esclandre de Tours et a écrit au roi, au connétable, à Lesdiguières pour que la justice s'en ensuive.

<small>Lettres et Mém., II, 633. — *Voy.* les extraits des Mémoires de Louvet, clerc au greffe du présidial d'Angers, sur la destruction du temple de Tours, le 19 avril 1621. (Bull. de la Soc. de l'hist. du Protestantisme, t. IX, p. 301.)</small>

— 22 avril. Mémoire baillé à M. de Villarnoul par M. Du Plessis pour advis à Messieurs de l'Assemblée sur l'estat présent des affaires.

Les choses sont désormais réduites à ce point, qu'il ne se faut plus flatter, ny en l'espérance que le roy ne s'advance point, ny en l'opinion que quelqu'autre affaire l'en destourne. Car la résolution est prise, les préparatifs faitz, et le jour assigné pour partir. Rien ne le peut empescher, que le prompt contentement que l'assemblée luy donnera, lequel gist en l'obéissance qu'il requiert d'elle en sa séparation, moyennant laquelle S. M. promet toute justice.

Ceste séparation semble dure, à l'occasion des choses passées, qui nous ont laissé une défiance et appréhension qu'elle ne soit pas suivie des effets qu'on nous fait espérer. Mais c'est à Messieurs de l'assemblée à peser, si les expédiens qu'on luy en auroit cy-devant proposés, les cautions que M. de Favas en a tirées, et les bonnes paroles qui en ont esté si expressément données à ceux qui ont eu l'honneur d'avoir part en ceste affaire, ne suffisent point pour lever ces doutes. Joint que l'exécution de la pluspart des choses, ou demandées, ou promises, est si facile qu'elle se peut remontrer avec le temps qui sera nécessaire pour asseurer leur réelle retraite, après un acte de séparation.

Mais surtout doivent être contrepesés les périls certains d'une subsistance contre la volonté du roy, avec les craintes des dommages prétendus de ceste séparation. En quoy se faut représenter en quelle condition présentement nous sommes sous le bénéfice de l'édit, et en quelle nous entrerons quand nous en serons destitués, en quelle calamité nous jettons toutes nos églises de delà la Loire, quel fardeau nous retirons sur celles de deça. Et qui jamais attira un siége sur soy, quelque fort qu'il pensoit estre, quand il a peu honnestement s'en exempter.

Doit estre aussi considéré qu'il y a grande apparence que ceux de nostre profession ne se penseront pas bien fondés à ruiner leurs maisons et leurs familles, et hazarder la condition d'eux et de leur postérité, la liberté mesme de conscience dont ils jouissent, pour cette subsistance, de laquelle l'utilité leur est douteuse, les inconvéniens présens et sensibles. Dont s'ensuivra, au meilleur marché que nous en puissions avoir, une division parmi nous, et de la division une inévitable ruine. Cette division qui ne pourra estre petite, puisque les advis des plus grands et des plus considérables entre nous portent à une séparation, qualifiée et conditionnée comme dessus; joint la déclaration jà minutée, sous laquelle ceux qui craindront à perdre se penseront estre à cours, quoy qu'on leur puisse dire qu'au fonds du courre ils ne seront pas mieux traictés que les autres. Car le péril présent est tousjours plus persuasif que la crainte à venir.

N'ont à dire aussi les députés de l'assemblée qu'ils craignent le reproche de leurs députans, qui les ont liés par certaines clauses de leurs mémoires; car s'ils avoient eux-mêmes à les interpréter, en l'estat où sont les choses, ils leur donneroient tout autre commentaire. Plustost doivent-ils se proposer devant les yeux, quel compte ils auront à rendre à Dieu de tant d'âmes que par-là ils précipitent en tentation de révolte, quel reproche de tant d'églises et de familles que sans nécessité ils auront engagées à dissipation et ruine.

Ne doit estre négligé le jugement que les Princes et Estats de mesme profession, nos voisins, feront de nous, qui desjà condamnent ceste subsistance d'obstination, et ne dissimulent point qu'ils ne la voudroient pas appuyer de leur secours, mesmes l'estiment ruineuse à la chrestienté, parce qu'on la prend pour excuse et prétexte non sans apparence, de ne s'opposer pas si vivement qu'il seroit de besoin, aux ennemis d'icelle.

Messieurs de La Rochelle, à la vérité, au siége qu'ils eurent à soutenir en l'an 1574 tesmoignèrent beaucoup de vertu, et peuvent dire que leur ville est bien fortifiée depuis. Mais c'estoit un siége nécessaire, et non arbitraire, et n'estoit pas question d'une formalité, mais de l'essence propre. Tant y a que ceux de ce temps-là sçavent en quelles destresses elle se trouva, et nous n'avons pas tousjours des Polonois qui nous en relèvent. Gens du mestier n'ignorent point que toute ville, pour forte qu'elle soit, est prenable ; la deffense, pour gaillarde qu'elle soit, ne fait que gaigner temps, donner loisir à un secours; et mettons la main sur la conscience, d'où lui viendra-t-il, si une fois elle est assiégée ? C'est certes grande vertu à des citoyens de s'enterrer en la généreuse défense de la liberté de leur ville, mais grande imprudence et témérité d'appeler une telle calamité, et les misères qui la suivent, sur eux et leurs familles.

Aucuns se flattent sur les mescontentemens de quelques princes qui sont hors de la Court; mais nous ne nous devons point attendre qu'autres que ceux de mesme religion vueillent, ny puissent pâtir avec nous, ny pour nous, à l'ombre des nostres ils vueillent guérir les leurs; et nos malveillans sçavent bien au besoin par quelle voye ils en doivent sortir.

Pour ces raisons, et plusieurs autres, qui ont esté cy-dessus alléguées, j'estime que nous devons conclure à une séparation comme dessus, et de bonne grâce, en prenant néantmoins les meilleures seuretés que nous pourrons des choses à nous promises; par où nous mettrons Dieu de nostre costé, fleschirons le cœur de nostre roy à nous bien vouloir et bien faire, esclarcirons toute la chrestienté de nos bonnes intentions, aurons pour garants, intéressés et tant plus obligés tous ceux qui ont esté de cet advis, et en tout cas demeurerons tous unis en mesme sentiment, pour ressentir avec mesme courage les maux qui en pourroient arriver; en danger autrement de nous trouver désunis.

A Saumur, le 22 avril 1621.

Lettres et Mém., II, p. 634.

1621. 22 avril. *Saumur*. Instruction de Du Plessis à La Roche de Grane se rendant à La Rochelle de la part de Lesdiguières. — Il doit faire comprendre au maire que Lesdiguières rend toute justice au courage des Rochelais, mais qu'il n'y a pas de place imprenable; que, dans le cas présent, aucun chef ne peut grouper autour de lui tout le parti protestant; qu'il ne faut pas compter sur un concours de circonstances aussi heureux qu'en 1574.

Lettres et Mém., II, p. 637.

— 24 avril. *La Rochelle*. Du Fresche à La Force. — Nouvelles de la campagne entre Châtillon et Montmorency, auquel se sont joints les catholiques de Provence, du Lyonnais et du Rouergue; détails sur l'émeute de Tours;[1] par représailles on a pensé à brûler, à La Rochelle, l'église catholique; mais le maire a maintenu l'ordre. Favas a fait son rapport à l'Assemblée ; on attend l'envoyé de Lesdiguières qui doit, pense-t-on, parler dans le même sens. Dès que les résolutions seront prises, il en fera part à La Force, qui doit dès à présent se préparer à la guerre. On attend le roi à Poitiers le 4 mai.

Correspondance, *etc.* T. II., pag. 517.

1621. 25 avril. Du Plessis à Villarnoul. — M. de Favas est passé le mercredi 21 à Châtellerault, sur les deux heures après midi; il disait devoir donner réponse au roi dans les 9 jours à compter de son partement, et que le roi attendrait ce délai.

Lettres et Mém., II, 641.

— 28 avril. *Les signes merveilleux et épouvantables apparus au ciel sur la ville de La Rochelle, le 28e jour d'avril dernier, le tout au grand étonnement de tous les Rochellois; ensemble le combat de deux hommes en l'air, lesquels ont été vus en grande admiration par tous les habitants de ladite ville; avec la résolution de leur Assemblée tenu sur le sujet et événement desdites apparitions.* Paris, A. Champenois, 1621, in-8°. — *Le grand désastre nouvellement arrivé en la ville de La Rochelle, au grand étonnement des Rochelois.* Paris, S. Moreau, 1621, in-8°. — Il va sans dire que ces plaquettes sont de pure imagination.

— *Lettre de MM. de l'Assemblée à M. le duc de Lesdiguières.* (S. l. n. d. in-8°.)

---

1. *Lettre de S. M. écrite à M. le premier président de Verdun, touchant le désordre arrivé en la ville et faubourgs de Tours, avec un discours véritable de tout ce qui s'est passé depuis le dimanche 18 avril jusqu'au mardi suivant.* Paris, J. Berjon, 1621, in-8°.

1621, 27 avril. Le roi au duc de Vendôme, gouverneur de Bretagne.

Mon frère naturel, ayant donné ordre aux affaires qui m'ont retenu en ce lieu jusques à ceste heure, je fais estat d'en partir demain pour m'en aller à Orléans y faire peu de séjour et puis passer outre suivant le premier desseing de mon voyage que je vous ay fait sçavoir. Mais j'aye voulu auparavant faire une desclaration que j'ay envoyée à mes cours de Parlement, et particulièrement à celle de Rennes, par laquelle je mets en seureté et prens en ma protection tous mes sujects faisans profession de la religion prétendue refformée qui demeureront en l'obeyssance qu'ilz me doivent et n'entreprendront rien contre mon auctorité et mes edictz, et vous escris ceste lettre pour vous en tenir adverty comme vous le serez des résolutions que je prendray en m'advançant vers ma ville de Tours où je m'attends de vous veoir suivant ce que je vous ay cy devant mandé. A quoy je n'ay rien davantage à adjouster pour ceste heure que la prière que je fais à Dieu qu'il vous ait mon frère naturel en sa s^{te} garde.

Escrit à Fontainebleau le xxviie jour d'avril 1621.

Louis.

L. Potier.

Bibl. Nat., K. 112, n° 2, 24.

1621, 30 avril. Du Plessis à La Trimouille. — L'Assemblée est effrayée de ce qu'au lendemain du départ de Favas elle a appris la formation de trois armées : une en Poitou sous les ordres du roi, une en Languedoc sous M. le Prince, une en Béarn sous Epernon. Chalas ayant réclamé, on lui répondit que tous ces préparatifs s'en iraient en fumée si l'Assemblée obéissait. Clairville a été dépêché vers Favas pour s'en assurer, et M. de Cros, président de la chambre mi-partie de Grenoble, vers l'Assemblée; ce dernier passa à Tours le 27.

Lettres et Mém., II, 642.

1621, 1ᵉʳ mai. *La lettre de M. du Plessis-Mornay, gouverneur de Saulmur, envoyée à M. le duc d'Espernon, touchant sa résolution sur les affaires présentes, le premier de mai 1621; ensemble la réponse dudit sieur d'Espernon audit sieur du Plessis sur le même sujet, du 6 dudit mois.* (S. l. n. d. in-8º).

— 4 mai. *Saumur.* Du Plessis à Chalas. — Il déplore en termes généraux les événements. Le voyage de Villarnoul à La Rochelle a été mal interprété, et la calomnie semble triompher de ses cinquante ans de bons et notables services.

Lettres et Mém., II, 644.

— 4 mai. *Bergerac.* La Force à Du Fresche. — Il déplore l'abandon dans lequel le laissent les provinces voisines, malgré ses précautions et les avis donnés par l'Assemblée; il demande les conseils de celle-ci pour savoir ce que « l'on peut faire en nostre misère ».

Correspondance, II, 549.

— 5 mai. *Dernier avis de Lesdiguières à l'Assemblée.* — Il n'a pu parler au roi qu'à Amboise, n'ayant eu d'audience ni à Orléans, ni à Blois. Le roi lui a dit qu'il ne voulait traiter que lorsqu'il serait à La Rochelle. Lesdiguières cherche à calmer l'Assemblée et à la prémunir contre ceux qui veulent *butiner en l'escueil d'une division;* tout le monde est animé contre elle, même les enfants. Le roi vient avec sa suite, et non pas avec une armée; il y aurait donc à le recevoir convenablement.

Paris, A. Bacot, 1621, in-8º.

1621, 8 mai. *Saumur.* Du Plessis aux députés d'Anjou. — Le roi est arrivé à Blois le 4, à Amboise le 6; suites de l'émeute de Tours; la populace a délivré les prisonniers; le roi a envoyé aussitôt huit compagnies de ses gardes, deux de Suisses et le grand-prévôt; mais il n'y a plus de coupables à juger. La Force se retire devant Épernon; on dit que le marquis, son fils, a écrit en Cour pour faire sa soumission; en Languedoc, il y a cessation d'armes pour trois semaines. Les déclarations publiées par les Parlements font que chacun reste dans sa maison. Il engage l'Assemblée à prendre une prompte résolution. Les plus secrètes choses qui se traitent entre les neuf commissaires de l'Assemblée sont aussitôt connues à la Cour, et l'on prétend que ces indiscrétions viennent *des prétendus plus vigoureux de la Compagnie.*

<small>Lettres et Mém., II, 646.</small>

— **9 mai.** *Saumur* (1 heure après minuit). Du Plessis aux députés d'Anjou. — Le roi, arrivé le 8 à Tours, sera rendu à Saumur le 10. Son voyage est précipité par la nouvelle que les neuf commissaires de l'Assemblée forment une république au nom de la religion. On dit que Châtillon fait sa soumission. Favas se serait opposé au projet de république. Il n'ose donner de conseil, parce que ses avis précédents ont été mal reçus, mais il supplie que l'on fasse tout pour détourner l'orage.

<small>Lettres et Mém., II, 650. — La veille, Du Plessis avait écrit une lettre semblable à La Trimouille; il le suppliait de faire un dernier effort (p. 645). Il a été informé par Lesdiguières.</small>

— **9 mai.** Harangue très-modérée de M. de La Cressonnière, président de l'Assemblée, sur la réponse de M. de Lesdiguières apportée par le s^r de Clairville.

<small>Arcère, p. 686. — Impr. S. l. 1621, in-8°.</small>

— **10 mai.** *Ordre et reiglement de milice et finances pour les églises reformées de France et souveraineté de Béarn;*

signé *Loubie*, *Hespérien*, *Geneste* et *Riffauld*. — Ce document en 47 articles a été imprimé à Pont-Audemer, par J. Petit (s. d.), in-8º; — à Paris, sous le titre de « La France partagée par MM. de la religion prétendue réformée, ou réglement de l'Assemblée générale tenue en la ville de La Rochelle, le 10e mai 1621. »

1621, 11 mai. M. d'Iray au duc Henri de la Trimouille.

..... Les nouvelles qui vous ont esté portées de l'estat de choses de deça vous auront servi de nouvelles raisons pour demeurer dans vos résolutions louables. Car oultre les considérations de l'obéissance due au souverain, sa puissance contre la faiblesse de ceulx qui se veulent rendre exécuteurs des résolutions de l'assemblée, sans attendre à qui on en veult, les avis que vous avez donnés et auxquels vous avez persisté, l'exemple des plus capables qui ne changent point, et l'impuissance des plus eschauffés au commencement, auxquels à présent les armes tombent des mains et qui protestent (comme on nous dit) tout à fait d'obéissance, une considération particulière, vous peut, selon les avis de Mesdames [1] et de vos serviteurs de deça, assez faire cognoistre qu'à présent vous ne pouvez varier sans rendre vostre condition et des vostres pire que de tous ceux qui ne se sont pas tenus dans les bornes ou de leurs promesses ou de l'obéissance : c'est, Monseigneur, la présence du roy, qui est ou sera dans peu d'heures à Saumur, et dans peu de jours chez vous, s'il tient la route de Niort à Fontenay. Cela, je m'asseure, Monseigneur, vous doibt faire cognoistre de quelle importance est vostre persévérance, sans en estre diverti par aulcune considération. Je ne doubte point que si vous eussiez

---

1. La duchesse douairière de la Trimouille (Charlotte de Nassau) et la duchesse sa femme (Marie de La Tour).

creu le roi si proche, vous n'eussiez donné advis à M. des Diguières et à M. du Plessis de vos peines à La Rochelle et exhortations à l'Assemblée, du refus que vous avez fait des commissions et de vostre résolution de vous trouver à Pons pour rendre la province où vous estes, capable de vos raisons, affin de faire encores un effort vers l'Assemblée..... Lorsque vous recevrez la présente, vous serez informé des personnes qualifiées de la province qui se doibvent trouver à Pons et des sentimens de la plus part. Il semble de deça que si vous les trouviez conformes à vos intentions, et que vous aiez subject d'espérer que la résolution qui s'y prendra responde à vostre désir, il est bien à propos, Monseigneur, d'en faire le voyage affin que tout le monde voie que vous n'auriez rien obmis de ce que vous avez creu pouvoir servir au service du roy et utilité de nos églises, et en retirer l'avantage d'estre recogneu fidèle en vos promesses et constant en vos résolutions.

Archiv. du duc de la Trimouille.

1621, 13 mai. Le Roi au duc de la Trimoille.

Mon cousin, les désobéissances qui se commectent journellement en ma ville de La Rochelle, et en plusieurs autres endroictz tant par ceulx de l'Assemblée qui y est que par autres de mes subjectz de la relligion prétendue refformée, m'obligent de m'en approcher pour y maintenir et affermir mon auctorité, et chastier ceulx qui demeureront en leur rébellion ; et sachant la bonne intention que vous avez tousjours tesmoignée en mon endroict sur ces occurrences, j'auray à plaisir que vous me veniez trouver en ce lieu, où je vous feray paroistre le bon gré que je vous en sçay et la différence que je faiz de ceulx qui se contiennent en leur devoir aux autres. Venez donc au plus tost, et vous asseurez que je vous verray bien volontiers. Sur ce je prie Dieu, mon cousin, qu'il vous ait en sa saincte garde. Escript à Saumur, ce xiiime jour de May 1621.

Louis

Phelypeaux.

Archives du duc de la Trimouille.

1621, 13 mai. *Saumur.* Du Plessis à Des Herbiers, maire et capitaine de La Rochelle. Le roi arrive à Saumur le mardi 11, y restera la semaine ; ses troupes s'acheminent sur Thouars, et s'avanceront, s'il n'intervient de la part des Rochellais quelque chose qui amollisse le cœur du roi, parfaitement informé et irrité de ce qui se fait dans l'Assemblée.

Lettres et Mém., II, 651. — *Récit véritable de tout ce qui s'est passé à Saumur, à l'arrivée du roi et pendant son séjour, et plusieurs autres nouvelles tant de La Rochelle que de Poictou et ailleurs* (11 mai). Paris, G. Chappellain, 1621, in-8º.

— 14 mai. *Parthenay.* Le s^r d'Iray à la princesse. — Il vient d'avoir à Parthenay une entrevue avec M. de Lesdiguières.

Archives du duc de la Trimouille.

— 14 mai. Commission de l'Assemblée de La Rochelle au duc de Lesdiguières, signée *Comborn, Rodil, Banage, Riffault.*

Coll. du Puy, t. CXXIX, nº 8. — Mercure fr., t. VII, p. 326. *Pouvoir des commissions de l'Assemblée de La Rochelle sur le département des provinces* (14 mai). Quevilli, 1621, in-8º.

— 14 mai. *Saumur.* Le Roi écrit à La Trimouille pour lui annoncer son acheminement vers La Rochelle, et lui donner rendez-vous à Saumur.

Chartrier de Thouars, p. 144.

— 20 mai. Dernière sommation envoyée aux habitants de La Rochelle, de mettre la ville entre les mains du Roi et obéir aux commandements de S. M., par M. le marquis de Bergeville. Paris, sur la copie impr. à Poitiers par P. Poirier, 1621, in-8°; — autre édition portant la date du 18 mai, sur la copie impr. à Poitiers chez J. Taureau, 1621, in-8°.

1621. *Le bannissement des prêtres de l'Oratoire hors de La Rochelle, avec la harangue que leur fit le Maire auparavant que de les en chasser, et généralement tout ce qui s'est passé en cette action ; avec un véritable récit des insolences et impiétés exercées dans les églises par les Rochelois et l'emprisonnement d'un gentilhomme et de son fils, après avoir pillé son château, pour n'avoir pas voulu permettre que ses sujets allassent travailler aux fortifications de leur ville au préjudice des défenses du roi.* Paris, A. Vitré, 1621, in-8°.

— 20 mai. *Parthenay*. En réponse a une lettre d'excuses de La Trimouille, du 17 mai, le roi lui écrit de nouveau de venir le trouver.

Chartrier de Thouars, p 145.

— 21 mai. *La Rochelle*. Du Fresche à La Force. — L'Assemblée se méfie des agissements de Boisse-Pardaillan, qui parle encore d'accommodement, et déplore tout ce qui se fait pour entraver les opérations de La Force. Du Plessis « n'a pas été sage » de se laisser prendre à Saumur ; il engage Favas à s'en aller, mais, malgré l'avis de Rohan, celui-ci, pas plus que le marquis de Châteauneuf, n'a pu obtenir son congé. Soubise se prépare avec des forces considérables à une défense énergique à St-Jean. Il est à La Rochelle le seul représentant des Grands.

Correspondance, etc. II., page 518

— 24 mai. *Fontenay*. Le roi au duc de Vendôme.

Mon frère naturel, ayant résolu de faire lever quelques troupes tant de cheval que de pied au bas Poictou sous la charge des sieurs de Saincte Jame, la Rochebaritault, baron de Palluau et aultres, pour réduire en mon obeyssance le chasteau de la Ganache et aultres places circonvoisines, j'ay estimé que je n'en pouvois commettre la conduicte à personne qui s'en peut acquiter plus dignement que vous, c'est pourquoy je vous en ay faict expédier la commission que je vous envoye, suivant laquelle je vous prie de faire au plustost assembler lesdictes trouppes. Vous prendrez à Nantes les canons et munitions nécessaires, selon l'ordre que j'en ay baillé, et vous rendrez pour cest effect dans huict ou dix jours au plus tard en ladicte ville ou je feray aussy retourner quelque personnage pour servir de mareschal de camp auprès de vous et qui aura charge soubz vostre authorité de donner pour lesdictes trouppes les deppartemens et logemens qui leur seront convenables, les chefz d'icelles m'ayans promis d'estre prestz en ce temps là; je vous prie donc de vous porter en cest exploict avec tel soing et dilligence que j'en reçoive bientost le succez que je me prometz de vostre bonne conduitte et de l'affection que vous avez tousjours tesmoignée au bien de mon service, dont je me reposeray entièrement sur vous, et ne vous feray plus longue lettre que pour prier Dieu, mon frère naturel vous avoir en sa saincte garde. Escrit à Fontenay le xxiiij° jour de may 1621.

LOUIS

PHELYPAUX.

Arch. Nat., K. 112, n° 2726.

1621, 24 mai. *Fontenay.* Le roi au duc de Vendôme.

Mon frère naturel, avant que Comblat arrivast j'avois desja esté adverty de la part de mon cousin, le duc de Retz, des volleries que commet celuy qui commande dans la Garnache et déliberois d'y pourveoir; mais depuis que j'ay veu ce que

vous m'en avez mandé par luy., j'ay pris resolution de le
faire assiéger, prendre et chastier, et de vous en donner la
charge vous envoyant présentement un pouvoir exprez pour
ce subject; et par ce que j'ay jugé que les levées que vous
vous proposez de faire en ma province de Bretagne et pour
lesquelles j'ay faict expédier des commissions ne seroient pas
assez tost prestes, et qu'il n'est pas à propos de les faire
jusques à ce que l'on puisse toucher l'argent dont nous faisons estat pour les frais d'ycelle, à cause que ce seroit ruiner
le pays et donner occasion aux Estatz de se plaindre et non
de me secourir comme j'espère qu'ilz feront, je désire que
vous vous serviez de trois regimens et de quelque cavallerie
que je fais lever pour cest effect dans le bas Poittou aux environs du dict lieu de la Garnache, avec ce que vous pourront fournir les habitans de Nantes ; et pour ceste raison ne
vous envoye point pour ceste heure lesdictes commissions,
mais seulement la despèche pour la convocquation des Estatz,
estimant que vous les pourrez tenir sans vous divertir de
ceste entreprise pour le peu de distance qu'il y a du lieu de
Guérande à celuy de la Garnache; et entends que pour les
canons dont vous aurez besoing vous vous serviez de ceux
qui sont à Nantes vous envoyant une lettre à ceste fin que
vous trouverez avec celle cy, par laquelle je vous assureray
aussy que je trouve très bon que vous ayez arresté quatre
vaisseaux comme vous me mandez, et désire que vous en
ayez jusques au nombre de six et les preniez à louage à tant
par mois, les faisant tenir prestz le plustost qu'il vous sera
possible, en me donnant advis du temps qu'ilz le pourront
estre ; et par ce que je veoy que ceux que vous avez retenus
sont flamands, je vous prie de prendre garde que ceux qui
seront dedans ne soient pas de la religion prétendue refformée; au reste, sur la cognoissance que ma cousine la duchesse
de la Trimouille avoit eue du commandement que je vous ay
faict touchant Vitré et l'assurance qu'elle m'avoit donnée d'y
pourveoir comme je le pourrois désirer pour le bien de mon

service, je vous ay escrit la lettre dont vous aurez copie avec celle cy et la luy ay envoyée pour la vous faire tenir, comme je ne doute point qu'elle ne face promptement; mais parce que j'ay depuis recogneu par les lettres interceptées que le duc de La Trimouille, son fils, a pris des commissions de l'assemblée de La Rochelle et s'est engagé en leur rebellion, je veux que nonobstant ce que je vous ay mandé par la dernière lettre, vous exécutiez le commandement que je vous ay faict pour assurer lesdictes ville et chasteau de Vitré en mon obeyssance, et empescher que ceux qui prennent les armes contre moy s'en puissent servir ny prévalloir, à quoy m'assurant que vous ne manquerez je m'en reposeray sur vous, priant Dieu qu'il vous ait, mon frère naturel, en sa sainte garde. Escrit à Fontenay le xxiiij° jour de may 1621.

LOUIS

Mon frère naturel, depuis que ceste lettre est escrite je me suis advisé de vous envoyer un memoire qui m'a esté baillé du nom d'un marchand qui veut faire venir des armes de Nantes à La Rochelle, affin que vous y faciez prendre garde pour empescher qu'elles soient transportées et qu'il se face aucune praticque pour cela ni pour aultre chose quelconque en ladicte ville de Nantes au préjudice de mon service.

LOUIS

L. POTIER.

Arch. Nat., K. 112, n° 2, 25.

1621, [12 mai]. *Manifeste ou déclaration des églises réformées de France et souveraineté de Béarn, de l'injuste persécution qui leur est faite par les ennemis de l'Estat et de leur religion, et de leur légitime et nécessaire défense.*

Brienne, T. 253; — La Rochelle, chez Pierre Pié-de-Dieu, in-8° de 88 pages; — Montauban, par Pierre Codera, in-4°.

1621, 27 mai. *Niort. Déclaration du Roi contre les habitants et députés étant à La Rochelle et à Saint-Jean-d'Angély, pour crime de lèse-majesté; enregistrée au Parlement de Paris, le 7 juin.* Paris, A. Estienne, in-8°.

— Commission au sénéchal de Poitou de faire le procès aux rebelles de La Rochelle et de St-Jean-d'Angély, et de saisir leurs biens.

Coll. Du Puy, T. CXXIX.

—. 27 mai. *Niort.* Nouvelle lettre du roi à La Trimouille, qu'il avait assuré de sa fidélité et de son affection à son service, pour le presser de venir le joindre.

Chartrier de Thouars, p. 145.

— 28 mai. Articles présentés par Chalas au connétable et à Lesdiguières, à Niort, au sujet de l'envoi à La Rochelle du s^r Chauffepié. — Ce document semble être une dernière tentative ayant pour but de proposer à l'Assemblée un projet de soumission, annonçant qu'elle se séparait, et qu'elle priait le Roi de se retirer et de remettre à un autre temps son entrée à La Rochelle et à Saint-Jean.

Coll. Du Puy, T. CXXIX.

— 31 mai. *La Forêt.* Du Plessis à Chalas. — Il apprend que l'on emploie La Trimouille et Chauffepié à ramener l'Assemblée de La Rochelle à de meilleurs sentiments, mais y compte peu. Les Béarnais révoquent leurs députés ; ils sont sages après coup. Malgré l'ordre de l'Assemblée, Chalas doit rester auprès du roi, car il tient son mandat d'une Assemblée non contestée. Du Plessis espère que sa disgrâce ne sera pas de longue durée. Un post-scriptum dit : « Vous ne me mandez point ce que fait M. de Favas ; si joue-il aujourd'huy une bonne partie de la tragédie : *hæc tibi.* »

Lettres et Mém., II, 668. Nous lisons dans les Mémoires de Richelieu, à propos de la disgrâce de Du Plessis : « Le roi étant à Tours eut avis certain que l'Assemblée de La Rochelle avoit écrit au s^r du Plessis qu'il ne donnât aucune jalousie au roi en son passage, et qu'il lui laissât croire qu'il se contiendrait dans l'obéissance, afin que S. M. passât sans s'y arrêter, et quant elle seroit passée, on pût donner ordre aux fortifications et munitions de la place ; et que le même ordre avoit été donné à Armagnac, gouverneur de Loudun. » Ceci et le peu de confiance en Du Plessis décida le roi à lui ôter le gouvernement de Saumur, pour le donner au comte de Sault, petit-fils du maréchal de Lesdiguières.

1621, 1er juin. Lettres patentes du roi par lesquelles le siége présidial et gouvernement de la ville de La Rochelle, ensemble les autres justices et juridictions d'icelles, sont transférés en la ville de Marans ; enregistrées au Parlement le 7 juin 1621. — « Leur présidial a été transféré à Marans, écrit Besly le 3 juillet, où treize officiers se sont sauvés : les deux lieutenans civil et criminel, les gens du Roi, le parsus conseillers. » Quelques lignes plus haut, il dit : « Les gens de bien de La Rochelle se dérobent journellement, qui par mer, qui par terre ; et il y a là-dedans tel effroi et confusion qu'on en doit conjecturer la ruine bien proche. »

— 5 juin. Nous voyons à cette date, dans les actes de l'Assemblée, p. 125, des dispositions prises pour, d'accord avec la ville, opérer une diversion en Poitou. Besly en parle dans une lettre du 3 juillet : « Trois ou quatre jours devants cette réduction (de St-Jean-d'Angély), les sieurs de Favas, La Noue, de Bessay, s'étant embarqués à La Rochelle avec 1,000 ou 1,200 hommes et quatre pièces de canon, et ayant pris terre près de Luçon, espérant de grossir des égouts du pays, menaçoient notre petite ville où nous avions à nous garder du dedans et du dehors. Cela nous résolut d'envoyer en cour ; occasion que le Roi dépêcha M. le maréchal de Praslin, accompagné de bonnes troupes de pied et de cheval, afin de nous mettre à couvert et purger tout le Bas-Poitou. MM. le duc d'Elbœuf et son frère (le comte d'Harcourt), comte de la Rochefoucauld et fils de M. de Schomberg, et plusieurs autres seigneurs de marque, se firent de la partie. Ce voyage a si heureusement réussi qu'après la défaite du sieur de La Rolandière, les autres s'étant retirés à La Rochelle, Talmond-sur-Jard, La Garnache et Beauvoir-sur-Mer, enfin ledit maréchal vient présentement de rentrer dans cette ville. » — Voy. la lettre du roi du 24 juin. — *La défaite des troupes de M. de Favas, la Noue et Bessay, au bourg de St-Benoît en Bas Poitou, par MM. le maréchal de Praslin, duc d'Elbœuf et comte de La Rochefoucauld.* (28 juin.) Paris, A. Saugrain, 1621, in-8°.

1621, 5 juin. Reiglement provisoire de l'admirauté establyˢ par l'Assemblée génerallᵉ des églises réformées de France et souveraineté de Béarn tenant à La Rochelle l'an 1621, en attendant qu'il plaise au Roy restablir ses sujetz de la rellig̃ion en la jouissance du bénéfice de ses éditz, et faire cesser les persécutions qui se font allencontre d'eux par les artifices des ennemis de laditte religion et de l'Estat, qui les ont contraintz d'avoir recours aux armes pour s'oposer à leurs injustes violences et opression, et pourvoir à leur commune seureté et conservation.

Premièrement.

Pour conserver la liberté du commerce à ceulx de ladicte rellig̃ion, et empescher qu'ilz ne soient troublez en navigations maritimes, comme ilz sont en leurs négociations par terre, et exercice de leurs charges et fonctions, ladicte Assemblée fera expédier deux sortes de commissions, l'une en forme de passeport et sauf conduict pour toutes sortes de marchandz qui viendront traffiquer en ladicte ville de La Rochelle et autres villes, ports et hàvres, qui embrassent la juste deffence desdictes Eglises; et l'aultre en forme de congé pour faire la guerre et s'opposer aux pernicieux desseings, et par mesme moyen courir sus aux forbans, pirates, corsaires et aultres gens sans adveu qui tiennent la mer et empeschent la liberté du commerce.

Que lesdits passeports se dellivreront à toutes sortes de marchands de bonne foy qui en vouldront prendre, en payant telle taxe modérée qu'il sera advisé par ladicte Assemblée, suivant le reiglement qui en sera dressé; sauf pour le transport des marchandises de contrebande, qui est expressément deffendu auxdicts marchands, lesquelz se contiendront dans les termes de leurs négociations et commerce sans se mesler d'aultres affaires ou intrigues.

Que ceulx de ladicte ville de La Rochelle qui jugeront lesdictz passeportz ne leur estre poinct nécessaires, et pouvoir sans iceulx continuer leur trafficq, ne seront point obligez d'y avoir recours, sy bon ne leur semble, et ne pouront estre inquiétez ny molestez en leur dict traffic, encore qu'ils ne soient point munis desdicts congez et passeports.

Et pour le regard des congés pour faire la guerre, ne se dellivreront que à personnes bien famées, et qui n'ayent esté prévenues d'aulcunes malversations, lesquelles seront tenues de bailler bonne et suffisante caution pardevant les commissaires establis pour le faict de ladicte admirauté de retourner avec leurs prinses en ladicte ville de La Rochelle et non ailleurs, et de n'attenter aux navires, personnes et biens de ceulx de la relligion, ny des sujetz des roys de la Grande Bretagne, Dannemarck et Suède, des estats de Hollande et villes maritimes d'Allemaigne, de la république de Venize et du duc de Savoye; lesquels estrangers seront néanmoins obligez de prendre passeport des marchandises, soient vins, bleds et autres, qu'ils chargeront en ladicte ville de La Rochelle, et aultres ports et hâvres estans en union des églises, en paier les droitz pour ce imposez et deubz, de mesmes que les régnicoles.

Comme pareillement seront lesdictz cappitaines de marine et les cautions obligez de paier les droictz ordonnés sur les prises adjugées, tant pour la cause publicque que pour ladicte ville de La Rochelle, et d'observer entièrement le contenu du présent reiglement, dont leur sera baillé coppye, ensemble les ordonnances royaulx sur le faict de ladicte admirauté.

Qu'il sera tenu bon et fidèle registre et contrerolle desdictz passeport, sauf-conduit et congez pour faire la guerre, affin d'y avoir recours quant besoing sera; lesquelz seront enregistrés au greffe des commissaires establis par ladicte assemblée sur le faict de ladicte admirauté.

Que oultre les cautions que donneront lesdicts cappitaines avant que on leur délivre lesditz congez, ilz seront tenus de bailler les noms et surnoms desdicts soldatz, matelotz, de leurs équipages, pour estre aussy enregistrées au greffe de ladicte admirauté.

Que sy par vertu desdictz congez pour faire la guerre, lesdicts cappitaines abordent quelques navires, soient regnicolles ou estrangers, ils ne pourront les piller ny rompre aucun coffre, casser ou bailler des marchandises ; ains seront tenus de conserver fidellement le tout pour estre représenté à justice en ladicte ville de La Rochelle, et en estre faict bon et loyal inventaire, à la conservation des droicts des marchands, en cas que la prise fust mauvaise, ou desdicts cappitaines et avitalleux, en cas que ladicte prise fust jugée bonne et bien faicte, comme aussy pour la conservation des deux dixiesmes qui se payeront pour ledict droict d'admirauté : savoir, l'un pour la cause génerálle des églises, et l'aultre au profict particulier de ladicte ville de La Rochelle, et pour employer aux frais et despens qu'elle suporte journellement.

Que lesdicts passeports, saufs-conduitz, congez et commissions pour faire la guerre ne pourront servir que pour un seul voyage, et pour les trois mois au plus, sinon que pour lesditz congez ce terme fust aultrement limité par ladicte assemblée; au retour desquelz voyages lesdicts cappitaines de marine, soit qu'ils aient prins ou non, seront tenus de se représenter pour faire raport de leur dict voyage par devant ledict commissaire de l'admirauté; et où ils feroient quelque prise représenteront fidellement tous les congnoissemens, chartres parties et papiers de cargessons qui se trouveront esdicts vaisseaux ; ensemble tout l'or, argent, pierreries, meubles et marchandises, affin que l'on puisse reconnoistre la quallité et quantité des choses qui se trouveront esdictes prises, sans que les cappitaines et aucuns de leur équipage, desquels ils sont responsables en puissent suprimer, lacérer, et latiter aucuns sur peyne d'en répondre les exécutions en leur propre privé nom, et d'ectre privez de tout le proficat qu'ils pouroient espérer desdictes prises, et punis exemplairement selon l'exigence des cas, suivant les ordonnances royaux sur le faict de ladicte admirauté.

Représenteront aussy lesdicts cappitaines deux ou troys des principaulx de l'équipage desdictes prises pour estre ouis par leurs bouches, conformément aux ordonnances royaux sur le faict de l'admirauté, sans qu'ils se puissent dispenser de ladicte représentation, sauf quelque prétexte que ce soyt, pour obvier aux abus et malversations qui se pourroient commettre sur le faict desdictes prises.

Et où il seroit trouvé bon par ladicte assemblée de dresser quelque corps d'armée navalle pour résister aux efforts des ennemis de ladicte religion, seront tenus lesdicts cappitaines de se soumettre et se rendre en les ports et hâvres ou rades qui leur sera prescript, avecq leurs vaisseaux bien armez et équipez, pour exécuter ce qui leur sera commandé sous la charge et conduite de telz admiraux, vis-amiraux ou cappitaines qui sera advisé par ladicte assemblée.

Et d'autant que plusieurs marchands de ceste ville de La Rochelle et autres qui sont en l'union desdictes églises, et ont leurs biens en plusieurs provinces eslongnées tant dans que dehors le royaume, et mesme parmy ceux qui sont du contraire party; il leur sera permis de retirer leurs dicts biens et marchandises en tels vaisseaux qu'ils pouront rencontrer, sans que lesdictes marchandises, qui seront reconnues par bonne et suffisante preuve leur appartenir, puissent estre déclarez de bonne prise, ores qu'elles fussent en vaisseaux ennemys, et nonobstant ce qui s'observe en cas que la confiscation faict perdre le non confiscable.

Que ceux mesme du contraire party qui se trouveroient avoir de bonne foy faict quelque cargaison pour venir en ladicte ville de La Rochelle aporter des marchandises et emporter danrées, premier que d'avoir eu connoissance du présent reiglement, ne seront subjects à la rigueur d'iceluy pendant l'espace d'un mois, après lequel ils seront contraints d'avoir recours auxdicts passeport et sauf-conduict, qui ne leur seront desniez en payant les droicts qui pour ce seront establis par ladicte assemblée; sauf touttes fois pour le regard des navires qui sont allez aux Terres Neufves pour la pesche du poisson et en Canada pour les pelteries, lesquelles ne seront comprins au présent reiglement que après le temps ordinaire de leur voyage et retour expiré.

Que pour le jugement desdictes prises et autres affaires concernans ladicte admirauté, ladicte assemblée a estably dix commissaires dont les cinq seront du corps d'icelle, et les autres de ladicte ville de La Rochelle, du nombre desquels sera le juge ordinaire de ladicte admiraulté; et lesquels commissaires jugeront pareillement en dernier ressort et sans appel, tant en matière civile que criminelle, estans au nombre de sept pour le moins, dont le président sera tousjours du corps de ladicte assemblée, tous les procez et différends concernans ladicte admirauté; et seront les quatre desdicts commissaires changez des troys en trois moys, selon qu'il sera advisé par ladicte assemblée.

Que les deniers provenans des droicts tant desdicts passeports et congez que desdictes prises, qui seront adjugez, seront reçus par le trésorier général estably par ladicte assemblée en ladicte ville de La Rochelle, qui sera tenu d'en rendre compte pardevant ladicte assemblée ou tels autres commissaires qu'elle advisera.

Et quant au dixiesme desdictes prises accordé en ladicte ville de La Rochelle, sera mis entre les mains du trésorier des deniers commungs d'icelle, ou tel autre receveur extraordinaire que bon leur semblera qui leur en randra compte, selon qu'il est acoustumé suivant leur privilège.

Que pour veiller à ce que après que aura esté amené quelque prise en ceste ville de La Rochelle, les marchandises et autres choses estans en icelles en soient fidellement inventairées et conservées en lieu seur, seront nommez par ladicte assemblée deux commissaires et deux par ladicte ville de La Rochelle, pour en faire la visite et inventaire; et ne pouront les officiers ordinaires de l'admirauté se transporter dans les vaisseaux pour faire ladicte visite et inventaire que avecq les susdicts commissaires et en leur présence.

Et finallement seront, outre les susdicts reiglemens, observés exactement les ordonnances royaux sur le faict de l'admirauté, tant pour ce qui concerne lesdicts cappitaines et prises, que aultrement. Le tout jusques à ce qu'il ayt pleu à Dieu faire cesser le cours des persécutions présentes, et remettre toutes choses à une bonne paix et tranquillité sous l'obéissance du service du roy.

Faict et arresté en ladicte assemblée générale, le cinq° jour de juin l'an mil vi° vingt et ung.

Signé, LOUBIE président, P. HESPÉRIEN adjoint, I. GENESTE secrétaire, RIFFAULT secrétaire, et scellé.

Coll. du Puy, T. 100.

1621, 8 juin. *Pons.* Mandement des commissaires de l'Assemblée pour la levée d'un quartier de la taille, des deniers ordinaires et d'une certaine quantité de foin dans la paroisse de Thénac.

Reg. de la ville de La Rochelle.

— 10 juin. *Montpellier.* Commission de Gaspard de Coligny, seigneur de Châtillon, gouverneur de Montpellier et d'Aigues-Mortes, à l'effet, en suite des ordres de l'Assemblée, de saisir les deniers du Roi pour les employer à maintenir la province en juste et légitime défense sous l'autorité de S. M.

1621, 12 juin. *Taillebourg.* Le s^r d'Iray à la princesse de la Trimouille. — M. de Loubie, du Béarn, étant à Pons, attribue à d'Iray le refus des commissions de l'Assemblée par La Trimouille ; M. de St-Angel a répandu le bruit que Rohan était d'avis que l'Assemblée se séparât ; MM. de La Bourdillière et de Jarnac essayent de persuader l'Assemblée à prendre ce parti.

Archiv. de M. le duc de la Trimouille.

— *Copie d'une sentence donnée par l'Assemblée de La Rochelle, contenant confiscation de trois barques chargées de sel, par laquelle se connaît leur rébellion et le mépris qu'ils font de l'autorité du Roi.* Rouen, J. Besongnes, jouxte la copie imp. par M. Yvon, 1621, in-8º.

— 16 juin. Au camp devant *Saint-Jean-d'Angély.* Le roi au duc de Vendôme.

Mon frère naturel, mon cousin le conte de Rochefort m'ayant faict veoir une lettre du duc de Rohan par laquelle il mande au sieur de la Boucherie, qui est de sa part dans La Garnache, de remettre la place entre les mains de celuy qu'il y envoyera et m'ayant pour cest effect nommé ce porteur et respondu de luy, j'ay trouvé bon qu'il s'y en aille pour la garder et maintenir en mon obeyssance suivant la supplication qu'il m'en a faicte, et vous escris ceste lettre pour vous en advertir affin que, si elle luy est remise, vous vous en contentiez et scachiez que cela estant il ne sera plus besoincg de l'assiéger ny forcer, de sorte que Beauvoir-sur-Mer estant d'ailleurs assuré, comme vous me l'avez dict, il ne restera plus que Talmont à réduire en ce pays là. Ce que j'estime qui vous sera facile sans attendre les gens de guerre que vous allez lever en Bretagne ; et il importe à mon service et au soulagement de la province que vous le faciez le plustost que vous pourrez ; dequoy me reposant sur vostre dilligence et affection, je prie Dieu qu'il vous ait, mon frère naturel, en sa s^{te} garde. Escrit au camp devant St Jehan d'Angely le xvie jour de juin 1621.

LOUIS.

L. POTIER.

Arch. Nat., K. 112, n° 2, 21.

1621, 20 juin. *Montauban*. Le duc de Rohan au connétable de Luynes ; instructions envoyées par le baron de Saint-Angel.

Monsieur, je reçois avec honneur le soing que vous prenez en vray parent et amy pour moy et toute ma maison, dont je vous en ay beaucoup d'obligation. Je vous conjure de croire que je n'en demeureray jamais ingrat. J'ay ouy par la bouche de mons^r le baron de St Angel ce qu'il vous a pleu me mander, sur quoi il vous fera entendre mes sentimens, lesquelz ne s'esloignent jamais du respect et de l'obeissance que je dois au roy, et je demeureray inviolablement attaché a ce desseing, comme à celuy de procurer avec passion son service et la paix de son estat, et pleust à Dieu que je la peusse achepter au prix de mon sang. Mais, Monsieur, pardonnez-moy cy je vous dis qu'elle ne despend de ceux de nostre religion, lesquelz se trouvent attaquez de toutes parts et qui ne sont que sur une deffencive, mais bien de ceux qui les attaquent, car ils ne demandent que d'estre en seurté soubz le benéfice des édictz du roy. . . . . Je remetz audict s^r de St Angel à vous faire entendre plus particulièrement mon opinion là dessus, et pour la fin je demeure inviolablement, Monsieur, vostre plus humble allié et très affectionné serviteur. HENRY DE ROHAN.

Et au-dessus est escript à Monsieur monsieur le duc

Luines, pair et connestable de France. De Montauban le 20 juin 1621.

―

Instruction baillée par le duc de Rohan au baron de Saint-Angel sur la proposition qu'il a faite audict duc de la part du connestable de Luines.

Sy je voyais quelques assurances par escript, je parlerois beaucoup plus clairement et travaillerois avec courage et vigueur à la paix de cet estat, mais les deffiances sont telles qu'on ne croit plus en de simples paroles lesquelles sont à toutes heures desavouées.

J'advoue que nous ne saurions trop nous humilier envers nostre roy et le respect et honneur que nous luy rendons nous honore; toutesfois celuy qu'on demande maintenant, asavoir ung acte de séparation de l'assemblée, sans estre assuré de rien, seroit nostre ruyne, c'est pourquoy je croy qu'on ne le doit desirer de nous de ceste facon.

Je confesse bien qu'il faut que toutte satisfaction envers le roy précède ses graces, mais au point que se trouvent les affaires, asçavoir les armes prises de toutes parts, il faut, avant les rendre, estre assuré de sa condition, car cy on veut bien tenir ce qu'on promettra, on peut sans offenser la dignité du roy en donner les assurances requises.

A touttes les guerres civiles qui se sont faites contre ceux de la religion, ilz estoient déclarez criminelz comme maintenant. On n'a laissé pour cela de traiter avec eux. Tous nos édictz ne se sont obtenuz que par ceste voye et ne se peuvent maintenir que par elle.

Je dis donc qu'il faut que le roy donne un brevet par où ayant eu la soubmission de l'assemblée pour agréable, il lève sa criminalité, luy permectre de demeurer ensemble quelque temps pour ouyr leurs plaintes, ou bien la dicte assemblée doit estre assurée avant que de se séparer de ce que doibvent devenir les affaires.

J'adjoute peu de choses à ce que Monsʳ de Sᵗ Angel m'a dit qu'on feroit, remectant le reste à la poursuitte des députez généraux.

Bibl. Nat., Fr. 4102, f° 20.

1621, 25 juin. *Au camp devant Saint-Jean-d'Angély.* Le roi au duc de Vendôme.

Mon frère naturel, depuis la dépesche que je vous ay faicte ce matin ceux qui ont tenu jusques à ceste heure ma ville de St Jehan contre moy se voyant tellement pressez qu'ilz ne pouvoient plus résister se sont renduz, m'ont demandé pardon de leur faute et fait serment de ne porter jamais les armes que pour mon service et de demeurer toute leur vie en l'obeyssance qu'ilz me doivent, ainsy que vous verrez par l'escrit que je vous envoye qui contient les conditions ausquelles je les ay reçeuz. De quoy voulant qu'il soit rendu graces à Dieu vous me ferez plaisir d'en prendre soing en l'estendue de vostre gouvernement car je m'y reconnois d'autant plus obligé que je reçois en toutes occasions des effectz manifestes de sa divine assistance dont j'espère la continuation puisque mes desseings ne tendent qu'à sa gloire et au bien et repos de mon royaume, le priant de me la donner et il vous avoir, mon frère naturel, en sa sᵗᵉ garde. Escrit au camp de St Jehan d'Angely le xxvᵉ jour de juin 1621.

Louis.

L. Potier.

Arch. Nat., K. 112, n° 2, 17.

1621, 27 juin. *Au camp devant Saint-Jean-d'Angély.* Le roi au duc de Vendôme.

Mon frère naturel, le gentilhomme que mon cousin le conte de Rochefort a envoyé par ma permission à La Garnache s'est mal acquitté de sa commission, car il avoit ordre de ne vous point bailler la lettre que je vous escrivois par luy sur le suject de son voyage, et mesmes de ne point passer ledict lieu de La Garnache et s'en revenir tout court, sinon au cas que la place fut remise absoluement entre ses mains, ainsi que vous aurez peu juger par les termes de ladicte lettre ; néanmoins j'ay encores permis audict conte d'y renvoyer pour l'éxécution de la mesme proposition sur ce qu'il m'a dict et faict veoir par lettres qui lui ont été escrites, et depuis au sieur de Pontchartrin que La Boucherie est bien résolu d'en sortir et ne diffère que pour essayer d'obtenir quelque récompense, laquelle n'ayant point il ne lairra pas de remettre la place, quand il verra ne pouvoir faire mieux. Ce que je ne croy toutesfois que de bonne sorte, me desfiant aussy bien que vous que son desseing ne soit que de m'amuser et tromper, mais il n'y a point de danger de veoir ce qui en sera sans différer n'y retarder en façon quelconque ce que je vous ay commis et ordonné pour ce suject, que je vous prie d'advancer et haster le plus qu'il vous sera possible, vous assurant que je persiste en la résolution que j'ay prise avec vous pour ce regard et pour toutes les autres choses ; et que s'il s'en est passé quelque une au contraire, ça esté contre mon intention, veu que mon cousin le duc de Rouanois n'a point eu de charge de ma part de faire acheminer du costé d'Anjou les troupes qui ont esté destinées au siége de La Garnache et mesme ne devoit délivrer mes lettres à ceux qui les commandent qu'au cas qu'il en fut besoing, et sur l'occasion mesme pour laquelle elles estoient escrites, et que je veoy ne s'est pas présentée. Quant à Beauvoir-sur-

Mer, j'estimois que celuy que vous y aviez envoyé y eust esté receu suivant ce que vous en aviez dict à mon cousin le connestable ; mais puisque cela n'est point, je remetz à vous de faire semblablement ce que vous jugerez nécessaire pour réduire ceste place là en mon obeyssance, comme aussy celle de Talmont. Et cependant sur l'advis que j'ay eu qu'il est sorti de La Rochelle douze cent hommes de pied et quelques cavalliers soubz la conduicte des sieurs de Favas et Bessé pour aller prendre Lusson, et faire quelque autre entreprise, s'ilz en ont le moyen, dans le bas Poictou, j'ay faict incontinent partir mes cousins les mareschal de Pralain et conte de la Rochefoucaut avec quatre cent chevaux et les faictz suivre par le régiment de Lauzieres pour s'opposer à leur desseing, et s'il est possible les tailler en pièces ; et par ce que j'ay jugé que les troupes qui ont esté assemblées pour le siège de La Garnache et doivent estre sur les lieux pourroient se joindre à eux et les fortiffier, je leur ay commandé de s'en servir s'ils le trouvent à propos en ceste occasion, laquelle estant passée ilz s'en reviendront me trouver et les gens de guerre que j'ay envoyez avec et après eux et les aultres vous demeureront suivant ma première résolution, en laquelle je vous assure derechef que je persiste et désire que vous l'exécutiez et n'y perdiez point de temps, car je m'en repose entièrement sur vous, mon frère naturel, priant Dieu qu'il vous ait en sa s^{te} garde. Escrit au camp devant St Jehan d'Angely le xxve jour de juin 1621.

Louis.

L. Pothier.

Arch. Nat. K. 112, n° 2, 16.

Le siége de Saint-Jean-d'Angély a été le sujet de nombreuses plaquettes et de publications dont voici la bibliographie : *La lettre de M. le duc de Rohan à M. d'Orillac, commandant pour le roi en l'armée qui est devant Saint-Jean-d'Angély ; ensemble la réponse dudit s^r d'Orillac, et de plus la copie de celle que ledit duc de Rohan a écrite* *au connétable pour les capitulations et convenances de ladite ville, le tout du 18 mai 1621* (S. l. n. d. in-8°). — *Récit véritable du siége de Saint-Jean-d'Angély par l'armée royale de S. M.; ensemble ce qui s'est passé depuis le départ du roi de sa ville de Saumur jusques à présent* (20 mai). Paris, N. Alexandre, 1621, in-8°. — *Divisions survenues entre les habitants de Saint-Jean-d'Angély sur les résolutions faites d'ouvrir les portes au roi et obéir aux commandements de S. M.; ensemble les propositions qui ont été traitées en leur assemblée sur ce sujet le 22 mai 1621.* Paris, sur la copie imprimée à Xaintes chez S. Crespon, 1621, in-8°. — *Lettre et avis de M. le comte de Beaurepaire, de la religion prétendue réformée, envoyée aux habitants de La Rochelle, sur ce qui s'est passé à Saint-Jean-d'Angély, sur les résolutions du roi, le 26 mai 1621.* Paris, sur la copie imprimée à Xaintes chez S. Crespon, 1621, in-8°. — *Déclaration du roi, par laquelle tous les habitants et autres personnes qui sont de présent ès villes de La Rochelle et Saint-Jean-d'Angély et tous ceux qui les favorisèrent sont déclarés criminels de lèse-majesté*, etc., 27 mai, publiée en Parlement le 7 juin. — *La sommation faite de la part du roi à M. de Soubize, chef des rebelles de Saint-Jean-d'Angély, par un héraut de France; la réponse dudit sieur de Soubize et réplique dudit héraut; et ce qui s'est passé au camp depuis le 28 mai jusques à présent* (2 juin). Paris, P. Rocolet, 1621, in-8°. — *La victoire remportée par MM. de Guise et autres seigneurs français contre les rebelles de S. M. au siége de Saint-Jean-d'Angély*, etc., *depuis le 27 mai jusques à présent* (2 juin). Paris, N. Alexandre, 1621, in-8°; Rouen, J. Besongne, 1621, in-8°; il y a une traduction italienne, imprimée à Lyon.—*Avis à MM. de la R. P. R. suivant la déclaration du roi et sur les sommations faites par les hérauts d'armes de S. M. aux habitants de Saint-Jean-d'Angély le mercredi 2 juin 1621*, Paris, N. Alexandre, 1621, in-8°.—*Le pique-bœuf des hérétiques, échauffé par une remontrance charitable adressée au sieur Benjamin de Rohan....., jadis protecteur de St-Jean-d'Angély*, etc., par M. Arpharad de la Mantonnelle, ministre de la parole du Seigneur à Genève (7 juin). Lyon, 1621, in-8°. — *La défaite des envieux, par du Chambort.* Paris, P. Rocolet, 1621, in-8°. — *La prise et défaite des troupes de La Rochelle par les chevaux-légers de M. le duc de Luxembourg; ensemble ce qui s'est passé aux dernières sorties de Saint-Jean-d'Angély.* Paris, P. Rocolet, 1621, in-8°. — *Les nouveaux exploits de guerre faits au siége de Saint-Jean-*

d'Angély depuis le 17 juin jusques à présent. Extrait d'une lettre écrite de Saint-Julian, proche du camp du roi, le 19 juin 1621. Paris, P. Rocolet, 1621, in-8°. — *Récit véritable de tout ce qui s'est fait et passé au siége de Saint-Jean-d'Angély, tant dehors que dedans, depuis le 16 juin jusques à présent (23 juin); ensemble la ruine et exécution faite par M. le duc d'Espernon.* Paris, J. Guerreau, 1621, in-8°. — *Dernières batteries faites par le commandement du roi contre la ville de Saint-Jean-d'Angély le 24 juin 1621, avec les préparatifs pour l'assaut général de l'armée royale de S. M.* Paris, I. Mesnier, 1621. — *L'assaut général donné à Saint-Jean-d'Angély par M. le duc d'Espernon; la demande faite au roi par M. de Soubize et la réponse de S. M.* (24 juin). Paris, P. Rocolet, 1621, in-8°. — *La réduction de la ville de Saint-Jean-d'Angély à l'obéissance du roi, le 25 juin 1621; avec la soumission de M. de Soubize, commandant dans ladite ville, et autres seigneurs*, etc. Paris, Fleury-Bourriquant, in-8°; P. Rocolet, 1621, in-8°; A. Vitré, 1621, in-8°; Lyon, C. Arnaud, dit Alphonse, 1621, in-8°. — *Véritable narré de ce qui s'est passé au siége de Saint-Jean-d'Angély, tant en dehors que dedans la ville, par R.-T. Manceau,* Bourdeaus, par S. Millanges, 1621, in-8°. — *La sortie des gens de guerre qui étoient dans la ville de Saint-Jean-d'Angély, sans tambour, l'enseigne ployée, le mousquet et la pique sous le bras, et autres remarquables particularités. Ecrites par le sieur de Bousselay à Mgr le duc de Montbazon.* Paris, A. Vitré, 1621, in-8°. — *Lettre du roi à M. le marquis de Courtenvau, gouverneur de Touraine (25 juin); avec les articles accordés par S. M. à ceux de Saint-Jean-d'Angély,* Tours, par J. Oudot, 1621, in-8°. — *Ordonnance du roi sur la reddition de Saint-Jean-d'Angély* (25 juin). — *Récit des miraculeux effets qui sont arrivés en l'armée du roi, en présence de S. M.; avec la conversion de plusieurs seigneurs, chefs et soldats de ladite armée à la foi catholique, par le R. P. Texier* (25 juin). Paris, I. Mesnier, sur la copie imprimée à Xaintes par J. Bichon, 1621, in-8°. — *Les actions de grâces de la France sur la réduction de la ville de Saint-Jean-d'Angély.* Paris, par Fleury-Bourriquant, in-8°. — *Ode pour le roi sur la prise de Saint-Jean-d'Angély, par Du Perier.* — *Le siége d'Angély, qui enseigne la classe et collége de la réduction divulguée à messire Louis de La Marque, gouverneur du château et ville de Caen, par la conférence des quatre colléges congrégés, par le législateur historiographe du roi,* l'an 1621, in-8°. — *La fricassée huguenote sur la reddition de Saint-Jean-d'Angély.* Poitiers, veuve Blanchet, 1621, in-8°; jouxte la copie imprimée à Niort par Josué Le Cuisinier, 1621, in-8°, et 1622.— *L'écho du manifeste du roi, adressé aux habitants de La Rochelle, depuis la réduction de la ville de Saint-Jean-d'Angély et de Caumont, jusques à présent.* Paris, J. Guéneau, 1621, in-8°. — *Les triomphes du très-victorieux roi de France et de Navarre, Louis XIII, à la réduction de Saint-Jean-d'Angély, et tout ce qui s'est passé après icelle jusques à présent; avec la délivrance du château de Taillebourg pour le service de S. M., par M. le duc de La Trimouille.* Paris, I. Mesnier, 1621, in-8°.— *Histoire journalière de ce qui s'est fait et passé au voyage du roi, depuis son départ de Fontainebleau le 18 avril 1621.* Paris, 1622, in-8°; voy. Arch. cur., 2ᵉ série, II, 241.— *Mémoire de ce qui est arrivé à Saint-Jean-d'Angély entre le gouvernement et les habitants dudit lieu, au mois d'août 1620,* publié par MM. Saudeau, Audiat et Th. de Brémond-d'Ars, dans les *Archives historiques de la Saintonge et de l'Aunis,* T. Iᵉʳ, p. 188 à 320. — *Plan et situation de la ville de Saint-Jean-d'Angély, assiégée par l'armée du roi, avec la prise de cette place le 27 juin 1621.* Paris, Mathonière, 1621, in-f°; autre de Jean Leclerc.

1621, 28 juin. Extrait des reg. de ville de Poitiers.

Monsieur le maire a exposé qu'il avoit escrit par cy-davant à Monsʳ de Pontchartrain sur la deffiance que l'on avoit en cette ville des huguenots qui y sont, pour sçavoir de luy sy le roy auroit agréable qu'on les désarmast, sur quoy le dict sieur maire a représenté une lettre du sieur Pontchartrain sur ce subjet, par laquelle il déclare que sy l'on ne se peut assurer des huguenots que en les désarmant, que l'on le face avec le moins de bruit et scandalle que faire se pourra.

Y a aussi lettre du roy sur ce subjet portant la mesme chose et outre que l'on dispose des dictes armes en telle fasson que l'on en puisse rendre compte lorsqu'il le désirra. Les dictes lettres sont demeurez par devers monsʳ le maire.

Conseil du 28 juin 1621. — Extrait, p. 174 du reg. 75.

1621, 29 juin. *Taillebourg*. Le sieur d'Iray à la princesse de La Trimouille au sujet de la prise de Saint-Jean et de la reddition de Pons.

> Arch. de M. le duc de la Trimouille. — *Réduction de la ville et château de Pons à l'obéissance du roi, le 1er juillet 1621 ; avec la description de la dite ville et château*. Paris, I. Mesnier, 1621, in-8°. — *La réduction de la ville de Pons en l'obéissance du roi ; avec la nouvelle défaite des compagnies de La Rochelle, et poursuite du sr de Faras par M. de Luxembourg et maréchal de Praslin*. Paris. P. Rocolet, 1621, in-8°. — Actes de l'Assemblée, p. 146, 150.

1621, juillet. Propositions de la part du roi touchant la paix, communiquées au duc de Rohan par le vicomte de Duncaster, ambassadeur d'Angleterre. — « Que Sa Majesté ne veut point traitter avec ses subjetz de la Religion, ny parler de l'Assemblée générale dans l'accommodement. — Responce : ceux de laditte Religion ont en tel respect et vénération la Majesté Royalle de leur prince souverain qu'ilz n'entendent point traiter avec luy, mais recepvront à gré la déclaration qu'il plaira à sa ditte Majesté donner pour la pacification des troubles de son royaume, et se contenteront que les députez de la ditte assemblée générale soyent tirez hors de crime. »

> Bibl. Nat., F. fr. 4102, f° 26.

— 1er juillet. *Cognac*. Le sieur d'Iray à la princesse. « Mgr vient présentement de partir pour aller à Jarnac presser le seigneur du lieu d'aller à La Rochelle pour la seconde fois, afin de les exhorter à se mettre à leur debvoir ; — M. de Rohan a despesché M. des Isles à La Rochelle, où il est pour les exhorter et solliciter à l'obéissance. »

> Arch. de M. le duc de la Trimouille.

— 2 juillet. Du Plessis à Montmartin. — Il serait urgent de tenter de renouer les négociations en faisant valoir que les succès du roi lui permettent de considérer son autorité comme sauvegardée. Il faudrait obtenir que le roi s'éloigne, que l'Assemblée se sépare, et que l'on ait une nouvelle Assemblée autorisée, chargée uniquement de nommer des députés généraux qui exposassent les réclamations des protestants. Favas est compris au nombre des rebelles, et Chalas a quitté la Cour, sur l'ordre de l'Assemblée.

Lettre et Mém., II, 677.

1621, 3 juillet. *Cognac.* Le roi au duc de Vendôme.

Mon frère naturel, aussytost que ma ville de St-Jehan a esté remise en mon obeyssance, j'ay donné ordre d'en faire ruiner les murailles, combler les fossez, et razer les fortiffications, ayant jugé que sa rebellion ne méritoit pas un moindre chastiement, et que ma clémence ne se debvoit estendre plus avant que de donner, comme j'ay faict, la vie et les biens à ceux qui ont commis une si grande faute ; et ayant en mesme temps envoyé investir ma ville de Pons je m'en suis venu en ce lieu qui n'en est qu'à trois lieues pour m'acheminer et y mettre le siège ; mais ceux qui estoient dedans ne l'ont pas attendu et sont venus icy dez le mesme jour que j'y suis arrivé m'en apporter les clefs et me demander pardon, ce qui m'a faict résoudre de ne point aller jusques là et d'y envoyer, comme j'ay faict mon cousin le mareschal des Diguières pour faire sortir ceux qui s'y estoient mis et y faire entrer quelques uns de mes régimens que je veux qui y demeurent jusques à ce que j'en aye aultrement ordonné ; cependant j'ay eu nouvelle du costé du bas Poictou que les troupes que j'y envoyai il y a dix jours soubz la conduite de mon cousin le mareschal de Praslin et conte de la Rochefoucau sur l'advis que j'avois eu qu'ilz estoient sorti plusieurs de La Rochelle pour prendre Luçon et faire d'autres entreprises de ce costé là, en ont desfaict quelques uns et contrainct les autres de se retirer dans la dicte ville de La Rochelle et ont pris et ruiné un fort qu'ilz avoient commancé en un lieu nommé La Fause et réduict en mon obeyssance le chasteau de Talmont ou le frère du s^r de Bessay désadvoué par mon cousin le duc de Thouars estoit avec nombre de gens de guerre qui voloient et pilloient mes subjectz partout aux environs; tellement qu'il ne me reste plus rien en ces provinces de deça qu'à bloquer La Rochelle, à quoy je suis après pourvoir en commettant l'éxécution à mon cousin le duc d'Espernon à qui je lairray les forces nécessaires pour cest effect. Je me résoulz de passer en Guyenne ou le duc de Rohan et le sr de La Force font tout ce qu'ilz peuvent pour en troubler le repos et entreprendre contre mon authorité et service. Mais Dieu mercy leurs efforts retournent jusques à ceste heure à leur dommage, car ayant surpris la ville de Caumont par l'intelligence qu'ilz avoient avec quelques uns des habitans, mon cousin le duc de Mayenne qui estoit au siége de Nérac y est promptement accouru et les en a chassez, à la faveur du chasteau qu'ilz n'avoient peu prendre, avec plus de trois cent de leurs meilleurs hommes et de leurs poudres et autres munitions, et n'a toutesfois point levé le dict siege, ou il est retourné aussytost, et presse la place de telle façon qu'il y a aparence qu'il ne pourra pas longuement résister, encores que pendant son absence il y soit entré quelque secours; de sorte que je n'estime pas que ma présence soit nécessaire de ce costé là, et faictz estat d'aller droict à Bergerac, et de partir lundy prochain pour m'y acheminer, ce que j'aurois faict encores plustost n'estoit que je suis contrainct de faire faire un pont sur la riviere d'Ylle et qu'il ne peut estre prest auparavant. Je prie Dieu qu'il vous ait, mon frère naturel, en sa sainte garde. Escrit à Cognac le iiie jour de juillet 1621.

LOUIS.

L. POTIER.

Arch. Nat., K. 112, n° 2, 14. — *Lettre du roi à M. le comte de Sault, par laquelle S. M. fait entendre ce qui se passe en ses armées, et particulièrement pour le siége de La Rochelle* (3 juillet). Paris, A. Saugrain, 1621, in-8°. — *Extrait des actes de l'Assemblée générale des églises réformées de France et souveraineté de Béarn, tenant à La Rochelle, du 3e jour de juillet.* S. l. 1621, in-8°. *Lettres patentes du roi, en forme d'édit, par lesquelles S. M. veut et ordonne que les murailles de la ville de Saint-Jean-d'Angély soient rasées, et les fossés comblés, avec privation de tous les priviléges desquels la dite ville a ci-devant joui* (4 juillet). Impr.

1621, 9 juillet. *Coutras.* Le roi au duc de Vendôme.

Mon frère naturel, vous aurez veu par les lettres que je vous escrivy le IIIe de ce mois la résolution que j'avois prise de m'acheminer en ceste province, et par celle cy vous sçaurez qu'au mesme temps que j'y suis arrivé j'ay esté assuré de l'obéissance des villes de Castillon, et que plusieurs seigneurs et gentilshommes d'icelle, tant catholicques que de la religion prétendue refformée, et entr'autres les s^{rs} de Boisse Pardaillan, gouverneur de Monthur, et de Teaubon, son gendre, se sont rendus auprez de moy qui ay eu ce jourd'huy nouvelle de la reddition de Nérac ; et parts demain de ce lieu pour continuer mon voyage droit à Bergerac où je suis adverty que mon aprochement commence à aporter de l'étonnement, mais j'espère que ma présence y fera bien tost de plus grands effects avec la continuation de l'assistance de Dieu que je prie de vous avoir, mon frère naturel, en sa s^{te} garde. Escrit à Coutras le IXe jour de juillet 1621.

Louis.

L. Potier.

Arch. Nat., K. 112, n° 2, 11.

— 8 juillet. *Le commencement du siége de La Rochelle et le bloquement d'icelle, par M. le duc d'Espernon, suivant le commandement du roi.* Paris, I. Mesnier, 1621, in-8°. — *Dernier avertissement du roi, envoyé aux habitants de La Rochelle par M. le duc d'Espernon, après la prise des avenues, passages et bloquement d'icelle.* Rouen, par R. Ferrant ; jouxte la copie imprimée à Paris par J. Guerreau, 1621, in-8°.

— 9 juillet. *L'entrée royale et magnifique du roi en sa ville de*

Bergerac; ensemble l'humble remontrance des députés de l'Assemblée et bourgeois de La Rochelle à S. M. Paris, E. de l'Oreille, 1621, in-8°.

1621, 10 juillet. *Chinon.* Le ministre Vincent au secrétaire de la duchesse de La Trimouille.

M. Fleury nous faisoit concevoir quelque espoir sur certaines nouvelles qu'il disoit avoir reçeues de La Rochelle que l'assemblée avoit fait un acte de séparation pour quelque temps, pendant lequel le roy agréoit que six s'acheminassent en Cour, pour entendre ce qui estoit de ses volontés sur l'obéissance qu'il requiert d'eux. Si cela est, vous en sçaurez quelque chose, dont je me promets que me ferez part.....

Arch. de M. le duc de La Trimouille.

— *La sentence donnée par l'Assemblée de La Rochelle par laquelle se connaît leur rébellion et le mépris qu'ils font de l'autorité du roi.* Paris, N. Rousset, in-8°.

— 12 juillet. Lesdiguières à MM. de Frère et de Morges. — Il espère que le synode de Die prendra de bonnes résolutions et n'imitera pas l'Assemblée de La Rochelle, qui se rend odieuse à tous les gens de bien, même aux protestants, qui s'en retirent. Saint-Jean, Pons, Castillon, Sainte-Foy, Bergerac se sont rendues; Clérac sera prochainement soumise. Il prévoit que le Dauphiné sera d'autant mieux traité qu'il n'a pas adhéré à l'Assemblée, et n'y a pas envoyé de députés.

Imprimée.

— 12 juillet, *Leyde.* André Rivet à la duchesse de La Trimouille. — Au sujet de l'accueil fait aux députés de l'Assemblée dans les Pays-Bas.

Voy. Not. hist., p. XXXIX.

1621, 15 juillet. *La Forest.* Du Plessis à d'Espinay, député d'Anjou, à La Rochelle. — Il se réjouit d'apprendre qu'à La Rochelle les affaires se portent à la paix ; il fait des vœux pour qu'on ne tarde pas, et rappelle que les événements ont justifié ses sentiments et ses pressentiments.

Lettres et Mém., II, 684.

— 18 juillet. *Chinon.* Le ministre Vincent au secrétaire de la duchesse de La Trimouille.

Monsieur, encores tout n'est-il pas déploré où il reste de l'espérance ; la vostre accompagnée de celle de l'Assemblée à Monseigneur, et de leur acte nous en faisoit un peu concevoir. Vrai est qu'elle a esté traversée par une nouvelle, quoiqu'incertaine, qu'à la Cour on auroit renvoié cet acte comme captieux, et enjoinct réformation d'iceluy. Cela donne occasion aux deffians de croire qu'on prolonge pour cependant s'emparer des places et praticquer en la Rochelle, selon que le bruict est tout commun qu'il y a esté descouvert depuis peu une négotiation. Dieu veuille que nos deffiances n'empirent nos maux ! Mais aussi plaise à sa bonté qu'on cesse de les nourrir en nous en donnant des sujets !.....

Arch. du duc de la Trimouille.

— 18 juillet. *Montauban.* Le duc de Rohan à l'Assemblée de La Rochelle.

Messieurs, j'ay receu deux lettres de monsieur le connestable par mons^r de St-Angel, la première pour me reprocher le péril auquel j'avois laissé mon frère, et pour me conjurer comme mon parent et amy d'y vouloir remédier ; sur quoy ayant respondu que ce n'estoit nostre cause mais celle de nostre Religion pour laquelle nous prenions à gloire de souffrir, il m'en a escript une autre de créance, laquelle porte que, moiennant un acte de séparation de l'Assemblée et quelques submissions et recognoissance de repentir d'avoir despleu au Roy, on remettroit entre nos mains toutes les places de seurté dont on s'estoit saisy, et on advoueroit toutes les fortifications et autres choses faites pour nostre deffence. Il tesmoigne aussy désirer que je vous donne mon sentiment là dessus, sur quoy je vous diray que je les soubmettrai toujours aux vostres et que je ne me departiray jamais de vos résolutions. Je vous envoye la responce que je luy ay faitte par où vous verrez que j'approuve bien ses deux articles ausquelz adjoustant la retraitte des gens de guerre et qu'il pleut au Roy ne passer outre en ses quartiers, avec quelque satisfaction à monsieur de La Force, remettant pour le présent la poursuitte des autres affaires à nos députez généraux, je croyrois qu'on devroit s'en contenter; mais ne voyant clair aux assurances qui ne sont que verbales, je les remetz en vos prudences, vous promettant de tenir pour fait tout ce que vous résoudrez là dessus. Quand à nos affaires, je ne fais qu'arriver en ceste ville où j'ay passé avec beaucoup de difficulté. J'ai trouvé en toute ceste province une grande union et résolution à se bien deffendre, je ne perdray une seule heure de temps à me préparer.

J'ay envoyé en bas Languedoc d'où, cy je suis assisté comme je l'espère, je croy pouvoir faire dans peu de temps une armée de douze mil hommes pour au moins, avec quoy je m'approcheray des affligés, et n'espargneray rien pour ceste juste et légitime deffence, remettant toutes autres particularitez à ce que vous en dira de ma part le sieur des Isles auxquel je vous prie d'avoir toute créance. De Montauban le 20ᵉ juin 1621.

Bibl. Nation., Fr. 4102, f° 21.

1621, 18 juillet. *Sully.* Le duc de Sully au duc de Rohan.

Not. hist., p. XXXVIII.

1621, 18 juillet. *La Forest*. Du Plessis à Chalas. — Il a reçu le formulaire requis de l'Assemblée et la réponse de celle-ci à Lesdiguières ; il trouve que la séparation se prolonge trop, on perd des places ; Soubise et Montmartin, qui étaient naguère à La Rochelle, ont pu éclairer les députés sur beaucoup de choses.

Lettres et Mém., II, 686.

— 1621, 24 juillet. *Tonneins*. Le roi au duc de Vendôme.

Mon frère naturel, j'investis hier ma ville de Clérac, ne l'ayant peu plustost à cause que mon infanterie a esté un peu retardée au passage de quelques rivières qui en un instant estoient infiniment creues et desbordées à cause de l'orage qui survint le xviie jour de ce mois ; mais ce retardemen a bien esté récompensé par le bon debvoir qu'elle a faict en ceste occasion qui a esté tel qu'en peu d'heures toutes les barricades que les ennemis avoient faictes pour conserver les dehors de la dicte ville ont esté forcées, et mes gens se sont logez auprès de leur contrescarpe, de sorte que les autres ont esté renfermez dans l'enclos de leurs fortifications et ont perdu grand nombre des leur ; mais le s^r de Termes y a esté fort blessé, de quoy j'ay beaucoup de regret. Vous serez adverty de ce qui succédera cy après en ce siège comme vous l'avez esté de ce qui s'est passé en celuy de St-Jehan ; mais je me prometz que l'issue en sera plus prompte avec l'ayde de Dieu que je prie de vous avoir, mon frère naturel, en sa s^{te} garde. Escrit à Tonnins le xxiiiie jour de juillet 1621.

LOUIS.

L. POTIER.

Arch. Nat., K. 112, n° 2, 9.

— 28 juillet, *Cadenac*. Le duc de Sully au duc de Rohan : « Monsieur, encor que je sois en attente de vostre responce à la dernière lettre que je vous ay escripte, néantmoins je ne laisseray de vous inciter à vous souvenir de me l'envoyer; et de vous dire que vous ferez bien de ne négliger ny mes conseils ny mon entremise, car peut-être ay-je des moyens en main de la vous rendre honnorable et utile que vous ne pensez pas. »

Bibl. Nat., Fr. 4102, f° 21.

1621, 1er août. *Au camp, devant Saint-Jean d'Angély.* — Lettres patentes du roi ordonnant le transfert à Marans du siége présidial et des autres justices et juridictions de la ville de La Rochelle. Enregistrées le 7 au Parlement de Paris.

— 4 août. *Tonneins.* Le roi au duc de Vendôme.

Mon frère naturel, depuis le jour que je vous fis ma dernière dépesche le siège de ma ville de Clérac a esté continué et poursuivy de telle sorte que comme les habitans se sont cruz sans aucune espérance de salut qu'en ma miséricorde, ils y ont eu recour et se sont enfin rendus ce jourdhuy à discrétion, de sorte que j'en feray punir quelques uns des mutins; mais je feray grace à tous de leurs biens et les exempteray du pillage à condition quilz payeront cent cinquante mille livres pour estre distribué à mon infanterie à laquelle j'ay pensé que ceste somme esgalement despartie profitera plus que n'eust faict le sac de la dite ville, par ce qu'en telles occasions il y en a ordinairement bien peu qui gagnent et souvent ceux qui méritent le plus sont ceux qui y ont le moins de part, joinct que les armées ne vallent pas mieux et que Dieu y est tousjours grandement offensé. Et après que j'auray pourveu à faire razer ladite place et la réduire en l'estat que sa rebellion mérite, je m'achemineray suivant mon premier desseing avec mon armée, droict à Montauban où mon cousin, le duc de Mayenne, est allé devant avec les forces qu'il avoit en cette province, et en chemin faisant il a asseuré Mauvesin, le Mas de

Verdun et l'Isle en Jourdain dont l'on desmolit les nouvelles fortifications, comme l'on faict celles de Bergerac, Tournon, Monflanquin, Castetz, Castel-Jaloux et de cette ville; et j'ay esté asseuré de la part de mon cousin le mareschal de Themines que la ville de Caussade qui n'est qu'à trois lieues de Montauban et pas moins forte que celle de Clérac a déclaré me vouloir rendre toute obéissance et demande garnizon pour se maintenir en debvoir, cognoissant et détestant le crime que commettent ceux qui se rebellent contre moy, qui leur faictz à tous la grâce qu'ilz peuvent désirer de les laisser vivre en liberté et seureté soubz l'observation de mes esditz, et prie Dieu qu'il vous ait, mon frère naturel, en sa s^{te} garde. Escrit a Tonnins le iiie jour de aoust 1621.

LOUIS.
LA POTIER.

Arch. Nat., K. 112, n° 8.

1621, 9 août. Copie de l'une des quarante commissions confiées par l'Assemblée de La Rochelle au sieur de Montchrestien, trouvées en une carrière près de Domfront, le 9 octobre 1621, par M. de Matignon. Ces commissions, en blanc, pour lever des régiments de gens de pied français, étaient signées de Loubie, Hespérien, Geneste et Riflaut. (Coll. du Puy, t. C. — Voy. aussi Coll. Brienne, t. CCXXVI, f° 100.) — Antoine de Montchrestien, seigneur de Vasteville, poëte dramatique, économiste et homme de guerre, naquit à Falaise, et fut tué en 1621, lorsqu'il cherchait à soulever la Normandie.

— 11 août. La Forest. Du Plessis à d'Espinay. — Il déplore le temps perdu pour arriver à quelque accommodement; Clérac parlemente; le roi va bientôt assiéger Montauban; celui-ci, le 29 juillet, lui écrivait qu'il ne devait douter de son rétablissement, et que S. M. y reconnaissait son intérêt encore plus que celui de Du Plessis. Il est inquiet de ne pas avoir reçu une lettre à lui adressée par d'Espinay, et qui, saisie à Loudun, aurait été mal interprétée.

Lettres et Mém., II, 688.

1621, 12 août. *La Forest.* Du Plessis à d'Espinay. — Il a reçu la lettre du 22, ouverte à Loudun, puis refermée. Clérac a capitulé le 4; le pasteur Favier, dans sa harangue, a traité l'Assemblée de La Rochelle et ses adhérents de rebelles; il n'est pas de la charité d'une Assemblée qui prétend représenter les églises de tout le royaume, d'en voir, les yeux secs, périr et dépérir tous les membres sous ombre qu'elle se croit loin du péril, peut-être plus proche qu'elle ne pense. D'Espinay peut faire part de ces réflexions à qui il jugera utile.

Lettres et Mém., II, 689.

— 12 août. Advis de Monsr Duplessis au sieur Chalas, député général.

Nous avons laissé engager les affaires sy avant, qu'il y a bien de la pène à trouver quelque bout de fils pour sortir d'un tel labyrinthe. Toutesfois je me veux faire voir que Dieu ne vous a point porté là où vous estes, à la retenue, jusqu'à présent, sans se vouloir servir de vous, auquel seul reste quelque vocation, puisque la criminalité ferme l'oreille du roy à l'Assemblée en la ville de la Rochelle, et à vostre collègue.

D'ailleurs il appert que plusieurs commencent à devenir sages qui sentent le mal plus grand et plus pesant qu'ils ne le vouloient croire, et recongnoissent les remèdes plus incertains et plus difficiles qu'ils ne s'estoient persuadé, et partant pouroient estre capables des soumissions par cy-devant proposées ou autres semblables, s'ils estoient asseurés d'y estre receus, s'ils pouvoient s'y offrir de bonne grâce, et vous en estes plus près que moy pour en sçavoir davantage.

« Sy donc vous en avez mesme congnoissance, et en faictes semblable jugement, je penseroie que, par un commun concert et conseil, vous pourriez soubz ombre de retourner en vostre pays, prendre vostre chemin par la Court, y voir messieurs de Lesdiguières et de Sully, conférer avec eux, leur déploier l'estat et disposition de l'Assémblée et ville de la Rochelle, leur inclination à donner contentement au roy par leurs soubsmissions, soubz l'asseurance d'une condition juste, raisonnable, et recepvoir leurs advis de ce qu'ils auroient à faire et à espérer; mesmes pour la bienséance qu'ilz auroient à y observer, difficille à rencontrer après tant d'occasions négligées, et surtout après tant de succès qui ne doibvent pas avoir facilité les affaires ni généraux ny particuliers.

Il est certain que sy on eust mesnagé le temps entre la prise de Clérac et les approches de Montauban, on auroit laissé cest intervale pour donner lieu à la négotiation; et y avoit des raisons qui la faisoient désirer, lesquelles peult estre-ne sont pas encore esgarées. L'arrivée de l'ambassade d'Angleterre y peut contribuer, laquelle, bien que les princes ne prennent plaisir que leurs voisins mettent le nés en leurs affaires, ne lairra pas d'estre considérée. La question, dont il cherche d'estre esclaircy, est s'il n'y a de religion, ou de rebellion qui nous oblige à faire apparoir de nostre obéissance. Autres causes peuvent concurrer et du dedans et du dehors de l'action mesme où Sa Majesté se treuve, qui peuvent coopérer à cest effect. Seulement, que comme l'on a faict jusqu'à présent, nous n'abusions pas des occasions au lieu d'en user, ne les prenions pas pour subject de nous obstiner en nostre malheur au lieu de le terminer.

« Moyennant cela, je me promettray que ces messieurs et autres qui s'entremettent, nous pourroient remettre dans ce chemin duquel nous nous sommes escartez, peult estre jusqu'à vous faire retourner avec quelque proposition, concertée avec messieurs les ministres de Sa Majesté, sur laquelle on pourroit renouer avec quelque grâce; et en tout cas vous auriez faict paroistre du devoir auquel on désire faire mettre a acquis tant plus de justice vers tous ceulx qui en doibvent estre instruits, et auxquels nous sommes comptables de la faire voir.

Je sçay qu'aucuns diront là dessus que ces voyes ne sont plus de saison, qui recognoissent par là tacitement qu'elles l'estoient cy-devant, et qu'ilz ne l'ont perdue. Mais sy n'est-il pas temps pour cela de désespérer les choses. Les tenter jusques au bout vers nostre prince ne nous paru estre reprochable; paru estre mesmes que quand on verra un chemin par là ouvert à sortir d'affaires en gros et non par darcelles, sera-ce un moyen pour faire la condition de Montauban.

Je vous escry ces choses et à vous seul qui en sçaurez juger sans passion, parce que je n'ignore point que ce qui vient de moy ne plaist pas à tout ce monde et pour ce aussy ne suis-je pas d'advis que vous proposiez rien de ma part. Néantmoings sy elles ont à passer plus oultre je serois bien aise que nous en peussions parler ensemble pour y donner le poly de commune main.

J'ay veu icy mons' d'Iray de la part de mons' de la Trimouille lequel se trouve consentir à ce que dessus. Vous me ferez s'il vous plaist responce par ceste mesme voye.

Bibl. nat. Coll. du Puy., T. 100.

1621, 14 août. *La défaite de 200 habitants sortis de La Rochelle et autres troupes étrangères par M. le duc d'Espernon.* Paris, I. Mesnier, 1621, in-8°. — Une autre plaquette, imprimée chez J. Besongne, à Rouen, mentionne un fait analogue arrivé le 17 août à 400 hommes.

— 16 août. Délibération du Conseil de ville de Poitiers.

Aiant esté donné advis à mons' le maire que plusieurs de la religion prétandue aiantz quitté cette ville s'estoient retirez en villes que ceux de la dicte prétandue religion apellent de seureté et que les serviteurs de Dieu et du roy nomment justement villes de rebellion, et qu'à présent croyantz qu'il leur est impossible de résister à la force du roy désirent se remettre en leurs maisons et mesme que plusieurs s'estoient dès à présent sans aucune permission venuz ranger en cette ville, il a jugé à propos d'en advertir la compagnie pour sçavoir comment il se devoit gouverner en leur endroit ; a esté ordonné que le dict sieur maire et monsr le lieutenant général civil qui a commission du roy pour leur faire leur procez communiqueront à monsr le compte de la Rochefoucault, nostre gouverneur, qui arriva hier au soir en cette ville, de cette affaire et prandront loy de luy comme ils s'y devront gouverner.

Conseil ordinaire tenu en la maison commune de Poitiers, le 16 août 1621. — Extrait, p. 25 du reg. 76.

1624, avant le 22 août. *Juste jugement et mort du maire de La Rochelle, envoyé par un officier du roi.* Paris, P. Le Faucheur, 1621, in-8°. — *L'exercice militaire fait à présent par les femmes de La Rochelle, avec les ordonnances à ce sujet ; ensemble les fortifications qu'elles ont faites,* etc. Paris, M. Le Blanc, 1621, in-8°. — *Divisions arrivées entre les sieurs de Soubize, Favas et Bessay, et la communauté des habitants de La Rochelle.* Rouen, J. Besongne, 1621, in-8°.

— 29 août. *Le brûlement des moulins des Rochelois ; la défaite de M. de La Noüe... arrivée les 29 et 30 août ;... ensemble la conversion du ministre de Thouars et de son fils.* Paris, A. Vitray ; Rouen, J. Besongne, 1621, in-8°.

— 6 septembre. Délibération du Conseil de ville de Poitiers.

Madame de la Noue a escrit à monsr le maire et le prie de faire entendre à messrs de cette maison commune que son fils; monsr de la Noue, aiant esté pris sortant de la Rochelle par monsr d'Espernon, il avoit obtenu sauf conduit tant dudict sieur d'Espernon comme du sieur compte de la Rochefoucault, nostre gouverneur, pour se retirer en sa maison de Montreuil, proche de trois lieues de cette ville, avec serment qu'il n'en bougeroit que par le commandement du roy, elle prie messrs de la ville d'avoir agréable le séjour de son fils en son dict chasteau de Montreuil; a esté mon dict sieur le maire prié de faire response à madame de la Noue que le conseil ordonnera sur sa lettre lorsqu'elle aura faict apparoir de ses passeportz.

> Conseil ordinaire tenu le 6 septembre 1621, en la maison commune de Poictiers. — Extrait, p. 33 du reg. 76. — V. Lettre de Besly du 11 sept.

1621, 11 septembre. *La rude charge faite le 11e de ce mois jusques aux portes de La Rochelle par l'armée du roi, commandée par M. le duc d'Espernon..., en laquelle est demeuré plus de 250 Rochelois sur la place; jouxte la copie envoyée de l'armée aux officiers du roi à Poitiers.* Paris, A. Vitray, 1621, in-8º. — *La défaite de 600 Rochelois par l'armée du roi, commandée par M. le duc d'Espernon, avec la prise du maire désigné et de 54 chefs des plus notables de La Rochelle.* Paris, P. Rocolet, 1621, in-8º.

— 26 septembre. Une lettre de Besly, à cette date, fait connaitre que « le blocus de La Rochelle se renforce toujours, avec l'incommodité des assiégés. Le premier fort du seigneur Pompée les a tellement affligés, que la face de la ville qui lui est opposite est toute défigurée de coups de canons; et l'autre fort qui s'en va, monté dans peu de jours, là gâtera et ruinera d'un autre côté. »

— octobre. *La prise de l'île de Ré sur les Rochelois par M. le baron de Saint-Luc; ensemble la nouvelle déroute des dits Rochelois au faubourg de La Fon, par l'armée du* roi, commandée par M. le duc d'Espernon, et de 400 femmes prises et emmenées prisonnières en ce présent mois d'octobre. Paris, A. Saugrain, 1624, in-8°.

1621, avant le 1er novembre. Advis du sieur Chalas, député général, présenté à M. de Luynes, connéstable de France, alors à Damasan, sur l'Assemblée de La Rochelle, et pacification des mouvements.

Pour tirer les affaires du bord des grands précipices où elles se jettent, et r'avoir la paix, ne se peult, ni se doibt poser autre fondement que l'honneur et contentement de Sa Majesté ; et cela par des formes et des soubmissions convenables à une image de Dieu, et à la fidélité, respect et obéissance des subjects au prince.

Afin donc de pouvoir rendre tous ces vrays devoirs avec plus d'effect et de bienséance, puisque Sa Majesté a si fermement fermé son oreille à ceulx qui sont assemblez en sa ville de La Rochelle, et qu'il semble se présenter des difficultez sur les moyens et la qualité de ceux qui fairont ces recognoissances, Sa Majesté sera suppliée vouloir trouver bon qu'à ces fins les députez généraux de ses subjects de la Religion reviennent à elle, comme légitimes personnes représentans tous sesditz subjects, choisies et retenues par Sa Majesté, et auxquelles il lui auroit pleu déclarer qu'elle les recevroit et ouyroit tousjours volontiers parlant en leur nom et de ses dicts subjectz, non de l'Assemblée.

Mais parce qu'agissants en ce faict tous seulz, il est dict qu'ils pourroient sembler n'avoir dépendance que de la dicte Assemblée, ce qui les pourroit rendre tant moings suffisans, et que d'ailleurs les choses qui se sont passées requierrent des voyes extraordinaires et plus abondantes pour donner à la dignité du roy ce quy lui est deu, Sa Majesté aura aussy pour agréable s'il plaist à icelle, qu'avec lesdicts députez se trouve ung député particulier de chacune de ses provinces pour tous ensemblement, et à plus gros corps, réclamer sa paix, sa grâce, son pardon, sa protection, sa faveur, sa justice.

Toutes les églises venant par cet abrégé à implorer honorablement la bénignité, la règle et conduite de leur souverain, l'action tant par le nombre que par le changement de personnes paroistroit plus universelle et spécieuse, et vraysemblablement produiroit de meilleurs effects; d'autant que les subjects satisfaisans en la sorte et premiers à leurs redevances, le prince réciproquement satisfairoit à celles de sa douceur et de sa droicture, et r'appaisant ses indignations et fléchissant aux bonnes inclinations dont Dieu l'a doüé, se rendroit, conformément à son nom, juste, pieux, raisonnable aux supplications et remonstrances qui luy seroient faictes.

Et jugera Sa Majesté que pour rendre ceste recherche de paix tant plus accomplie, et la faire faire à grands et petitz, un député de monsr le duc de Rohan se trouveroit aussi nécessaire avec lesdicts députez des provinces, à cause de sa condition pour laquelle luy ou les siens ont tousjours esté ès abouchemens, pourparlers et entremises d'accommodement, et y joindroit Sa Majesté les députez des autres grands qu'elle voudroit.

En somme ne seroit ceste procédure que comme un accours de tous ceulx de la religion aux pieds de Sa Majesté, l'authorité de laquelle en demeureroit plus plainement et mieux conservée, et la tranquileté plus parfaite; attendu que ce seroient toutes les provinces qui viendroient frappées, sentans leur mal et cherchans le baulme dans la débonnaireté et équité de ceste puissance que Dieu leur a donnée pour maistresse et pour supérieurs.

Par l'acheminement et facilité de ce que dessus, il n'y a que le seul vouloir de Sa Majesté, soit qu'il luy plaise d'en commander les effets à la réquisition seule dudict seigneur de Rohan, ou avec l'assurance du député général qui se trouve près de Sa Majesté suivant les commandemens qu'elle luy en a faict et qui par sa charge a vocation légitime à ces ouvertures et formalitez qui tendent généralement à demander la paix à Sa Majesté, pour après cela faire soudain suivre les satisfactions et l'ordre susdict; ou qu'autrement il plaise à Sa Majesté y pourvoir de son mouvement, c'est-à-dire plus royalement par les seulles compassions envers ses subjects.

N'a cet advis autre but que la gloire de Dieu, le service du roy, le bien et repos public, ce qui nous permet avec support de supplyer très-humblement Sa Majesté de ne vouloir point plus avant laisser engager ces désolations et renversemens, ains de ne vouloir veoir que dès à présent tout presse sa clémence et sa prévoyance à recevoir dans une ferme et stable paix les bénédictions de ceux qui ayment sa prospérité, sa grandeur, son estat, et de tant de peuples qui crient à Dieu.

Signé : CHALAS, député général.

Imprimé.

1621, 4 novembre. *Au camp devant Montauban.* Le roi, au duc de Vendôme.

Mon frère naturel, tant de victoires consécutives que Dieu a donné à mes armes et l'estat où je retrouvois mes forces avec la saison assez favorable me fist résouldre d'entreprendre ce siège qui a réussy à souhait jusques à ce que les fatigues passées et l'autonne ont causé tant de maladies dans le camp que tout à coup je l'ay veu diminuer; cela me faict appréhender (bien que je mande de toutes parts des troupes) à estre enfin forcé à lever le siège, ce qui sans doute renouvellera les espérances de ceux qui fomentent la rebellion et pourroit porter à entreprandre aux provinces les plus esloignées d'où je suis. Et quoy que la Bretagne soit l'une de celles où jusques à présent ils ont le moings auzé, si est ce pourtant qu'il seroit à craindre qu'ilz ne songeassent à y surprendre quelques villes, si elles n'estoient soigneusement gardées. C'est ce qui m'oblige à vous mander d'en faire renouveler les gardes partout, et vous conjurer de toute mon affection de vouloir veiller en vostre charge affin qu'il ne s'y remue rien, ce que je tiens infaillible vous l'entreprenant; et ne doubtant non plus de vostre affection que de vostre pouvoir, je tiens la chose asseurée et que je n'ay point à m'inquietter de ceste province qui est l'une des plus grandes et importantes de cet estat, je vous en conjure de rechef et prie Dieu quil vous ayt, mon frère naturel, en sa ste garde. Escrit au camp devant Montauban le IIIIe jour de novembre 1621.

LOUIS.

DELOMENIE.

Arch. Nat., K. 112, n° 2, 5.

1621, 12 novembre. *Au camp devant Montauban.* Le roi au duc de Vendôme.

Mon frère naturel, il y a desja quelques jours que je prévoyois à quoy les maladies de mon armée et la saison me forsceroet, comme je serois contrainct de lever le siège de devant Montauban et deslors je le vous mandé, et pris aussi résolution de laisser ès environs des trouppes qui les tinssent de si court que l'incommodité leur fist penser à leur debvoir en les obligeant à recongnoistre leur faulte. Je pars présentement ayant establi cest ordre, et avec cest advantage que je m'achemine en Languedoc asseuré de la fidellité du s^r de Chastillon et des lieux où son crédit s'estend, et désiré de tant de personnes de qualité et de plusieurs communaultez que mon voyage ne peut estre que fructueux et si advantageux à l'Estat qu'il sera renommé. Cette consideration me faict proposer touttes choses et passer pardessus les incommoditez de la saison pour remporter cest advantage que, ne pouvant estre traversé que de quelques surprises de villes et lieux esloignez, c'est à ceulx qui y ont authorité d'y veiller. Je vous recommande le soing de l'estendue de votre gouvernement et assuré que de vostre personne et de vostre crédit vous vous opposerez à touttes nouveaultez, je prie Dieu qu'il vous aye, mon frère naturel, en sa ste garde. Escrit au camp devant Montauban le xiie jour de novembre 1621.

Louis.

DE LOMENIE.

Arch. Nat., K. 112, no 2, 4.

1621, 15 novembre. Délibération du Conseil de ville de Poitiers.

Sur les advis donnez à monsieur le maire que ceux de la religion prétandue avoient entreprise sur cette ville, a esté ordonné que l'on mettroit ordre que la porte de Thison seroit bien murée et fessinée comme aussi celle de Pontachard, et que l'on mettroit des chaisnes aux palles du chasteau et aux archeres.

Conseil ordinaire du 15 novembre 1621. — Extrait, p. 60 du reg. 76.

— 18 novembre. *Toulouse*. Le roi au duc de Vendôme.

Mon frère naturel, le sang du s^r de Boisse Pardailhan assassiné par les rebelles du s^r marquis de Mirambeau et de son gendre Theobon crie vengence, soit pour l'acte abominable et pour avoir esté commis en haine de ce qu'il me servoit. J'ay résolu d'y pourvoir et, pour cest effet, j'ay envoyé investir Montheur, où je m'achemineray en dilligance, ayant sejourné en ceste ville deux jours seulleman, où quelques affaires me retiennent pour, selon l'estat auquel je trouveray la place, me résouldre nonobstant la saison advancée de l'attaquer, ou bien de la mettre en estat quelle ne puisse courre le pays et que ceulx qui s'y sont retirez et qui s'en sont emparé, publians me vouloir servir et ne tremper à l'assassinat de leur père, ne puissent s'en sauver et éviter le chastiement si mérité par tant de sy énormes crimes. Du jour que j'y seroy arrivé je prendray ma résolution de laquelle je vous tiendray adverty et, Dieu aydant, elle sera telle que mes forces et mon auctorité se feront congnoistre. Cependant veillez que dans l'estendue de vostre charge il ne se passe rien qui puisse estre préjudiciable au bien de mes affaires et soyez asseuré de la continuation de la bienveillance de celui qui prie Dieu qu'il vous aye, mon frère naturel, en sa ste garde. Escrit à Thoulouze le xviiie de novembre 1621.

Louis.

De Lomenie.

Arch. Nat., K. 112, n° 2, 6.

1621, 24 novembre. *La prise du secours allant par mer à La Rochelle; ensemble le grand et furieux combat arrivé près de Brouage contre leur amiral et armée navale, le 24 novembre dernier.* Paris, A. Saugrain, 1621, in-8° — *La mémorable défaite de l'armée rocheloise par M. le marquis de La Valette et les sieurs de La Douerière et de Virsac, gouverneurs de Mornac et de Talmont.* Paris, jouxte les mémoires imprimés à Bourdeaux par S. Millanges, 1621, in-8°.

— 4 décembre. *Chinon.* Le ministre Vincent au secrétaire de la duchesse de la Trimouille.

....Vos nouvelles de La Rochelle nous sont confirmées, auxquelles on adjoute que 22 ont esté exécutez et entr'iceulx l'advocat du roy. Cela me semble d'autant plus faisable que j'ay recogneu ce dernier pour homme peu religieux, sinon tout à fait profane, et dissolu au possible, se moquant de tout ordre divin et humain, jusques à aller donner toute nuict des aubades aux ministres qui luy avoient faict les censures de ses débauches...... Nous souspirons avec vous après la paix ; mais je ne crains pas peu que nos humeurs ne soient guères disposées, et qu'après avoir esté comme du tout abbattus par l'adversité, une ombre de prospérité nous rende insolens, etc.

Arch. du duc de la Trimouille.

1621, 24 décembre. *Bordeaux.* Le roi au duc de Vendôme.

Mon frère naturel, je tiendrois ma province de Bretaigne en ung misérable estat si les huguenots rebelles y estoient puissans, la voyant desnuée de forces et mesme comme elle est, sy je ne vous y sçavois ; mais d'y rien craindre, vous y estant, cela ne me peult passer par l'esprit, m'asseurant bien que vous courrez sus aux premiers qui se vouldroient eslever et que vostre prévoyance empeschera qu'on éxécute aucune entreprise, mesmement estant prest à me raprocher et passer par le Poictou où je donneray les ordres nécessaires pour prévenir ces inconvéniens, y laissant ceulx qui parlent d'entreprendre en peine de se conserver. Il en arrivera tout aultant aux Rochelois auxquelz je vas jetter en teste une flotte capable de se deffendre et de les recoigner dans leur havre. Néanmoins il ne fault pas laisser de persister à donner ordre aux gardes des villes et principalement de celles qui sont jalouzes et aysées à surprendre, et de cela je vous charge comme de me tenir soigneusement adverty de ce que vous aprendrez et congnoistrez important le bien de mon service, à quoy vous estes intéressé, estant mon frère naturel que j'ayme et que je prie Dieu avoir en sa s^{te} garde. Escrit à Bordeaux le xxiiiie jour de décembre 1621.

LOUIS.

DE LOMENIE.

Arch. Nat., K. 112, n° 2, 3.

1621, 27 décembre. Jean Guiton, écuyer, échevin de la ville de La Rochelle, et amiral de l'armée navale de ladite ville, permet de prendre la mer à Jacques Boutinaud, en vertu de la commission donnée par l'Assemblée générale des églises réformées de France et de la souveraineté de Béarn.

Arcère, p. 688.

1622, 21 janvier. Pouvoir donné par l'Assemblée de La Rochelle au duc de Rohan pour traiter de la paix.

Bibl. Nat., Fr. 4102, f° 35. — *La dernière requête des députés de La Rochelle, présentée au Roi; ensemble la réponse de S. M. faite auxdits députés.* Paris, P. Colombel, 1622, in-8°. — *Les remontrances des fidèles serviteurs du roi, de la religion prétendue reformée, à MM. les députés en l'Assemblée de La Rochelle, pour la paix et l'obéissance à S. M. contre les rebelles qui se disent de la même religion et qui n'en sont pas.* S. L. 1622, in-8°.

— 27 janvier. *Alais*. Lettre de l'assemblée des Cévennes et Gévaudan à l'Assemblée de La Rochelle, pour lui annoncer la nomination qu'elle a faite du duc de Rohan pour général.

Bibl. Nat., F. fr. 4102, f° 53.

— 27 janvier. *Sommières*. Lettre semblable de l'assemblée du Bas-Languedoc.

Tit., f° 49.

— 10 février. Délibération du Conseil de ville de Poitiers.

Sur la plaincte faicte au conseil par M⁰ Jacques Barraud, advocat au présidial de cette ville, que le sieur Natanael Adam, sieur de Sichard, son gendre, avoit esté mené prisonnier à La Rochelle contre toutes formes n'estant point homme de guerre, a prié le dict conseil de le vouloir favoriser d'un mot de lettre à M^{rs} de La Rochelle et permettre que le trompette de cette ville s'y en allast de la part du dict conseil ; a esté M. le maire prié d'escrire aux dictz sieurs de La Rochelle et les prier de rendre le dict sieur de Sichard ou mander ce qu'ils en veulent faire, et permis au dict sieur Barraud d'envoyer le dict Pareau, trompette, moyenant que ce soit à ses fraitz et non à ceux de la ville.

Conseil extraordinaire tenu le 10 février 1622. — Extrait, p. 94 du reg. 76.

1622, 21 février. *Id.*

Messieurs de La Rochelle respondent aux lettres qu'on leur avoit escrit pour monsieur Natanael Adam, sieur de Sichard, qu'ils détenoient prisonnier en leur ville, ont déclaré que mettant hors de prisons sept pauvres artisans habitans de leur ville que M. le compte de la Rochefoucault avoit faict mettre prisonniers en cette ville qui estoient prisonniers de guerre, ils lairroient aller le dict sieur Adam. A esté ordonné que coppie de cette lettre seroit envoyée à M. le compte de la Rochefoucault et prié au nom de cette maison commune de relascher les dictz prisonniers pour et en faveur du dict sieur Adam.

Conseil ordinaire du 21 février 1622. — Extrait, p. 100 du reg. 76.

1622, 22 février. Délibération du Corps de ville de La Rochelle. — Sur la plainte faite au conseil par Fr. Prévost qu'il y avoit quelqu'un de ce corps qui a rapporté, contre le serment qu'il a fait audit corps, à MM. de l'Assemblée, qu'il avoit outrepassé sa commission en l'envoi qui avoit été fait de sa personne vers MM. de l'Assemblée touchant la commission qu'ils ont communiquée à ce corps et vouloient donner au sieur de La Renaudière, pour leur remontrer le préjudice qu'elle pourroit apporter à cette ville, dont il prie le conseil d'ouïr sur ce MM. de La Chapellière et de La Goutte pour savoir d'eulx le nom de celui qui a tenu tels discours aux fins de lui en faire raison. La chose mise en délibération, MM. ont prié M. le maire de les envoyer quérir en sa maison pour savoir d'eux par serment qui est celui qui a rapporté à MM. de l'Assemblée les propos dont se plaint ledit sieur de La Vallée aux fins qu'étant connu, il soit pourvu exemplairement.

<small>Reg. du Corps de ville de La Rochelle.</small>

1622, 26 février. Commission nommée pour trouver en ville des soldats et artisans étrangers demandés par M. de Favas.

<small>Reg. du Corps de ville de La Rochelle.</small>

— 28 février. *La défaite des troupes de M. de Soubize et de La Cressonnière, par le sieur des Roches-Baritaut; ensemble la mort dudit sieur de La Cressonnière et de plusieurs autres rebelles à S. M.* Paris, J. Jacquin, 1622, in-8º.

<small>Voy. lettre de Besly des 16 février et 14 mars.</small>

— 2 mars. Lettres de M. de Soubise annonçant des victoires; prière au consistoire de rendre des actions de grâces; nomination de commissaires pour remercier l'Assemblée qui a envoyé au Corps de ville cinq enseignes prises par M. de Soubise.

<small>Reg. du Corps de ville de La Rochelle. Voy. sur les détails de la campagne de Soubise, lettre de Besly du 14 mars.</small>

— 4 mars. Délibération du Conseil de ville de Poitiers.

Monsieur le maire a faict voir et donné lecture d'une lettre que madame la contesse de la Rochefoucault luy avoit escripte, par laquelle elle le prie de sçavoir si les Souisses qui sont en cette ville voudroient aller secourir monsieur son mary qui est sur le point d'entrer aux mains et faire rencontre de monsieur de Soubise qui se fortifie dans le chasteau et bourg de la Chaulme des Sables; comme aussi de sçavoir s'il y a boulletz, poudres et mesches en cette ville dont il peust se servir aux fins de les envoyer quérir; la dite dame a aussi envoyé un mémoire de ce qui s'estoit passé en une rencontre du sieur des Roches Baritault menent cent mousquetaires dans Tallemont, avec le sieur de Loudrière, La Cressonnière et autres gentilshommes de la religion prétendue dont il en avoit esté tué bon nombre : a esté monsieur le maire prié de parler au capitaine des Suisses pour sçavoir de luy s'il voudroit mener ses gens à M. le compte de la Rochefoucault, suivant la lettre de madame, et donner advis à la dicte dame faisent réponse à sa lettre de ce que les dictz Suisses ont envie de faire, comme aussy qu'il y a des poudres, boulletz et mesches en cette ville apartenens au roy dont il se peut servir aux nécessitez et occasions et les prendre de son aucthorité.

Conseil extraordinaire du 4 mars 1622. — Extrait, p. 106-107 du reg. 76.

1622, 6 mars. Mémoires et instructions pour le sieur des Isles, député par le duc de Rohan vers le duc de Lesdiguières. « Suivant le pouvoir à moy donné par l'Assemblée générale, je ferai demander la paix à S. M. par des députez exprez, au nom des églises de France, avec tous les debvoirs et soumission que besoin sera..... » Ecrire à MM. de Bouillon, de La Trimoille, de La Force, pour joindre leurs prières aux siennes.

D. Vaissette. Hist. du Languedoc, t. V, pr. col. 365.

— 12 mars. Nomination de commissaires tant du Corps de ville de La Rochelle que des bourgeois pour conférer avec ceux qui ont été nommés par MM. de l'Assemblée relativement aux mémoires envoyés des Sables par MM. de Soubize et du Parc d'Archiac; nomination de commissaires pour compter avec MM. de l'Assemblée.

Reg. du Corps de ville de La Rochelle.

— 16 mars. Commissaires pour supplier MM. de l'Assemblée de ne prendre aucun droit du 10° sur les navires qui pourraient être pris, esquels serait chargé de blé pour laquelle la ville a traité avec les sʳˢ Ogier et Ollivier. — Reçu de

M. de Soubise de deux couleuvrines, 200 boulets, etc., à lui prêtés par les Rochelais. — Cession de munitions et vivres à M. de Soubise approuvée. — Lecture de lettres écrites de Londres au Corps de ville par les députés David et Defos.

<small>Reg. du Corps de ville de La Rochelle.</small>

1622, 26 mars. Envoi à M. de Favas de deux pièces de canon avec leurs munitions; le 30, il est sursis à cet envoi jusqu'à ce que l'on ait de ses nouvelles.

<small>Id.</small>

— 26 mars. *Lettre et dernier avis de M. le maréchal Dédiguières aux rebelles et partialistes de Montauban, Languedoc, Vivarets et La Rochelle.* Paris, G. Drouot, 1622, in 8º.

— 2 avril. La ville pourvoit au transport de soldats qui veulent aller rejoindre M. de Soubise.

<small>Reg. du Corps de ville de La Rochelle.</small>

— 3 avril. Propositions arrêtées entre Lesdiguières et Rohan, sur lesquelles le roi sera supplié de donner la paix générale.

<small>D. Vaissette, t. V, pr. col. 366.</small>

— 4 avril. Lettres du duc de Rohan au roi sur le sujet de la conférence avec le duc de Lesdiguières.

<small>Bibl. Nat., fr. 4102, fº 41.</small>

— 4 avril. Guiton, amiral des Rochelais, est chargé de prier M. de Favas de quitter le Médoc et de revenir à La Rochelle.

<small>Reg. du Corps de ville de La Rochelle.</small>

— 6 avril. Commissaires chargés de prier l'Assemblée de demander à M. de Soubise, pour la ville, une partie du blé qu'il a conquis dans sa campagne du Poitou; autres commissaires envoyés dans le même but auprès de M. de Soubise.

Reg. du Corps de ville de La Rochelle.

1622, 6 avril. *Tonnay*. D'Iray au duc de La Trimouille.

Vous aurez ouy parler, monseigneur, de l'acte de l'assemblée de La Rochelle et de la lettre du s^r de La Chappelière qu'un gentilhomme de M. de Jarnac porta à Paris lorsque le roy y estoit et cela sur l'envoy par luy faict à La Rochelle par conférence de M. le guarde des sceaux, les dites lettres et acte portant qu'en continuant en la volonté qu'ilz ont tousjours eue, et qu'ilz ont faicts sçavoir cy devant à M. le vicomte de Duncastre, ilz sont tous prets d'envoyer les depputez de leur corps, tels qu'il plaira à S. M. choisir, pour se venir jetter à ses pieds et lui demander la paix, qui si sad. M. n'a cela agréable ils authoriseront pour ce faire ou M. de Jarnac ou M. de Chalas ; sur cela ledit Mrs de Jarnac envoya demander des passeports pour aller à La Rochelle, ce qu'on ne trouva pas bon, mais bien une lettre du 20 despêchée à M. d'Espernon pour le laisser aller et venir seurement à La Rochelle.

Archives de M. le duc de La Trimouille.

1622, 8 avril. Délibération du Conseil de ville de Poitiers.

Monsieur le maire a déclaré que, mardy dernier, il avoit faict mettre prisonniers trois hommes de cheval qui sont de Preuilly, lesquels venoient de l'armée de monsieur de Soubize et avoient porté les armes contre le service du roy, estans hugenotz, qui avoient ce jour là conféré avec le nommé Girard, procureur au présidial, aussi hugenot, lequel le dict sieur maire a aussi faict mettre en prison, dont et de toutte la procédure il avoit tousjours donné advis à monsieur le gouverneur, lequel désirent cognoistre tout à faict de l'affaire, jugeat qu'elle estoit de son gibier comme gens qui avoient porté les armes et partant prisonniers de guerre, il avoit prié monsieur le maire d'assembler le conseil de la ville pour, avec iceluy ou quelques uns du dict corps de ville députez par le dict conseil, juger comment il falloit se gouverner en cette affaire pour le regard si les ditz prisonniers devoient estre déclarez prisonniers de guerre ou criminels de lèze majesté, duquel crime la cognoissance apartient aux juges royaux ; ou bien si l'on envoyroit au roy le procez pour apprandre sa volonté et de messieurs du conseil quel jugement et sentence y eschoyoit et comme ils désiroient que l'on si comportast à l'advenir en pareilles occasions qui peuvent en ce temps icy se rencontrer souvent. A esté ordonné que monsieur le maire sires André Richard, Jean Rougier, Pierre Peiraut et Pierre Lambert, députez par le présent conseil, se transporteront par devers monsieur le gouverneur de cette ville pour luy faire entendre qu'il ne s'est rien faict en cette affaire que monsieur le maire ne peust ne deust faire, estant de la jurisdiction de l'eschevinage de prandre cognoissance de ce qui importe le repos de la ville et seureté d'icelle, estant dans les termes d'une jurisdiction contentieuse attandu que lesdits prisonniers sont pris pour espions et criminels de lèze majesté. Et a esté monsieur le maire prié de faire grossoyer tout le procès et l'envoyer au roy et à messieurs de son conseil le plus tost qu'il sera possible pour estre instruitz ou plustost de ce que l'on y doit faire, et d'escrire à monsieur Desbault qu'il luy plaise nous instruire de ce que nous avons affaire à l'advenir en semblables occasions. Les ditz prisonniers ont esté pris dans l'hostellerie du Coq.

Conseil extraordinaire du 8 avril 1622. — Extrait ; p. 132-133 du reg. 76.

1622, 10 avril. *Harangue et protestation faite au Roi, en sa ville de Nantes, par la noblesse de Bretagne, touchant les nouvelles entreprises du sieur de Soubize et de ses adhérents ; ensemble la réponse à icelle faite par S. M.* Paris, J.-B. Chevrol, 1622, in-8º.

1622, 11 avril. Délibération du Conseil de ville de Poitiers.

Requeste présentée par Danyel Girard, procureur en cours royalles et présidialle de cette ville, par laquelle il expose qu'il a cy devant esté arresté prisonier pour avoir communiqué avec quelques soldats qui venoient de l'armée de monsieur de Soubize qui estoient aussy prisonniers par commandement de monsieur le maire ; qu'aiant rendu son audition demande et supplie messieurs les maire et eschevins de l'eslargir des dictes prisons sous la caution de Nicolas Girard, son père, qui offre le représenter toutefois et quant il en sera par eux ordonné. Le procès sera envoyé au roy pour en avoir sur ce sa volonté, cependent demourra prisonnier et néanmoins sera la présente requeste communiquée au procureur de la cour laquelle j'ay rendue et mise ès mains de Nicolas Girard le père.

Conseil ordinaire du 11 avril 1622. — Extrait, p. 135 du reg. 76.

— 11 avril. Demande à l'Assemblée de renoncer en faveur des capitaines qui iront à l'armée navale, au 10ᵉ qu'elle a coutume de prélever sur les prises.
Reg. du Corps de ville de La Rochelle.

— 12 avril. Envoi de navires à M. de Soubize.
Idem.

— 13 avril *Thouars*. D'Iray au duc de la Trimouille, à Sedan.

MONSEIGNEUR,

Vous sçavés bien particulièrement par celle de madame vostre mère ce qu'elle a appris à Saumur durant le peu de temps qu'elle y a esté lors que la Cour y a passé, et, depuis, les raisons qui l'ont meüe d'envoyer à Nantes M. de Pontanbray. En quoy elle a eu pour principal but le bien des affaires de V. E. Vous aves sceu, monseigneur, M. de Soubize à Lusson dont on croyoit qu'il deust faire transporter toutes sortes de provisions dont ce païs là est fort abondant; mais il y a simplement vescu et n'en a rien tiré, soit en faulte de commodité pour la voiturer, ou pour defférence à quelque recommandation, ou pour favoriser le seigneur du lieu, ou aultre telle chose. On croyoit que, de Lusson il tireroit vers La Rochelle, par le marais, n'ayant en son chemin d'obstacle que le Brault, petit fort sur la rivière, qui lui esté très aisé de forcer, n'estant basti que de mauvaise matière, ny guardé que par cent hommes qui, sans doubte, n'eussent pas attendu; mais il a rebroussé en Poictou, jusques aux Essarts et Puybeliard, où il estoit vendredi que M. le compte de la Rochefoucaud partit de Fontenay avec ce qu'il peut de cavalerie (ayant derechef mandé la noblesse de la province) et les régimens de Navarre, de Champagne, de Burie, du Chastelier, de La Rainville et de St-Vivien, et celuy de M. le prince de Marsillac, son filz, l'attendant à Mareuil, espérant avec ses forces se mettre entre monsieur de Soubize et les Sables, ce qu'il aura faict s'il a voulu, estant beaucoup plus avancé que M. de Soubize qui ne va que bien lentement à cause de cinq pièces de canon qu'on dit estre tirées par des bœufs. Cependant on ne voit pas d'aultre passage asseuré pour M. de Soubize que les Sables, et sera bien malaisé que cela se passe sans combat. Il est aussy fort et plus que M. de La Rochefoucaud, car il a, pour le moins, cinq mil hommes de pied et six cens chevaux; et tous les regimens cy dessus ne font qu'environ trois mil cinq cens hommes; mais aulcuns croyent que le bourg des Sables, à l'ayde du régiment de Marsillac, a investi la Chaume et que M. de Vandosme a fait couler quelques trouppes de Nantes; cela est encore incertain; mais s'il y a forces suffisantes entre M. de Soubize et la mer, il aura incontinent le roy sur les bras, car on assure qu'il prendra la route de Fontenay, de Niort et peut estre de Xainctes. Cependant ceux de La Rochelle et M. de Soubize ont escript à la Royne mère pour la supplier très humblement d'intercéder pour la paix, de laquelle on parle diversement scelon les inclinations diverses qu'on recognoist en ceux qui ont l'honneur d'approcher Sa Majesté : M. de Schomberg assure que, quoi qu'on die, il fera son possible affin que le Roy (son auctorité sauve) la donne à ses subjectz, la reconnaissant nécessaire à l'Estat. La conférence de mess^{rs} de Lesdiguières, de Rohan et de Chastillon qui se devoit faire à Baignols, ou au St-Esprit, le 25e du passé, a esté différée jusques au 5e du courant à cause des empeschemens que M. de Montmorency avoit mis sur le passage de M. de Rohan. On attend de lui les ouvertures de la paix, et à la Cour, on assure que si elles sont telles, voir un peu moindres que celles qu'autresfois on a ouy dire à M. de Lesdiguières, comme nécessaires, nous aurons une paix et un repos asseuré en ce royaume et Sa Majesté ne demande que l'obéissance de ses subjectz pour secourir ses voisins et alliés, à quoy elle sera de nouveau conviée par l'ambassadeur de Venise qui doibt bientost arriver. M. de Favas faict tousjours son affaire à part et avait il y a quelque temps pris une abbaye, dont nous ne sçavons le nom, mais que ses gens ne guardèrent guères ayant au mesme instant quasi esté enveloppés par ceux de M. d'Espernon qui leur firent quelque prise et les deffirent; le lieutenant de M. de St-Surin y fut tué et, dit-on, bon nombre de braves gens. Voilà, Monseigneur, ce que je sçay à présent, à quoy je n'adjousteray que mes prières à Dieu pour vostre prospérité et santé, et de madame, vous suppliant très humblement de croire que je suis et seray jusques au tombeau, monseigneur, vostre très humble, très obéissant et très fidèle serviteur. A votre Thouars le 13e avril 1622.

D'IRAY.

Archives du duc de la Trimouille.

1622, 23 avril. *Thouars.* D'Iray donne au duc de La Trimouille des détails sur la défaite de Soubize à Riez.

> Préface, p. 42. — Voyez aussi « *La déroute de M. de Soubise dans l'ile de Riez, appréciée par sa sœur (Anne de Rohan) et par un paysan poitevin* », par M. E. Louis. (Ann. de la Soc. d'émul. de la Vendée, XXI⁰ année, 1874, 2⁰ série, t. II).— Voir aussi un travail de M. de Sourdeval dans le même recueil, VII⁰ année, p. 97 et *seq.* — La défaite de Soubise fit naître un assez grand nombre de factums dont nous pensons devoir donner la bibliographie. Nous croyons utile de rappeler ici un passage des Mémoires de Richelieu qui fait connaître les motifs des expéditions tentées par Favas et Soubise : « Le roi reçut aussi avis que les
> « Rochellois énorgueillis de se voir maîtres de la mer, et tenir
> « enfermés dans le port de Brouage le peu de vaisseaux qui y
> « restoient à S. M. avoient eu l'audace de faire deux descentes
> « aux embouchures des rivières de Loire et de Garonne ; don-
> « nant charge de celle de Loire à Soubise, à cause du lien de
> « l'intelligence qu'il avoit en Bretagne et en Poitou, et de celle
> « de la Garonne à Favas ; que ledit Favas avoit fait la sienne
> « en l'île d'Argenton le 22 janvier, et à Soulac le 5 février, et y
> « avoit bâti deux forts ; et Soubise la sienne le 14 février, auprès
> « de Saint-Benoit au bas Poitou, avec 3,500 hommes de pied et
> « 500 chevaux. »

Récit véritable de la défaite des troupes rebelles commandées par le s^{gr} de Soubize, au bas Poictou, le samedi 16e jour d'avril. Nantes, P. Febvrier (s. d.), in-8°. — *Relation faite par M. le maréchal de Vitry, commandant à l'avant-garde, de tout ce qui s'est passé en la victoire obtenue par le roi contre les rebelles commandés par M. de Soubize.* Paris, A. Estienne, 1622, in-8°. — *La mémorable et glorieuse victoire, obtenue par le Roi sur l'armée du sieur de Soubize, dans l'île de Rié.* Paris, J. Blagear, 1622, in-8° ; Rouen, J. Besongne, in-8°. — *La défaite générale de toutes les troupes du sieur de Soubize par l'armée du Roi, S. M. y étant en personne.* Paris, P. Rocolet, 1622, in-8°. — *Récit véritable de la défaite de l'armée des rebelles conduite par le sieur de Soubize, envoyé de la Cour par un secrétaire d'État.* Bourdeaux, S. Millanges, 1622, in-8°. — *La surprise du sieur de Soubize dans les Sables d'Aulonne, investi tant par mer que par terre..., et autres mémorables exploits de guerre..., par MM. le comte de La Rochefoucaut, marquis de La Valette et baron de Saint-Luc.* Paris, P. Ramier, 1622, in-8°.— *De regis expeditione in insulam de Rie adversus Subisium, per Nic. Prou des Carneaux.* Parisiis, in-24. — *La description générale et très-particulière des noms et qualités de tous les chefs, et nombre des gens de guerre tant tués que prisonniers en la défaite du sieur de Soubize,* etc. Paris, N. Rousset, 1622, in-8°. — *La prise du comte de Marans, du sieur de La Motte et des* *principaux chefs et capitaines de l'armée de M. de Soubize*, etc. Paris, G. Drouot, 1622, in-8°; Rouen, D. Ferrant. — *Lettre du Roi envoyée à MM. les prévôts des marchands et écherins de la ville de Paris, touchant la défaite du sieur de Soubize* (17 avril). Paris, N. Alexandre, 1622, in-8°. — *Lettre du Roi, envoyée au Parlement de Normandie, sur la victoire obtenue contre les rebelles* (17 avril). Rouen, M. Le Megissier, 1622, in-8°. — *Relation véritable apportée par le sieur Du Buisson, envoyé par le Roi, de la défaite de l'armée du sieur de Soubize par S. M. en personne, et de la prise du château de La Chaume, dans les Sables-d'Olonne, le 18ᵉ de ce mois.* Paris, F. Morel, 1622, in-8°. — *Lettre d'avis donnée à tous les ministres de France et autres de la religion prétendue réformée, par le sieur Du Moulin, ci-devant ministre à Charenton, sur la défaite des sieurs de Soubize et Favas.* Paris, J. de Bordeaux, 1622, in-8°. — *Les larmes et regrets de Mademoiselle Anne de Rohan, sur la déroute de M. de Soubize, son frère, et sur sa rebellion contre le Roi.* Paris, N. Rousset, 1622, in-8°. — *Les soupirs et regrets des huguenots et ripeus de la ville d'Allançon, sur les infortunes arrivées de nouveau à M. de Soubize et autres de son parti en laditte ville d'Allençon.* Rennes, F. Choson, 1622, in-8°. — *Le postillon d'Angleterre à M. de Soubize sur la défaite de ses troupes.* S. l., 1622, in-8°. — *La chasse royale des parpaillots en l'île de Rié, en bas Poictou.* Tours, J. Oudot, 1622, in-8°; Paris, J. Guerreau, 1622, in-8°. — *La descente des parpaillots aux enfers et l'accueil à eux fait par les bourgeois du manoir plutonique.* Paris, P. Columbel, 1622, in-8°. — *Le Pater noster des réformés sur le repentir de leur rebellion; ensemble l'anagramme du sieur de Soubise.*

1622, 18 avril. Les Actes de l'Assemblée, page 309, font allusion au séjour de Soubise à La Rochelle, après sa défaite, mais ne donnent aucun détail. Voici quelques publications qui se rattachent à cet épisode :

Relation de ce qui s'est passé à La Rochelle en la réception de M. de Soubize, au retour de Rié. Jouxte la copie imprimée à La Rochelle, chez Le Libertin, 1622, in-8°. — *La grande et merveilleuse sédition arrivée à La Rochelle, sur la défaite des troupes des sieurs de Soubize et de Favas* (18 avril). Paris, jouxte la copie imprimée à Poictiers par la veuve Blanchet, 1622, in-8°. — *Le bannissement de M. de Soubize hors de la ville de La Rochelle par les rebelles habitants même de ladite ville, avec les causes et motifs de cette résolution.* Paris, J. Guerreau, 1622, in-8°. — *La plainte et désaveu des habitants de La Rochelle au sieur de Soubize le 23 avril.* Paris, A. Girardet, 1622, in-8°.

1622, 21 avril. *Récit véritable de la juste punition et vengeance exemplaire que le Roi a prise et exécutée sur les prisonniers du château de La Chaume; avec ce qui se passe de nouveau à l'armée.* Paris, veuve A. Saugrain, 1622, in-8°. — *Lettre d'un avocat de La Rochelle* (Godefroy) *écrite à un sien ami de la religion prétendue réformée, de présent à Paris, contenant au vrai tout ce qui s'est passé de plus remarquable tant dedans ladite ville qu'aux environs, depuis le 15 avril jusques à présent* (28 avril). S. L. 1622, in-8°.

— 25 avril. Instructions au sieur de Bullion, conseiller d'État, sur la proposition de paix. Le roi oubliera les crimes de rébellion de ceux qui ont adhéré aux résolutions de l'Assemblée de La Rochelle; toutes les fortifications, sauf celles de La Rochelle et de Montauban, seront rasées; Rohan aura les gouvernements de Montpellier et de Sommières; Soubise aura sa pension, plus 50,000 liv. comptant et la permission de traiter de la charge de colonel général des troupes françaises entretenues en Hollande.

D. Vaissette, t. V, pr. col. 369.

— 27 avril. L'Assemblée réclame le droit de juger M. de Freton emprisonné par ordre du maire; refus poli mais très-net du Corps de ville, qui fait connaître, sans détails, les causes de cette arrestation. On voit ailleurs que M. de Freton, sur les grandes plaintes des habitants, avait été arrêté chez M. de Soubise même.

Reg. du Corps de ville de La Rochelle. — Actes de l'Assemblée p. 310 et *passim.*

1622, 30 avril. *Saintes*. Le roi à La Trimouille pour lui expliquer les motifs qui l'ont forcé à occuper temporairement le château de Taillebourg.

<small>Chartrier de Thouars, p. 146.</small>

— 4 mai. *Saujon*. Commission du roi au Parlement de Bordeaux pour faire le procès de Jean-Paul de Lescun, ci-devant conseiller au Conseil souverain de Béarn.

<small>Bibl. Nat., Brienne, 211.</small>

— 11 mai. Arrêt de mort rendu au Parlement de Bordeaux contre le sieur de Lescun, convaincu d'avoir assisté et présidé en l'Assemblée de La Rochelle, et signé des commissions sur la levée des gens de guerre.

<small>*Mercure français*, 1622, p. 591. Voy. aussi le procès de David de la Muce, seigneur de Ponthus, et de André Le Noir, sr de Beauchamp, p. 607.</small>

— 5 mai. *Saujon*. Instruction pour Monseigneur le Prince touchant l'armée du Languedoc.

Le Roy ayant advisé de faire acheminer Monsieur le Prince de Condé en sa province de Guienne avec des trouppes tant de cavallerie que d'infanterie pour, avec celles qui sont sur piedz, composer une forte armée et réprimer ceux qui se sont soubslevez contre son auctorité et le repos publicq, Sa Majesté s'en remect entièrement sur son soing et expérience de la conduicte de la dicte armée pour l'employer ainsi qu'il jugera plus utile pour son service et de se régler en cela selon le pouvoir qu'elle luy en a faict expédier, outre lequel elle a commandé ce présent mémoire luy estre mis ès mains pour luy faire particulièrement sçavoir ses volontés et intentions sur les traictez qu'il pourroit praticquer de sa part avec les principaux et particuliers d'entre ceux qui se sont esloignez de son obéyssance.

Les plus considérables du party des rebelles en la dicte province de Guienne sont les sieurs de la Force et ses enfans qui commandent à présent dans Saincte-Foy et Montflanquin, et le sieur de Lusignan qui commande dans Clérac. Et parce que par la réduction de ces particuliers et desdictes places, Sa Majesté restabliroit entièrement la dicte province en paix et pourroit profficter la saison pour exploicter son armée au bas Languedoc, elle a permis et donné pouvoir à mondict sieur le Prince de traicter avec lesdits sieurs de la Force et de Lusignan aux conditions cy après déclarées.

Que le dict sieur de la Force et ses enfans, bien que principaux autheurs de la rebellion qui se commect contre son auctorité, se soubsmettans en l'obeyssance de Sa Majesté avec les places de Saincte-Foy et Monflanquin et autres qu'ilz occupent, Sa Majesté leur accordera abollition génerálle de tous leurs crimes passez, ensemble à tous ceux qui les ont assistez et suiviz qui se rangeront en leur devoir; comme aussy aux consuls et habitans des villes qu'ilz remettront en l'obeyssance de Sa Majesté leur permettra la continuation de l'exercice de la religion prétendue réformée esdictes villes et les faire vivre en liberté de conscience suivant l'Esdit de Nantes.

Et pour récompenser ledict sieur de la Force tant du gouvernement de Béarn que de la charge de cappitaine des gardes dont le marquis de la Force, son filz, estoit pourveu, Sa Majesté accordera ung estat de mareschal de France audict sieur de la Force père, avec les appoinctements y atribuez ; ensemble la somme de six cent mil livres tant pour luy que pour ses enfans et de les gratiffier et favoriser au surplus selon que par leurs déportemens et services ils s'en rendront dignes.

Pour le regard du sieur de Luzignan, en remettans la ville de Clérac soubs son obeyssance, Sa Majesté lui accorde abolition génerálle tant pour luy que pour ceux qui l'ont assisté, ensemble pour les habitans de ladicte ville de Clérac des fautes et crimes par eux commis par le passé.

Comme aussi accorde ausdits habitans la descharge et remise des vii^{xx} mil livres à laquelle ils s'estoient obligez envers Sa Majesté lors de la prise de la dicte ville de Clérac.

Et pour le particulier dudict sieur de Luzignan, Sa Majesté voulant luy tesmoigner la confiance qu'elle veut avoir en luy, elle luy accorde le gouvernement de ladicte ville de Clérac comme aussi de le faire payer des cinquante mil livres qui luy ont esté cy devant promis pour la récompence du gouvernement de Puymirol, ensemble de ses pentions pour l'advenir, et le gratiffier selon le mérite de ses services, lesquelles conditions ont esté baillées au sieur du Duc, conseiller au Parlement de Bordeaux, pour les proposer au dict sieur de Luzignan.

Et d'autant qu'outre lesdicts sieurs de la Force et de Lusignan il y pourroit avoir quelques autres gentilzhommes et partisans qui se sont esloignez de leur devoir, qui se voudroient soubsmettre à la clémence de Sa Majesté, elle permect à mondict sieur le Prince de les y recevoir et les asseurer de pardon et oubly de leurs fautes en faisant nouvelles protestations de renoncer à l'Assemblée de la Rochelle et se contenir à l'advenir en leur devoir. Et si entr'eux il y en a aucuns qui ayans quelques places en leur pouvoir, ou qui, par leur mérite ou employ dans le party et faction desdicts rebelles, soient plus considérables, mondict sieur le Prince leur pourra offrir telles gratiffications qu'il verra estre de raison.

Sur la conduicte desquelz traictez Sa Majesté ne prescrit aucun ordre particulier à mondict sieur le Prince, remettant à sa prudence et capacité et au zèle et dévotion qu'il porte en son endroit de les mesnager selon qu'il sera plus utile et advantageux pour le bien des affaires de Sa Majesté.

Et parce que pour l'accomplissement desdicts traictez il sera nécessaire que mondict s^r le Prince soit assisté de quelque personnage capable, bien informé des intentions de Sa Majesté, qui soubz l'auctorité de mondict sieur le Prince puisse agir avec les dicts particuliers, Sa Majesté a choisy pour cest effect le sieur de la Ville-aux-Clercz, conseiller en son Conseil d'Estat et secrétaire de ses commandemens, en qui elle a particulièrement confiance, pour accompagner mondict sieur le Prince en son voyage, assister en tous les conseilz des guerres et autres qui se tiendront près sa personne et luy donner ses advis sur les occurrences qui se pourront offrir, comme aussi pour négocier avec ledict sieur de la Force les choses cydessus explicquées. En quoy son entremise sera tant plus utile que le sieur de la Force a créance particulière en luy et que ledict sieur de la Ville-aux-Clercz s'est acquis beaucoup de connoissances de ses humeurs, inclinations et desseings en traictant cy-devant avec luy pour le service de Sa Majesté des affaires du gouvernement de Béarn.

Finalement Sa Majesté promect de faire entretenir et effectuer tout ce qui par mondict sieur le Prince aura esté traicté et negocié avec lesdicts sieurs de la Force et Luzignan, aux conditions susdictes, et d'en faire expédier touttes lettres et provisions nécessaires; comme aussy accordé à mondict sieur le Prince qu'en cas que ceux qu'il depeschera vers Sa Majesté pour ses affaires fussent pris et arrestez sur les chemins prisonniers de guerre par les rebelles, que Sa Majesté procurera leur liberté et délivrance et payera leur rançon.

Faict au camp de Saugeon le 6ᵉ jour de may 1622.

Louis.

Phelippeaux.

Arch. Nat., K. 113, n° 3.

1622, 9 mai. Le Corps de ville témoigne à l'Assemblée le désir d'aider M. de Soubise, mais demande qu'il n'y ait pas de distinction d'armée, et que tous les navires qui sont en la rivière de Bordeaux obéissent à l'amiral rochelais. Commissaires envoyés à M. de Favas pour le visiter et l'inviter à assister au conseil de guerre.

Reg. du Corps de ville de La Rochelle. — Actes de l'Assemblée, p. 318.

1622, 11 mai. L'argent trouvé sur M. de Freton est remis au rece-veur de la commune.

    Reg. du Corps de ville de La Rochelle. — Actes de l'Assemblée, p. 318.

— 17 mai. Plainte à MM. de l'Assemblée au sujet de quelques propos tenus par un pasteur de leur compagnie.

    Ibid.

— 19 mai. L'Assemblée est priée par le maire de donner une charge de capitaine à un individu désigné, de l'île d'Oleron.

    Reg. du Corps de ville de La Rochelle.

— 23 mai. A cette date, Loubie rendit compte à l'Assemblée de ce qui s'était passé à Royan, qui avait capitulé le 11 mai. La part active que l'Assemblée prit à la défense de cette place (*Actes*, p. 309, 314 à 317, 322 à 324, et 334), nous fait mentionner ici les divers factums publiés à ce sujet : *Le siége et bloquement de la ville de Royan, par Mgr le duc d'Espernon, avec la prise de leurs faubourgs*, etc. (26 avril). Paris, J. Guerreau, 1622, in-8°. — *La réduction de la ville et château de Royan à l'obéissance du Roi, et celle du château de Taillebourg*, etc. Paris, P. Ramier, 1622, in-8°. — *Relation véritable de la prise de deux bastions de la ville de Royan, assiégée par le Roi* (9 mai). Paris, F. Morel, 1622, in-8°. — *La réduction de la ville et château de Royan à l'obéissance du Roi ; ensemble le traité fait avec les rebelles qui étaient dedans le mercredi 11e mai*. Paris, N. Alexandre, 1622, in-8°. — *La prise de la ville et château de Royan*. Bourdeaus, S. Millanges, 1622, in-8°. — *Les articles de la capitulation de Royan, accordés par la bénignité du Roi aux rebelles d'icelle*. Paris, P. Mansan, 1622, in-8°. — *Lettre du Roi, envoyée à Mgr le comte de Saint-Paul, sur la réduction de Royan en l'obéissance de S. M.* (11 mai). Tours, J. Oudot, 1622, in-8°. — *De urbe Roianæ obsidione, per N. Prou Des Carneaux*. Parisiis, 1623, in-24.

1622, 1er juin. *Sédan.* Le duc de Bouillon à Rohan. — Par une première lettre, il lui annonce l'arrivée près de lui du sr de Blosinière, chargé de lui faire part de ses sentiments au sujet du rétablissement de la paix. — Par une seconde lettre, du même jour, il lui dit que ce gentilhomme verra d'abord Lesdiguières. L'avis de Bouillon, à ce moment, était de faire la paix, « quelque défectueuse qu'elle peut estre, pourvu qu'elle fust généralle, pour ce que, ne pouvant plus disputer la campagne avec une armée, il falloit périr tost ou tard, et que tant plus il tarderoit, tant plus il empireroit la condition des églizes ; que si on estoit résolu de nous pousser à bout en refusant une paix généralle, en ce cas ils promettoient de se déclarer, forts ou foibles, et de prendre les armes ; qu'ilz esperoient l'ayde du comte de Mansfelt, et le pouvoir faire entrer en France moyennant une paie pour son armée. »

<small>Bibl. Nat., F. fr. 4102, fo 62.</small>

— **11 juin.** Poudres rendues à l'Assemblée, sur sa réclamation. — Prétentions de l'Assemblée sur le dixième des prises faites par les navires de la ville, repoussées.

<small>Reg. du Corps de ville de La Rochelle. — Actes de l'Assemblée, p. 355.</small>

— **12 juin.** Nouveau refus, sous forme de supplication, au sujet de la perception du dixième sur les prises.

<small>Reg. du Corps de ville de La Rochelle.</small>

— Du 18 au 22 juin, nous remarquons quelques plaquettes qui nous font connaître des faits de guerre accomplis autour de La Rochelle : *La défaite mémorable de 30 navires écossais venant au secours de La Rochelle, par Mgr le prince de Condé*, etc. Paris, J. Guerreau, 1622, in-8o. — *La prise de toutes les avenues de la ville de La Rochelle du côté de la terre, par Mgr le comte de Soissons ; ensemble l'arrivée de l'armée navale au port de Meschi, près la ville de Royan.* Paris, Fleury-Bourriquant, 1622, in-8o.— *La bravade faite* aux Rochelois près de l'île d'Argenton, par l'armée navale du Roi, le 18 de juin. Paris, P. Ramier, 1622, in-8°. — *La nouvelle défaite de trois compagnies rebelles sorties de La Rochelle, par les carabins de M. le comte de Soissons, voulant empêcher le transport des foins*, etc. Paris, N. Alexandre, 1622, in-8°.

1622, 20 juin. Demande à l'Assemblée de se réunir au Corps de ville pour faire taxe aux officiers de l'amirauté.

> Reg. du Corps de ville de La Rochelle. — Actes de l'Assemblée, p. 136.

— 30 juin. Prière de l'Assemblée de ne rien prélever sur les prises ; — de ne donner à aucun particulier congé pour aller à la mer ; à faute qu'elle veuille passer outre, il lui est déclaré que le Conseil est résolu de l'empêcher par toutes les voies qu'il verra bon être.

> Reg. du Corps de ville de La Rochelle. — Actes de l'Assemblée, p. 364.

— 6 juillet. MM. de l'Assemblée pourront retirer le 20ᵉ des fermes qui ont été faites par la ville ès îles d'Oleron, suivant le concordat qui a été fait ci-devant avec eux.

> Id.

— 7 juillet. Prière à MM. de l'Assemblée de ne délivrer aucun congé pour aller en mer ; ordre de saisir les capitaines qui en pourraient avoir obtenu.

> Id.

— 9 au 24 juillet. Nous rappelons ici les différents imprimés relatifs aux faits de guerre qui touchent à l'histoire de l'Assemblée de La Rochelle :

> *La défaite de plusieurs rebelles sortis en armes hors de la ville de La Rochelle par la compagnie de chevau-légers de M. le duc de Nemours, conduite par M. de Corbouzon, son lieutenant* (9 juillet). Paris, P. Ramier, 1622, in-8°. —

La furieuse escarmouche faite sur les Rochelois par le sieur de Courbouzon, lieutenant de la compagnie de M. le duc de Nemours, étant en l'armée du Roi devant La Rochelle, commandée par Monseigneur le comte de Soissons. Paris, P. Ramier, 1622, in-8°. — *Le combat mémorable fait entre l'armée navale du Roi et l'armée des rebelles rochelois ; ensemble la prise de 3 grands vaisseaux et de 25 gentilshommes rebelles de Normandie, allant par mer à La Rochelle.* Paris, P. Rocolet, 1622, in-8°. — *La défaite de 10 navires de la flotte de La Rochelle par les galères de France et le grand galion de Venise, au port de Leria.* Paris, G. Drouot, 1622, in-8°. — *La prise du château de La Fons, près de la ville de La Rochelle... par... le comte de Soissons, etc. (12 juillet).* Paris, M. Colombel, 1622, in-8°. — *Les approches faites par l'armée du Roi contre la ville de La Rochelle ; ensemble les forts que l'on a faits devant icelle par le commandement de Mgr le comte de Soissons, etc.* Paris, P. Ramier, 1622, in-8°. — *La furieuse charge donnée aux troupes sorties de La Rochelle, sous le commandement de M. de Beaulieu, avec la défaite de 400 hommes desdites troupes, et le nombre des prisonniers et tués, par Mgr le comte de Soissons (24 juillet).* Paris, R. Bretet, s. d., in-8°.

— 10 juillet. Le maire est chargé par le conseil d'intervenir selon sa prudence dans le différend entre M. de Favas et M. de La Noue.

<small>Reg. du Corps de ville de La Rochelle. — Voy. Lettre de Besly du 15 août.</small>

— 12 juillet. Demande à l'Assemblée des motifs des mesures prises contre M. de Favas. — Du 13. Mise aux arrêts de MM. de Favas et de Mittois, qui avaient mis la main sur leurs épées chez le maire et devant lui.

<small>Reg. du Corps de ville de La Rochelle. — Actes de l'Assemblée, p. 370 à 373.</small>

1622, 14 juillet. *Le Vigan.* Promesse du duc de Rohan aux ducs de Bouillon et de la Trimouille.

Nous, duc de Rohan, pair de France, promettons à Messieurs les ducs de Bouillon et de La Trimouille de procurer de tout nostre pouvoir qu'il plaise au roy donner la paix à ses subjectz de la religion, en laquelle, oultre la liberté de conscience et le restablissement de la justice, nous y peussions trouver quelque seureté ; et cy nous ne pouvons l'obtenir telle dans le premier de septembre prochain, nous nous lions les mains de pouvoir rien traitter hors eux, sur l'assurance qu'ilz nous donneront par escript signé, qui sera remis es mains de mons^r Durant ministre, et dont il nous donnera advis de l'avoir receu avant le dict temps, de prendre les armes pour nostre commune deffence dans le quinziesme dudict moys et de ne les quitter ny entrer à aucun accomodement que public et d'un commun consantement, leur donnans nostre foy et nostre parolle de la mesme chose. Et pour ce qu'il est nécessaire de rechercher assistance dedans et dehors ce Royaume parmi ceux qui, conjoinctz avec nous de mesme religion, seront touschez de nostre persécution, nous donnons entier et plain pouvoir à mesdicts sieurs les ducs de Bouillon et de la Trimouille, tant en nostre nom que comme général des églizes de ce royaume ès provinces du haut et bas Languedoc et haute Guyenne, de négotier avec les princes et Républicques estrangères, faire levée de gens de guerre et emprunt de deniers pour subvenir aux despences nécessaires, promettans d'approuver tout ce qui sera négotié par eux, et d'entrer en portion desditz empruntz tant en nostre nom que des dites provinces qui nous recognoissent, ainsy qu'il sera convenu entre nous ou jugé par l'Assamblée générale. En foy de quoy nous avons signé le présent escript fait au Vigan le quatorziesme juillet mil six cent vingt deux. Signé, HENRY DE ROHAN.

Bibl. Nat., Fr. 4102, f° 62.

1622, 15 juillet. Favas, sur ses explications, est maintenu comme lieutenant du maire.
<small>Reg. du Corps de ville de La Rochelle.</small>

— **15 juillet.** Déclaration du roi, par laquelle Benjamin de Rohan, s^r de Soubize, est déclaré criminel de lèse-majesté au premier chef, ses biens acquis et confisqués, et réunis au domaine de S. M.; vérifiée en Parlement le 4 août 1622.
<small>Imprimé.</small>

— **18 juillet.** Seconde apologie pour Monsieur de Fabas, par le sieur Du Lion, gentilhomme gascon, son voisin [1].

Ceux qui n'ont pas l'honneur de me congnoistre s'amusent volontiers de prime face à faire des questions qui je suis, d'où je suis, qui m'a apris tant de choses et de les dire si bien, quoy qu'il ne tienne pas à moy qu'on n'en parle; mais le mal est que les gens de mérite et de service comme moy sont mal recogneus en ce temps et pays, je ne sçay pourquoy : ce qui a faict que j'ay minuté ailleurs ma retraicte où l'on soit plus charitable, et moins soupçonneux. Mais avant que partir, je respondray à toutes ces questions, affin que l'ignorance de mes qualitez ne préjudicie point au faict, et qu'on traicte mieulx les aultres de ma qualité cy après. Je suis cavallier il y a vingt ans et de la compagnye de gendarmes du roy, gentilhomme de bonne part avant ma naissance. Qu'on le demande à M. de Chastelnau de Chalosse qui m'a mis le premier les armes en la main. Je suis gascon, et il y paroist à mon espée; voisin de Monsieur de Fabas, et par conséquent digne de sa congnoissance, soubz les auspices duquel, je ne sçay par quelle fatalité, j'ay faict mes dernières pertes et exploits, et duquel je sçay la plus part de ce que vous lirez icy, affin que quelqu'un n'aille disant que je l'ay inventé. J'ay demeuré longtemps en France avec meilleures compagnies, souvent en Court, où j'ay appris le poinct d'honneur et de bien dire. Et

---

<small>1. Malgré des recherches multipliées, je n'ai pu retrouver la première apologie.</small>

pour tant je suys Lyon ; on le congnoistra à l'ongle, ongle et bec, que je veux employer pour l'inocence d'un homme à qui je suis autant obligé que le public, quoi qu'il le recongnoisse aussy mal en mon endroit que les autres font au sien. Mais la vérité est mon amye.

J'ay veu, leu et examiné tant l'acte par lequel Messieurs de l'Assemblée ont condampné Monsieur de Fabas, que l'escript par lequel mondict sʳ de Fabas se deffend, à mon advis, assez heureusement, comme il faict toutes autres choses. Car premièrement, quant en sa préface où il soumet toutes ses actions aux jugemens des plus rigoureux et sévères, est-ce chose qui luy puisse estre déniée ? Et ne fauct-il pas tousjours regarder plustost à ce qu'un homme faict qu'à ce qu'il dit, principallement, quand il parle de soy en bien et des autres en mal ? Et n'estoit-ce pas à l'Assemblée, puisqu'elle se mesloit de faire la légende de monsʳ de Fabas, de mettre en avant ses gestes les plus mémorables sans les dissimuler, comme elle a faict, et les couvrir ainsy soubz un silence ingrat ? et sy elle ne veult point parler de ce qu'il avoit faict, député par la Guyenne en l'assemblée de Grenoble, et par ladicte assemblée en Guyenne, ayant en ceste députation persuadé tout le monde par vives raisons à embrasser le grand et juste party de monsʳ le Prince, de quoy toutes les églises luy ont et auront une éternelle obligation, pour leur avoir là acquis une gloire immortelle, pour ce ne pourroit-elle taire honnestement les glorieux exploictz qu'il a produicts avec estonnement d'un chascun, depuis sa lieutenance générale ès armes de La Rochelle en pays d'Aunis ? Car lorsque sa redoutable présence n'a point esté nécessaire en ce gouvernement, il a porté ses armes jusques dans le Poictou, où ayant faict ceste décente trop signalée pour estre oubliée en l'histoire, il s'advança jusques à St-Benoist avec grande terreur, et fust bien allé plus avant, sy la crainte qu'il avoit qu'on eust besoing de luy à La Rochelle ne l'eust obligé à rebrousser chemin avec une célérité incroyable, à quoy il se montra sy résolu qu'il n'en peust estre diverty ny par l'orreur de la nuict, ny par lassitude des soldats, ny par le danger de perdre partye de ses gens et chevaux, ce qui arriva. Mais tant y a qu'il s'en revint sain et sauf avec acclamation publique de tout le monde qui fust bien joieux et satisfaict de voir encore sa belle face après tant de périls.

Revenu qu'il est, le voilà disposé à faire encore mieux que jamais s'il se pouvoit ; de quoy il fust bien aise qu'il se présentoit de sy belles occasions par l'arrivée des troupes ennemyes en ce gouvernement. Il eust bien peu se saisir le premier de Surgères, Mauzé et Nouaillé. Mais il considéroit que ces places n'estoient pas dignes de luy, que pas une n'estoit forte ny en assiette advantageuse, toutes eslongnées de rivières et par conséquent des commodités qui ont accoustumé de s'en tirer, comme il pouvoit sçavoir par Castets, qu'il n'y avoit ny proffit à les guarder, que ce seroit hazarder autant de gens de guerre, sy on s'y vouloit oppiniastrer; et sy on vouloit capituler à la mode de la Basse-Guyenne, ce seroit sans espérance d'utilité; 2°, que s'il alloit sy loing arrester les ennemys et les occuper en de sy misérables bicquoques, ce seroit tirer les choses en longueur ennuyeuse et l'empescher un grand temps de venir faire ses logements à la Jarrie, à Croix-Chapeaux et à St Cindre *(Xandre)*, et par conséquent perdre l'occasion de les attaquer en ces lieux-là ; 3°, que plus monsieur d'Espernon seroit logé près de la ville à son aise, plus il y auroit de gloire à le faire reculler. On ne doubte point que force gens ne blasment ces considérations, mais ce seroit par inconsidération ou par ignorance, et n'y a que les grands cappitaines comme luy propres à les gouster, et à sçavoir ce que c'est non plus que la hastive et inopinée retraicte de la garnison d'Esnandes, qui mist pendant vingt-quatre heures l'ennemy en possession de la plus part du bestial, des bleds et fourrages de ceste ville. Mais son zelle au bien public a effacé tout cela et faict trouver douce la perte des habitans, sy ce n'est à quelques partisans qui se voudroient prévalloir de ses fautes.

Passons plus oultre; voilà l'ennemy logé près la ville, que n'a faict Monsr de Fabas? Car encore qu'il n'y aist pas plus de trois mille bons soldatz et cappitaines estrangers en ceste ville, sur lesquels s'estendoit son auctorité comme sur les aultres, quand il falloit aller à la campagne, sy n'ait pas laissé pour ceste disette d'hommes d'attaquer par deux fois la Gravenandière, et peu s'en fallut qu'il ne l'eut prinse à la première et seconde attacque, ayant sagement préveu qu'il y auroit plus de gloire de s'en saisir sur les ennemys qu'auparavant, lorsqu'il n'y auroit personne pour la deffendre; et son dessein sur la Suze ne réussit-il pas si heureusement que l'on s'en revint comme on estoit allé, excepté la perte de quelques-ungs des siens qui n'estoient fort considérables? Quand seroit-ce faict, qui voudroit alléguer de quelle sorte de prudence il usa pour secourir nos gens à La Moulinette; comme il ne se précipita nullement, mais il alla si bien à pas contez et d'une façon digne d'un lieutenant, mais d'un général d'armée *(sic)* que tout estoit longtemps avant qu'il arrivast tellement qu'il donna tout loisir et aux ennemys d'assaillir et aux autres de se deffendre, et en la deffence de les battre, quoy qu'il en eust l'advis plus de six heures avant le combat? Mais ne fust-il pas heureux en la délégation de sa charge à monsieur de Maupouillan le dimanche matin que monsr d'Espernon sembloit voulloir descharger toute sa chollère vers Lafond, et qu'il en eust bien pris au chevallier de la Valette et à Duharmel, sy Mr de Fabas y eust esté? car monsieur de Maupouillan les eust pas sy rudement traictés par le commandement de monsieur de Fabas qui ne veult jamais perdre les bonnes grâces de ses ennemys, tant il est respectueux. Et de la journée de Coureilles, quoy? n'est-il pas notoire à tout le monde que ce fust luy qui y donna tout l'ordre allant et venant, s'advançant avec modestie, se retirant avec courage sy à propos, et prenant sy bien les occasions, qu'il en a esté parlé et dedans et dehors du royaume? Je sçay bien qu'ils ont voullu dire qu'il n'avoit combattu ny à pied, ny à cheval, estant monté sur une hacquenée, comme s'il eust voullu faire une promenade, et qu'il s'estoit de fort bonne heure approché de la porte et avoit esté en exemple à beaucoup d'autres de faire le semblable, ayant rompu et mis en désordre les gens de pied se retirant vers Tadon un peu plus viste que le trot. Mais le reproche ne part que de malice ou d'ignorance; car estant monté de la façon, n'estoit-il pas pour estre propre à combattre aussy bien avec les ungs qu'avec les aultres? et pour aller plus commodément des ungs aux aultres selon les occurrences, pour ordonner, pour commander, pour disposer et faire toutes les fonctions d'un brave cappitaine tant à pied qu'à cheval? 2° S'il s'est aproché de la ville, ce n'estoit pas pour donner à personne exemple de fuite, mais pour advertir à la porte de ce qui se faisoit plus loing, et pour obliger un chacun à s'advancer au secours de ceux qui pourroient estre en danger. 3° Et sy cela n'a pas si bien réussy qu'il eust esté à désirer, est-il responsable des ennemys? Et comme un sage cappitaine doibt tirer profit mesmement des malheurs les plus grands, Monsr de Fabas ayant veu combien ceste journée avoit esté amère à plusieurs familles de la ville, chacun sçait avec quelle retenue et dextérité il a depuis mesnagé la vye des habitans comme la sienne propre; c'est ce qu'il fist voir le jour que Monsr d'Espernon se vint promener avec toutes ses forces et son canon vers la levée Sainct-Maurice: monsieur de Fabas luy bailla tout loisir, pour ne perdre un homme, de faire sa visite à son aise, et luy faire voir deux petits bataillons et deux petits canons pour luy dire que s'il approchoit des contrescarpes il partiroit à luy, et pour luy monstrer qu'il estoit aussy fin et bon cappitaine que luy ou peut s'en fault; après que Monsieur d'Espernon se fust retiré, Monsr de Fabas luy fist dresser des embuscades, l'une à La Mothe dont il estoit party il y avoit deux heures, et l'autre à La Fons, lorsqu'il estoit à une lieue par delà. Ainsy il ne se peult dire qu'avec insigne calomnie que depuis la journée de Coureilles il ayt aucunement hazardé les habitans de la ville, ains au contraire nul ne niera pas que tous ceulx qui ont voulu le croire et n'aller à la guerre qu'avec luy et soubz sa sage conduite, n'ayent esté en aussy grande seureté que le chirurgien de feu Monsieur le connestable auprès de son bon seigneur et maitre, et s'ilz fussent demeurez en leurs maisons. C'est pourquoy ce brave et prudent Pressa a protesté de n'aller jamais à la guerre avec Monsr de la Noue, pour ce qu'il engage trop avant ses affaires, mais bien avec Monsr de Fabas qui ne veult pas tant de mal aux ennemis, et qui se contente de leur faire un peu de peur. Que sy Monsr de Fabas ne s'est jamais mis en debvoir de donner à la Jarrie, ou d'enlever un quartier, comme quelques maladvisez et téméraires l'eussent désiré, outre les autres grandes et aultres considérations qu'il m'a souvent dict l'en avoir retenu, n'est-ce pas chose avérée et congneue de tout le monde qu'il y a tousjours eu ès trouppes ennemyes de grandes et pestillantes maladies qui y ont moissonné en hiver principallement un fort grand nombre. Sy Monsieur de Fabas fust allé en ces lieux contagiés, n'estoit-ce pas pour infecter toute ceste ville et y apporter le mauvais air? et pour esviter cest inconvénient il s'en est tout exprès retenu, et semble que les ennemys ayent esté bien aises d'estre malades et mourir en ses misérables estables pour luy desrober et ravir par ce moyen la gloire de ce signalé triomphe, qu'il eust autrement sans aulcun doubte remporté d'eulx. D'ailleurs le dict sieur de Fabas a raporté cinq utilités très grandes et très considérables au public en n'entreprenant pas sur les ennemys et ne leur alant couper la gorge dans leurs logemens, et lesquels il a esté contrainct de publier, tant la chose parloit de soy, en la présence de Messieurs de Gerrendy, La Jarrye, Legoux et d'aultres, que je tairoy comme n'estans pas croyables au faict dudict s^r de Fabas, pour estre de l'Assemblée, et qui tesmoignoient par leurs gestes en secouant la teste, levant les espaules qu'ils desploroyent une telle prévoyance. La première a esté qu'il a obligé Monsieur d'Espernon à venir brusler tous les moulins à vent qui estoient à l'entour de ceste ville et jusques aux portes d'icelle, lesquels en cas de siége eussent servy au roy, et lesquels brulez ont obligé ceux de la ville d'en faire bastir d'aultres sur les murailles, à quoy ils ne se fussent jamais portez cessant lesdict bruslement ; et par ce moyen monsieur de Fabas est la seule cause de tous ses moulins que vous voyez aujourd'huy sur les rempars, qui n'est pas une petite comodité. 2° La seconde est que s'il eust tant harcelé Monsr d'Espernon, il l'eust contrainct de quitter la province d'Aunis, les habitans d'icelle eussent labouré et emblavé leurs terres, et ainsy Monsr le comte eust aujourd'huy recueilly ses fruicts et eust trouvé dans la province de quoy nourrir son armée, où il est contrainct d'en faire venir avec grand peine du Poictou et de la Xaintonge. La 3e, est que les terres demeurées incultes raporteront au triple, voire au quadruple, qui sera une récompense au peuple de leur perte passée. La quatrième, que Monsieur d'Espernon et son armée passant partye de l'hiver à la Jarrie, Croix-Chapeaux et autres bourgades, ont abatu la pluspart des maisons qui y estoient, ont arrachés environs toutes les vignes pour se chauffer, lesquelles démolitions ont tellement nuy à l'ennemy, qu'il n'a peu retourner cest esté dans la province, s'y loger, et a esté contrainct de chercher d'aultres quartiers, et les vignes sont à présent sans raport. Ainsy ce n'est pas une petite incomodité qu'a aporté Monsr de Fabas à l'ennemy de luy avoir osté le pain et le vin. La 5me, laquelle a rapporté un très grand ordre parmy les habitans a esté que ne voullant se soubsmettre à aucune discipline, il en a laissé froter quelques uns de l'exemple desquels les aultres ont faict leur proffict ; ainsy de la perte de plusieurs d'entr'eux, le reste s'est soubsmis aux commandemens qu'il leur ont esté depuis faicts. N'est-ce pas donc à bon droict que Monsieur de Fabas allègue ces utilitez ? et celuy qui ne les voudroit voir et cognoistre il le faudroit déclarer aveugle. Et qui est le cappitaine, je ne diroy pas en France, mais entour le reste du monde, qui eust peu estre d'une sy grande prévoyance que luy ? Certes cela est digne de remarque, car tout ainsy que les commoditez entretiennent la guerre, par mesme raison l'indigence et la nécessité la font cesser.

Après, qu'est-il besoing de dire davantage ? M. de Fabas voyant que monsieur d'Espernon, harrassé par ses armes, ne battoit plus que d'une aisle et ne faisoit que se morfondre à La Jarrie, principallement durant les rigueurs de l'hiver, et qu'il n'y avoit point de quoy occupper sa vertu suffisamment contre ce peu d'ennemys qui restoient après tant de deffaictes dans le gouvernement, n'a-t-il pas monstré sa générosité en mesprisant et desdaignant ledict sieur duc et le laissant là avec son inutile armée pour aller planter bravement ses trophées en pays d'outremer; et s'estant rendu par son espée gouverneur d'Olleron, il a exercé cette charge avec tant de félicité et d'aplaudissement que en peu de tems il a retranché les superfluitez de la pluspart des habitans de l'isle et y a commencé un fort après lequel on travaille encore tous les jours, et espère-t-on y travailler longtems pour le mettre en deffence; et pour ce que qui a bien commencé à plus de demy-faict, et qu'il est aisé d'adjouster aux choses inventées, Monsieur de Fabas, laissant cet achèvement si facile à un aultre qui n'en aura plus que le plaisir, n'a il pas encores poussé plus loing les adventures pour aller dans le Médoc, où d'abord ils prirent une église des plus fortes et des plus imprenables qu'il eust jamais veu, tesmoing la lettre qu'il en a luy-mesme escripte de sa propre main à messieurs de la ville et à ceux de l'Assemblée qui luy en veullent aujourd'huy tant, et je ne sçay pourquoy; et il a raison de dire qu'il ne l'a pas veue, car il ne parut jamais lors de l'attaque d'icelle et n'y fust veu qu'au partage de l'ambre, qui est du butin.

Et fault dire que cest entreprinse de Médoc aussy heureusement achevée que hazardeusement projectée, a esté une puissante diversion qui a obligé mons. d'Espernon à quitter ce gouvernement pour s'en aller dans la Xaintonge et pour s'approcher de Royan vis-à-vis de Soulac, pensant intimider par ceste approche; mondict sieur de Fabas n'a pas laissé de se fortifier si effroyablement et d'accumuler tant de montagnes de sable les unes sur les autres, que monsieur d'Espernon perdant toute espérance de s'en pouvoir tirer jamais par la force de ses armes, se vist contraint de faire un honteux esloignement de toutes ces costes-là, apréhendant aussy que ledict sieur de Fabas passast la mer pour venir à luy. Et j'ose dire que ledit sieur de Fabas seroit encores dans Soulac, s'il n'eust esté appellé par messieurs de ceste ville pour restorer les affaires penchantes, ou pour le moins eust-il luy-mesme en personne faict une capitulation si honorable et sy pleine d'advantages qu'il en eust esté parlé d'eage en eage; ce que je dis non pour blasmer monsieur Féret son lieutenant, qui y a faict tout ce que pouvoit faire un homme luy septième, et qui ayant passé par les mains de divers ennemys, en est revenu glorieusement monté, et ne luy peult-on imputer qu'il y ayt rien perdu du sien, et cecy par parenthèse, attendant qu'il ayt faict voir au conseil la capitulation de ceste place, et rendre compte du voyage et séjour qu'il a depuis faict ès terres ennemyes et nommément à Bordeaux, et qu'il se soit accordé avec les soldats qui estoient audict Soulac avec luy, qui luy ont intenté procès audict conseil pour avoir leur part de trois cens pistolles qu'il a eu pour laditte capitulation.

Voilà Monsieur de Fabas revenu et fort à propos, pour ce qu'en la décadence de nos affaires son seul nom apporte un grand coup pour la seureté de ceste ville, y a attiré de toutes parts quantité de noblesse, force soldats pour apprendre le mestier sous un sy brave cappitaine et sy expérimenté à la guerre, et sy vaillant. Monsieur le comte venant avec une puissante armée pour nous investir et blocquer, il falloit de nécessité un tel homme que mons' de Fabas pour luy mettre en teste et pour lui apporter une résistance convenable, pour luy empescher ses coudées franches, et de le harceler en ses approches, de quoy il s'est aussy heureusement acquitté et avec la mesme industrie que contre Monsieur d'Espernon, de quoy les particularitéz sont aussy fresches que rares, et seroit peine perdue de les ramentevoir, seulement deux exploits, l'un par mer, l'autre par terre. Car il y a bien dix-huit jours que Monsr de Fabas se jeta dans la nouvelle galiste *(sic)* qui faisoit sa première sortie, soit pour la bienheurer, soit pour faire peur aux ennemys; et sans luy et son train, il n'eust pas eu moyen par advanture de s'en servir par terre. Car environ le mesme temps, mondict sieur de Fabas désirant de faire un exploict digne de la postérité, sortist un soir avec la fleur de la cavalerie de ceste ville et deux cents hommes de pied; et pour ce qu'il ne s'estoit donné le loisir de déterminer son desseing, tant il avoit haste de l'exécuter, demanda entre cy et La Fons, à ceux qui l'accompagnoient, où c'est qu'ils pourroient plus utilement se porter; eux luy respondirent qu'ils avoient creu son entreprinse formée avant ceste heure. Il leur demanda sy nul ne sçavoit le chemin de Fiefcotret; quelqu'un fist responce qu'il sçauroit bien le chemin pour y aller, non pour en retourner, d'autant que ladicte maison estoit entre tous les logemens de Monsieur le comte. Sur quoy il se résolut de faire voir ce qu'il y avoit à Fertilly, et ayant apris que personne n'y estoit, il obligea un chacun de main en main de faire sa prière tout bas pour aller attacquer ce lieu sy bien gardé. Mais tout aussitost changeant d'advis, comme c'est le propre des siéges, il rebroussa vers La Fons, attendant le jour, puis s'en revint heureusement sans perte d'hommes et sans avoir, ce qui n'arrête guères de telles natures, donné subject de plaintes ny aux amis ny aux ennemis; à quoy n'est besoing d'adjouster la singulière industrie qu'il a de disposer un bataillon tout autrement que le commun des cappitaines. Car ceux-cy ne le peuvent faire subsister sans conduite et sans chef; mais quant à luy il laissa bravement à la mercy du canon sans chef ny commandement dans les vignes, pour ne soutenir et estre soustenu de personne, celuy qu'il avoit dressé le jour des aproches de Monsieur le comte, se confiant en la prudhommie de plus de cent gentilshommes ou cappitaines bien expérimentez qui estoient dedans, qui seurent pourvoir à leur conduite, et certes je croy que bien leur en prit. Car Monsieur de Fabas estoit bien occuppé ailleurs. Et voilà pour les gestes de Monsieur de Fabas auxquels il nous renvoye à bon droit; et c'est ce que Messieurs de l'Assemblée se sont bien donné garde de coucher dans leurs actes.

Pour venir maintenant à tous les articles de son apologie, je trouve trois choses considérables au premier, et qui rendent sa justice évidente. Car 1°, il proteste de s'estre toujours comporté en sa charge avec toute sorte de zèle et de fidellité. Et qui peult mieux le sçavoir que lui-même? Et quelle apparence qu'un homme tel que nous venons de le voir, et qui jure Dieu et escoutte les ministres avec tant de dévotion, voulust faire une protestation faulce? Et sy on l'eust recongneu pour aultre que zellé, eust-il esté nommé à Loudun l'un des trois entre tant de personnes signallés et pleins de mérites et entre les trois accepté à la Court? Et n'a-t-il pas bien faict voir de quelle affection il se portoit au bien général, quant, ayant esté refusé du gouvernement de Lectoure, dont on luy avoit faict concepvoir quelques espérances, en hayne de ceste falace il quitta pour ung temps la Court et s'en alla à Castres pour suyvre son procès contre le marquis de Chasteauneuf son beau-frère, et de là il retourna en Court à la semonce de l'Assemblée. Je vous diray bien pour avoir souvent discouru avec luy sur ce subject, entré en son cabinet où j'en ai sceu quelque chose, que ce refus de Lectoure est la principalle cause des maux que nous voyons. Car sy Monsieur de Luynes ne l'eut trompé le premier, il n'eust pas trompé Monsieur de Luynes, et n'eust convoqué l'Assemblée contre la parolle que je sçay bien qu'il lui en avoit donnée; certes le despit et la vengeance eschaufèrent son zelle; et n'eust-il pas bien mieux vallu que Monsr de Fabas eust eu Lectoure que celuy qui l'a depuis ceddé à Monsieur de

Roquelore pour de l'argent ? Je m'asseure que nous aurions encore la paix, et qu'il en eust rendu aussy bien compte que de Castets et de Casteljaloux. 2° Il avoit esté menacé de la Bastille, voilà un secret que personne que luy ne pouvoit sçavoir et que néantmoings il ne faict point de difficulté de réveller pour le bien public et pour l'acquit de sa conscience. Ainsy après avoir esté menacé, on le menace encore icy, voilà une belle récompense. 3° Pour la prise d'armes nous venons d'en voir les heureux et advantageux effects.

Pour le second article, la deffense est aussy forte que l'accusation est foible. 1° Falloit-il recueillir une affaire que la longueur du temps avoit ensepvely ? Il y a prescription, c'est comme si je voulois ramentevoir tout ce que mons^r de Cros avoit fait en sa depputation générale, les loyers qu'il avoit reçeus et les malheurs qui luy en sont arrivés ; c'est comme si je voulois reprocher à Monsieur de Villarnoux son voyage de Fontainebleau qui a perdu Saumur et ensuitte toutes nos places ; c'est comme sy je voullois pleindre de ce que Monsieur de Lesdiguières et de Chastillon nous trompèrent lors de Lodun : ce sont vieilles faultes, n'en parlons plus. 2° Comme il dit, puisque l'Assemblée de Guyenne en a cogneu, j'adjousteray sy mesme elle l'en avoit conjuré, faut-il lui objecter cela encore une foys ? 3° Quoique l'affaire n'aye jamais esté traictée en l'Assemblée de Lodun, il ne laisse pas pour cela d'avoir raison de le dire, parce que les commissaires donnés pour l'examen des mémoires des procureurs, et pour la compilation des reiglemens, ayans trouvé qu'il estoit faict quelques plainctes du refus de Casteljaloux ès mémoires de quelques provinces, ne voulurent point pour cela prononcer anathème contre le gouvernement, mais se contentèrent d'employer dans les reiglements un article qui porte que désormais tout gouverneur qui fera le semblable, sera déclaré déserteur de l'union des églises. Et ne voilà pas en termes formels la justification de Monsieur de Fabas ? 4° Pourquoy est-ce que les députez du cercle ne demeurèrent dans le village, dont personne ne leur avoit fermé la porte ? Le lieu y faict-il quelque chose ? n'estoient-ils pas à couvert du prevost qui les tallonnoit ? par l'advis de qui ? je ne sçay. N'eussent-ils pas eu plus de gloire de faire de grandes choses en un petit lieu ? Et c'eust esté un tesmoignage de leur courage, s'ils fussent demeurés en une place non munie ? Et quy sçait sy Monsieur de Fabas ne fust point allé là luy-mesme avec ses amis pour les authoriser et prester main-forte ? aussy bien qu'il leur envoya la lettre du roy qui lui deffendoit de les recepvoir et l'asseuroit tant de la fidélité qu'il ne les recepveroit pas. Et pensez-vous que ce tesmoignage d'obéissance ait rendu difficile son eslection en la charge de député général ? aux occasions le roy se souvient des bons service qu'on luy a faict, à tout le moings, sy l'on l'en faict souvenir ; c'est ce qui me faict espérer pour moy : mais que ne se plainct-il aussy bien du gouverneur de la communauté de Thommines *(sic)*, comme de Monsieur de Fabas en l'acte qu'on a faict contre luy ? est-ce pour ce que Thommines n'est plus, et qu'on en tient pas le gouverneur ? tousjours il y a acception de personnes.

Pour le 3e, comme il dict, il ne faict point là de réplique ; car sy l'Assemblée a donné pouvoir à Monsieur de Fabas d'agir pour toutes les églises, elle l'a deub faire ; sy elle en a asseuré Messieurs les grands, ça esté justice, et sy aucun doit avoir l'honneur et le gré d'avoir accommodé les affaires, c'estoit un député général comme personne légitime, comme seul capable de donner la paix ou la guerre, ainsy que luy-mesme tesmoigne au cinquième argument de sa première apologie, de cela on est d'accord.

Pour le 4e sy Monsieur de Fabas a autrefois dict avoir escript à Monsieur de la Force et que maintenant il le nye, pourquoy ne croira-t-on tout ce qu'il desnye aujourd'huy qu'il est question de sa deffence et de maintenir son innocence contre ses accusateurs ; comme l'on croit qu'il affirmoit il y a quinze moys lorsque personne n'intentoit accusation contre luy, et que tout le monde estoit persuadé de sa probité et prenoit pour argent comptant tout ce qu'il disoit ? Il disoit cela, quoy que non véritable, pour servir à l'Assemblée et pour contribuer quelque chose du sien à la déclaration qu'elle faisoit pour lors qui estoit une bonne et louable fin. Donc au lieu de luy sçavoir gré et l'en rémunérer, l'on s'en prend à l'encontre de luy ; ce qui sent son ingratitude à plaine bouche. Qu'on monstre sy on peult ses lettres qu'il a escriptes à Monsieur de La Force, tendantes à luy faire poser les armes ! et c'est chose que l'Assemblée ne sçauroit faire. Mais je veux qu'il les ayt escriptes, en cela aura il tousjours eu une droicte intention tant pour ce que le roy luy avoit absolument commandé et que sa charge de député général ne le dispence pas d'obéir au roy, que ce que c'estoit pour le bien particulier de Monsieur de la Force, lequel il estoit obligé de procurer, comme estant son nepveu, et que nul ne doibt trouver mauvais que l'amy s'emploie pour son amy, le proche pour le proche, surtout quant en rendant de bons offices à un particulier, on n'aporte guères de dommage au public, et n'en rend point pire sa condition, comme il est bien certain ; quoy qu'eust peu faire mons' de la Force, la ruyne du Béarn estoit inévitable, et ne pouvant sauver le général à tout le moins falloit-il sauver le particulier. Et quy sçait sy en ceste considération on ne faisoit point de promesses grandes à Monsieur de Fabas par avanture, mesmes pour toutes les églises ? Je ne doubte point que M. de Fabas se voyant obligé par un absolu commandement d'escrire en ces termes à Monsieur de la Force n'ait pas soubz main envoyé d'autres lettres en aultre stille, et donné advis et conseil du contraire, ce que souvent ont faict les plus affectionnez et prudens d'entre nos députés généraulx, comme luy-mesme escrivit à Messieurs de La Rochelle et de Poictiers, estant question de la convocation de l'Assemblée qui le traicte aujourd'huy si rudement. Mais ou ses lettres d'advis ne seront pas arrivées sy tost que les aultres, ou Monsieur de la Force n'y aura pas donné tant de lieu. Mais en tout cas, Monsieur de Fabas est hors de coulpe, et ne sçauroit le plus malicieux rien réplicquer à l'encontre.

Pour le 5ᵉ, touchant son ardant désir de retourner à la Cour, puisque les partyes en sont d'accord, il s'en fault tenir là et dire que sy Monsieur de Fabas a tesmoigné de la diversité et en aparence contrariété en ses mouvemens, ça esté selon la diversité des tems et aultres circonstances. Et est certain que nul habille homme ne doibt ny ne peult parler tousjours mesme langage, et le sage suit le temps ; et sy quelques fois il a un peu instamment pressé ses intérests, qui voulloient-ils qui les pressast pour luy ? l'Assemblée estoit assez occupée aux généraulx lui qui n'estoit alors qu'un membre de ce corps, après avoir donné ses ordres pour les choses généralles, eust-il laissé en arrière ses affaires particulières, dont nul ne pouvoit avoir sy grand soin que luy ?

Pour le 6ᵉ, il est plus clair que le jour que l'Assemblée a donné à M. de Fabas toutes ces belles et importantes charges, dont il faict mention ; ce qui tesmoigne ou la parfaicte confiance qu'elle avoit lors de luy, ou son peu de jugement de conférer tant d'authoritez à un homme digne de soupçon ; et on trouve estrange qu'en moins de douze moys, l'Assemblée aye ainsi changé d'oppinion et entré en tant de meffiance. Messieurs de ceste ville ont bien mieux vescu avec luy, et ont esté bien plus contens en la créance de sa probité. Car encores qu'il ayt de certaines clandestines communications avec Monsʳ de Sainte-Croix estans dans le Médoc : encores que, de Royan, il ayt escript à Monsʳ de Biron sans faire voir ses lettres, et encores que dans ceste ville, il ayt à plusieurs et diverses fois envoyé et reçeu message dont il n'a donné congnoissance à âme qui vive, pour cela ces Messieurs ne laissent pas de juger charitablement de son intégrité, quoy que soit une partye, non pas tous.

Pour le septiesme, touchant la rédition de deux places, dont il estoit gouverneur pour les églises ; premièrement au lieu de le consoler de ses pertes, on les luy reproche. 2° Ils sçavent bien eux-mesmes qu'estant employé tant en l'Assemblée qu'en la ville et ailleurs, il luy estoit impossible d'estre présent ny à Casteljaloux ny à Castets. Et s'il y eust esté, il eust bien empesché qu'un aultre que luy n'eust faict la capitulation. 3° S'il en est mésadvenu, que l'Assemblée s'en prenne à celle de Loudun d'avoir nommé pour député général un homme obligé de se tenir en ses gouvernemens et de les deffendre luy-mesme au péril de sa vye : leçon pour l'advenir. 4° Monsieur de Fabas estoit tellement gouverneur de ces deux places qu'il n'en estoit pas le maistre pour cela. Car, à Casteljaloux, l'auctorité des consuls prévalloit, et la garnison estoit sy faible qu'elle ne pouvoit rien, comme c'est la coustume. Et pour ce qui est de Castets, Monsieur de Fabas y avoit mis un gentilhomme son parent qui n'a pas voulu entrer ès dangers d'une deffence, ny refuser les advantages d'une rédition, non plus que Madame de Fabas. Ce mesme parent au dernier traicté de la basse Guyenne faict par Monsieur de la Force a eu encores du roy, pour rescompense de ses services, une compagnie entretenue. 5° De quoy se plaint-on tant de Castets ? c'estoit sa maison dont il a peu disposer à son prouffit. 6° Pourquoy l'Assemblée au lieu de se plaindre à Monsieur de Fabas ne se plainct-elle plustost de l'infidellité de ceux qui ayant promis force belles choses à Madame sa femme et à Monsieur son cousin, ont manqué à leurs promesses, et les ont misérablement trompés, aussy bien que Monsieur Duplessis et plusieurs autres. 7° Et pour la promesse d'indempnité, encores qu'il paroisse par l'acte que j'ay eu la curiosité de lire qu'elle fust absolue, selon qu'elle avoit esté demandée par Monsr de Fabas, néantmoings ledict sieur de Fabas a eu juste subject de doubter sy l'Assemblée auroit le moyen de l'indempniser, joinct que quand il demandoit cela, ce n'estoit pas qu'il creust l'obtenir. Car je sçay bien qu'il demandoit ce qu'il ne voulloit pas, mais c'estoit seullement pour excuser la perte de la place sur le refus auquel il s'attendoit ; et voilà ce que c'est d'estre trop fin.

Pour le huict^me, je voy que M. de Fabas rejecte sur l'Assemblée le crime d'ingratitude dont elle l'accuse ; pourquoy ne le croira-on pas aussy bien qu'elle ? veu principallement les obligations signallées qu'il a acquises sur elle et sur toutes les églises de France et de Béarn, comme il appert de ce que dessus. 2° N'a t'il eu subject de se retirer de l'Assemblée tout à faict et de la priver de ses bons et salutaires advis, quand il l'a veue sy nécessiteuse qu'elle n'avoit nul moyen de luy bailler de l'argent ? Car encores que ce ne soit aux assemblées généralles de payer et deffrayer les deputés généraulx, néantmoings elle devoit avoir esgard à ce qu'il devoit à M. Papin, pour équiper sa patache et l'envoyer en bon ordre contre les autres, des prises de laquelle il n'a tiré en un moys que mil escus pour sa part. Et quand l'Assemblée eust entré en résolution d'acquitter toutes ses debtes vieilles et nouvelles, c'eust esté chose digne de luy et de grand exemple à la postérité, combien que j'ose bien m'asseurer que pour la somme de M. Papin, Monsieur de Fabas n'en sera jamais en peyne, Messrs de la ville ne vouldroient touscher de son argent. 3° Je voudrois bien sçavoir ce que me dira l'Assemblée à la plaincte qu'il faict d'elle de ce qu'elle ne luy a pas envoyé en Médoc des forces suffisantes pour subjuguer tout le pays et le rendre contribuable. Car encores qu'il fust allé en ce pays-là sans luy en rien dire et sans prendre ordre d'elle, et qu'elle n'eust pas un soldat en main pour luy envoyer, et qu'elle ayt souvent exhorté le conseil de guerre par ses députés en iceulx pour faire ce qui se pourroit en ce point pour le contentement dudict sieur de Fabas ; cela n'a pas empesché qu'il n'ait tousjours esté fort faible en ce pays et toujours battu depuis la prise de Soulac. 4° Et pour les lettres de Monsr de Fabas à l'Assemblée par lesquelles il luy promet de luy bien garder son droict, ne sçait-on pas bien que les parolles d'honnesteté ne sont pas obligatoires ?

Pour le 9e, il est certain que Monsr de Fabas s'est tousjours offert de faire tout ce que voudroit l'Assemblée pour pacifier les différents survenus en Oléron, pourveu que l'Assemblée ordonnast ce qu'il trouveroit à propos et qu'elle ne l'obligeast à escrire ou faire des excuses, veu sa qualité et inesgallité de personnes. Pour ce qui est du reste, ce sont toutes négatives dont la preuve ne se peult exiger de luy.

Pour le 10ᵉ, premièrement, Monsʳ de Fabas est d'accord de ce qui luy est imputé, et ainsy n'y a point lieu de plaider. 2° S'il a eu recours au présidial contre l'Assemblée générale, cela est sans pratique et sans exemple. Ç'a esté pour ce qu'il estoit en collère et en nécessité; et puis il y a partout commencement. Mais il a entrepris cela sur la créance qu'il avoit en la ville en laquelle il a bien voulu que tout le monde sceut qu'il avoit plus de pouvoir que toute l'Assemblée. Ce qui luy sera éternellement glorieux, et sy cela ne continue c'est un malheur. 3° Quand à son apofthecme touchant l'estat de la basse Guyenne, les deux raisons qu'il en allègue sont sy fortes qu'elles sont audessus de tout repart. Et de faict voyant comme tous ceux de l'Assemblée portoient unanimement et sans aucune discrépence à l'assistance de la province, ne fust-ce pas bien à propos qu'il les menaça de ce qui est arrivé bientost après en la défection de M. de la Force, son oncle, qui a entrainé avec soy la ruyne totale de la province? en quoy Monsieur de Fabas a monstré qu'il avoit aussy bien le don de prophétie comme plusieurs autres belles et éminentes qualitez qu'il a et qu'il aura en dépit de ses ennemys. Car d'attribuer ce fâcheux effect au conseil qu'il eust donné à ceux de Guyenne, il s'en justifie fort bien; et, comme il dit, il n'est nullement allé en ceste province là, quoy qu'il y ayt à diverses fois et souvent envoyé sans en rien dire à M. le maire ny à personne, et que ses messagers ayent passé et par Jarnac et par ailleurs. Et néantmoings ce n'a esté que pour ses affections particulières, et non pas en faveur des génerales, et fauldroit estre excessivement soupçonneux et deffectueusement charitable qui croiroit autrement. Mais quand bien il auroit escript à Monsieur de La Force, ce que l'on luy attribue, et qu'il luy auroit conseillé le traicté dont on se plainct tant, il ne l'auroit faict que par une juste vengeance, par ce qu'il estoit bien et deuement adverty que l'Assemblée escrivoit en mauvais terme de luy; et il a voulu faire voir à l'Assemblée qu'il avoit plus de pouvoir envers M. de La Force qu'elle, principallement quant elle luy conseilleroit le courage et la fidellité et luy le contraire.

Pour le unzi.ᵉ, qui regarde le discours de Monsieur de Fabas touchant l'Assemblée : 1° Il me semble qu'il ne fault pas sy exactement rechercher ce que disent les uns des autres qui sont mal ensemble. Et quand Monsieur de Fabas auroit cent fois dit que l'Assemblée n'est pas légitime, comme il y en a qui veullent dire l'avoir ouy, puisqu'il le nye, luy qui est si cavallier et qui sçait ce qui est du poinct d'honneur, n'est-ce pas assés? et l'Assemblée ne doibt-elle pas estre aussy facile à recepvoir contentement que Mʳ de Jaucourt, lorsque Monsieur de Fabas luy donna satisfaction entière sur certaines parolles qui luy estoient échappées touchant Monsieur de Villarnoul? 2° Mais pourquoy Monsieur de Fabas diroit-il illégitime l'Assemblée, puisque c'est luy qui en a faict la convocation? il est trop habille homme pour se condampner ainsy luy-mesme. Que sy Monsieur de Fabas remarque la différence qu'il y a entre ce qu'a esté l'Assemblée et ce qu'elle est aujourd'huy, il a raison. Car vous ne voyez plus maintenant les grands et dignes personnages qui du commencement l'ont rellevée; pour ce que je ne les congnois pas tous, je vous en nommeray seullement quelques-uns, desquels j'ay ouy parler : un marquis de Chasteauneuf son beau frère qui traicta aussi glorieusement pour Pons que sa sœur pour Castets, aux enseignes que Mʳ de Saint-Germain n'en eust pour sa part que deux mil cinq cents livres; un Monsieur de Veilles qui au lieu d'assister et secourir Monsieur de Rohan dans Montauban et autres lieux de la province de haulte Guyenne et hault Languedoc, selon l'ordre de l'Assemblée et sa promesse, commença tost après son arrivée en ce pays là à ouvrir l'oreille aux parolles de Court, et de là en avant à tourner sa langue puis après ses armes contre Mr de Rohan, Montauban et tout le party; un Monsr. de Grandry qui venu des derniers en l'Assemblée, exprès pour la rompre, ayant succombé en son desseing formé sur la tablature de Saumur, s'en alla des premiers; un Monsieur de Castelnau de la Force qui ne se donna pas la peine de demeurer deux moys dans l'Assemblée, par la haste qu'il avoit d'aller travailler en la basse Guyenne avec son père pour le bien public, comme les effects l'ont monstré; un Monsr de la Piterne qui s'en alla porter le plan de l'Assemblée à Monsieur le comte de la Rochefoucault, qui pour rescompense luy a faict avoir sa réintégration; et, pour n'oublier aucun ordre, un Monsr de Bony qui, au lieu de porter à sa province les mouvemens de l'Assemblée, alla porter les siens à M. de Chastillon duquel il demeure grand aulmosnier jusques à ce jour. Voilà des gens ceux-là, qui faisoient paroistre l'Assemblée, gens intelligens, propres aux accommodements, aux ouvertures, aux expédiens, aux traictés particuliers, aux négociations secrettes et à tout ce qui dépend de l'artiffice et de l'industrie; et non pas le peu qui reste, les trente-quatre, qui n'ont rien de singulier, qui ne sçavent qu'une notte, ne parlent jamais que du général des églises: et n'est-ce pas à bon droict que Monsieur de Fabas dit que ceste-cy est plustost une ombre d'Assemblée qu'un vray corps? car de dire qu'il ayt voulu parler d'ombre au sens et langage que parloient jadis ses vieux ancestres d'Arragon, je ne suis pas sy subtil que cela; je l'entends en la signiffication qui nous est propre, et luy est capable de juger des obscurités. 4o Et quand à la remonstrance qu'il faict à l'Assemblée de rendre ses conseils, tels que personne ne se puisse plaindre, elle la doibt prendre en bonne part, puisqu'il luy désire un bien et une gloire qui n'arriva et n'arrivera jamais à personne du monde; je dys ny à aulcun particulier, ny à aucune compagnie.

Pour le 12ᵉ, Monsieur de Fabas parlant de son zelle en doibt estre creu, parce que c'est chose sy cachée au dedans que personne n'en peult avoir congnoissance que luy. Et un homme ira-il fouiller dans le cœur et dans la conscience d'un aultre ? et c'est en cecy, sy en aucune chose, que les tesmoignages domestiques sont recevables. Et quand bien on exigeroit icy des preuves, il y en a qui se feroient forts de monstrer que l'ardeur de ce zelle a allumé de très grands feux qui ne seront pas fort aysés à esteindre. 2° Pour ses affections particulières dont se plainct Monsieur de Fabas, Messieurs de l'Assemblée ne sçauroient nyer qu'ils n'ayent tousjours particulièrement affectionné ceux qui ont suivy leurs résolutions, ce qui a donné lieu à de très grandes jalousies tant à ceux qui n'ont faict ny bien ny mal, comme à ceux qui ont joinct leurs armes à celles du party contraire. Et encores que l'Assemblée, soit par lettres soit par députation, ait de temps en temps recherché et les ungs et les autres, néantmoings il a esté aisé de voir que ç'a esté plustost par nécessité ou par acquit, ou pour les rendre de tant plus inexcusables que par grande espérance qu'elle eust de leur assistance.

Pour le 13ᵉ, c'est au faict de Royan, que Monsieur de Fabas a faict voir principallement plus clair que le midy sa gratitude, sa retenue, sa conscience, son courage et sa modestie. Sa gratitude : car sy tost qu'il fut appelé à Royan par Monsʳ de Sainct-Surin, il s'en alla sans dellay avec ceulx de sa maison, se souvenant du bon office que ledict sieur de Saint-Surin luy avoit de fraische mémoire rendu, lors qu'aux despens de la seureté de Royan, il avoit mené tous les meilleurs hommes qu'il eust, tant de la garnison que du pays, jusques au nombre de cent quarante pour l'assister en une haulte et ardue entreprinse qu'il avoit sur un village de Médoc, où il y avoit quelque nombre de soldats et de paysans renfermés, qu'il prétendoit enlever en vengeance de la mort de Mʳ Dolebreuse son lieutenant ; à quoy il s'estoit acheminé, tant avec ce secours que celuy des navires, d'une telle façon et avec telz advantages qu'il ne perdit guères plus de six vingts hommes de Royan et vingt sept des navires, et qu'il n'en laissa demeurer pas un des siens pour ce qu'il leur fist faire retraicte de bonne heure, tendis qu'on assommoit les autres. Et cela se fist-il par une singulière prudence, quelques interpellations qu'on luy peust faire de secourir ceux qui estoient enclos d'ennemys, tant de peur de s'engager trop avant, et de mettre en danger sa personne de trop grand prix, que de peur de perdre son canon? Tant y a que se ressentant de ceste faveur de Monsr de Sainct-Surin, il luy voullut rendre la pareille, le combat excepté, et l'alla trouver à la première semonce.

Sa retenue : car se trouvant au conseil de guerre de Royan sur la proposition qui y fust faicte, sy on capittulleroit, il parla sy bien, lui qui estoit le premier opinant, qu'il n'en voullut jamais dire son advis, et s'excusa qu'il estoit là seulement comme particulier, et pour servir son amy. Il considéra sagement que s'il concluoit à la négative, ce seroit offenser celuy duquel il sçavoit les intentions, et à qui il vouloit complaire; et sy à l'afirmative, il attireroit sur luy le blasme de la reddition.

Sa conscience : car en un autre conseil de guerre que tint Monsieur de Sainct-Surin, la proposition ayant esté faicte par luy, sy on devoit tenir la parolle qu'il avoit donnée au roy de luy rendre la place, Monsieur de Fabas ayant ouvert sa consciencieuse bouche, et levé les yeux au ciel, harangua de ceste façon : « Messieurs, il vous peut souvenir, et je vous en prens à tesmoins, que cy-devant, quant on a mis en délibération sy on cappituleroit ou non, je n'en ay rien voullu dire, comme n'estant icy que particulier (et il passa à la cappitulation). Mais aujourd'huy qu'il est question de sçavoir sy on tiendra au roy la parolle donnée, je dis qu'on est obligé de la tenir. » Et cest advis fust suivy par la pluralité, tant à cause de la dignité du personnage qui l'avoit donné, que pour la religion du serment. Et ce nonobstant la résistance de plusieurs qui assistoient là, tant gens de guerre que habitans, et mesmes de deux théologiens qui maintenoient le contraire et disoient qu'une promesse mal faicte et contre la gloire de Dieu et contre le bien des églises ne debvoit point estre tenue. Et en cela a paru combien Monsieur de Fabas est religieux observateur de sa parolle, la voullant tenir mesme au détriment public et de la gloire de Dieu. Et sy ceux de l'Assemblée veullent nyer que les choses ne soient pas ainsy passées, Monsieur de Fabas le veult prouver par nombre suffisant de bons et vallables tesmoins, tous gens dignes de foy.

Son courage : car sy tost qu'il vist par la résolution et industrie des sieurs de Moulines, Pouyane, Prevost, Papin, Durivaut et quelques aultres, que la place estoit entre les mains de nos gens, et qu'il en apperceut le signal au hault d'une tour, il ne fist plus nulle difficulté de s'y aller jetter, selon la parolle qu'il leur en avoit donnée. Et sy plustost il n'y estoit allé pour partager l'exécution du dessein, il en avoit de très grandes raisons. Car 1°, cela eust préjudicié à la fidellité d'amy. 2° Sa présence eust par avanture esté plus nuisible que profitable à l'entreprise. 3° Il eust hazardé sa personne, non pas qu'il se soucye de sa vye, laquelle il a souvent exposée en moindres occasions, mais de rendre mal à propos tant de charges vacantes, et de faire recepvoir en sa personne ung affront aux églises de France, et les mettre en peyne des moyens par lesquels elles pourroient en ce temps calamiteux recouvrer un député général, il n'y avoit pas grande apparence.

Sa modestie : car encore qu'il eust eu brouillerye avec Monsieur de la Noue sy ne voulut-il point ambitieusement luy contester l'authorité ny luy envier la gloire de deffendre la place; mais aima mieux s'en revenir en ceste ville, tant pour ce qu'il y estoit appellé que pour ce qu'il voyoit qu'il y avoit beaucoup plus de seureté à y demeurer que non pas dans Royan, attendu que personne pour lors ne se présentoit pour venir attaquer ny par siége ny par blocus La Rochelle, au lieu que toutes les forces du roi s'en alloient contre Royan, comme l'effect l'a démonstré. Et pour ce qu'on luy objecte d'avoir descouragé tout le monde : 1° Il étoit obligé de dire en sa conscience ce qu'il jugeoit de la place, affin que personne ne s'y engageast mal à propos, comme peut-estre force gens eussent faict, s'il ne les eust charitablement advertis qu'elle n'estoit pas tenable, et que tout ce qu'on y envoyeroit d'hommes et de munitions, seroit autant de perdu ; à cause de quoy quand Messieurs de Loubie et Guérin, pasteurs, députés de l'Assemblée, le prièrent à Royan, lorsqu'il en partist pour venir en ceste ville, comme lieu plus asseuré, qu'estant icy il s'employast pour y envoyer du secours, il dit fort bien et fort constamment qu'il s'en donneroit bien garde, et qu'au contraire il dissuaderoit et d'y envoyer et d'y aller. Et j'ose dire et croire que ces deux Messieurs là rendront ce tesmoignage à Monsr de Fabas, comme la vérité les y oblige ; et s'ilz le desnyent, je rabatroys beaucoup d'eulx ; et par telle dissuasion Monsieur de Fabas faisoit voir combien lui estoit chère la vie des hommes, qu'il estoit homme de très grande œconomye, voulant ménager les pouldres et munitions de guerre, qui se pourroient consommer à soustenir un siége, dont on auroit peut-estre un jour bien besoin en ce lieu. Et s'il eust esté creu, le pauvre Montataire, avec tant d'autres braves gens qui sont morts dans Royan, seroient pleins de vye ; l'armée du roy n'auroit point esté contraincte de venir ruyner le pays tout à l'entour de Royan ; force gens quallifiés de l'armée du roy n'eussent point esté tués en ce siége là, et les ennemys ne se seroient montrés sy furieux à venger leur mort sur les nostres. Ainsy nos gens qui sont péris, le sont pour avoir mesprisé l'advis de Monsr de Fabas. Ceulx qui sont en vye, luy doibvent en partye cela. 2° Quant à ceulx qu'il emmena de Royan en ceste ville avec luy, il en avoit cantité de raisons péremptoires. Car oultre les alléguées qui vallent icy et sont très bien receues, voulloit-on qu'il s'en vint en ceste ville avec ung lacquais comme un hobereau de village? Il y est venu décemment avec son train ordinaire; encore n'estoit-il pas fort grand. Car oultre Monsieur Fèvre, La Vigne et Mignot, il seroit malaisé de cotter aucun gentilhomme qu'il eust; et pour toute son armée, elle estoit demeurée en garnison dans Soulac qu'il ne falloit pas abandonner sans en tirer quelques esmollumens. Et voilà pour les exploicts de guerre.

Pour le quatorzième maintenant, pour ceulx de justice, oultre ce qui a esté dict en la justification du dixième article, je dis : 1° que Monsʳ de Fabas a voullu monstrer qu'il estoit au poil et à la plume, et que ceulx qui ne vouldroient pas craindre son espée, il leur feroit craindre son parchemin, et qu'il sçavoit pour le moins aussy bien employer les sergens royaux que les sergens de bande : tesmoing la façon de laquelle il a manié Lardimarie, lequel pour luy avoir baillé le coup qu'il a sur le front, il a travaillé longuement en la chambre de Castres, où il y a plus faict de mal avec sa plume qu'il n'en faict avec son espée. 2° Il a voulu glorieusement abollir cest ancien dire que parmy le clicquetis des armes les loix demeurent en silence. 3° Il a faict ce que nul aultre avant luy n'avoit osé entreprendre, ny ne s'en estoit advisé. Car il a donné une souveraine ampliation au présidial de La Rochelle, et l'a estendue par dessus l'Assemblée génerralle, mesme en chose dont il n'y a court, ny souveraine ny subalterne, qui puisse ny doibve prendre congnoissance. Et lequel des deux louerons-nous en luy, ou son courage ou son invention? 4° Il a faict cela pour obliger ses amys, entre autres, Monsieur Le Doux, qui, en rescompense, a voulu du depuis estendre les philactères de la lieutenance générralle de Monsʳ de Fabas, et l'establir aussy bien dedans la ville que dehors; et ceste obligation de Monsʳ Le Doux a passé jusques à son frère le secrétaire, qui n'eust pas surgy à sy bon port sans son adresse favorable.

Pour le quinz⁰, concernant la lettre escripte à Monsieur de Bulion : 1° je remarque que Messieurs de l'Assemblée ont esté bien trompés, car ils s'attendoient que Monsʳ de Fabas entrast en desadveu de ceste lettre, qui leur eust esté un grand moyen de rendre suspectes toutes les dénégations qu'il faict des aultres prétendus crimes qu'ils luy imputent. Car incontinent ils eussent allégué quatre personnages qui l'ont veue et leue, desquels l'un l'a dict haultement à deux eschevins de ceste ville, et à un sindic, en présence de deux de l'Assemblée, et eussent quant et quant adjousté, où est la lettre et en quelle main? Mais Monsʳ de Fabas a bien pris un autre chemin que celuy de Niort, et est homme trop entier pour désadvouer ce qu'il a faict. Seullement désire-il à bon droict que l'Assemblée cotte deux choses : 1° la datte de la lettre, 2° les antécédens et conséquens. Car encores que ceste lettre-là promette expressément qu'il continuera à bien servir le roy, et qu'il a donné bon ordre que les deux places qu'il avoit en main ne fissent résistance aux armes royalles, néantmoins il importe que tout le monde soit bien informé de ce qui précédoit et de ce qui suyvoit. Car par avanture se trouvera-il en la suitte et en la liaison choses qui donneront satisfaction. Et c'est chose contre tout droict et justice, sy avant que d'avoir bien leu et examiné la loy toute entière, on se mesle de prononcer aucun jugement. 2° Pour ce qui est de l'envoy de Soulac à Bordeaux à l'advocat général, encores bien que l'advis en ayt esté donné par un homme de la Religion, encores qu'un homme de mérite et de créance soit venu de loing en ceste ville pour en advertir Mʳ le maire et un aultre de ce lieu, est-ce à dire que cela soit vray? Les gens de bien ne peuvent-ils pas avoir esté trompés et se rendre (complices?) d'une faulceté? En tout cas, je demande avec Monsieur de Fabas une preuve par escript. 3° Quand il n'y auroit autre chose que la mort de feu Monsʳ le vicomte de Castets son fils, qui, par la commune voix de tous, a tousjours bien faict pendant sa vye et est sy bien mort, n'est-ce pas assez pour devoir croire tout bien du père? Car seroit-il bien possible que ce Jonathan eust esté engendré par un Saül? Cest Ezéchias par un Achaz? Ou qu'il fust de la maison de Monsr de Fabas, comme de celle de Jéroboam, en laquelle Dieu n'avoit trouvé qu'un seul enfant, auquel il y eust quelque chose de bon: et cest enfant mourut jeune en punition des péchés de son père. 4° Comme Monsr de Fabas s'est abondamment justiffié de tout ce qui regarde sa personne, aussy le peult-il de mesme en tout ce quy regarde la personne des siens, tous gens de bien et à l'espreuve, et desquels aultrement Mr de Fabas n'eust voulu se servir ny ne vouldroit. Il seroit malaisé de faire voir icy et l'innocence et le mérite de tous ceulx de sa maison et qui se sont donnez à luy, et lesquels il a recueillis bénignement. Le nombre en est trop grand. Il suffira de parler de quelques uns par lesquels on jugera facilement de tous les aultres. Vous avez Monsr de Savignac d'Aurs, brave gentilhomme, et qui a l'honneur d'appartenir de fort près à Monsieur de Fabas, lequel après avoir longuement servy Monsieur d'Espernon en son camp de la Jarrie, et tesmoigné à diverses fois son courage et sa valleur contre les vendangeurs de La Rochelle, desquelz il en a bien tué de sa propre main plus d'une vingtaine, soit de femmes grosses, soit de petits enffants, et blescé un grand nombre, alla puis après trouver Monsr de Fabas en Oléron; ce qu'encores que quelques-uns ne trouvassent pas trop bon, et mesmes qu'on l'advertist d'y prendre garde, il fist responce qu'il s'asseuroit de luy, et qu'il en respondoit, ayant comme il est vraysemblable recongneu de luy quelque changement, et quelque pénitence de la faulte qui l'a obligé à le recepvoir et tenir près de luy; en quoy il procède avec autant de charité, comme quand un homme de bien espouse une femme de mauvaise vye, exprès pour la retirer du bordeau. Il est vray que, depuis, Mr de Fabas ne laissa pas de se plaindre de luy et de dire qu'il l'avoit trompé et trahy, quand il fust cause en Médoc de la perte de quelques-uns des siens.

Après quoy il se retira à Bordeaux, où il avoit cy devant esté condampné à estre roué pour ses crimes. Mais nonobstant tout cela, Monsr de Fabas, tant il est pitoyable, l'a encores receu en sa maison en ceste ville depuis peu de tems, sur l'asseurance qu'il luy donna qu'il n'y estoit venu qu'à bon dessein. Peult-estre aussy qu'il luy avoit apporté de bons advis de la part de ses amys catholiques; et néantmoings sy tost qu'il a sceu que nombre de ceulx de la ville s'ombrageoient grandement de luy, il luy a conseillé de se retirer tout doucement, ce qu'il a faict.

Vous avez 2° Monsieur de La Vigne cy-dessus mentionné, duquel Monsieur de Fabas a tousjours parlé en termes de fort grande recommandation. Aussy s'est-il signalé par deux actions principallement: l'une lorsqu'estant sergent de bande à Clérac, il ayda lors à l'heureuse capitulation qui s'y fist avec un sien camarade qui a depuis esté pendu à Montauban pour quelques gentillesses qu'il y brassoit; l'aultre, lorsqu'au péril de sa vye, il a passé au travers des ennemys pour se rendre en ceste ville et se mettre au service de M^r le lieutenant pour les armes d'Aunis. Et sy on dist qu'un honneste marchant de Bordeaux, faisant profession de la religion, avoit par lettres adverty un sien amy en ceste ville qu'on prist garde audit s^r de La Vigne, je respons qu'il en a cousté la vie à ce marchand, et que deux femmes à qui on avoit commis les lectres pour les apporter, en ont esté chastiées à Bordeaux; et voilà la peyne que reçoivent ceux qui calomnient les gens de bien.

Vous avez 3° le s^r Frégiguel, homme fort callifié et fort congneu dans la Guyenne, qui depuis peu s'est retiré en ceste ville et adresé à Monsr de Fabas et qui a apporté force nouvelles de Montauban et d'ailleurs, que personne ne savoit, et qui mesmes sont impugnées et contredites par ceulx qui estoient encores à Montauban, le dix-neuf^e du courant, et par ceux qui ont escript de-là le mesme jour. Ce gentilhomme ne desgenère nullement de la vertu et fidellité d'un sien frère qui a tousjours eu la meilleure part aux mauvaises entreprises de Messrs de Pardaillan père et fils.

Ces trois suffisent pour faire croire à tous que Monsr de Fabas fera mentir et mourir tous ceux qui médiront de ses amys ou domestiques, et qu'on n'en sçauroit trouver de telz en toute l'Assemblée, et gens de telz services ; et comme les gens de bien le recherchent, aussy recherche-t-il de son costé les gens de bien, et ceulx esquelz il recongnoist quelque chose d'extraordinaire en la piété et religion, soit pour se joindre à eulx, soit pour les joindre à soy, et pour se rendre immitateur de ce bon sainct qui ne partoit d'avec les mescréans pour les convertir.

Pour le dernier poinct du dernier article, Monsr de Fabas a raison de conclurre qu'il fault théologallement monstrer sa foy par les œuvres, et finir ainsy justement par où il avoit commencé. Et de faict il ne dict rien qu'il ne face voir plus, quoyque puissent dire ses ennemys, qui s'arrestent à certains discours et bruits qu'ilz font courir de diverses violences commises à sa veu en Médoc ; et nommément d'un viollement faict à la personne de la fille de son hostesse pendant que son mary fust envoyé au Fort pour faire la garde, et de quoy Monsr de Fabas fust soupçonné par quelques-uns de ceulx qui le sçavoient. Mais il s'en est faict une si exacte poursuite et recherche qu'il ne s'en est jamais parlé depuis, et la pauvre femme honteuse du malheur qui luy estoit arrivé, et craignant un pareil traictement à l'advenir, se retira et quicta sa maison.

Et pour finir, je vous diray que Monsr de Fabas a exercé sy exactement de tout temps la discipline militaire en la punition des vices et crimes, que les soldats libertins se sont veus tousjours cherchés de touttes parts.

C'est ceste vérité que j'ay voullu dire avant mon départ, en faveur de Monsr de Fabas, comme tesmoing de la pluspart des choses que je dis, et pour les avoir aprises de sa propre bouche, et vous devez croire, et je vous en prye, qu'il seroit bien marry de mentir à son préjudice. Il est bien vray qu'en gascon j'ay acoustumé de mieux faire que de bien dire, comme sçait très bien Monsieur de Fabas, pour me congnoistre de longue main ; mais les deffectuosités que j'ay rencontrées en la première apologie faicte par quelqu'un qui n'a parlé sans doubte que par ouy-dire, et qui semble avoir peur d'en estre creu, m'ont obligé de mettre le plus tard que j'ay peu la main à la plume pour supléer à ces deffaults, et rendre ce debvoir à Monsr de Fabas ; de quoy je ne me réputeroy non plus qu'il ne m'en sçaura de gré veu son humeur aygre, en laquelle il est non sans cause ; et ne fault pas qu'il s'en prenne à moy qui suis à tort et à droict serviteur.

Signé : DU LION.

A La Rochelle, xviii juillet 1622.

Bibl. nat. F. Brienne, T. 253.

1622, 19 juillet. Lettre du bureau de l'Assemblée à M. d'Aersens, chevalier, seigneur de Sommerdik, pour recommander leurs intérêts auprès des États de Hollande.

MONSIEUR,

Nous avons, par le retour de noz députez en Hollande et en Angleterre, receu tant de bons tesmoignages de vostre zèle et singulière affection à la gloire de Dieu et conservation des églises de ce royaume au miserable point où elles se trouvent maintenant réduites par la violence et persécution de noz ennemis et de cest estat, que nous avons estimé ne devoir davantage différer à vous en faire un particulier et très affectionné remerciement comme nous faisons par cette-cy, qui vous sera rendue par les mains de Monsieur de Beauvais, pasteur de l'église d'Alençon, que nous avons prié d'avoir soin de noz affaires près le sérénissime roy de la Grande-Bretagne en l'absence de nos dits députez et duquel nous avons entière confiance ; il vous représentera bien particulièrement les termes où nous en sommes à present, selon que nous lui escrivons bien au long, et pourrez de là juger combien il nous importe d'estre promptement secourus et assistez, et que le retardement pourroit enfin causer nostre totale ruine. Ce qui nous oblige aussi de vous supplier très affectueusement, Monsieur, nous vouloir en cette urgente nécessité continuer les effects de vostre bonne volonté et employer avec vostre ordinaire prudence et dexterité ce que Dieu vous a départi de créance et authorité tant vers Messeigneurs les Estats et Monseigneur le Prince d'Orange le secours et assistance qu'on nous a faict espérer, et sans lequel selon le monde il nous est comme du tout impossible de subsister. Vous acquérerez par ce moyen une si sensible et estroite obligation sur toutes noz églises, que la mémoire en sera d'éternelle durée, et attirerez sur vous et les vostres la bénédiction de ce grand Dieu, protecteur des siens, lequel nous supplions très ardemment vous vouloir aussi heureusement conserver que le désirent de toute leur affection, Monsieur, vos très humbles et très affectionnez serviteurs les députez des églises réformées de France et souveraineté de Béarn tenants l'Assemblée générale à La Rochelle.

COUVRELLES, président, DELAGOUTTE, s. secrétaire, A. MALERAY, secrétaire.

De La Rochelle ce XIX juillet 1622.

Arch. de l'Institut, Collection Godefroy, Portef. n° 269.

1622, 19 juillet. *Vitré.* La Motte-Chemeau au duc de La Trimouille. — Le s^r du Preau, ministre à Vitré, avait porté 4,000 livres à La Rochelle, puis avait été tué ; les parents des meurtriers avaient tout mis en œuvre pour faire établir qu'il avait été justement tué comme criminel de lèse-majesté. La Cour avait condamné La Trimouille à payer les frais du commissaire enquêteur, s'élevant à 300 livres.

Archives du duc de La Trimouille.

1622, 22 juillet. Favas offre sa démission, qui n'est pas acceptée. — Le 27, elle est acceptée, mais avec des regrets motivés.

Rég. du Corps de ville de La Rochelle.

— 1er août. Suppression de la charge de lieutenant du maire qui avait été conférée à Favas.

Id.

— 3, 4 et 6 août. *La défaite des Anglais par Mgr le comte de Soissons, sous la conduite de M. de La Molette; ensemble le deuil du sr de La Noüe et de M. de Marsy; avec les industries et inventions admirables de l'ingénieur Pompée : le tout fait et arrivé au camp de La Rochelle les 3, 4 et 6 de ce présent mois.* Paris, R. Bretet, 1622, in-8°. — *Histoire mémorable de tout ce qui s'est fait et passé de jour en jour, tant en la ville de La Rochelle qu'en l'armée de Mgr le comte de Soissons, depuis le commencement de juillet jusques à présent (15 août).* Paris, J. Martin, 1622, in-8°.

— 18 août. Attestation délivrée à Favas au sujet de sa conduite à Royan. — 27 : nouvelle attestation en faveur de Favas.

Rég. du Corps de ville de La Rochelle.

— 22 août. *Les inventions et machines admirables du sr Pompée Targon, intendant des ingénieurs de France, dressées de nouveau contre La Rochelle; ensemble l'arrivée de l'armée navale dans le port de la ville et la prise de l'un de leurs grands vaisseaux (22 août), avec le nombre au vrai de tous les seigneurs, capitaines, régiments et compagnies qui sont en l'armée de Mgr le comte de Soissons.* Paris, J. Martin, 1622, in-8°. — *L'arrivée de la grande et puissante armée navale* *du roi pour le bloquement de La Rochelle; ensemble la teneur de l'édit du roi, donné à Niort contre ceux qui ont suivi les troupes du s*r *de Soubize.* Paris, N. Alexandre, 1622, in-8º.

1662, 28 août. *Récit véritable de ce qui s'est passé au départ de M. de Soubize, sortant d'Angleterre; ensemble le nombre des vaisseaux et gens de guerre dudit s*r *de Soubize qui ont été brisés, rompus et noyés par l'horrible foudre et tempête arrivée sur lesdits vaisseaux, au hâvre de Plemoutz, qui descendaient de Cherbourg,* etc., *le tout rapporté par le s*r *de La Chesnaye, ayant commandement de M*gr *l'ambassadeur de France en Angleterre.* Paris, J. Barbate, 1622, in-8º.

— 2 septembre. *L'armée royale devant Montauban, et ce qui s'est passé à l'assaut....., avec le discours de ce qui s'est fait, par M. le duc d'Espernon, et la prise du s*r *de La Noüe aux portes de La Rochelle.* Bourdeaus, S. Millanges, 1622, in-8º.

— 9 septembre. Commissaires nommés pour prier le Consistoire de surseoir à la publication qu'il doit faire de la désertion du sr de Favas jusqu'à ce qu'il y ait eu explication à cet égard entre les commissaires du Corps de ville et ceux de l'Assemblée. — Le Consistoire n'y ayant pas accédé, il y a, le 12, appel de sa sentence.

<small>Rég. du Corps de ville de La Rochelle.</small>

— 24 septembre. *Lettre écrite par un seigneur étant en l'armée du roi, commandée par M*gr *le comte de Soissons, devant La Rochelle.* Bourdeaus, S. Millanges, 1622, in-8º. Une autre édition, impr. à Paris chez M. Denis, attribue cette lettre à Barentin, conseiller d'État, qui l'aurait adressée au garde des sceaux.

— 25 sept. *Teobaldes.* Lettre du roi d'Angleterre à son cousin le duc de Rohan pour lui persuader de faire la paix.

<small>Bibl. nat., F. fr., 4102, fº 22.</small>

1622, 27 septembre. Extrait des registres des conseils tenus en la maison de ville de La Rochelle.

Lecture prise en conseil du rapport qui a esté faict par les sieurs de Mirande, Pascaut, le baillif d'Aunis et Niele pour ce qui est de leurs sentimens sur le pouvoir du traité de paix accommancé de faire par monsieur de Rohan, Messieurs ont eu ledit rapport pour agréable, et ordonné qu'il sera suivy et porté à l'Assamblée par messieurs du Pont de la Pierre, de La Goutte, Riffaut advocat, et Massiot médecin, députez du corps de ville, bourgeois et habitans en laditte ville, pour leur faire entendre quel est le sentiment de cette compagnie sur le sujet dudit traitté de paix duquel rapport la teneur sensuit :

> Sur les sentimens que Messieurs de l'Assamblée génerálle, convocquée en ceste ville, désirent leur estre donné par messieurs du Corps de ville, bourgeois et habitans d'icelle sur la lettre de monsieur de Rohan du premier de ce mois de septembre mil six cens vingt-deux.

Les commissaires nommez tant par ledit Corps de ville, bourgeois et habitans trouveroyent bon que ladite Assamblée fut priée, comme autrefois de la part du Corps de ville, bourgeois et habitans, de continuer de rechercher de tout son pouvoir tous les moyens qui se pourront excogiter pour parvenir à une bonne et assurée paix, et pour cet effect apporter l'amplication au pouvoir de mon dit sieur de Rohan qui luy fut donné par laditte Assamblée le vingt-ungiesme janvier dernier, telle qui sensuit : savoir, qu'elle persiste aux résolutions par elle cy-devant prises de demander au roy, par l'organe de mon dict s^r de Rohan, au nom de toutes les églises réformées de France et souveraineté de Béarn, qu'il luy plaise de donner la paix à ses sujetz de la Religion, restablissant la liberté et seureté des dittes églises suivant et au désir des édits, articles particuliers, brevetz et concessions, et de convenir du lieu, selon que mon dit sieur de Rohan advisera par sa prudence, qui soit commode et seur.

Et pour traitter des conditions de laditte paix avec seureté et contantement des seigneurs et communaultez intéressées par les désordres de la guerre, mon dit sieur de Rohan doit estre suplié de moyenner les députez qui seront envoyez, tant de la part de ladicte Assamblée que lesdits seigneurs et communautez et particulièrement de la ville de La Rochelle, assistent mon dict sieur de Rohan, avec les mémoires et instructions nécessaires qui leur seront à ceste fin données, sur lesquelles se pourra conclure ladicte paix, au lieu que par le précedent pouvoir, laditte Assemblée s'estoit réservée la conclusion dudict traitté ; et pour la seureté desdits députez sera suplié mon dit sieur de Rohan de leur moyenner leur sauf-conduit et passeports nécessaires.

Et où mon dit sieur de Rohan ne pourroit obtenir l'assistance des ditz députez au dit traitté et conclusion, en ce cas monsieur de Rohan pourra conclure ladite paix sur les ditz mémoires et instructions. Ainsy signé de Mirande, Pascault, Amos Barbot, Pierre Niele, Guibert, Tessereau, Bertet, Pareau et Duverger, secrétaire des conseils.

Bibl. nat., F. fr. 4102, f° 41. — Actes de l'Assemblée, pag. 417.

A dater du 27 septembre 1622, jour où le Corps de ville avait signifié à l'Assemblée le désir de voir faire la paix, même sans qu'elle s'en mêlât directement, le rôle de celle-ci devient très-effacé. La ville continue la guerre, mais pendant tout le mois d'octobre, jusqu'au commencement de novembre, nous n'avons plus guère de renseignements, faute de documents manuscrits, sur ce qui se passa les 26 et 27, que par les plaquettes nombreuses imprimées pendant ce temps :

État de l'armée navale du roi, commandée par Mgr *le duc de Guyse* amiral et lieutenant général de la mer (21 oct.), par Bontsequiran, sergent-major. Bourdeaus, S. Millanges, 1622, in-8°. — *La victoire emportée sur l'armée navale de La Rochelle, par le grand galion du roi, commandé par M. le duc de Guise* (21 oct.). Rouen, J. Besongne, 1622, in-8°. — Paris, C. Chapelain, 1622, in-8°. — Lyon, V. de Cœursilly, 1622, in-8°. — *Discours et récit véritable de l'ordre du combat et de la défaite des Rochelois, faite par Mgr le duc de Guyse, général de l'armée navale du roi.* Bourdeaus, S. Millanges, 1622, in-8°. — *La victoire obtenue par Mgr le duc de Guise, sur la défaite de l'armée navale des rebelles de La Rochelle, composée de six vingts vaisseaux; ensemble la prinse du secours envoyé par le comte Maurice auxdits rebelles.* Aix, J. Tholosan, in-8°. — *La grande et mémorable victoire emportée par les navires de Mgr le duc de Guyse sur les vaisseaux ennemis, avec le nombre des morts et prisonniers, le tout suivant la lettre véritable écrite par le s^r de Mantis, un des lieutenants dudit seigneur duc.* Paris, P. Ramier, 1622, in-8°. — *Copie de la lettre du capitaine La Fleur à sa maîtresse sur tout ce qui s'est passé en l'armée navale, tant d'une part que d'autre.* S. l, 1623, in 8°. — *Naumachia, seu descriptio navalis pugnæ habitæ XXVII Oct. MDCXXII, in Oceano aquitanico, circa Rupellanum littus, per S. Paschasium.* Parisiis, J. Guerreau, 1623, in-4°. — *Lettre de Mgr le duc de Guyse, général de l'armée navale du roi, écrite à Mgr le card. de Sourdis, et envoyée par un gentilhomme exprès, sur la défaite de l'armée navale des Rochelois* (26-30 oct.). Bourdeaus, S. Millanges, 1622, in 8°. — *Lettre de M. le maréchal de Vitry confirmant la déroute de l'armée navale de La Rochelle; ensemble ce qui s'est passé en même temps contre les Rochelois, en l'armée du roi, commandée par M. le comte de Soissons, écrite du camp de Saint-Maurice, devant La Rochelle, le 29 octobre 1622.* Paris, C. Chapelain, 1622, in-8°.

26 octobre au 9 novembre. *La seconde défaite de l'armée navale des Rochelois par M. le duc de Guyse ; ensemble la députation des ennemis,* etc. Paris, C. Chapelain, 1622, in-8°; Lyon, B. Teste-Fort, 1622, in-8°. — *Harangue faite au roi par les députés de La Rochelle sur l'obéissance qu'ils promettent rendre à S. M.; ensemble la réponse du roi auxdits députés de La Rochelle.* Paris, N. Alexandre, 1622, in-8°. — *An-*

tienne des psaumes pénitentiaux des fidèles de La Rochelle et Montauban, pénitents, etc. — *La publication de la paix envoyée par le roi en la ville de La Rochelle, le 11 novembre, avec la réduction et submission du Corps de la ville et habitants d'icelle en l'armée de Mgr le comte de Soissons et armée navale.* Paris, M. Mendière, 1622, in-8°. — *Lettre envoyée à Mgr le comte de Soissons par les maire et échevins de La Rochelle ; ensemble les noms des députés envoyés vers S. M.* Paris, v^e A. Saugrain, 1622, in-8°. — *Récit véritable de ce qui s'est passé en la réduction de la ville de La Rochelle à l'obéissance du roi, par M. J. Belot, curé de Milemonts.* Paris, F. Bourriquant, 1622, in-8°. — *Histoire générale de ce qui s'est passé entre les armées navales de France et celles des Rochelois ès côtes du Poictou, rivières de Bordeaux et Charente, ès combats de M. de Guyse, depuis le mois d'août de l'année 1621, jusques à la publication de la paix au mois de novembre 1622. Extrait des journaux de l'amiral des vaisseaux rochelois, par un discours plus étendu.* S. l., 1624, in-8°.

1622, 9 novembre. Sédan. Le duc de Bouillon au duc de Rohan.

MONSIEUR,

J'ay esté bien joyeux d'aprendre la publication de la paix qu'il a pleu au roy donner à son royaume pour laquelle, comme vous savez, outre mes vœux et mes souhaits, j'ay de bonne heure porté ce que j'ay deu et peu. Dieu veuille quelle soit longue et durable, ainsy qu'un chascun l'espère et le désire. Ceux-là sont dignes de grandes louanges qui y ont contribué par leurs bons offices et leurs conseilz d'une part et d'autre. Le public leur en a obligation et avoue particulièrement que y avez utilement travaillé. J'envoye vers le roy pour m'en conjouir, ainsy que tous ses bons subjetz et serviteurs et j'ay donné charge au sieur Lecomte de vous tesmoigner de ma part le gré qui vous en est deub et vous assurer de mon service à touttes les occasions où je vous les pourray rendre avec autant d'attention que je suis véritablement, Monsieur, vostre plus humble serviteur. HENRY DE LA TOUR. De Sedan, ce 9ᵉ novembre 1622.

Bibl. nat. Fr. 4102, 67.

1622, 10 novembre. Lettres de Rohan annonçant au Corps de ville la paix accordée par le roi. — Actions de grâce décrétées par le Corps de ville.

Rég. du Corps de ville de La Rochelle. — Actes de l'Assemblée
p. 431, 432 et 434.

— 15 novembre. Il est proposé à Favas de le recevoir à La Rochelle, s'il avait intérêt à s'y retirer.

Rég. du Corps de ville de La Rochelle.

— 19 novembre. Extrait d'une lettre de Scarron, conseiller au Parlement, à Mᵐᵉ de La Trimouille.

..... On ne parle à Paris que de la paix ; hier, au Parlement, nous commençâmes à délibérer sur la déclaration envoyée par le roy ; aujourd'hui nous la continuerons et paracheverons. Elle porte une confirmation expresse de l'édict de Nantes, articles secretz vériffiés au Parlement et concessions faites par les roys. Ce mot de *concessions* va bien loing. La déclaration est en termes généraux ; les articles secretz ne sont beaucoup divulguez, sinon qu'à La Rochelle et à Montauban on ne desmolira point les fortifications. Les personnes qui par trop de zèle désiroient la continuation de la guerre tesmoignent un grand mescontentement de la paix, et ne sont guères satisfaictz de la conversion de M. le connestable ; M. le duc de Chevreuse est malade du pourpre en Avignon ; il est fort regretté, parce qu'il a esté un des principaulx promoteurs de la paix.....

Arch. de M. de La Trimouille.

— 24 novembre. Du Plessis à Bouchereau. — Il lui donne des nouvelles ; « M. le comte partit le 21 de son camp, lequel s'en va licencier l'armée à Saint-Jean-d'Angély; M. de Soubise arriva à La Rochelle le 18, avec sa maison, seulement conduit par deux grands vaisseaux du roi de la Grande-Bretagne; avec luy sont MM. de Loudrière et de Montmartin. Aussitôt il alla trouver mondit seigneur le comte. La Maison de ville fit publier la paix sans consulter l'Assemblée, laquelle n'attend que la vérification pour se retirer; chacun se montre resjoui de la paix. Pour éviter d'avoir à demander une nouvelle Assemblée, les députés qui accompagnent M. de Rohan ont présenté trois gentilshommes et trois du Tiers-État, pour que le roi choisisse deux députés généraux. »

Lettres et Mém., II, 828.

1622, 25 novembre. Le maire et les échevins de La Rochelle au duc de Rohan.

A Monseigneur, Monseigneur le duc de Rohan, pair de France.

MONSEIGNEUR,

Nous avons receu de vostre part deux dépesches concernuant la déclaration du roy pour la paix de nos églizes qui nous est une singulière faveur et bénédiction de Dieu, laquelle nous avons acceptée et exécutée selon l'ordre de vos instructions. C'est de vous, Monseigneur, que nous tenons ce bonheur après la bonté de Dieu et la clémence de nostre roy, et cy les dittes églises en général vous en ont de l'obligation et du subjet de remerciement, il n'y a rien que nous ne devions pour vostre service, puisque, outre les conditions génerales de ceste paix, il vous a pleu avoir un soing cy particulier de nous, que nous ne pouvions pas mesme attendre des conditions plus advantageuses. C'est pourquoy, Monseigneur, pour nous acquitter en quelque façon de ceste nouvelle et remarquable action qui vous acquerra de la gloire en tous les siècles, nous vous rendons grâces très humbles des faveurs qui nous sont acquizes par vos mérites et vertus, et suplians très humblement vostre grandeur qu'il luy plaise nous continuer les effetz favorables de sa bienveillance pour faire que ce qu'il vous a pleu nous moyenner de grâce et bienveillance de la part du roy nous soit exécuté de bonne foy, veu la franchize et promptitude de nostre obéissance à ses commandemens, pour l'exécution de la susditte paix ; et que les fortz desquelz nous avons esté blocquez contre nos portes et autres endroits de ce gouvernement, soyent promptement desmolis, les garnisons retirées et les prieres et supplications que nous faisons faire au roy par messieurs Prou, de La Goutte, Bruneau et Poureau envoyez vers Sa Majesté pour luy protester de nostre obéissance et rendre les sermens de fidellité, octroyées et favorablement respondues ; et qu'il vous plaise encor, Monseigneur, avoir pour singulière recommandation la seureté que recherche Monsieur de Savignac qui se void poursuivy pour avoir fidellement servy dans le party de nos églizes. L'esperance que nous avons, selon vos dernières, de vous voir bientost, nous fera finir pour vous assurer selon que vous en rendront tesmoignage nos dictz députez, que nous sommes et demeurerons pour jamais, Monseigneur, vos très humbles et très obéissans serviteurs.

Les maire, eschevins, pairs, bourgeois et habitans
de la ville de La Rochelle.

A La Rochelle, ce 25° novembre 1622.

Bibl. nat. Fr. 4102.

DOCUMENTS

POUR SERVIR A L'HISTOIRE DE LA COUTUME

EN POITOU ET EN ANJOU

Nous réunissons sous ce titre deux pièces d'un caractère et d'une importance très-différents.

La première est un cahier des réclamations assez vives auxquelles ont donné lieu les changements apportés au droit de la province par la réformation de la Coutume du Poitou en 1514 ; l'autre est une requête adressée au roi, pour obtenir la suppression d'un usage local contraire au droit commun coutumier en matière de succession noble. C'était l'usage de la contrée réunie à leur duché, dès le commencement du xie siècle, par la main puissante des ducs d'Anjou, et qui plus tard devait s'appeler la Baronnie de Mirebeau.

Ces pièces appartiennent toutes deux aux Archives de la Vienne. La première, qui est contemporaine de la réformation de 1514, est très-difficile à lire et quelques passages en semblent altérés. Le concours de mes confrères, MM. Rédet et Richard, me permet d'en rétablir le texte.

I

La fin du xve siècle et le commencement du xvie marquent pour la France un moment décisif dans la marche vers l'unité de droit. Les trois états réunis en chaque province sont venus déposer de leurs coutumes, et la royauté, en promulguant le résultat de cette vaste recherche, participe au développement et à la transformation des principes qui avaient inspiré la coutume. A partir de cette époque, à la vérité, on ne peut plus parler du droit né des coutumes que comme d'une source historique. Le droit a perdu son caractère originel et l'histoire est entrée dans l'ère des législations codifiées.

Les modifications furent plus profondes qu'on ne le dit souvent. Les magistrats du parlement qui y ont présidé n'ont pas toujours pénétré le sens des institutions anciennes qu'ils ont transformées. « Quelques rares protestations en faveur de droits allégués et non « reconnus ont été consignés à peine, et bientôt oubliés dans les « procès-verbaux », a dit M. Laferrière, et il a dit vrai si l'on s'en tient aux procès-verbaux. Ils ont un caractère officiel qui émousse et atténue les protestations des intérêts blessés, et l'oubli demeure le sort des choses humaines qu'une loi d'unité aurait effacées.

Mais Dargentré et Dumoulin, ici d'accord, ont parlé de cette réformation première en des termes tels qu'on les peut prendre pour l'écho de souffrances assez vives et de résistances mal apaisées [1]. Des protestations s'élevèrent, et il serait curieux d'établir, par enquête, l'accueil qu'à son aurore le XVIe siècle a fait à la première réformation des coutumes. C'est une pièce de cette enquête que nous publions pour la réformation de la coutume du Poitou en 1514.

La comparaison avec les documents antérieurs est, chez nous, rendue facile par la clarté des monuments que nous ont légués la fin du XIVe siècle et le XVe siècle tout entier.

Nous ne retrouverons plus sans doute le MÉMOIRE DU LIVRE ORDONNÉ SUR LES COUTUMES, *lequel compila* JEAN MIGNOT *en* 1372. L'ouvrage de ce lieutenant de Guillaume de Felton, sénéchal du Poitou pour le prince Noir, a été perdu pendant les troubles de la révolution [2].

---

1. Dargentré, sur la Coutume de Bretagne, art. 328 et préface de l'*Avis sur le partage des nobles*. — Dumoulin, sur la Coutume de Paris, tit. I, § 20, gl. 3, n° 10, cités par M. Aubépin, *Rev. crit.*, IV, 278.
2. Voy. récit de M. de la Fontenelle de Vaudoré, *Société d'Agriculture de Poitiers*, t. VII, nos 37-304.

Un savant épris des antiquités du droit a mis aux mains des studieux le livre intéressant et confus que de Laurière avait cité sous le nom de PRATIQUE DE CHOLET, et qui rappelle les usages de Poitou et de la ville de Poitiers un peu avant la fin du xiv° siècle. Notre histoire coutumière peut tirer grand profit de LI LIVRES DES DROIZ ET COMMANDEMENTS D'OFFICE DE JUSTICE PAR GUILLAUME CHOLET, *secrétaire de Mgr le duc d'Orléans, en 1424* [1].

Mais l'œuvre maîtresse est le coutumier de 1417 que j'appellerais volontiers le COUTUMIER DE PARTHENAY : « ..... et finit cestuy petit
« livre ou traité sur plusieurs usaiges, coustumes, stilles et gouver-
« nementz du pays de Poictou compillé et diligemment visité, leu
« et corrigé et bien advisé par honorables hommes saiges maistres
« Jehan de Laubertière, baillif de Gastine, Jehan de la Chaussée,
« Loys Moysen, Robert Tutaut, Pierre Roygne, lesquels plusieurs
« fois et à grande diligence se sont por ce assemblez en la ville
« de PARTHENAY en l'an mil IIII cent XVII. »

Il ne faudrait pas croire qu'avant la rédaction du xvi° siècle, les travaux accomplis sur les coutumes fussent dépouillés de toute sanction. Ce serait contraire à l'idée même d'un droit né de la coutume. Elle s'établit par le concours de tous. Expresse ou latente, la puissance législative se retrouve toujours en elle. Qu'on ne pense pas que ces « saiges » réunis à Parthenay, en 1417, ne fussent qu'une association fortuite et volontaire de praticiens mettant en commun leur expérience et leurs travaux. Ils constatent les usages, mais « en soy conformant à la rayson et pour unir tout le païs en « ung état et coustume », ils inscrivent en même temps des changements assez graves qui s'imposeront à l'avenir.

Ces changements, s'ils ne la réalisent, tendent à l'unité de législation, du moins dans la province, et il est facile de voir qu'ils se rapprochent d'un droit commun coutumier entrevu par la science des honorables hommes sages et par le génie bienfaisant de la royauté.

Le coutumier de Parthenay de 1417 était comme une préparation anticipée d'un siècle pour la rédaction des lois féodales et civiles de la province du Poitou.

---

1. Publié par M. Beautemps-Beaupré. Paris, Durand, 2 vol. in-8°, 1864.

Remanié en 1454 et imprimé en 1486 sous cette forme nouvelle, le coutumier de 1417 reste le type et le modèle de la rédaction officielle de 1514 [1]..

A cette époque, la féodalité a pris fin. Quelques droits, comme le droit de garenne ou de colombier, quelques conséquences rattachées à la division des biens en héritages nobles et en héritages possédés en roture, resteront comme un souvenir de la vaste organisation politique et militaire qui s'est appelée la féodalité. Elle avait reposé tout entière sur une réciprocité de devoirs. Devoirs des populations envers les vavasseurs, de ceux-ci envers les barons et des barons envers les comtes. Par contre, de la part du suzerain ou du seigneur de fief, le devoir de protection et le devoir de justice. A chaque échelon, ces devoirs sont réglés par un accord.

C'était la charte de concession qui avait réglé les successions nobles. C'était l'accord du comte et des barons qui avait réglé les rachapts et les hommages, constaté la coutume, réglé la procédure devant les justices patrimoniales et servi de fondement au droit public tout entier.

Comment ce droit public lui-même ne se serait-il pas effacé quand l'accord primitif sur lequel il reposait était tombé dans l'oubli ; quand les devoirs de protection et de justice seront accomplis par une autorité qui est en dehors de la hiérarchie féodale? On ne sera plus frappé que de la diversité des règles sur les successions ou de l'énormité des rachapts. Ce ne sera plus l'accord des barons qui constatera la coutume. Les trois ordres de l'état viendront en déposer et, au-dessus de leurs témoignages, s'élèvera, comme l'interprète de la loi d'unité, le jugement et la réformation par les magistrats du Parlement, envoyés de la royauté.

Cet avénement d'une société nouvelle ne pouvait se produire sans d'assez vives blessures. La voie restait de l'appel au Parlement, et nous avons l'écho des plaintes dans une requête d'appel due sans doute aux officiers de justice de la vicomté de Thouars.

---

1. Parlant de cette rédaction de 1514, Dumoulin écrit : « J'en ai vu de plus
« anciennes imprimées dès l'an 1486 quasi tout conformes à la dernière ; j'en ai
« aussi vu un vieil coutumier du Poictou écrit à la main, divisé en cinq livres... »

C'était la contrée du Poitou la plus féconde en coutumiers experts. Jean Mignot, le lieutenant de Guillaume de Felton, y prenait son origine. C'était à Parthenay qu'était rédigée la coutume de 1417, et c'est encore au pays de Gastine, au pays d'entre la Dive et la Sèvre et la Sèvre et la mer, que se rattachent les appelans dont il a paru que les critiques contre l'œuvre hâtive de 1514 méritaient d'être conservées à l'histoire.

Elles portent sur quelques points du droit civil, comme par exemple la succession des bastards aux biens de leur mère [1], mais combien plus sur les matières du droit féodal?

Tout d'abord, ce DROIT DE RETOUR OU DROIT DE VIAGE qui, relativement à la transmission des fiefs, donne aux pays *entre la Soyvre et la Dive et la Soyvre et la mer* une physionomie si originale.

Pour le comprendre, il faut pénétrer le principe du monde féodal qui repose avant tout sur une organisation militaire et contractuelle.

La charte de concession règle à son gré la transmission du fief, et la nécessité d'en assurer le service fait poser en principe son indivisibilité.

« La comté, la baronie, le fief de haubert est impartageable », dira le grand coutumier de Normandie; « le fief de baronie ne peut être démembré », diront les anciens usages d'Anjou; et, en Bretagne, l'assise du comte Geoffroy viendra remédier « aux maux qu'occasionnait le partage égal des fiefs entre les enfans des feudataires [2] ».

En partant de cette indivisibilité, on va droit à l'héritier qui sera le plus capable d'accomplir le service du fief. Ce sera le fondement de tous les statuts où nous voyons que la descendance féminine est exclue par les frères du seigneur décédé [3]. Ce sera le germe de tous les statuts d'aînesse.

---

1. Voy. le Livre des droiz et des commandemens, t. I, p. 356, et Nic. Gaillard, *Rev. crit.*, t. XII, p. 298, où le savant magistrat cite une enquête par turbe de 1517 et conforme à la cout. réformée. La règle de notre vieux droit cout. se retrouve dans la cout. de Valenciennes art. 152 et 153.
2. D'Espinay, féodalité, p. 235-236.
3. En 1196, Thibault II succède à Henri comte de Champagne, son frère, au préjudice des filles de celui-ci.

Si haut, cependant, qu'on puisse remonter dans les origines coutumières, le principe aura déjà reçu quelques atteintes, le fief aura perdu son caractère militaire primitif pour revêtir un caractère patrimonial. Patrimoine exceptionnel qui conservera jusqu'à la fin du XVe siècle, et, si l'on veut, jusqu'à la fin de l'ancienne France, un caractère et des règles propres; mais patrimoine, à la vérité, au partage duquel les femmes et les puisnés seront admis. Toute l'élaboration coutumière aura pour objet de faire une place aux droits des puisnés. L'indivisibilité des fiefs aura tellement disparu que les statuts d'aînesse qui attribuent à l'aîné noble un préciput et une part avantageuse les prélèveront sur la succession féodale tout entière.

Dans les pays qui s'étendent de la Dive à la Sèvre et de la Sèvre à la mer, le droit féodal est resté plus fidèle qu'ailleurs à ses origines. Le droit des puisnés y a mordu de bien peu sur cette unité irréductible, qui est le fief. Le fief appartient à l'aîné et il devra revenir tout entier à l'aîné de ses fils; mais, avant de revenir à celui-ci, il passera viagèrement sur la tête de chacun de ses oncles. Le fief dans la famille est déposé entre les mains du SENIOR et « les « barronnyes et seigneuries n'ont été séparées ni divisées esdits « gouvernemens qui sont marchissans les pays de Bretaigne et « d'Anjou. » Ce droit, dont on retrouve des traces ailleurs [1], a gouverné la succession des plus grandes maisons de cette contrée [2]. Mais quand le fief n'a plus été qu'un domaine, la propriété s'en trouva enlacée dans cet enchevêtrement de DROIT DE RETOUR et de

---

1. Cartul. de l'abbaye de Beaulieu, cité par d'Espinay, *Cartulaires angevins*, p. 234.
2. Besly, dans le P. Anselme, t. IV, p. 187, et t. VIII de la *Société des Arch. du Poitou*, p. 93. Duchesne, *Histoire de la maison de Chasteigner*. Imbert, Notice sur les vicomtes de Thouars, *Mémoires de la Société des Antiquaires de l'Ouest*, t. XXIX, p. 425, et Histoire de Thouars. La Boutetière, introduct. au Cartul. de Talmond, *Mémoires de la Société des Antiquaires de l'Ouest*, t. XXXVI, p. 45. Ledain, *Gatine historique*. M. Garsonnet, *Histoire des locations perpétuelles*, p. 363, après avoir transcrit la lettre de Besly, ajoute : « Il « faut aller jusqu'au droit musulman pour trouver une pareille coutume. Il est « plus que probable que celle-ci a été *importée* à Thouars par les Sarrazins, « pendant qu'ils occupaient le midi de la France jusqu'à la Loire. » La conjecture, pour être hardie, n'est pas heureuse. C'est *incursion* sarrazine qu'il faudrait dire, et pour un temps où il n'y avait ni constitutions féodales, ni coutumes!

viages successifs. Elle sera écrasée par la fréquence des rachapts perçus sur ces transmissions viagères multipliées. Elle sera rendue indisponible et de nombreux procès s'en suivront [1]. C'était une institution dont le sens et la raison d'être s'étaient tout en même temps effacés et que la Coutume de 1514 devait faire disparaitre.

Nous avons parlé des rachapts : c'étaient les droits de mutation que payaient les feudataires. Très élevés en Poitou, ils y furent longtemps « à merci ». Le 6 décembre 1256, Aymeri IX, vicomte de Thouars, les avait fixés au revenu d'une année pour ses vassaux. Chiffre encore considérable ; mais c'était renoncer aux perceptions arbitraires. L'exemple s'imposait de lui même. Les barons, réunis sous la présidence d'Alphonse de Poitiers, avaient modifié l'ancienne Coutume et reconnu la libéralité du comte. Les comptes d'Alphonse nous font connaître le « don commun des barons de Thouarçois : 16,500 livres de poitevins par l'amesurement des rachapts [2] ». Le contrat tint jusqu'à la réformation.

C'est de Laurière qui, parlant de cette réformation de 1514, dit quelque part qu' « on la peut mettre au nombre des plus mal rédigées ». Le jurisconsulte, versé dans les antiquités du droit français, en donne pour exemple l'article 185, « contre toute raison, mal rédigé et plein de fautes », et où les réformateurs ont confondu l'hommage PLEIN et l'hommage LIGE [3].

---

1. V. Alfred Richard, *Archives du château de la Barre*, t. II, p. 327, procès de 1499 et 1500.
2. Boutaric, *Saint Louis et Alphonse*, p. 493.
3. V. de Laurière sur la Coutume de Paris, fragment de la préface, t. III, p. 333, 350, où il explique avec sa clarté ordinaire comment la Coutume a dit : « L'hommage plein sous hommage LIGE... » au lieu de : « l'hommage plein, sous hommage PLEIN...; » comment elle dit aussi dans cet art. 185 : « Il sera dû *demi-cheval*... » au lieu de *deux chevaux* qui étaient dans les manuscrits. On peut voir également dans Minier (Rev. Hist. du droit., t. II, p. 368) l'embarras des éditeurs de la Coutume. De Laurière donne un renseignement précieux : « Je re-« marquerai que dans la bibliothèque de M. Colbert, nombre 2032, il y a une « ancienne coutume de Poitou manuscrite... » M. Laferrière, t. VI, p. 214, en note, pose une question : « Serait-ce le manuscrit retrouvé par M. Nicias Gaillard n° 44 du supplément français ? » Il faut répondre négativement. Le m c t. retrouvé par M. Nicias Gaillard est celui du cout. de 1417. Or le texte de l'article 185 de la cout. réformée (1559) ne s'y trouvait pas et n'aurait pu y être lu par de Laurière. Le manuscrit de la biblioth. de Colbert était un exemplaire de la refonte de 1454, comme celui qu'avait connu Dumoulin.

Mais si l'appelant de 1514 ne peut comprendre l'atteinte portée au vieux droit des fiefs, combien il comprend moins encore la réforme de ce qui est relatif à la juridiction ? Il en est resté à l'idée d'une justice patrimoniale. Autrefois, pour avoir raison d'un défendeur récalcitrant, il fallait six défauts. La Coutume de 1417 n'en demande plus que quatre [1]. En 1514, tout est remanié, et « Par ce moyen convyendrait au roy et à ses subjects laisser l'exer« cice des juridictions et demeureraient inexercées parce qu'elles « leur seraient à grands fraitz et mises et sans nul prouffict ».

Comme il se trompe, à moitié tout au moins! De ces deux justices « sans nul prouffict », une seule disparaîtra, celle qui ne pouvait exister que comme justice patrimoniale; non point celle qui, dépouillant son caractère questuaire, s'exercera comme une dette et représentera le droit commun dans la nation.

C'est que la féodalité a accompli son œuvre. Elle a fait triompher l'idée d'une loi territoriale et affranchi les populations. Sa forme militaire devenue sans objet, elle s'est transformée. Elle a construit de toutes pièces une manière de fiscalité et de procédure, une forme d'exploiter la terre et, avec elle, ces démembrements de souveraineté que la possession de la terre entraînait dans les siècles antérieurs. Mais c'est là une construction artificielle qui s'écroule au XVIe siècle. Les peuples s'étaient habitués à ne connaître d'autre bail et d'autre garde que le pouvoir royal, et à ne rechercher de protection que dans la mainbournie de la royauté.

Si cet avenir échappe au plaignant de 1514, il a une vue très nette des moyens employés : c'est pour « supprimer et abolir les juridictions subalternes » ; et comme il ressent vivement la blessure ! comme il flagelle « les patrocinans à plaisir lesqueulx ont troublé toute la justice !» comme il feint qu'il n'y ait encore qu'une tentative « de la malice par ceulx qui ont fait imprimer ce qui est imprimé ! » comme il signale « les chouses escrites à l'apétit d'aucunz particuliers ! » comme il revendique « les ancyennes coutumes... accordées et qui ne sont couchées en chouses imprimées et ont été taisées, qui est ung vray cryme de faulx ! »

---

1. V. le livre des commandemens, t. I, p. 331, la Coutume de 1417, f° 14, r°, manuscrit de la Biblioth. nat.

Et mesdits seigneurs les commissaires « en quelle forme ils s'en seraient allés, sans vouloir bailler le double de ce qu'ils avaient faict, ni de leur procès-verbal ! »

Or presque tout cela est très vrai !

L'objet de la rédaction officielle ne fut pas atteint. Imbert [1] raconte que les commissaires royaux n'ayant point apporté au greffe du parlement leurs procès-verbaux dûment expédiés, on doutait de l'authenticité du texte publié de la Coutume de 1514. Il y fallut enquêtes par tourbes et lettres royaux. Puis quand, dans cette réformation hâtive, Dumoulin eût noté bien des erreurs, Henri II, par ses lettres-patentes des 19 août et 15 septembre 1556, dira : « Les procès-verbaux des commissaires qui par nosditz prédécesseurs roys ont été à ce faire commis et députés *auraient été perdus*..... » C'étaient les procès-verbaux des Coutumes de la sénéchaussée de Poitou et du bailliage d'Auxerre [2]!

En réalité, pour notre province, les procès-verbaux n'avaient jamais existé. Ce qui était perdu, c'était le sens et l'utilité des Coutumes anciennes. Ce à quoi l'action du parlement avait suffi, ce que ses procès-verbaux n'avaient pas besoin de constater, c'était l'avénement d'un ordre nouveau.

II

Dans le ressort des Coutumes générales, une loi d'exception était quelquefois conservée pour des familles ou des enclaves ayant une histoire, et comme une individualité propre. Il en était ainsi dans le ressort de la Coutume d'Anjou, pour les pays compris dans le ressort de la BARONNIE DE MIREBEAU.

L'indivisibilité de la baronnie, cette unité du monde féodal, l'indivisibilité du fief militaire, qui forme la règle de la succession féodale, s'était effacée depuis longtemps déjà lors de la première réformation des Coutumes. Le fief militaire n'est plus qu'un do-

---

1. *Instit. for.* liv. I, ch. 43, n° 10, p. 287; comp. Nicias Gaillard, *Rev. crit.*, t. XII, p. 298.
2. Varin, *Archives législatives de Rheims*, t. I, p. 868.

maine, et la féodalité politique a fait place à un régime patrimonial à part, qui se trouve comme droit commun dans les Coutumes.

Dans toutes les Coutumes, en effet, en chacune des successions nobles paternelle ou maternelle, l'aîné prend comme préciput d'ainesse : « Le maître manoir entier ou, au lieu d'iceluy, le vol du « chapon qui est un arpent de terre ou jardin [1]. » Et, dans la plupart d'entre elles, il avait droit, en outre, à une part avantageuse qui comprenait les deux tiers des héritages et droits tenus noblement lorsqu'il ne concourait qu'avec un seul frère ou une seule sœur, et la moitié seulement lorsqu'il venait à la succession de ses père et mère en concurrence avec deux autres ou plus de deux autres enfants [2]. Le domaine féodal est ainsi l'objet d'un partage. Partage inégal, à la vérité, mais définitif, qui fait attribuer aux puînés une part, et une part transmissible à leur descendance directe.

Quelques contrées et quelques Coutumes étaient restées plus fidèles au principe de l'indivisibilité du fief.

Au-dessus de tous les autres les pays où se pratique ce DROIT DE RETOUR ou de VIAGE dont nous avons précédemment parlé.

Immédiatement après viennent les coutumes qui avaient conservé la tenure en parage [3].

Par le parage, les puînés, les *parageaux*, reçoivent une partie de la seigneurie ou du fief ; mais pour qu'à l'égard du seigneur dominant, le fief lui-même ne fût pas démembré, les cadets étaient réputés tenir de leur aîné la part qui leur était attribuée. L'aîné, le *parageur*, les garantissait sur sa foi à l'égard du seigneur.

Or l'atteinte à l'indivisibilité du fief sera très différente, suivant que la part des parageaux leur sera attribuée « par héritage » comme une propriété par eux transmissible à leur descendance directe, ou que cette part leur sera attribuée viagèrement et « en bienfait ».

Dans le Maine et l'Anjou, au XIIIe siècle, comme dans les autres

---

1. Loyzel, liv. IV, tit. III, règl. 63. — Grand coutumier, liv. II, tit. de saisine en fief. — Comp. art 13, 14, 18 de la Cout. de Paris.
2. Art. 15 et 16 de la Cout. de Paris.
3. Anjou, Maine, Touraine, Poitou, Loudunois, Bretagne et Normandie.

Coutumes, les puinés reçoivent leur tierce partie « par héritage [1] ».

Mais voilà qu'au XIVe siècle, pendant que les Coutumes sœurs de Touraine et de Loudunois restent fidèles au droit commun coutumier, on constate dans le Maine et l'Anjou un brusque retour vers le passé. Les puinés mâles ne recevront qu'un VIAGE, comme dira la vieille langue, et les Coutumes réformées conserveront ce droit jusqu'à la fin.

« Le fils aisné, si fils aisné y a, sinon la fille aisnée ou leur représentation, s'il n'y a que filles, succède pour les deux tiers des choses de ladite succession, soit paternelles ou maternelles, ou acquests; et les puisnez enfans succéderont pour l'autre tiers et le diviseront entre eux par égales portions; mais les puisnés masles ne sont fondés de tenir et avoir leur portion d'iceluy tiers qu'en bien-fait seulement, c'est à sçavoir leur vie durant. » Et quant aux filles, elles succèdent en leur portion d'iceluy tiers « par héritage [2] ».

A l'opposé de ces idées sur les successions nobles, on trouve les Coutumes où la division des fiefs par parts égales et par héritage était acceptée sans autre réserve que celle du préciput d'aînesse. Il en était ainsi en Bourbonnais, et depuis 1478 dans la châtellenie de Mirebeau.

Dans le procès-verbal de la réformation de la Coutume d'Anjou en 1508, on trouve que,

« ... par maître Jean Barotain, châtellain de Mirebeau, fut dit qu'il avait charge de par les états de la châtellenie de Mirebeau de requérir que la Coutume de Mirebeau, par laquelle les nobles succèdent par teste, fût réduite à la Coutume générale d'Anjou, en réservant aux puisnez de succéder en leur tiers « *par héritage* »......, et, pour ce qu'il n'en faisait apparoir, il lui fut réservé d'envoyer procuration expresse et d'en faire apparoir à la Cour pour être pourvu sur ladite requeste [3] ».

---

1. *Compilatio de usibus et consuetudinibus andegavie*, art. 69 ; texte cité par d'Espinay, *Cartul. angevins*, p. 236, note 3.— Voy. P. Viollet, *Rev. histor.*, t. X, p. 446.

2. Anjou, 222, 226 ; Maine, 239, 242. Dumoulin, s. Maine 239. Chopin, Paris, liv. II, tit. 5, n° 1. Chopin, Anjou, liv. I, ch. 38, n° 15. « qui excuse, dit Richebourg. IV, p. 550, la dureté de cet art. et en rend raison. » Pocquet de Livonnière, *Traité des fiefs*, liv. VI, ch. 12, proem. sect. 3, 4.

3. Coutume générale, t. IV, p. 592.

Ce recours au parlement n'a point laissé de traces. On continua à n'accorder à l'aîné noble qu'un préciput d'aînesse : « Le manoir principal avec les présclostures anciennes et un chezé de trois minées de terre autour dudit manoir et présclostures, si elles y sont, sinon un hommage, s'il y est, de cinq sols de rente [1] ». Après ce prélèvement, on partage également les héritages nobles.

La raison historique de cet usage est exposée dans un projet de requeste des nobles du Mirebalais qui en sollicitent l'abolition par le pouvoir royal.

Ce document semble être du commencement du XVIIIe siècle.

Le roi y est supplié d'ordonner l'application en Mirebalais de la règle suivie dans les provinces d'Anjou et du Poitou sur la part avantageuse de l'aîné noble. Il n'apparaît pas que cet appel à la royauté ait été mené très loin, ni qu'il ait été suivi d'effet. L'appauvrissement et la disparition des maisons nobles, en cette enclave angevine, est attribuée par la requête à la pratique du partage égal. Les raisons qu'en donne le rédacteur sont d'assez peu de valeur. La matière n'a pas été mise en œuvre par une habile main d'ouvrier ; mais la pauvreté du travail n'altère en rien l'exactitude et la valeur des témoignages.

A côté de l'origine de cet usage qu'elle explique, la requête atteste que l'usage du partage égal entre nobles, reconnu dans un arrêt de 1532, et par un acte de notoriété du 28 août 1571 [2], s'est perpétué jusqu'à la fin [3]. Il a paru intéressant de montrer, à côté des règles écrites, un usage, contraire au droit commun des Coutumes, maintenu par la seule autorité d'une jurisprudence locale.

C'est un trait à ajouter au tableau du régime des biens dans l'ancienne France et à celui du droit des successions, peu de temps avant que la règle du partage égal ait été étendue à toutes les provinces et à tous les biens.

C. DE LA MÉNARDIÈRE.

---

1. Eod. loco. p. 596.
2. Chopin, sur Anjou, lib. 1, cap. 33, n° 8. — Bourdot de R., t. IV, p. 596.
3. Cpr. analyse d'un acte de partage de 1748 par M. de Fouchier, *Mém. de la Société des Antiquaires de l'Ouest*, en 1877, p. 116.

I

INMUTATIONS DES COUSTUMES ANCYENNES ET ANCYENNEMENT GARDÉES ET OBSERVÉES SANS DIFFICULTÉ FAISANT LOIX ET COUSTUMES NOUVELLES A PLAISIR.

Item et mesmement quant es gouvernemens qui sont entre la Soyvre et la Dyve et la Soyvre et la mer, esqueulx gouvernemens tous les meubles appartenoyent à l'aisné filz ou qui le representoyt, tant en succession directe que collatéralle, aussi estoyt-il tenu payer les debtes, et ne prenoyent riens esd. meubles les puisnés sinon que le père ou mère leur en fissent quelque don.

Item et combien que ce fust chouse bien observée, néantmoingtz par refformation et sans avoir regard à ce que dessus, a esté mis que les enffans succéderont teste pour teste quant aux meubles. En quoy faisant est tollir lesd. meubles ausd. filz aisné, lequel a toute la charge et feix de la maison, et dont il estoyt fondé par avant; par le moyen de quoy les maisons demeureront comme destituées de tous meubles, et n'y aura table ny trateau ne chouse vile qui ne soyt partie divisée et misent avant *(sic)* qui est souventeffoys à la grant diminution des maisons et de leur auctorité; car en ce sera descouvert la pauvreté et richesse des maisons : qui sera grant préjudice tant aux aisnez, puisnés que filles, et retardement de leur avancement.

Item que soubz les ancyennes coustumes estans entre la Seyvre et la Dyve et la Soyvre et la mer les maisons des nobles ont esté entretenues et augmentations *(sic)* tant par successions collatéralles revenans à l'aisné que autrement et par manière que les barronyes et seigneuries n'ont esté séparées et divisées, et que esd. gouvernemens qui sont marchissans les pays de Bretaigne et d'Anjou y a de grans seigneurs et subgectz entretenans les grosses places servans pour la tuicion et deffence de tout le païs de Poictou, et plus que en nul autre des gouvernemens, ainsi qu'il est tout commun et nothoire.

Item et lesqueulx seigneurs et aisnés mectoyent poynes de entretenir leurs puisnés les ungs à la guerre et les autres à l'estude et à l'esglise, marioient leurs seurs et par manière que le tout se pourtoyt bien.

Item et que à présent et par la refformation faicte, par laquelle les puisnés et filles tous ensemble doyvent avoir une tierce partie à héritaige, lesd. puisnez et filles demoureront sans estre avancez de leurs aisnés, et se diviseront les seigneuries par succession de temps et par manière qu'elles seront perdues et destruictes et revyendront à néant : qui sera ung grant dommaige à la chouse publique. Car aussi moyennant que les terres estoyent subgectes à retour, les maisons s'entretenoyent myeulx, par autant que l'aisné qui avoyt des frères puisnés ne trouvoyt facilement achapteurs s'il voulloyt vendre, parce que l'aisné ne povoit vendre au préjudice des retours. Aussi les puisnés, quand ilz joyssent du retour ne pourroyent riens vendre. Au moyen de quoy les maisons demeuroyent en leur entier revenans à la souche. Par quoy estoyent lesd. coustumes très raisonnables. Aussi les filles avoyent leur quart, qui estoit pour les marier. Par quoy par lad. coustume nouvelle on leur feroyt tort, et par lad. coustume ancyenne les puisnez auroyent leur provision actendant le retour. Par quoy lad. coustume ancyenne estoyt pour l'entretennement des maisons, comme dict est, trop meilleur ; aussi elle avoit tousjours esté usitée et praticquée comme les autres susd. Et es gouvernemens susd. esqueulx sont les principalles maisons des nobles de Poictou et par lesquelles peult estre secoureu le pays en temps d'ostillité, aussi qu'ilz sont plus près de la mer et des dangiers que ne sont pas les autres gouvernemens dud. pays, et par ce estoyt bien requis pour le bien public le tiers desd. maisons estre conservées.

Item on tiltre des rachaptz, combien que l'on en usast selon qu'il est couché es ancyennes coustumes, et mesmement en la vicomté de Thouars et on païs de Gastine et autres terres esquelles rachaptz ont lieu, et selon la constitution du comte Alphons, et que sur ce n'y eust difficulté, néantmoingtz l'on a rayé et osté ung article qui s'ensuyt : « Et aussi ne lèvera pas les prés ne les pasturaiges nécessaires pour le labourraige, mais il lèvera ceulx que le vassal levoyt à sa main ou qu'il peust lever raisonnablement ; car si le vassal en bailloyt à son laboureur plus que de raison et mestier ne seroyt, le seigneur qui a le rachapt, [s'il veult, ne retiendra l'année dud. rachapt et n'en baillera] fors ce que raisonnablement en convyent. Et aussi doit laisser les pailles, fumiers et semences ès lieux où l'on a acoustumé bailler semences. »

Item que en lieu dud. article y a esté mys ung autre article qui est tiel : « Et aussi ne levera pas les prez et les pasturaiges, mais si tout le fiefz entier, terre et seigneurie qui choit en rachapt avoyt esté baillé à ferme à vil prix, en ce cas le seigneur prenant le rachapt ne seroyt tenu l'an de son rachapt entretenir led. bail à ferme de la totalle seigneurie, mais pourroyt par ses mains prendre les fruictz d'icelle selon les baux particulièrement faictz par celluy en lieu duquel il prent son droict de rachapt. [1] »

Item et en quoy n'a apparance ; car led. article estoyt très bien couché et déclairé tant pour les seigneurs que pour les subgectz, et bien équictable. Et ainsi que à présent il est couché, ilz ont mys que le seigneur ne lèvera pas les pretz et pasturaiges en général, qui seroyt fourclore les seigneurs des prez et pasturaiges tenus d'eulx à droit de rachapt, et au grant préjudice du Roy, en ce qui est tenu de luy en rachapt ;

---

1. V. Manusc de la biblioth. de Poitiers, f° cx, et imp. de 1486, f° lxxxv, qui omet à tort la partie entre guillemets. Art. 136 de la Cout. de 1514 ; art. 155 de la Cout. de 1559.

et pareilhement les autres, car il y a plusieurs qui ne tiennent à doumaine fors prez et pasturaiges, et là où il n'y a mestairies ne gaigneries, et mesmement n'en tiennent les seigneurs barons. Et par lad. coustume estoit bien pourveu quant auxd. pasturaiges de ce qui estoyt neccessaires pour lesd. labourages, et la chouse deuement interprétée, qui demeure en confusion et généralité engendrant procès et questions.

Item pareillement est abstraindre le seigneur de fief de tenir les fermes faictes par son vassal des chouses tenues de luy, en quoy n'y a aparence.

Item a esté rayé ung aultre article commenceant : « Esd. païs ou lesd. chouses courent en rachapt, se celluy qui faict hommaige n'a riens en dommaine [1], il doyt à son seigneur, au lieu dud. rachapt, la tierce partie de la valleur des chouses, et ne courent point autrement lesd. chouses en rachapt; mais s'il y a plusieurs fiefs soubz ung houmaige lige, il sera tenu rachapter le meilleur fief et en payer la valleur. »

Item et en lieu d'icelluy a esté mys ung article qui est tel : « Esd. pays ou court rachapt, si ond. rachapt tumbe ung fief non aiant doumaine ne censyve, duquel toutesfoys despendent autres fiefz, le seigneur qui prent le droict de rachapt pour icelluy fief non ayant dommayne ne censive prandra par son rachapt ce qui s'ensuyt; c'est assavoir, si dud. fief non aiant doumaine ne censive, comme dit est, deppend ung seul hommaige en ce cas led. hommaige sera estimé, et prandra led. seigneur pour son droit de rachapt la tierce partie de la valleur de sond. fief d'une année ; mais si dud. fief non aiant doumaine ne censive y a plusieurs fiefz mouvans et deppendans en ce cas led. vassal seigneur dud. fief non aiant doumaine sera tenu pour son rachapt payer le revenu d'une année du meilleur desd. fiefz au proffict dud. seigneur [2]. »

---

1. « Es choses dont il a fait hommage », manusc. de 1454, et imp. de 1486.
2. Art. 151 de la Cout. de 1514 ; art. 170 de la Cout. de 1559.

Item que ledit article rayé a esté deuement praticqué le temps passé et fondé sur bonne cause; car plusieurs vassaulx font hommaige lige de plusieurs fiefz et ne tiennent riens à dommaine, et soubz eulx ont plusieurs grans fiefz tenuz d'eulx à foy et hommages liges et plains estans en dommaines, sur lesqueulx ilz prennent rachaptz et devoirs de mutation, et par ce estoyt et est bien chouse raisonnable qu'ilz rachaptent leurs fiefz, puisqu'ilz ne tiennent riens à dommaine, et qu'elle estoyt bien raisonnable, veu les grans prouffitz et esmolumens qu'ilz ont esd. fiefz tenus d'eulx, quelle chouse avoyt aussi esté ordonnée, les barrons appellés par le comte Alphons, ainsi qu'il appert par la constitution.

Item et n'y a une seulle aparence en ce que on a voulu employer de nouveau si on rachapt n'a censive; car le cas pourroyt estre que les vassaulx tenans esd. fiefz et non ayant dommayne auroyent censuif de douze deniers ou de cinq solz, et que par ce moyen les seigneurs, pour leur rachapt ne pourroyent avoir que lesd. douze deniers ou cinq solz de censif pour tout rachapt, chouse contraire aux ancyennes coustumes et prejudiciable au Roy en tant que à luy touche et à ses subgectz aiant fiefz, et seroyt par là tollir le vray droict féodal.

Item et par quoy semble que quant à ce n'y a eu proepoz d'employer led. mot ou censive, et que led. mot devroit estre rayé et la coustume ancienne observée et gardée selon la constitution dud. conte Alphons faicte en l'an nostre seigneur n°LXVII, du consentement desd. barons, et depuis observée et gardée [1].

---

[1]. L'importance de l'ordonnance d'Alphonse est depuis longtemps connue. Elle figure à la suite du titre intitulé *des Rachapts* dans les manuscrits du Coutumier de 1417 et dans le Coutumier de 1454. Elle a été imprimée à la même place dans l'édit. de 1486, fol° LXXXVII. Elle y porte la date de 1267. Dans l'exemplaire de l'imprimé de 1486 que possède la Cour de cassation on lirait, d'après M. Nicias Gaillard, la date de 1269 et Jean Gabriau de Riparfonds aurait écrit : « Galland p. 67 et le m c t. « de l'ancien Coutumier de Poitou qu'a M. Berroyer portent 1267. »

Item et pour venir au tiltre des hommaiges plains, est assavoir que en icelluy tiltre y avoit ung article contenant ce qui s'ensuit : « En aucunes parties dud. pays de Poictou sont deuz pour raison desd. hommaiges et chouses subgectes à iceulx gardes et legences bailler et rendre les chasteaulx en cas de neccessité et autres servitudes, mais pour ce que ce n'est pas général et sont plus possessions ou usances locaulx ou convenances que coustumes généralles, l'on s'en rapporte à ceulx des parties dud. pays esquelles chouses sont asssises [1]. » Lequel article a esté obmis ou rayé, et par ce moyen est demourée la chouse en grant doubte pour plusieurs devoirs deuz au Roy et aux seigneurs, dont ilz ont joys le temps passé en cas de rachapt mesmement ès gouvernemens entre la Seyvre et la mer, et qui n'estoyent et ne soyent rédigés par escript.

Item car esd. gouvernemens, quant aucun vassal tenant par hommaige lige va de vie à trespas et il a plusieurs hom-

---

Telle est bien la date que Galland, dans son traité du Franc aleu publié en 1637 sans nom d'auteur assigne p. 67 à ce réglement « dont l'original en
« parchemin est, dit-il, au trésor des chartes du roi dans un sac intitulé
« *Poictou*, n° XLIX, scellé de XIII sceaux aux écussons des seigneurs éta-
« blis par le titre par ordre. » La copie de Galland diffère en plusieurs points de celle du Coutumier qu'il dit imparfaite et *mal correcte*. — La constitution a été imprimée par Filleau dans son commentaire de l'art. 151 de la Coutume et par Thibaudeau, t. II, p. 153. — Tout cela avait été remarqué par la science admirable de M. Nicias Gaillard (Revue critique de législation, t. XII, p. 343 et lettre à Klimrath, p. 6). Mais on était resté dans le doute et la date de 1267 était restée généralement acceptée.
— M. Boutaric *Saint Louis et Alphonse de Poitiers*, p. 488-493, a publié cette pièce d'après l'original du trésor des Chartes. « Ce fust faict et
« donné en l'an Nostre Seigneur MIL DEUS CENZ SESSANTE ET NOEF ou mois
« de mai. » — Dans le même passage, p. 493, note 1, ce savant si prématurément enlevé à la science, nous montre en action le droit public du temps en signalant « la minute raturée et corrigée des articles de cette ordonnance... » « C'est li establissement de rachaz qu'il est avis à Monseigneur le comte de Poitou et à son conseil des barons et des vavasseurs .. » minute ainsi terminée : Li coens dera sa lettre de ceu au barons et aus vavassors et li baron au vavassors et à monseigneur le conte. » J. 191, n° 136. Comp. Ledain. *Histoire d'Alphonse*, p. 58 à 61.
1. C. d. 1417, f° 95 ; imp. de 1486, f° 89.

mes tennans de luy à foy et hommaige plain, l'homme plain doit en l'année du rachapt ung cheval traversain au seigneur dont led. hommaige lige et qui court en rachapt est tenu, et lequel cheval traversain vault autant comme faict le cheval direc de service, et se paye par mesure, borderie et quarterons, et se doyt payer audedans de quarante jours après la mort d'homme lige, et non au bout de l'an.

Item que dud. cheval traversain le Roy comme comte de Poictou esd. gouvernemens a joy si et quant rachaptz luy sont obvenuz par les trespas de ses hommes liges, et mesmement par le trespas des vicontes de Thouars et autres seigneurs tennans de luy ; et pareillement led. vicomte et ses subgectz et autres tennans de luy quant le cas y sont advenuz, ainsi que on pourra faire deuement aparoir les comptes anciennement randus et possessions : led. article a esté obmis, au moyen de quoy en l'advenir par autant qu'il n'est faict mention desd. devoirs en l'advenir les hommes plans tenans soubz hommaige lige courant à rachapt ne vouldront payer ne payeront lesd. chevaulx traversains, au grant préjudice du Roy et de ses subgectz et vassaulx.

Item et veues lesquelles chouses, par autant que le Roy y a intérest et ses subgectz, est bien besoing que la coustume ancyenne soyt registrée, gardée et observée pour la conservation de leurs droictz et obvier aux questions qui pourront sur ce estre.

Item on tiltre subséquent de prys, assiètes et précomptemens de terre plusieurs chouses ont esté obmises quant aux assiètes qui estoyent bien dignes de mémoyre et d'estre registrées, et bon seroyt qu'il y eust reveue avecques meure déliberation par autres commissaires, et que la chouse ne fust point précipitée comme elle a esté, car tout le pays en a esté troblé.

Item on tiltre de bastardz et biens aubains, les bastards succédoyent à leur mère quant ils estoyent nez de deux personnes solues, et non à leur père : lad. coustume a esté retraincte qu'ilz ne succédront à père ne à mère, mais que on leur poura faire don pour leur aliment selon leur estat; de la coustume ancienne l'on usoyt et qu'elle fust demeurée en l'estat, n'y eust peu avoir grant dommaige; touteffoys de ce se fault rapporter à la court, et est contre equyté et raison comme à lequelle estoyt l'ancyenne coustume conforme.

Item et quant aux tiltres de demandes et d'aucuns crymes ou délitz extraordinaires et de procéder en cryme d'office, de justice et autrement, ilz ont estés obmis de tout en tout, combien qu'ilz fussent bien usitez tant pour les amandes que autrement; et lesquelles chouses auroyent esté faictes par grant raison pour obvier à l'avarice des seigneurs et des juges quant ausd. amandes tant principalles que deffaulx. Et par ce moyen quant ausd. amandes n'y a-certitude, mais seullement le voulloir de ceulx à qui elles seront deues ou de ceulx qui les tauxeront et des fermiers d'icelles, et le tout à volunté, au grant préjudice de la chouse publicque. Touteffoys ce estoyt chouse arrestée et qui se doyt garder pour obvier à l'avarice et à la vexation et à l'opretion des subgectz.

Item aussi a esté obmis le tiltre des asseurtés et sauvegardes et des poynes d'icelles, lequel estoyt deuemeut praticqué oud. païs et dont a esté et est besoing faire mention, affin que en l'advenir l'on se gouverne selon les ancyennes coustumes.

Item et quant au tiltre de poynes et confiscations quoyque soyt n'a esté ne n'est spéciffié ne déclairé selon la coustume ancyenne, et en est demouré la pluspart gisant en grant difficulté par les confiscations qui apartiennent aux seigneurs des fiefz, aux juges de muer et changer les poynes qui y sont ordonnées et usitées par coustumes qui sont couchées on premier article des poynes et confiscations.

Item et qu'il est vray que mesd. seigneurs les commissaires, combien qu'ilz deussent garder ordre et faire lire les coustumes ancyennes dud. pays de Poictou de mot à mot, comme pourtoyt leur commission pour icelles vériffier selon usances anciennes et en ensuyvent leur commission;

Item néanmoins, sans sur ce garder ordre et en pervertissent les tiltres et chapitres anciens à l'apetit d'aucuns particuliers, auroyt esté prins seullement certains extraictz en briefz et sans réciter le tout, qui auroyent esté leuz par le greffier dud. Poictiers et la pluspart des coustumes obmises, comme dit est, dont estoyt mestier faire lecture.

Item en ce auroyent vacqué mesd. s^{rs} les commissaires sans veoir ne faire lecture du tout, ne faire aucun arrest sur le tout, et en briefz jours, combien que la chouse requist grande déliberation des seigneurs et subgectz du pays, lesquelx estoyent absens.

Item que ce qui auroyt esté faict, ilz l'auroient laissé entre les mains du greffier dud. Poictiers.

Item et a ung matin mesd. s^{rs} les commissaires eulx voulans retirer en la ville de Paris, parceque le feu roy Loys estoyt décédé, et que le roy qui est a présent faisoyt son entrée, sans faire aucune lecture, publication de ce que on dit avoir esté rédigé par escript, avoyent prins congié de l'assistance, et par ce moyen avoyent laissé l'affaire imparfaict et comme décousu.

Item que les officiers dud. viconte de Thouars et autres ses subgectz voyans que mesd. s^{rs} les commissaires s'en voulloyent ainsi partir sans feré fin ne conclusion, délibérés de leur faire plusieurs remonstrances pour mectre la chouse jouxte la vérité et pour obvier aux grans différens qui pourroyent et peuvent de ce advenir comme de présent ilz sont, affin et que les chouses ne peussent pourter préjudice à eulx ne à leurs subgectz et que le tout se peust en l'advenir mectre en bon estat et perfection, considérans que on n'y faisoyt fin et les tortz et griefz susd. que on faisoyt à leursd. maistres, se seroyent pourtés pour appellans de mesdictz seigneurs les commissaires.

Item que mesd. seigneurs les commissaires, sans faire fin ne conclusion ne sans faire autre lecture ne publication, auroyent deffandu de non user des ancyennes coustumes du pays, mais seullement de ce qui avoyt esté par eulx ordonné, qui estoyt une chouse toute obscure et générale.

Item en celle forme s'en seroyent allés mesdictz seigneurs les commissaires sans voulloir bailler le double de ce qu'il disoyent avoir faict ne de leur procès-verbal et laissé entre les mains du greffier dud. lieu de Poictiers les articles qu'ilz disoyent avoir esté accordés.

Item que ledit appel auroyt esté deuement relevé par lesd. appellans en la court, et n'auroyent peu lesd. appellans recouvrir ce qui estoyt demouré entre les mains dud. greffier et le procès-verbal; parquoy avoyent tousjours ignoré tout ce qui avoyt esté faict et les obmissions sur ce faictes.

Item et puis naguières l'on a faict imprimer certains livres procédans par articles de ce que on dit avoir esté accordé, onquel comparroissent les grandes obmissions qui ont esté faictes et les faultes sur ce intervenues et plusieurs chouses délaissées tant touchant le faict des juridictions, successions que autres et dont dessus est faicte mention.

Item en quoy faisant a esté perverty tout l'ordre de procéder ausd. coustumes, l'ung derrière et l'autre devant, et par manière qu'il n'y a celluy qui sache commant l'on y se y doyt gouverner par autant que toutes chouses ont esté muées; parquoy le païs est tout scandalizé tant touchant les successions que autres chouses; ce qui n'a pas esté faict à la refformation des coustumes d'Anjou, païs circonvoisin, en laquelle réformation ont les commissaires réformateurs desd. coustumes gardé tout l'ordre ancyen selon les parties et tiltres sans riens délaisser, muer ne changer que bien peu, qui faict bien à noter et oïr; lesd. commissaires ont bien vacqué environ six sepmaines, combien que lesd. coustumes d'Anjou soyent trop moindres que celles de Poictou. Parquoy n'y a aparance d'avoir par précipitation voulu refformer les susd.

coustumes de Poictou (en faict ou dix pour [1]), avoir reverty tout l'ordre et avoir délaissé la pluspart desd. coustumes et les autres muées et changées.

Item pour bien brouiller le pays a esté mis et employé ung tiltre de sentence par deffaulx et coustumaces lequel ne fut oncques accordé ne ordonné par mesd. s^{rs} les commissaires, ne oncques n'en fut parlé en l'assistance, ains est une chouse myse à plaisir, où il n'y a raison ne apparence en tant que en plusieurs passaiges l'on donne coustumace par ung seul deffault, et sont fourclouses les parties de faire ce qu'ils doyvent, comme de bailler demende, deffense, repplicque, dupplicque, faire preuve, de produyre, de bailler contredictz, salvations et autres choses.

Item et toutes lesquelles chouses sont contraires à raison et aux stilles aux pays de Poictou et de tous stilles du royaume de France.

Item et à bien prendre led. stille conviendroit en une matière plus de vingt deffaulx et seroyent lesd. parties fourclouses de tous leurs droictz par ung seul deffault.

Item voyres et à chacun deffault qui se feroyt conviendroit mectre devers le juge le deffault et pièces pour en adjuger le prouffit et obtenir sentence par coustumace dont les juges et greffiers vouldroyent prendre de grans prouffictz à la grant charge des ploydoyans tant pour les visitations que pour les sentences.

Item et encores quant il y auroyt plusieurs deffaulx, sentences et fourclusions, lesd. deffaulx ne viendroient à coustumace ne ne sont pronuncez demourer en leur force et vertu pour obtenir sentence par coustumace, ce qui estoyt anciennement.

Item aussi jaçoyt ce que le Roy et les seigneurs justiciers tennans de luy soyent bien fondés par coustume pour cha-

---

[1]. Ce passage est altéré; on peut conjecturer : «... en huict ou dix jours... »

cun deffault faict en une cause avoir l'amande simple ordonnée par l'ancyenne coustume, touteffoys par led. stille que on veult mectre avant, le Roy et ses subgectz n'auroyent aucune amande pour lesd. deffaulx, et ainsi seroyt le prouffict de leurs juriditions comme inutille, car les amandes sont ordonnées pour faire justice et se appellent en commun langage faymydroit. Et par ce moyen convyendroit au Roy et à ses subgectz laisser l'exercice des juridicions, et demoureroyent inexercées, parce qu'elles leur seroyent à grans fraitz et mises et sans nul proffict, qui ne se peult ne doyt faire.

Item ont par led. stille ceulx qui l'ont droissé osté toutes exoines de maladies et autres en toutes matières civiles, qui sont chouses qui souvent advyenent aux personnes, et par le moyen desquelles elles ne peuvent comparoir en jugement; quelle chouse est contre toute disposition de droict et coustume, car souventeffoys les malladies sont soubdaines et les inconvéniens advyennent, par le moyen desqueulx les parties ne peuvent comparoir. Par quoy est chose bien raisonnable que exoines ayent lieu en ensuyvant raison.

Item et si lesd. exoines n'avoyent lieu et que on les voulust recévoir, s'ensuyvroyt que ung homme mallade ou près de la mort ou empesché pour autres cas couchez en droict, nonobstant son exoine tombast en deffault et par ung seul deffault fust coustumace et forcloz de ce qu'il avoit à faire en la matière.

Item que desd. stilles mesd. s^rs les commissaires n'y besoingnèrent oncques, mais ont esté droissés par aucuns juges et patrocinans à plaisir, lesqueulx ont troublé toute la justice et forme de procéder, et par manière que eulx ne les patrocinans du païs ne sçavent qu'ilz ont à faire, et sont tous perplex par ce que se sont chouses sans raison et prepoz contre toutes les formes anciennes et anciennement gardées et observées, et muées par ceulx qui ont droissé telles chouses, ignorans le dommaige qui ont faict pour lesd. stilles qu'ilz se sont efforcés faire de novel contre la chouse publicque, qui est bien à pondérer.

Item et peult on bien congnoistre qu'il y a eu de la malice par ceulx qui ont faict imprimer ce qui est imprymé, veu les obmissions qui ont esté faictes de tous les tiltres concernans les juriditions tant de ranvoys et obéissance, manière de procéder dont n'est faict mention, jaçoyt ce que plusieurs chouses touchant lesd. juriditions, ranvoys, obéissance et congnoissances en eust esté parlé et accordé en assistance, dont n'est faict mention.

Item et est vraye présumption que l'on a taisé les dictes chouses pour tirer les subgectz subbalternes, les aucuns desqueulx sont pauvres et misérables et distant dud. Poictiers la pluspart d'eulx de cinquante ou soixante lieues, ou en la court ordinaire à Poictiers, et les travailler en première instance en lad. court ordinaire dont ilz ne sont subgectz, et par ce moyen supremer et abolir les juridicions subalternes comme ilz font de jour en autre, en leur efforceant cognoistre en court ordinaire de toutes matières, combien qu'ilz n'ayent que prévention que en deux cas, c'est assavoir en complainctes et requestes personnelles.

Item car si en autres causes les subgectz d'autres chastellanies que de celles de Poictiers sont convenuz en court ordinaire, sont mal convenuz et doyvent estre envoyés avecques despens ainsi qu'il apert par les ancyennes coustumes accordées, qui furent leues en plain consistoire et accordées, qui ne sont couchées en chouses imprimées, et ont esté taisées, qui est ung vray cryme de faulx non procédans de mesd. s^{rs} les commissaires.

Item que par les chouses dessusd. appert qu'il a esté très mal procédé tant par lesd. commissaires que ceulx qui ont droissé ce qui est imprimé, et par ce moyen bien appellé par lesd. appelans.

Item et lesqueulx appellans requérant, veu leur appellations, permectre pendent leurs appellations vivre ainsi qu'ilz faisoyent auparavant lad. suppousée refformation jusques à ce que autrement en soit ordonné.

Item et affin que la matière se puisse myeulx vériffier, requièrent lesd. appelans que les livres des coustumes ancyennes rédigées par escript ond. païs de Poictou et que on tenoyt pour noctoires, avecques les extractz baillés et mis avant par mesd. s^{rs} les commissaires, qui se confyoyent de tout en ceulx ausqueulx ilz avoyent donné charge de faire lesd. extraictz et coustumes dud. païs, veue la variation et contrariété intervenue, dont ilz n'entendent donner charge à mesd. s^{rs} les commissaires, soyent mis |par devers la court|, pour ce veu estre par eulx ordonné ce qu'il apartiendra par raison, affin que en l'advenir le païs puisse estre régy et gouverné par coustumes arrestées par les estaz dud. pays, le tout en ensuyvant le voulloir du Roy, et pour obvyer aux questions et débatz qui pourroyent estre entre ses subgectz. Et en ce ont moult gros intérestz lesd. appellans, qui ont plusieurs fiefz, seigneuries, juridictions et subgectz, tant pour la conservation de leurs droictz que pour obvier à l'opprecion de leurs subgectz.

II.

Projet de requete des nobles de Mirebalais pour demander l'abolition de l'usage de partager egalement les biens entre nobles qui s'y est introdui.

Les rois Louis onze et Charles 8, ordonnant de mettre les coutumes par écrit, la coutume d'Anjou fut en conséquence de ces ordonnances mise par écrit, et deux cahiers qui la contiennent, l'un du règne de Louis onze, l'autre du règne de Charles 8, se trouvent dans quelques bibliotèques; on a de plus une coutume d'Anjou imprimée en 1486 sous

Charles 8; dans ces anciens cahiers et coutume imprimée, le partage des biens entre personnes nobles n'est point réglé dans le Mirebalais autrement que dans le reste de la province d'Anjou dont le Mirebalais fait partie ; il en est de même de la coutume rédigée en 1508 et 1509 par autorité du roi, et par devant ses commissaires sous Louis douze ; l'article 222 qui concerne le partage des biens entre nobles s'étend à toute la province et n'excepte point le Mirebalais, d'où il résulte qu'anciennement, entre personnes nobles, les biens se partageoient en Mirebalais de même que dans le reste de la province où l'ainé en prend les deux tiers, et l'autre tiers se partage entre les puinez.

Néanmoins René, roi de Naples et duc d'Anjou aiant vendu et cédé en 1448 [1] à Jean de Bourbon la baronie de Mirebeau en remplacement des deniers dotaux de sa sœur Marie, épouse décédée sans enfans de Jean, duc de Calabre, fils ainé du roi René, et le duc de Bourbon aiant envoié du Bourbonois des officiers pour rendre la justice à Mirebeau, ces officiers y introduisirent le partage égal entre nobles qui se pratiquoit en Bourbonois et dans le comté de la Marche ;

---

1. Allusion à l'art. 301 de la Coutume de Bourbonnais.

Le roi René a, en effet, engagé la baronnie de Mirebeau les 8 et 26 janvier 1478, en se réservant l'hommage, le ressort et la faculté de réméré. Cet engagement était consenti à Jean II, dit le Bon, duc de Bourbon, à-compte sur la restitution de la dot de Marie, naguère épouse de Jean, duc de Calabre, fils ainé du duc d'Anjou. Jean de Calabre était décédé à Barcelone le 27 juillet 1471. Marie de Bourbon, fille ainée de Charles Ier du nom, duc de Bourbon, et d'Agnès de Bourgogne était sœur de Jean le Bon ; mariée par traité du 2 avril 1437, elle était morte en 1448, sans laisser de postérité.

Les notes manuscrites de Trincant dans le tome LXVII de la collect. Du Chesne, à la Bibliothèque nationale, donnent à l'engagement de la baronnie la date de 1478 tandis que notre manuscrit confondant avec la date de la mort de Marie, porte 1448. La première de ces dates est seule exacte ; en 1448 le roi René n'eût pas traité avec Jean le Bon, mais avec Charles Ier, décédé seulement le 4 décembre 1456. Voy. *Titres de la maison ducale de Bourbon*, par M. Lecoy de la Marche, II, p. 384.

Comp. l'histoire de la baronnie de Mirebeau, par M. le major de Fouchier, *Mém. de la Société des Antiq. de l'Ouest*, année 1877, p. 92.

c'est ce qui résulte 1° de l'acte de notoriété touchant ce partage par portions égales, sauf le principal manoir qui appartient à l'ainé, passé en 1571 (Voyez page 133 et suivantes du commentaire de Dupineau sur la coutume d'Anjou, tome second, édition in-folio de 1725) par devant Alexandre Barrotin, sénéchal de Mirebeau, à l'effet de régler le partage de la seigneurie de Rochefort; 2° d'une enquete par tourbes faite en 1628 par un conseiller du Parlement séant à Paris, député par sa cour à Angers pour faire la dite enquete, à l'effet de régler un partage entre les seigneurs de Beuil et de Sanzai, les uns soutenans que ce partage pour les biens situez en Mirebalais devoit estre réglé par la coutume générale et uniforme d'Anjou, les autres par une coutume particulière au Mirebalais.

Il paroit donc constant que depuis la rédaction de la coutume en 1508, la pluspart des successions de biens situez en Mirebalais se sont partagées également, même entre nobles, mais il paroit en même tems par le silence des deux anciens cahiers de la coutume sur la coutume locale du Mirebalais, par celui de la coutume rédigée en 1508 sur le même objet, par le susdit procez dans les maisons de Beuil et de Sanzai, et plusieurs autres mus sur la même question,

1° Que cet usage de partager également les biens entre nobles s'étoit introdui nouvellement en Mirebalais.

2° Il paroist par lesdits procez, et par ce qui se passa lors de la rédaction de la coutume d'Anjou en 1509 que la plus grande partie de la noblesse de Mirebalais a toujours réclamé contre ce nouvel usage.

A l'égard de ce qui passa en 1509, lors de la rédaction de la coutume, le procez-verbal de la lecture des articles de la coutume rédigez par écrit nous apprend : que Mr Jean Barrotin, juge chatelain de Mirebeau, dit qu'il avoit charge de par les Etats de la chatelenie de Mirebeau de réquerir que la coutume de Mirebeau en laquelle les nobles succèdent par tête fut réduite à la coutume générale d'Anjou, en réservant aux puinez de succéder en leur tiers par héritage; sur quoi les commissaires du roi demandèrent audit juge, s'il avoit procuration expresse pour consentir à ce que dessus; à quoi il répondit qu'en l'assemblée qui dernièrement avoit été tenue par les Etats des dites seigneuries, il avoit été ainsi accordé, et parcequ'il n'en faisoit apparoir, fut réservé d'envoyer procuration expresse, et d'en faire apparoir à la cour, pour estre pourvu sur la dite requête, ainsi que de raison.

L'état présent de la question touchant le partage des biens entre nobles en Mirebalais est donc tel :

La loi écrite publiée au nom du roi, souverain législateur touchant le partage des biens entre nobles est la même pour le Mirebalais que pour le reste de la province d'Anjou, car cette loi est les cahiers écrits sous Louis onze et Charles huit, et la coutume rédigée en 1508. Or ces cahiers et cette coutume rédigée, article 222, donnent par tout l'Anjou, sans en excepter le Mirebalais, les deux tiers des biens, si les copartageans sont nobles, à l'ainé, ce qui est d'autant plus remarquable que dans deux autres articles ladite coutume rédigée excepte le Mirebalais de la loi generale; le 1.er de ces articles est le 238 qui aprez avoir dit que la moitié des meubles appartient à la femme commune en biens au décez de son mari, ajoute, *fors et excepté au païs de Mirebalais où le survivant entre nobles prend tous les meubles.*

Le second de ces articles est le 248. Il dit d'abord : que le fils ou fille ainée d'homme noble prendra dans la succession la portion qui auroit appartenu à son frère ou sœur qui auroient fait profession en religion approuvée et ajoute ensuite *sauf en la châtellenie de Mirebeau où la dite portion n'appartiendra point au fils ainé ou fille, mais se répartira la succession tout ainsi que si le dit religieux ou religieuse fussent morts au tems de leur profession.*

La loi écrite, à savoir la coutume rédigée en 1508, a donc excepté le Mirebalais de la loi générale dans deux articles concernans des objets beaucoup moins importans que le partage des biens entre les enfans, et ne l'a point excepté dans l'article 222 ni ailleurs de la règle générale qu'elle établit par cet art° 222, touchant l'objet capital du partage des biens entre enfans nobles; la loi écrite adjuge donc en Mirebalais comme dans le reste de la province entre nobles les deux tiers des biens à l'ainé. Cependant l'usage du partage égal aprez l'acquisition du Mirebalais par les ducs de Bourbon s'est introdui, et a été soutenu par les puinez et les praticiens de Mirebeau, mais la principale noblesse du païs a toujours réclamé contre cet usage, notament lors de la rédaction de la coutume en 1508, où par l'organe de M' Jean Barrotin, sénéchal de Mirebeau, elle en demanda l'abolition, sur quoi le Roi sans rien statuer, sans donner force de loi à cet usage, puisque la coutume rédigée n'excepte point en l'article 222, ni ailleurs, le Mirebalais de la règle générale pour tout l'Anjou touchant le partage des biens entre enfans nobles, a réservé à ladite noblesse de se pourvoir par devant luy pour être statué par S. M. ce que de raison.

C'est sur ce fondement que les soussignez qui possèdent les principaux et la majeure partie des fiefs du Mirebalais espèrent que S. M. voudra bien les recevoir opposans à l'usage du partage égal des biens situez en Mirebalais entre les nobles introdui dans ce païs, et leur accorder la demande qu'ils luy font du rétablissement en Mirebalais de la loi qui donne en Anjou à l'ainé noble les deux tiers des biens situez dans la province, sauf à donner aux puinez, comme il fut demandé en 1508 la propriété de leur part;

Ou, si sa M.^{té} ne jugeoit pas à propos de faire une loi générale pour tous les nobles du Mirebalais, qu'il luy plut d'ordonner que les fiefs et autres biens siz en Mirebalais de tous les nobles qui déclareraient dans le tems et les formes prescrits par S. M., qu'ils désirent que leurs biens siz en Mirebalais soient partagez suivant la coutume générale d'Anjou, seraient à l'avenir partagez entre leurs enfans suivant cette coutume, sauf la réserve susdite en faveur des puinez.

Les supplians espèrent que S. M. voudra bien leur octroier leur demande par les raisons suivantes :

La première, qu'il appert, par l'exposé précédent, que l'usage de partager également les biens entre nobles est nouveau en Mirebalais, contraire à l'ancien usage, à la loi écrite, et que la principale noblesse du païs a toujours réclamé contre.

La seconde, qu'une grande pauvreté résulte nécessairement de ce partage égal, et que de cette pauvreté résultent plusieurs inconvéniens pour le service du Roi, de l'Etat, et pour les nobles.

Il est évident qu'une grande pauvreté des familles nobles du Mirebalais doit résulter nécessairement du partage égal des biens, car les mœurs des nobles du petit païs de Mirebalais, enclavé dans les grandes provinces d'Anjou et de Poitou, sont nécessairement les mêmes que celles des nobles de ces provinces; or dans ces provinces les nobles ne cultivent point la terre, n'exercent ni les arts, ni le commerce, et n'ont d'autre revenu que celui du patrimoine dont ils ont hérité en terres ou autres biens : les nobles du Mirebalais avec les mêmes mœurs n'ont donc que le même revenu, et sont par conséquent, en conséquence du partage égal de leurs biens, très pauvres.

Or de cette grande pauvreté résultent pour le service du Roi et le bien de l'Etat les inconvéniens suivans :

Le premier est d'estre inutils au service du Roi et de l'Etat, car n'étant ni laboureurs, ni commercans, ni artisans, ils ne peuvent servir le Roi et l'Etat que dans l'église, l'épée, ou la robe, mais leur grande pauvreté les met hors d'état de donner à leurs enfans l'éducation nécessaire pour embrasser ces professions ; ils sont donc absolument inutils au Roi et à l'Etat, ce qui n'arrive point en Anjou et en Poitou, où l'ainé aiant les deux tiers des biens est en état de donner l'éducation convenable à ses enfans, et même de soutenir ses cadets.

Un second inconvénient relatif au bien de l'Etat qui résulte de cette grande pauvreté est que les terres qui sont entre les mains de ces pauvres gentilshommes sont mal cultivées et entretenues, et produisent par conséquent très-peu.

Enfin un troisième inconvénient qui nait de l'égalité du partage, et qui contribue avec cette égalité à appauvrir les nobles de Mirebalais, est que leurs terres sont d'un prix beaucoup moins considérable que celles du Poitou et du reste de l'Anjou, où l'inégalité du partage entre nobles a lieu.

MISCELLANÉES

I

ORDONNANCE DU SÉNÉCHAL DE POITOU [1] FIXANT LE PRIX DE LA MAIN-D'OEUVRE, DES DENRÉES ET DES MARCHANDISES LES PLUS USUELLES, POUR LE TEMPS DU SÉJOUR DE CLÉMENT V ET DE PHILIPPE LE BEL A POITIERS EN 1307.

(Arch. Nat. J. 190 B, n° 64.)

Le sénéchal de Poitou, en établissant ce tarif, peu de jours avant l'arrivée des deux Cours, paraît avoir eu pour objets principaux d'assurer, tant par des prix rémunérateurs que par la sécurité des transports et celle du payement, l'approvisionnement de la ville; d'y attirer et retenir les ouvriers les plus utiles, et de prévenir toutes difficultés entre ceux-ci et leurs patrons, toutes contestations entre les marchands et les gens de la Cour du Pape, ceux de la suite du Roi et les serviteurs des seigneurs et prélats qui devaient assister aux conférences de Poitiers, enfin, d'empêcher tout accaparement de marchandises.

S'il faut ajouter foi à deux documents anglais [2], publiés par M. Hippeau dans la *Revue des Sociétés savantes des départements*, 1867, 2° semestre, p. 416, Philippe-le-Bel serait arrivé à Poitiers

---

1. Pierre de Villeblouin était sénéchal de Poitou en 1306.
2. Ces deux pièces existent au British Museum, bib. Harleienne, n°s 247 et 252.

le dimanche après l'Ascension (7 mai), en compagnie de ses frères et de ses fils puînés. Il descendit au couvent des Jacobins, tandis que le Pape était logé au couvent des Cordeliers, près du Palais Royal, où se tinrent les consistoires. Ce fut dans celui du mercredi 10 mai que furent portées devant le Pape et les deux Cours assemblées les accusations contre les Templiers par Guillaume de Pelian au nom du Roi.

Quelques jours après son arrivée à Poitiers, Philippe-le-Bel y avait été rejoint par son fils aîné, Louis, roi de Navarre, du chef de Jeanne, sa mère, par le roi d'Espagne, probablement Alphonse de la Cerda, qui venait de renoncer au trône de Castille, et qui était alors réfugié en France, et par le comte de Provence, Charles II, roi détrôné de Sicile.

Les conférences se poursuivirent jusqu'au commencement de juillet, et le roi de France, qui n'avait pu encore vaincre la résistance du Pape à la condamnation des Templiers, partit le 8 de ce mois, jour de la fête de sainte Marguerite ; de son côté, le Pape se rendit à Villandrau, son lieu de naissance, au delà de Bordeaux, et le roi de Navarre alla se faire couronner à Pampelune.

L'ordonnance du sénéchal de Poitou a été connue de Dupré de Saint-Maur, qui l'a publiée d'une manière incomplète et défectueuse dans son *Essai sur les monnaies, ou Réflexions sur le rapport entre l'argent et les denrées* [1]. La copie de Dupré de Saint-Maur a été reproduite dans le tirage à part de mon *Essai sur les monnaies du Poitou* [2]. Le texte suivant est donné par une copie ancienne existant aux archives de l'Etat. Au dos de cette pièce on lit les mots : *Pro victualibus deferendis Pictavis de villis circumadjacentibus, curiâ Romanâ ibi existente*, qui sont loin de donner une idée exacte de ce précieux document.

La valeur intrinsèque du denier tournois de 1307 est de cinq centimes quatre-vingt-quinze centièmes ; par suite, celle du sou est de soixante-onze centimes quarante centièmes, et celle de la livre, de quatorze francs vingt-huit centimes.

G. LECOINTRE-DUPONT.

---

[1]. Paris, Coignard et de Bure, 1746, in-4°, p. 198.
[2]. P. 159. Pièces justificatives, n° X.

C'est l'ordinacion des vivres establie à Poyters par le sen[eschal] le Roy de France en Poytou, dou conseyl de sages e pour le comun proffet par le temps que nostre pere le pape sera et serra [1] à Poyters.

Il est ordrené et fait asavoir par toutes les bonnes villes, là où il a marché, et ès autres là où il n'a marché, dit est ès yglises, que par le temps que la cort nostre pere le pape serra et sera à Poyters, il a et aura chascun jour faire [2] et marchié en la vile de Poyters et que chascuns et chascune aportent vendre et facent venir à Poyters, chascun jour dès ores mès en avant, toutes manieres de vivres et de derrées, sauf venir et sauf aler, sanz payne ne arester aux [3], lour bestes et lour derrées; et sera chascuns tantost payez et sanz delay de tout ce que il aura vendu, selon ce que il porra miex vendre. Et se il avenoit que il ne fussent si tost paiez cumme nous disons, il demorroit aus couz et aus despens de celui à qui il auroit vendu, et les contraindrons à ce faire les deffaillanz de payer et à l'amender. Et à ce faire, tenir et garder fermement, et pour les diz vendeors garder de tort et de force, sunt establiz dous prodomes, c'est asavoir li uns de par nostre pere le pape pour ses cortisiaux, et li autres de par le Roy; et sauront et conestront cil duy conbien coste une beste grosse, et grelle [4] sera vendue, pour la chose avenabler, à ce que li bocher ou li regrater ne puissent prenre outragens gaing ne faire chierté tant de chars grosses et menues, cumme d'autres vivres quex qu'il soyent. E ce meymes entendons des regratiers des fains, des aveynes, de buche pour ardoir et de

---

1. Siègera.
2. Foire.
3. Leur venue et leur retour étant garantis sans inquiéter ni arrêter eux, etc.
4. Petite.

touz autres vivres, quels que il soyent. Et se il les voyent par iceus regraters estre trop chyers vendus, que il y puissent mestre remede et avenablement, si cumme il est dit dessus, e aux contraindre au faire.

Tuit bolenger, tuit forner e autres feseors de pain dorront à lour vallez; à celuy qui enforne II. souz, VI. deners et es autres vallez II. souz pour semaine e lours despens; e feront pain au pois acostumé e le vendront selont le feur [1] double en chascun marchié.

Nuls ne nule cortisiaus ne autres ne metent pris ou feur de vin ou assise sur vin, de quesque creu ou solage que il soit, duques à tant que IIII. prodommes, II. de par nostre pere le pape pour ses cortisiaus, et dous de par le Roy, qui à ceu sont establiz, ayent veu e esgardé à quel feur icils vins porroit estre vendu à taverne; e le pris ou l'asise qui i sera mis par eux nous volons que à cel feur soit venduz, et en descendant, selont ce que li vins enpirroit.

Bons charpenters et bons machons de taille auront par jour d'ici aus meissons XII. deners et lours despens, ou XVIII. deners sanz despens, e meaus charpenters et machons VIII. deners pour jour et lour despens, ou XII. deners senz despens.

Autre menu ovrer de bras [2], c'est asavoir vignerons, hoters et autres auront senz despens IX. deners ou VIII. duques aus meissons.

Nuls cordoaners ne donra pour jour à vallet que VI. deners en descendant es autres vallez, selont ce que il saura e que il fera, e compagnage en avantage.

Sollers de cordoan bons et fins pour home, les mellors pour XXXII. deners.

Sollers de vache bons et fins pour home pour II. souz.

---

1. Cours.
2. Ouvrier de bras.

Heuseaux ou estiveaux de cordoan bons et fins pour homme, les mellors xii. souz.

Heuses de cordoan bones e fines, les mellors xv. souz.

Robe de bon drap, quote et sorcot, forré et botonné pour fayçon iiii. souz, e se il y a iii. garnemenz, v. souz.

Robe simple de dous garnemens senz botoner, ii. souz.

Robe à fame iii. garnemenz, vii. souz.

Tondeor de drap, l'aune une foiz tondue ii. deners e pour t[ondre] ii. foiz iii. deners.

Chauces de drap por fasçons, iiii. deners, et pour chaperon iii. deners.

Pannes blanches d'engneas mantelées, les mellors xv. souz, et celles faites en guise de peliçon de bons engneas [1] notrez xviii. souz.

Une penne de ventre de conins [2] notrez à sorcot xvi. souz.

Somme de grosse buche, le fès de cheval quemun, en bois où l'en peut aler une foiz pour jour viii. deners, et de fornille [3], v deners.

E le feys à grant beste si comme de mule ou de mulet, x. deners la somme de grosse buche, e de fornille, vi. d.

Item en boys là où l'en peut aler ii. foiz ou iii. par jour la somme de grosse buche, à cheval quemun, x. deners et de fornille vii. deners.

E à grant bestes, si cumme dessus est dit, xii. deners, e de fornille ix. deners.

Tuit ovrer en boys de cognée e de sarpe n'auront par jour que x. deners senz buchage [4], ou viii. deners e buchage.

Et tuit charbonner e faiseor de charbon par jour xii. deners senz buchage ou x. deners et buchage.

Tuit charbons seront baillé e livré en bois e es forez, à la

---

1. Agneaux de notre pays.
2. Lapins.
3. Bois de four.
4. Copeaux.

mesure ancienne qui est apellée levée, dont les ii. levées font un chargeor [1], ou à la pouche qui bien fait le chargeor, se il est fait à son point e à son droit; e est la poche ronde d'une aune de teyle.

La levée de charbon ès bois où l'on puet aller une foiz par jour, ii. deners, e le chargeor iiii. deners.

Item la levée de charbon ès boys, où l'en peut aler ii. foiz par jour, iii. deners, e le chargeor vi. deners; et le sac peytevin e le beneau [2], au feur dou chargeor, selonc ce que il tenra de charbon; et ès bois ou l'en ne puet aler en ii. jors que une foiz, selont la distance dou leu, li charbon sera venduz à l'estimacion, et selont l'esgart de ceste ordenance.

Vallez à mareschaux, c'est assavoir forgeor panront par jour iiii. deners e lors despens, e li bateors iii. deners par jour e lour despens.

Fer de cheval d'armes, le plus grant, viii. deners.

Fer de roncin e de palefroy e de grant mulet, vi. deners.

Fer de roncinaylle et de mulet communs, iiii. deners.

Fer d'asne, iii. deners.

Loer de roncin à chevauchier, xv. deners pour jour e sa pasture, et dou petit, xii. deners et sa pasture.

Seter de sel, v. souz vi. deners.

Jalon d'uyle, iiii. souz.

Livre de sef, vi. deners.

Livre de sain playe [3], vii. deners.

Livre de sain fondu, vi. deners.

Livre de chandeles de sef, de coston e de lemignon, viii. deners.

Fes de fain aporté au marché à un home, xviii. deners.

Fes de fain à un asne bon e grant, ii. souz juques aus noveaus.

Fes de fain bon e grant à un cheval, iiii. souz.

---

1. Chargement.
2. Beneau, benel, tombereau. Les mots banneau et banne sont encore usités en Normandie.
3. **Lard à piquer et à barder.**

Fes de feurre à un cheval bon e grant, xviii. deners.

Forche de fer de droit pois ancien, c'est assavoir de xii. livres, xv. deners. es forges et aus revendors xviii. deners, e bouchan de fer dou pays, de viii. livres, dou plus ou dou mains, livre d'acier poytevin ou autre, iii. deners e maylle.

Cuer de beuf vert de bon beuf marcheant xxv. souz, e si il estoit de grant beuf de Gascogne il sera avenable par les prisors.

Item de bon beuf tanné le cuer de bon et de marcheant, xxxiii. souz; li plus grant seront avenable par les priseors, et li petit en descendant seront vendu.

Peau de moton à toute la leyne, ii. souz.

Bon frain pour roussin à escuier, iiii. souz.

Uns esperons, xii. deners.

Selle à escuier garnie de godemetin (?), d'extriex e de poytrax, xxvi. souz.

Une somme à somer garnie, xxxii. souz.

Une male, un bahu, selont ceu qui seront grand ou petit.

Chauces dessoy[1] noyr ou de bon plat noir, vi. souz les mellors, e les autres en descendant.

Item il est ordené que tuit tebler[2] facent teille de molle de la façon ancienne, c'est assavoir dou large e de l'espes que elle soloit estre x. anz a, e que il soit fait dedenz Pentecoste. Et qui de ce seroit trovez en deffaute, il seroit en la merci le Roy de cors et d'avoir.

Paires de ganz dalun bons, viii. deners, e li autres ganz, vi. deners.

Un cent de borre laneysse, xxvi. souz.

Un cent de borre moleisse, xvi. souz. — Et sera deffendu que cil des molins à foler dras ni autres qui la facent demorant en la chastelenie de Poyters ne la vendent à home qui la porte hors de la chatelenie de Poyters.

---

1. Chaussettes de soie.
2. Tebler, teller, tisserand.

La paire des roes à charretes, les mellors pour xii. souz, e les autres en descendant.

Le charretil à xii. paumelles, vii. souz et l'autre v. souz.

Le miller de clos à cheval bons e à ploy, vii. souz. E qui les aportera en marché mauvays, brisanz ne mellez les bons avec les mauvès, il les perdra.

Miller de clos à late iiii. souz. vi. deners.

Miller de clos à gorde bons e fins, v. souz. vi. deners.

Miller de clos chaperez, vi. souz.

Peau de parchemin, la meyllour de chevrotin ou de veelin, x. deners.

Peau de parchemin de frontine (?) rese, la meillor vi. deners e les autres en descendant.

Nul hosteler ne penrra, pour la grant mesure d'avoyne seygnée au saing dou Roy, que xiiii. deners, e pour fain jour e nuyt xii. deners.

Item il est ordené que tout grains, touz vins e totes autres choses qui choyent en poys e en mesure seront vendus, baillez et livrez à la mesure et au poys de Poyters. E i vendront toutes maneres de genz, cortiseaus et autres. E se il estoit autrement trové, il seroit en l'amende de lx. souz e seroit la chose encorue [1].

Nos deffendons à touz estreytement que nus ne soit si hardiz, cortiseaus ne autre, que il ayllent au davant de la bone gent qui aportent les vivres e les derrées à Poyters, aus portes ne dehors les portes, ne plus prés ne plus loing, pour achater ne pour marchander avec eux chose que il portent, juques à tant que il soyent ès places qui ordenées sont à vendre, à Poyters : c'est assavoir u viez marchié et en la place do Pilori. E commandons à touz que en icels leux soyent aportez tuit vivres et en apert vayent touz, et que nus riens ne vende que es diz leus sus paine de la chose

---

1. Encourue, c'est-à-dire, forfaite, perdue.

perdre e de l'amende de lx. souz, celuy qui autrement feroit que il dessus est dit.

Nous deffendons à touz regratiers, cortiseaus et autres quels que il soyent, que nus n'achate derrées ne vivres hors Poyters au plus près que de iiii. lieues. E entendons que pour ceste ordenance que la bonne gent puys iiii. lieues ença aportant à Poyters e facent venir au marché lours derrées, lesquelles nous vollons que il puissent vendre selon ce que dit est e declaré dessus; e le dit regratier outre lesdites iiii. lieues aillant là où il porront marchander et achater.

Item que nus, quex que il soit, cortisiaus et autres n'issent de Poyters pour achater vivres e derrées pour cardinal ne pour grant home, se il ne porte avecques li les letres de reverent pere en Dieu mon segneur le chambellenc nostre pere le pape ou la letre au sen [eschal] de Poyto, ès quex letres il sera contenu le nombre des bestes, le nombre de volature e des autres choses qui commises lour seront à achater; et qui autrement le fera il sera en merci e en volunté dou cors et de l'avoir.

Item il est ordené que tuit bocher et tuit vendeors de chars à detail viengnent dire, si tost cumme il auront achaté, à ceus qui sus ceu sont establiz, si comme dessus est declairé u premier article, le feur que chascune beste lor costera, quex qu'elle soit, grosse ou grelle. E deffendons que nus ne prengne pour gaing de chascune livre que iii. souz tant solement. Et se li dessus establi i voyent sopeçon, il prendront le serement dou vendeors et de l'achateor; et qui contre ceu feroit, il seroit en l'amende de lx. souz et perdroit la beste.

Item nous fesons asavoir que si aucuns des varlés ordenés à servir ne veullent servir au feur e selont la forme dessus dite en aucuns articles, il sera mis ses cors en prison; e se il deffuit, nous le feron banir dou reaume à toz jourz mays, e de la cort nostre pere le pape aussi.

E pour ce que ceste ordenance, laquelle est faite pour le commun proofet, soit plus fermement gardée, il est ordené que cil qui à ceste ordenance sont establi a fere la tenir e garder, auront la tierce partie des amendes, et se il departent en ce cas nul, il encorront paine de cors. Et cil qui denunceront ou encuseront ceus qui encontre mesprenront ou mefferont, il en auront la quinte partie.

II

LA MONSTRE MONS. MILE DE THOUARS, SIRE DE POUSAUGES, CHEVALIER BANNERET, DEUX CHEVALIERS BACHELIERS ET DOUZE ESCUIERS DE SA COMPAIGNIE, RECEUE A SURGIÈRES LE 6 AOUT MCCCLIII.

Le d. chevalier [1].
Mons. Aimeri de Thouars.
Mons. Guy de la Forest.
Philippon Charier.
Olivier de Resay.
Guillaume Bonnet.
Guillaume de la Voirie.
Jehan du Pie du Fou.
Simon Martin.
Raoulet de Feubrun.
Jehan Boisson.
Jehan Jourdain.
Pierre Grignon.
Jehan Grignon.

(*Bibliothèque Nationale, fonds Gaignières*, 791.)

---

1. Miles de Thouars, seigneur de Pouzauges et de Tiffauges, marié avec Jeanne de Chabanais (1337-1378). Nous donnons ci-contre, d'après la matrice en or, le dessin du sceau de ce personnage, trouvé, paraît il, en Asie-Mineure, qui nous a été gracieusement communiqué, à la demande de notre confrère, M. A. de Barthélemy, par M. le baron J. Pichon, heureux possesseur de l'original.

III

DUGUESCLIN ET LA DÉLIVRANCE DE MORTAGNE-SUR-SÈVRE EN 1373.

Dom Fonteneau nous a conservé dans le t. LXXXIII de sa précieuse collection la copie de huit pièces relatives à la délivrance de Mortagne-sur-Sèvre, occupé par les Anglais en 1373, et à l'intervention de Duguesclin dans cette affaire. Cet événement historique est demeuré complétement inconnu jusqu'à ce jour. Il n'est même pas relaté dans l'histoire locale. L'occupation de Mortagne par les Anglais, mentionnée par Froissart, qui confond cette place avec Mortagne sur-Mer [1], dut être fort lourde pour le pays environnant. Une enquête de 1453, conservée également par dom Fonteneau, t. IX, nous apprend que les Anglais possédaient aussi dans le voisinage le fort de l'Hébergement, et qu'ils tentèrent, mais en vain, d'emporter l'abbaye fortifiée de la Grénetière, défendue par un vaillant capitaine nommé Martinière. Froissart raconte, de son côté, comment, assiégés dans la Roche-sur-Yon par le duc d'Anjou, ils se rendirent au bout d'un mois, dans le cours de l'été de la même année 1373. Les seigneurs de la contrée durent faire, on le comprend, tous leurs efforts pour arracher à l'ennemi l'importante place de Mortagne, l'une des dernières demeurées en son pouvoir en Poitou depuis les graves échecs que lui avait infligés tout récemment Duguesclin. Ils en formèrent donc le siége ou plutôt le blocus en l'entourant de bastides, au mois d'août 1373. Mais comme cette entreprise était difficile et menaçait de traîner en longueur, ils eurent recours aux négociations. Un capitaine anglais, très-connu, Jean d'Evreux, frère du trop fameux Charles-le-Mauvais, était prisonnier de Duguesclin depuis la bataille de Chizé (20 mars 1373). Les seigneurs poitevins

---

1. M. Luce, dans ses notes de sa nouvelle édition de Froissart, t. VII, p. 76, établit la confusion commise par le chroniqueur entre Mortagne-sur-Sèvre et Mortagne-sur-Mer.

qui assiégeaient Mortagne, et dont les principaux étaient les sires de Pouzauges, de Thors et des Essarts, de la Flocellière, d'Argenton, de Bressuire, de Chollet et André Rouaut, capitaine de Thouars, négocièrent la délivrance de Jean d'Evreux et son échange contre la reddition du château de Mortagne. Tout dépendait de la volonté de Duguesclin, propriétaire légitime, d'après les usages de la guerre, de la rançon qu'il avait le droit d'imposer à son prisonnier. La remise de Mortagne aux Français et la rançon de Jean d'Evreux furent estimées 10,000 fr. d'or. Duguesclin n'était pas seul intéressé. Jean Macé, secrétaire du roi, et Alain du Parc avaient droit à une portion de la rançon. En acceptant l'échange pur et simple, ils n'eussent rien touché, et les chevaliers poitevins eussent été les seuls à en bénéficier. Duguesclin et ses compagnons ne se crurent pas tenus à un si grand désintéressement. Ils consentirent bien à relâcher Jean d'Evreux, afin d'enlever une nouvelle forteresse aux Anglais sans effusion de sang; mais ils exigèrent des chevaliers poitevins, qui désiraient vivement la conquête d'une place très-gênante pour eux et leurs domaines, le paiement des 10,000 fr. Ceux-ci s'engagèrent donc par obligation signée le 23 août 1373, sous les murs de Mortagne, dont ils faisaient le siége, à payer à Duguesclin et à ses deux compagnons la rançon de leur prisonnier. De son côté, Jean d'Evreux, rendu à la liberté, fit remettre Mortagne entre les mains du roi de France. Les chevaliers poitevins se montrèrent bien moins exacts dans l'accomplissement de leurs obligations. Au lieu de payer la somme intégrale à la Toussaint de l'an 1373, suivant les termes de l'acte, ils ne s'acquittèrent d'une manière définitive qu'au mois d'octobre 1376, et encore Duguesclin fut-il obligé de les poursuivre et de transiger avec eux.

Dom Fonteneau n'a pas indiqué la provenance des pièces relatives à cette curieuse affaire que nous publions d'après le texte qu'il nous en a conservé. Mais une note qui se trouve dans les papiers légués par M. de La Fontenelle de Vaudoré à la bibliothèque de Niort nous apprend que les originaux existaient aux archives du comté des Mothes. C'est *un état des titres communiqués par M. Michel des Essarts, écuyer, sénéchal du comté des Mothes et de la Chapelle-Saint-Laurent.* Parmi ces titres sont mentionnées précisément les pièces concernant la délivrance de Mortagne, dont la copie est insérée dans le recueil de dom Fonteneau. Cette provenance s'explique, parce que la châtellenie des Mothes appartenait, dès le xive siècle, à la famille d'Argenton. Or, Guy d'Argenton est un des chevaliers qui se sont obligés à payer à Duguesclin la rançon de Jean d'Évreux.

Voici l'analyse des pièces :

1° Obligation de Miles de Thouars sire de Pouzauges, Regnaut de Vivonne sire de Tors, Jacques de Surgères sire de la Flocelière, Louis de Beaumont sire de Bressuire, André Rouaut, capitaine de Thouars, de payer à Bertrand Duguesclin connétable de France, Jean Macé et Alain du Parc, sept mille francs d'or pour portion de la rançon de Jean d'Évreux, prisonnier dudit connétable et d'Alain du Parc, en déduction de dix mille francs d'or, prix de la délivrance du château de Mortagne, payables à Tours, à la Toussaint prochaine. Fait es bastides devant Mortagne le 23 août 1373. Vidimus sous le scel de Thouars du 22 mars 1373 (1374, n. s.).

2° Quittance de cent francs d'or donnée par Richart de Fougerais, procureur de Duguesclin, à Miles de Thouars, Jacques de Surgères et Regnaut de Vivonne. Fait sous le scel de Thouars le 22 mars 1373 (1374, n. s.).

3° Quittance de mille francs d'or donnée par Jennequin Chilsidener en son nom et au nom de Jean d'Évreux et de Nicolas Tye, au sire de Pouzauges, à Regnaut de Vivonne et à Jacques de Surgères, pour la rançon du commandeur de Beauveux. Donné le 30 novembre 1373. — Nous ne saurions préciser par quel lien le paiement de cette rançon se rattache à la délivrance de Mortagne.

4° Quittance de neuf cent quatre-vingt-seize livres donnée par Richart de Fougerais, procureur de Duguesclin, aux sires de Pouzauges, de Tors et à Jacques de Surgères, pour la rançon de Jean d'Évreux. Fait à Tours le lundi après la Saint-Vincent (22 janvier) 1373 (1374, n. s.).

5° Procuration donnée par Jean Macé, secrétaire du Roi, à Guillaume Mauvoisin, pour obtenir des sires de Pouzauges, de Thors, de la Flocelière, de Bressuire et d'André Rouaut, le paiement du reste de la somme qu'ils lui doivent pour la rançon de Jean d'Évreux et la délivrance du fort de Mortagne en Poitou. Donné sous le scel de Rennes le 4 mai 1376.

6° Procuration donnée par Duguesclin à Guillaume Mauvoisin

pour poursuivre contre les sires de Pouzauges, de Thors, de la Flocelière, de Bressuire et André Rouaut, le paiement de ce qu'ils lui doivent. Donné sous son scel secret le 29 juillet 1376.

7° Quittance de 276 fr. d'or donnée par Guillaume Mauvoisin, procureur de Duguesclin, de Alain du Parc et de Jean Macé, à Louis de Beaumont, sire de Bressuire, en vertu d'une composition finale de douze cent cinquante francs passée entre Duguesclin et les sires de Pouzauges, de Thors, de la Flocelière, de Bressuire et André Rouaut de Boisménart, pour le paiement du reste du principal et les dommages de la somme de sept mille deux cents francs jadis souscrite par lesdits seigneurs pour la rançon de Jean d'Évreux et la délivrance du château de Mortagne. Le 5 octobre 1376.

8° Quittance de 277 francs d'or donnée par Guillaume Mauvoisin, procureur de Duguesclin, à Jacques de Surgères, sire de la Flocelière, et à André Rouaut, sire de Boisménart, sur les douze cent soixante formant le reste de sept mille deux cents francs souscrits au profit de Duguesclin par les sires de Pouzauges, de Thors, d'Argenton, de Bressuire, de la Flocelière et de Boisménart, pour la délivrance de Jean d'Évreux et du château de Montgaugué-sur-Sèvre. Sans date. — Le nom de Montgaugué est un nom distinct donné au château de Mortagne. Mais il s'agit bien du même château.

Les copies de dom Fonteneau, on peut s'en apercevoir, ne sont pas complètes et ne paraissent pas très exactes, soit à cause du mauvais état des originaux, soit à cause de l'inhabileté ou de la négligence du copiste. Néanmoins, en l'absence des originaux, qui sont peut-être perdus, il nous a semblé utile d'en reproduire les copies telles que nous les possédons. Leur intérêt historique sera une excuse suffisante pour leur défectuosité, qui ne saurait, croyons-nous, faire douter de leur authenticité.

B. Ledain.

N° 1.

Obligation de sept mille francs d'or, contractée au profit de Bertrand Duguesclin, Jean Macé et Alain du Parc, par les sires de Pousauges, de Thors, de la Flocellière, de Bressuire, et André Rouaut, capitaine de Thouars.

23 août 1373.

A touz ceulx qui ces presentes lettres verront et orront Lucas Blanchardin garde du scel establi aux contraiz à Thouars, salut et dilection. Sachent tous que nous avons veu et leu unes lettres saennes et entières contenant ceste forme. — Sachent tous que nous Miles de Thouars sire de Pouzauges, Regnaut de Vivonne sire de Tors, Jacques de Surgères sire de la Flocelière, Loys de Beaumont sire de Bersuyre, André Rouaut cappitaine de Thouars, cognoissons et confessons de noz bons grez et voluntez nous devoir et etre tenuz à noble et puissant seigneur monsieur Bertrant de Glequin conestable de France, duc de Moulines, et à Johan Macé et à Alaen du Part la somme de sept miles frans d'or, bons et de pois du coign du Roy de France, pour et cause de partie de la rançon de monsieur Johan d'Esvreux, chevalier, qui lors prisonnier estoit du dit monsieur le connestable et du dit Alaen du Part : lequel monsieur d'Esvreux a voulu et consenti que la dite somme d'or soit paiée es dessus nommez ou à l'un d'eulx en rabatant de la somme de dix miles francs d'or que le dit monsieur Johan d'Esvreux devoit avoir pour la delivrance du chastel de Mortaigne; lesquels sept miles francs d'or dessus dits nous les dessus dits promettons et sommes tenuz rendre et paier au dit monsieur le connestable et au dit Johan Macé et au dit Alaen du Part ou à l'un d'eux ou à leur certain message ou atorné ou de l'un d'eux portans ceste obligation, dedans la ville de Tours et dedens la feste de Toussaints prochainement venant. Et en cas de deffaut de paiement des diz sept miles frans au dit lieu et jour, nous promettons rendre nos corps dedens huit jours amprès la dite feste dedens la ville de Paris, sans en partir sans congié des dessus dits ou de l'un d'eulx. Et toutes et chacunes les chouses dessus dites nous les dessus dits debteurs promettons tenir, garder, enterigner, tenir et accomplir par la manière que dit est, et non venir ne faire venir encontre icelles ne aucunes d'icelles par nous ne par autres en aucune manière en nul temps avenir sur paynne d'être faux et parjures, et par la foy et serment de noz corps et de chescun de nous, a touchez les sains évangiles Dieu Nostre Seigneur, et sur l'obligation de nous et de touz et chacuns noz biens meubles et immeubles, heritiers et successeurs presens et futurs. Et avons renuncié et chacun de nouz en ceti notre fait par la foy et serment dessus ditz à toutes et chacunes les chouses qui nouz porroient ayder à venir en contre ces presentes lettres. Et en tesmoing de vérité des chouses dessus dites, nous ledit Miles de Thouars, Regnaut de Vivonne, Jacques de Surgères et André Rouaut en avons donné et octroié au dit monsieur le connestable, Johan Massé et Alaen du Part ces presentes lettres scellées de noz seels. Et ge le dit Loys de Beaumont ay fait mettre et apposer à ma requête en ces presentes lettres le scel du dit monsieur Miles de Thouars, en l'absence du mien, en tesmoing des chouses dessus dites. Fait et donné es bastides devant Mortaigne, le vingt troisième jour du mois d'aoust l'an mil trois cent sexante et trèze. Lesquelles lettres étoient seellées des dits seels en cire rouge. Ce fut fait et donné par copie et collation faite à l'original des dites lettres souz le dit seel establi aux contraiz à Thouars le vingt deuxième jour du mois de mars l'an mil trois cens sexante et trèse. Signé : J. Farinea, par copie et collation faite à l'original.

N° 2.

Quittance de cent francs d'or par le procureur de Duguesclin à Mile de Thouars, Jacques de Surgères et Regnaut de Vivonne.

22 mars 1373 (1374, n. s.).

Sachent touz presens et avenir que en notre court de Thouars, en droit personnellement establi Richart de Fougerois en nom et comme procureur et..... general message et atorné principal et especial de noble homme monsieur Bertran Duguesclin, duc de Moline, comte de Longueville et conestable de France..... pover pour la teneur de sa procuration de laquelle il nous apparut souz le seel du dit noble, requerir, poursuivre, demander et recevoir des seigneurs de Tors, d'Argenton et Bersuyre, messire Jacques de Surgères, messire André Rouaut et messire Jean de Montallois sire de Chollet, la somme de diz miles francs d'or et d'en donner quiptance, cognut et confessa que il avoit eu et receu de monsieur Miles de Thouars, monsieur Jacques de Surgères et monsieur Regnaut de Vivonne, par la main de Perrot Richardin et Guillaume Beri, la somme de cent frans d'or, desqueulx le dit Richart, en nom que dessus, se tint à bien paié et content et en quipta les dessus ditz et chacun d'eulx, et en promist tenir quiptes les dessus ditz vers le dit noble, et à ce tenir, entérigner et accomplir le dit Richart par le nom que dit est, lequel avant toutes choses sumist, quant à ce, sey et les biens du dit noble à la juridiction et cohercion de notre dite court, obligeant touz et chacuns les biens du dit noble à li sumis à cause de la dite procuration, et jura et promist aus sains évangiles Nostre Seigneur non venir en contre, et en fut jugé et condampné à sa requeste..... de notre dite court. Ce fut fait et donné le vingt deuxième jour du mois de mars l'an mil trois cens sexante et trèse, presens Nicholas et Johan Renet. Ainsi signé : J. Farinea.

N° 3.

Quittance de mille francs d'or, donnée par Chilsidener, en son nom et au nom de Jean d'Évreux, au sire de Pousauges, à Regnaut de Vivonne et à Jacques de Surgères.

30 novembre 1373.

Sachent touz que je Jennequin Chilsidener cognois et confesse avoir eu et receu de monsieur de Pousauges, monsieur Regnaud de Vivonne et monsieur Jacques de Surgères par la main Eon de Lenerac capitaine de Clisson, la somme de mille frans d'or, en laquelle somme estoient tenuz les ditz chevaliers par lours obligations à monsieur Jehan d'Evreux, Nicolas Tye et à moy, pour cause de la delivrance et ranczon du commandeur de Beauveux ; de laquelle somme ge me tiens à bien paié et quite les ditz chevaliers et promets en bonne foi les garantir de la dite somme envers les diz monsieur Jahan et Nicolas. Donné sous mon scel le jour saint André..... jour du mois de novembre l'an mil trois cenz sexante trèze, et ranczon du commandeur de Beauveux. Donné comme dessus.

Au bas pend un sceau moitié rompu par vétusté.

N° 4.

Quittance de 996 liv., donnée par le procureur de Duguesclin aux sires de Pousauges, de Thors et à Jacques de Surgères.

Janvier 1373 (1374, n. s.).

Sachent tuit presens et avenir que en la court monsieur le duc de Touraine à Tours, en droit personnellement establi Richart des Fougerays demourant à Tours, on nom et comme procureur de noble et puissant seigneur monsieur Bertran du Glesquin, connestable de France, si comme il nous est apparu en court par lettres et procuration scellée du scel du dit noble et signée de sa main, souzmettant avant tout euvre soi, ses hoirs et tous ses biens, on nom que dessus, à la juridiction et cohercion de ceste court, sanz autre juridiction, cohercion, chastellenie, ne ressort requere, demander ne advoer quant à ce qui sensuit, a confessé en droit en la dicte court que il a eu, on nom que dessus, et receu de nobles hommes sire le sire de Pouzauges, le sire de Tors et monsieur Jacques de Surgères, par la main de André de la Ramée escuier, la somme de neuf cens quatre vingt sèze livres, c'est assavoir la moitié en frans d'or de compte et de poys et l'autre moitié en blans de cinq deniers tournois la pièce, sur ce que les dessus ditz puent être tenuz au dit monsieur Bertran, à cause de la rainson de monsieur Johan de Evreux chevalier d'Angleterre, et de laquelle somme de neuf cens quatre vingt sèze livres es monoies davant dites le dit Richart se est tenu et tient, on nom que dessus, par davant nous pour bien paié et content, et en a quicté et quicte, on nom que dessus, les diz sire de Pouzauges, de Tors et de Surgères et tous autres à qui quittance en puet et doit appartenir. Et à ceste quittance tenir et sans venir en contre a obligié et oblige, on nom que dessus, et par vertu de la dite procuration, le dit monsieur Bertran, ses hoirs et ceulx qui auront cause de lui, et renonce en tout cest fait le dit Richart, on nom que dessus, à toute exception de mal, de fraude, de lesion et à toute quiconque autre decepvance, à l'exception des deniers et florins dessus diz non euz et non receuz ne à lui bailliez ne livrez, et generalement à toutes autres exceptions, raisons et allegacions qui contre ces presentes lettres porroient estre dites ou opposées. Ce fut fait à Tours et adjugé à tenir par le jugement de la dite court, le dit Richart present et consentant et fiancé la foy de son corps de non venir en contre, et seellé à sa requete des seaulx de la dite court le lundi emprès la saint Vincent, l'an de grace mil trois cens sexante et treze. Signé : Johan Lignou, passeur pour Guillaume Rochelle.

N° 5.

Procuration donnée par Jean Macé à Guillaume Mauvoisin pour faire payer les sires de Pousauges, de Thors, de la Flocelière, de Bressuire, et André Rouaut.

4 mai 1376.

Sachent tous que en notre court de Rennes, en droit fut présent et personnellement establi Jean Macé secretaire du Roy notre sire, lequel fist, establit et ordonna, fait, establit et ordonne Guillaume Mauvoisin... et procureur tout general et messagier especial quant à poursuir, requerre et demander ver et à nobles et puissanz hommes messire Miles de Thoars seigneur de Pousauges, messire Regnaut de Vivonne seigneur de Thors, messire Jacques de Surgères seigneur de la Flocellière, messire Loys de Beaumont seigneur de Bersuire et messire André Rouaud et chacun d'eulx, à autre paiement et satisfaction du résidu de la somme en quoi les dessus diz furent autresfois et encores sont tenuz au dit Jehan Macé pour raison de la rençon et delivrance de messire Jean d'Evrieux Anglois et pour raison de la delivrance et... du fort de Mortaigne en Poitou, par lettres obligatoires et autrement, selon que il puet apparoir par lettres sur ce faites, tant de principal que despens et intérés, de en finer et composer, en recevoir la finance et de en donner quittance general on nom dudit Jehan, et de faire sur et en non de toutes et chacunes les choses que le dit establisseur feroit ou faire pouroit se present estoit, et cely establissant promectant à autre et aura ferme et estable tout ce que par son dit procureur sera en ce fait et procuré, et paier le jugié de la court, se mestier est. Et on cas de deffaud de paiement, de requerre les dessus dits et chacun d'aler tenir hostage, comme ils sont tenuz à li faire selon la teneur desdites lettres obligatoires. Donné tesmoing les seaux establis aux contraz de notre dite court le quatrième jour de mai l'an mil trois cent soixante et seize. Signé : Jehan Bretrot.

N° 6.

Procuration donnée par Duguesclin à Guillaume Mauvoisin pour faire payer les sires de Pousauges, de Thors, de la Flocelière, de Bressuire et André Rouaut.

29 juillet 1376.

Sachent tous que nous Bertran du Guesclin, conte de Longueville, seigneur de Tinteniac et connestable de France, avons fait, establi et ordené, et de cetes faisons, establissons et ordonnons..... clerc et secretaire Guillaume Mauvoisin notre procureur general et messagier especial en toutes et chacunes nos causes, querelles et negoces, meues et à esmouvoir, termes, jours et lieux à nous assignez et à assigner en toutes cours et..... devant touz juges et chacun, tant d'église que séculiers, contre messire Miles de Thouars sire de Pousauges, messire Regnaut de Vivonne sire de Thors, messire Jacques de Surgères sire de la Flocelière, messire Louis de Beaumont sire de Bressuire et messire André Rouau, det chacun, et contre touz et chacun nos autres adversaires queulx et de queque povoir... donnant et à de certes donnons à notre dit procureur plen povoir, autorité et mandement especial de requerir, poursuire et demander notre droit, de nous deffendre, de teser pour nous en jugement tant en supliant que en deffendant, de oir sentences diffinitives et interlocutoires, d'apeller, de faire applegement et contre applegement, et d'appeaux et applegements poursuir ou s'en delaissier, de se exoinier ou exoines..... de les affermer, de deresnier despens, de jurer en l'âme de nous toutes manières de serment que ordre de droit requiert..... pacifier, compouser et accorder avec les dessus dits et autres sur fait principal et sur despens.... et de recevoir pour et on nom de nous principal et despens et, si en donner et passer lettres..... ou pluseurs, soubz seel ou seaux de juge ou juges de courz autentiques telles comme li plaira en nous obligeant à ce tenir, et generalement de faire toutes et chacunes les choses que nous ferions ou faire pourrions se presens estions, jasoit ce que le cas requiere mandement especial, promectanz à avoir et aurons ferme et estable tout ce que par notre dit procureur sera fait et procuré, tant pour nous que contre nous, et pour lui paier le jugié de la court, se mestier est. Donné à..... sous notre seel secret le vingt neufvième jour de juillet l'an mil trois cent soixante et seize. Signé.

N° 7.

Quittance de 276 francs, donnée par le procureur de Duguesclin et de Jean Macé à Louis de Beaumont, sire de Bressuire.

5 octobre 1376.

Sachent touz que comme autrefois noblez homez messire Miles de Thouars sire de Pouzauges, messire Regnaut de Vivonne sire de Thors, messire Jacques de Surgères, sire de la Flocelière, messire Loys de Beaumont sire de Bersuyre, monsieur André Rohaut sire du Bois Meignart et autrez se fusset autreffois obligez et heussent promis rendre et paher à noble et puissant seigneur monsieur Bertrand de Guesclin comte de Longueville et conestable de France et à Alain du Part et à maistre Jehan Macé ou l'un d'eulx la somme de sept mille deux cent franx pour la delivrance de monsieur Johan d'Esvreux chevalier anglais, adffin que pour la dite delivrance le chastel de Mortaigne qui par le temps étoit en la main des Anglois, fust mis en la main et obéissance du Roy de France, et depuis, tant par le pahemens qui avoit esté fait de la somme susdite que par autres satisfaction, ledit seigneur monsieur Bertrand et ou autre par nom de li haian povoir à ceu et les dessusdits noblez ou aucuns d'eulx en nom des autres fusset venuz à composicion finelle, tant pour le reste dudit principal que pour les domages dudit or non payé, à la somme de douze cens cinquante franx, si comme ces chouses cognust et confessa Guillaume Malveisin, procureur dudit seigneur monsieur Bertrand connestable susdit, dudit..... maistre Johan Macé, assavoir est que le dit Malveisin procureur, comme dit est, hau povoir de faire les chouses tant dessus escriptez que dessous à escripre, si comme par la tenour de ses procurations puit apparoir, desquelles la tenour s'ensuyt, cognehut et confessa ledit procureur et en nom de procureur avoir heu et recehu dudit noble messire Loys de Beamont sire de Berssuire la somme de deux cens soixante et seize franx d'or ; desquelles sommez et obligacions susdites ledit procureur quipta le dessus sire de Bersuyre et iceluy promist tenir quiptez vers les dessus dits Alain du Part, ses héritiers ou successeurs et vers ledit Johan Macé et vers toux autres à qui aucune chouses pouroient appartenir par causes des obligations susdites, et pourchacer o tout effet vers les heritiers dudit Alain et ledit Macé et autres à qui lesquelles chouses en pourroit appartenir, havoir fermez et establez les chouses susdites et chacunes d'icelles ; et a quipté ledit procureur et promist tenir quipte par la manère susdite ledit sire de Bersuyre de toux domages et intérest en quelx ilz pourroit estre tenuz pour cause des chouses susdites non faites ou acompliez, ses officiers et tous autres qui par ledit fait et occasion d'icelle auroit esté mis en procés, promist traire et mettre hors de toute court et de tout procés onquel ils estoient par les causes susdites, obligent, renuncient, jurent. Passé et jugé..... presens Johan du Boys, Guillaume Bela, Sourest et Geoffroy Jacaut et Johan Beauxiron le jeune, le v° jour d'octobre l'an mil trois cens soixante seize.

Et gardez bien que la procuration que ha ledit Malveisin soyt bonne et la retenez par devers vous si vous pouhez, sinon prenez coppie de la dite procuration sous seel autentique.

Dudit monsieur Jacques de Surgères sire de la Flocellière vingt et sept frans et demy qui restoient de la somme qu'il povet estre tenuz pour sa partie. Ceptante deux cens cinquante frans que ledit monsieur le connestable avoit donné au dit messire Jacques.....

N° 8.

Quittance de 277 francs d'or, donnée par le procureur de Duguesclin au sire de la Flocelière et à André Rouault, sire de Boisménart.

Sans date.

Sachent touz que comme nobles homes Monsieur Milles de Touars sires de Pouzauges, Monsieur Regnaut de Vivonne sire de Tours e des Exsars, Monsieur Gui sire d'Argenton, Monsieur Loys de Beamont sire de Bresuyre, Monsieur Jaques de Surgères sire de la Flocelère, e Monsieur André Rouaut sire du Boisménart se fussent sa an arérez obligez rendre et paier à noble et puisent sengneur Monsieur le connestable de Franse la somme de douze cens suicent dener d'our apelez frons du coin du Rey de Fronse nostre sire, reviengnans de la somme de sept myle deux cens dener d'ous apelez fronx du couyn du Rey nostre dit sires, de laquelle somme est sept myle deux cens les diz noblez y autrez s'étient autrefoys aubligé anvers Monsieur le connestable susdit pour la délivronce de Monsieur Johan dex Vreux son prisonnier, pour laquelle somme ledit Monsieur Johan des Vreux fit foire la délivranse e meytre en l'obaysonce du Rey nostre sire en le chatel de Montgaugué sur Seyvre dex Angleys qui à yceli tems tenient e occupient le dit chatel de Montgaugué e an l'obaysonce du Rey d'Angleterre, de laquelle somme de douze cens suicente reviengnans de la dite grant somme les diz Monsieur Jaques e le dit Monsieur André ont rendu e payé à moi Guillaume Moveysin procureur et à non de procureur de Monsieur le connestable susdit de checun la somme que desdiz douze cent suicente à heux et à chacun de oux et pertent rendre et paier audit Monsieur le connestable, s'est à savoyre checun desdiz Monsieur Jaques e Monsieur André la somme de dux cens suicente et dix sept fronx denié d'our ; lexquelles somes checun de doux cens suicente dix sept frons ge confesse avoyre hou e recehu an bon or nombré, c'est à savoyre du dit Monsieur Jaques doux cens soixante et dix sept frons et du dit Monsieur André la somme de doux cens soicente et dix sept frons et denié d'our, pre la men du dit Monsieur Jaques, pre vretu de la procuration du dit Monsieur le connestable de laquel procuration la teneur s'en seyt et cetera, — Et dexquelles somes desus nomiez que je le dit precurour et au nom de precurour desusdit, teins quipte les diz Monsieur Jaques e Monsieur André e checun d'eoux, lor ers e suseysours des somes desus dites dexcleyrez pretout come à checun dexdis Monsieur Jaques e Monsieur André an puyt et deyt apartenir randre e payer à Monsieur le connestable susdit.

IV

LETTRES PATENTES DE FRANÇOIS Ier PORTANT PERMISSION DE FORTIFIER LA VILLE DE MONTMORILLON. — *(Orig., parch., jadis scellé, donné aux Archives de la Vienne par M. de la Besge.)*

Juin 1523.

Françoys, par la grace de Dieu roy de France. Savoir faisons à tous presens et advenir l'umble supplicacion de noz chers et bien amez les manans et habitans de nostre ville de Montmorillon, contenant que anciennement leur lieu de Montmorillon souloit estre cloz et fermé ou commancé de clore et fermer de murailles, portes et foussez, ainsi que l'apparance et demonstrance y est encores de present; mais par le temps des guerres qui ou temps passé ont eu cours en ce royaume, ou à faulte d'avoir esté entretenuz en bonnes reparacions par leurs prédécesseurs habitans du dit lieu, sont ruynez, tumbez et desmoliz : au moyen de quoy lesd. pouvres habitans n'y ozent à present demourer ne y tenir leurs biens en seureté, pour doubte des gens de guerre, vaccabons et pillards qui se y retirent et logent souvent, et leur font plusieurs grans et execrables maulx, pilleries et rançonnemens ; et mesmement depuis troys ou quatre moys ença ont pillé et fourragé lad. ville, tué nostre prevost des mareschaulx que nous avyons aud. lieu [1] et fait autres infiniz maulx et larrecins, tellement que lesd. pouvres habitans sont contrainctz d'abendonner led. lieu et eulx retirer ailleurs, si lad. ville n'est close et fortiffiée ; et à ceste cause feroient vouluntiers relever lesd. murailles et fossez, et clorre et fermer led. lieu de Montmorillon, affin de demourer en seureté, et pour ce faire se contriburoient et tailleroient voulentiers, le fort portant le foible, s'il nous plaisoit leur donner congié et permission de ce faire, humblement le nous requerant et sur ce leur impartir nostre grace. Pourquoy nous, ces choses considerées, inclinant liberallement à la requeste desd. supplians et desirans favorablement les traicter, et mesmes qu'ilz puissent demourer eulx et leurs biens en seureté : à iceulx habitans de Montmorillon, pour ces causes et autres à ce nous mouvans, avons donné et octroyé, donnons et octroyons de grace espécial, plaine puissance et auctorité royal par ces

---

[1]. Jean de Châteaurocher, éc., sgr. de Maillezac. (Cf. Bouchet, *Annales d'Aquitaine*, 1644, p. 375.)

clorre et fermer led. lieu de Montmorillon de murailles, tours, boulevers, foussez, portes, pons et autres fortiffications neccessaires pour la seureté d'eulx et de leurs successeurs qui presentes congié, permission et licence de clorre et faire demoureront en lad. ville, et voulons et nous plaist que pour ce faire ilz se puissent contribuer, tailler et cottiser, le fort portant le foible, à fournir aux frais et despences qu'il conviendra faire pour la closture et entretenement des édiffices et forteresses de lad. ville et non d'ailleurs; et pour lever les deniers, sera faicte assiecte sur lesd. habitans, le fort portant le foible, par nostre seneschal de Poictou ou son lieutenant aud. Montmorillon, appellé nostre procureur aud. lieu et autres noz officiers. Et lad. assiecte faicte par nozd. officiers, voulons et entendons que ceulx qui ne vouldront payer soient contrainctz à ce faire par toutes voies et manières deues et raisonnables, et aussi ceulx qui de present occupent et empeschent lesd. fossez et qui y ont fait jardins et autres aisances sans auctorité de nous, justice et de la dicte ville, à les delaisser et eulx en despar...[1] prandre raisonnable recompense s'ilz les ont et tiennent à juste tiltre : le tout nonobstant opposicions ou appellacions quelzconques, pour lesquelles ne voulons estre différé, pourveu que ceulx qui auront l'administration desd. deniers seront tenuz de rendre compte par devant nous d'an en an, et que par ce les nostres n'en soient retardez, et que la plus grande et seine partie desd. habitans se y consentent. Si donnons en mandement par ces mesmes presentes au seneschal de Poictou ou à son lieutenant aud. Montmorillon que de nos presens grace, congié, licence et permission ilz facent, seuffrent et laissent lesd. habitans supplians joyr et user plainement et paisiblement sans en ce leur faire, mectre ou donner, ne souffrir estre fait, mis ou donné aucun destourbier ou empeschement

---

1. Le parchemin est troué en cet endroit.

au contraire ; lequel, si fait, mis ou donné leur estoit, le mectent ou facent mectre incontinant à plaine delivrance; car tel est nostre plaisir. Et affin que ce soit chose ferme et estable à tousjours, nous avons fait mectre nostre scel ausd. presentes, sauf en autres choses nostre droit et l'aultruy en toutes. Donné à St Germain en Laye, ou mois de juing l'an de grace mil cinq cens vingt troys et de nostre regne le neufiesme.

Par le Roy,

DORNE.

TABLE

DES NOMS DE PERSONNES

ET DE LIEUX.

A

Achardi (Guillelmus), 55.
Achart (Gaufridus), 47.
— (Hugues), 50.
Acis (Girardus de), 50.
Acuchardi, Acuychart (Guillelmus), 130, 132.
Adam (Aymericus), 61, 70.
— (Guillelmus), 82.
— (Natanael), s^r de Sichard, 308, 309.
— (Stephanus), 88.
Aersens (le s^r d'), 359.
Agaitaus (terra aus), 25.
Agennum, 11; *Agen.*
Aillé (Airauz de), 62.
Aimeri de Thouars, chevalier bachelier, 412.
Aladent (Petrus), 55.
Alardinus, 65, 66.
Alardus, 121.
Alart (Aymericus), 7.
Alauda (Garinus), 55.
Albi (Eraudus d'), 72.
Albiensis (Remundus), 7, 15, 25.
Alençon, 319, 359.
Alet (Airaudus d'), 98.
Alienor regina, 64.

Alixander, 55.
Allain, député à l'assemblée de la Rochelle, 240.
Allodio (Giraudus de), 26.
— (Guillelmus de), 142.
— (Pascaudus de), 147.
Allodium, 135, 137, 138, 139, 140, 141, 143, 144, 145, 146, 147, 148, 149, 150, 152, 153; *Laleu*, c^{on} *de la Rochelle.* — Ballivus de Allodio, *V.* Montoire (Johannes de); dominus de —, 135-157; gentes de —, 140, 145, 150; prepositus de —, 135, 136, 139, 144, 146, 149, 150, 152, 155.
Alnisii (magnum feodum), 6, 9. *V. Aunis.*
Alphonse, comte de Poitou, 385, 387.
Alvia, député à l'assemblée de la Rochelle, 219.
Amassardi, Amassart (Guillelmus), 55, 67.
Amboise, 260, 261; *Indre-et-Loire.*
Amigus, 18.
Amillo (furnum de), 135; *Saint-*

Pierre-d'Amilly, c^on *de Surgères, Charente-Inférieure*.
Amorosus, 18.
Amos (le s^r), 362.
Andegavensis comes, 17. *V.* Anjou.
— (Giraldus), 68.
Andreas, capellanus de Monte-Tamizer, 127.
Aneres (Thomas de), 58, 59, 60, 61, 68.
Angelart (dominus), 45, 48, 50.
Angers, 398.
Angla, 55 ; *Angle*, c^on *de Saint-Savin, Vienne*.
— (Paganus de), 55.
Angliæ rex, 44, 45, 47, 49, 57, 59, 65, 122, 156.
Anglici (Hugo), 153.
Anglicus (Johannes), 61, 69.
— (Stephanus), 101.
Anins (Petrus), 126.
Anjorranz (Gaufridus), 118, 119, 120, 121.
— (Guillelmus), 119.
Anjou (le comte d'), 17, 36 ; — (coutumes d'), 392, 396, 398, 400 ; — (province d'), 397, 399, 400, 401, 402.
— (René, duc d'), 397.
Ansoldus, 35.
Aquabona (Philippus de), 17.

Arci (Hugo d'), 65.
Ardanie terra, 5 ; *Ardenne*, c^ne *de Charzay*, c^on *de Fontenay-le-Comte, Vendée*.
Argenton, Argentonium, Argentolium, 75, 77, 78, 79, 80, 96 ; *Argenton, Indre*.
Argenton (Guy d'), 415, 426.
— (île d'), 327.
— (le sire d'), 414, 416, 419, 426.
Arnac (Doudon d'), 26.
Arquerii (Philippus), 130.
Arsendis, 126.
Arve (P.), 125.
— (Stefanus), 125.
Asneriis (Tomas de), 68. *V.* Aneres.
Atilliator (Galterus), 9.
Auberti (Johannes), 13, 14, 34, 35, 158, 159 ; — prepositus de Rupella, 140.
Aubrée (Collas), 26.
Auge comes, 160. V. Ue (comes d').
Aunis (l'), Alnisium, 6, 9, 336.
Auriac (le s^r d'), 169, 184, 282.
Aussiaco (Gilo de), 16, 27.
Autoil (Johannes d'), 118, 125.
Avenis (Thomas de), 55.
Ayrauz (Guillelmus), 62.

B

Baalon (Petrus), 55. V. Baelon.
Babin (Hugo), 142.
— (Warinus), 39.
Baconesii foresta, 6. — Homines de Baconnois, 38.
Baelon (Petrus), 44, 55, 57, 58.
Bagot (Johannes), 73, 83.
— (Reginaldus), 83.
Baignols, 317 ; *Bagnols, Gard*.
Balart (Theobaldus), 51, 56.
Baldoinus, 11.
Banaon, 8, 13 ; — (foresta de), 5, 6, 8, 160 ; — (prepositura de),

5 ; *Benon*, c^on *de Courçon, Charente-Inférieure*.
Barbaut (Johannes), 26.
Barbe (Paen), 42.
Barbot (le s^r), 364.
Bardon (Reginaldus), 60.
Barentin, conseiller d'Etat, 362.
Barra (Hugo de), 34.
Barraud (Jacques), 308.
Barrotin (Alexandre), sénéchal de Mirebeau, 398.
— (Jean), juge châtelain de Mirebeau, 398, 400.

Bas (Raginaldus), 52, 56, 57.
Basnage (le s^r), 264.
Bastardi (Gaufridus), 72.
Bataille (Savaricus), 153.
Batan (Giraudus), 40.
Batez (Ferandus), 67.
Baucaio seu Bauceio (Hugo de), 44, 55, 56, 58.
Bauceium, Bauceis, 7, 11, 15, 25; *Baussais*, c^{on} *de Celles, Deux-Sèvres*.
Baudimento (Symon de), 37, 113.
Baudoin (Guillelmus), 124, 125.
— (Matheus), 124.
Baux en Provence, 182; *les Baux*, c^{on} *de Saint-Remy, Bouches-du-Rhône*.
Bayners (Reginaldus), 132.
Béarn (le), 186, 195, 201, 209, 215, 218, 230, 234, 242, 244.
Beaulieu (le s^r de), 328.
Beaugrand (Baptiste de), 250.
Beaumont (Louis de), 415, 417, 418, 422, 423, 424, 425, 426.
Beaurepaire (le comte de), 283.
Beauvais (le s^r de), 359.
Beauveux (commandeur de), 415, 420.
Beauvoir-sur-Mer, 270, 277, 281; *Vendée*.
Bece, V. Boce.
Belepea, Bellepeau (Petrus), 73, 74, 75, 78, 81, 83, 85, 90, 91, 95, 96, 102, 103, 104, 105, 106, 109, 115.
Bella Noa (prior de), 22; *Bellenoue*, c^{ne} *de Château-Guibert*, c^{on} *de Mareuil, Vendée*.
Belle (Johannes), 121.
Bellomonte (feodum de), 64; *Beaumont*, c^{on} *de Vouneuil-sur-Vienne, Vienne*.
— (Aymericus de), 65.
— (Philippus de), 64, 65, 67, 68.
Bello Podio (Andreas de), 29.
Bellus Locus, 32; *Beaulieu-sous-la-Roche*, c^{on} *de la Mothe-Achard, Vendée*.
Benac (Bernard de Montault, baron de), 235.

Bergerac, 288, 289, 290, 295; *Dordogne*.
Bergerece (Gaufridus de), 42.
Bergeville (le marquis de), 265.
Beri (Guillaume), 419.
Bernardeau (Guillelmus), 106.
Bernerius, 10, 16, 27, 28.
Bernier (Petrus), 55.
Bertaut (Philippus de), 120.
Berteau, 27.
Bertet (le s^r), 364.
Bertrandi (Arnaldus), 134.
Beruge, Berugia, Berruge (Gaufridus de), 63, 72, 129.
— (Johannes de), 18, 123.
Bessay (le s^r de), 270, 282, 287, 299.
Besseny (le s^r de), 175.
Beuil (seigneurs de), 398.
Bibot. V. Bigot.
Bienasis (Hugo), 63.
Bienvenu (Johannes), 143.
Bigne, locus, 33.
Bigot (Guillelmus), 85, 86, 104, 105, 106, 109, 110, 111, 112, 114.
— (Johannes), 76, 78, 80, 81, 82, 83, 84, 103, 107.
Biron (Yterius), 30.
— (le s^r de), 344.
Blanchardin (Lucas), 417.
Blaye, 166; *Gironde*.
Bliant (Guillelmus), 60.
Blois, 260, 261.
Bobert (Guillelmus), 114.
Boce (Petrus), 7, 15, 25.
Bochaniau (Guillelmus), 55.
Bochardi (Galterus), 66, 67.
Bocherius (Symon), 21.
Bodardus, 18.
Boeries, Boorii, Boueries, 75, 76, 77, 78, 79, 91, 92, 93, 94; *Boirie*, c^{ne} *de Bonneuil-Matours*, c^{on} *de Vouneuil-sur-Vienne, Vienne*.
Bogot. V. Bigot.
Bohême (le roi de), 229.
Boichardus (magister), 26.
Boign, 25; *Bouin*, c^{on} *de Beauvoir, Vendée*.

28

Boillie (Robertus), senescallus Pictavensis, 5. 13.
Boisménart (sire de), 424, 426.
Boisse-Pardaillan (le s^r de), 265, 289, 305.
Boissia, 18; *Boisse, c^{ne} de Saint-Médard-des-Prés, c^{on} de Fontenay-le-Comte, Vendée.*
Boisson (Jehan), écuyer, 412.
Bonet (Johannes), 23.
Bonini (Hugo), 28.
Bonnet (Guillaume), écuyer, 412.
Bonoil, Bonolium, 74, 76, 78, 79, 80, 82, 83, 85, 89, 90, 91, 92, 93, 94, 95, 96, 102, 106, 107, 109, 111, 112, 114; — (dominium de), 64; — (dominus de), 73-116; — (herbergamentum de), 58, 59, 61, 62; — (prepositus de), 74, 84, 90, 92, 99; — (turris de), 94; *Bonneuil-Matours, c^{on} de Vouneuil-sur-Vienne, Vienne.*
Bonolio (Petrus de), 66.
Bonuspater (Alexander), 121.
Bony (le s^r de), 349.
Bordeaux, 307, 355, 357; — (l'archevêque de), 9.
Bordoil (Girbertus), 25.
Borginest, 31; *Borgenest, c^{ne} de Saint-Hilaire-de-Talmont, c^{on} de Talmont, Vendée.*
Borigia (Ademarus de), 129.
Bornoil, 120, 125; *Borneuil, c^{ne} de Beaumont, c^{on} de Vouneuil-sur-Vienne, Vienne.*
Bosco Florido (domus de), 138.
Boscus, 157; *le Bois, c^{on} de Saint-Martin-de-Ré, Charente-Inférieure..*
Boter (Aymericus), 124.
— (Gaufridus), 20.
Botereaus (Johannes), 59, 90.
Botin (Petrus), 66, 84.
Botinoz (Guillelmus), 69.
Bouchereau (Samuel), 166.
Boucherie (le s^r de la), 277.
Bouguerini (P.), 138.
Bouillon (le duc de), V. Tour (Henri de la).
Bouquigneau (Guillelmus), 48.
Bourbon (Jean, duc de), 397.
— (ducs de), 400.
Bourbon-Condé (Henri de), 165, 167, 179, 205, 259, 321, 326.
Bourbonnais (le), 397.
Bourdillière (le s^r de la), 277.
Bourg-en-Bresse, 182.
Bourges, 182.
Bousselay (le s^r de), 284.
Boutineau (Jacques), 308.
Boutivel (maison de), 37.
Bouvins (Guillelmus), 130.
Bovis (Petrus), 18.
Brandinus, 123, 131.
Bredon (Durandus), 144.
— (Johannes), 150.
Bressuire (le sire de), 414, 415, 416, 417, 419, 422, 423, 424, 425, 426.
Bretoni, 19; *peut-être la Bretonnière, c^{on} de Mareuil, Vendée.*
Bretoniau (Tomas), 124, 125.
Bretonniaus (Guillelmus), 124, 125.
Brigeaut, 90.
Britania, 139, 140, 146, 147, 149, 151, 153, 155, 156; — Britanniæ comes, 18. *La Bretagne.*
Britonis (Evian), 68.
Brolio Faoni (hospitale de), 18.
Brolium Mangoti, 25; *le Breuil-Mingot, c^{ne} de Poitiers.*
Brotille (Hugo), 139.
— (Savaricus), 138.
Brouage, 306; *c^{on} de Marennes, Charente-Inférieure.*
Brunatier (Helyas), 152, 153.
Bruneas (Aymericus), 62.
— (Johannes), 62.
Bruneau (le s^r), 369.
Bruns (quidam dictus), 93.
Brunus (Johannes), 52.
— (Petrus), 50, 53, 57, 58.
Buisson (Petrus), 53.
— (le s^r du), 319.
Bullion (le s^r de), conseiller d'Etat, 320.
Burdegalensis archiepiscopus, 9.
Burli (Gauffridus de), 145.

C

Calabre (Jean duc de), 397.
Calais, 175 ; *Pas-de-Calais.*
Calbander (Durandus), 39.
Calle (Hodeardis), 53.
Calvigniaco, Calviniaco (Andreas de), 43, 46.
Camelini (Egidius), 35, 38.
Campania, 9 ; — (prior de), 9 ; — (terra de), 5, 8, 13 ; *Champagne, c^on de Saint-Agnant, Charente-Inférieure.*
Campo Bonelli (Guitardus de), 10.
Candal (Isaac du), 186, 220.
Capella juxta Hayam (prior de), 55.
Caprosia (Herveus de), 17, 28.
Capsia (G. de), 159.
Caritate (Hugo de), 29.
Caroil (Gaufridus de), 18.
Carpentarius (Herbertus), 16.
Carriaus (P.), 66.
Carroi (Johannes du), 149.
Casteljaloux, 295, 344, 345 ; *Lot-et-Garonne.*
Castelnau (le s^r de), 330, 349.
Castets, 295, 341, 345, 348 ; *c^on de Langon, Gironde.*
— (le vicomte de), 332, 355.
Castillon, 289, 290 ; *Gironde.*
Castri Dunni vicecomitissa, 47.
Castro Aeraudi (Aemericus de), 40, 41, 42, 43, 51, 58, 59, 60, 61, 62, 63, 64, 67, 68, 69, 71, 94, 116, 117.
— (Hugo de), 41.
Castrum Aeraudi seu Eraut, 39, 51, 57, 60, 116, 117, 118, 119, 120, 121, 122, 123, 130. — Castri Aeraudi burgenses, 39 ; — castellania, 116 ; — domini, 49, 50, 51, 53, 54 ; — præpositus, 116, 117, 121 ; — vicecomes, 39, 41, 42, 43, 44, 45, 46, 47, 48, 49, 51, 52, 54, 55, 57, 58, 60, 61, 63, 67, 72, 75, 76, 81, 90, 92, 108, 113, 116, 118, 119, 120, 121, 122, 123 ; — vicecomitissa, 39, 41 ; — vicecomitatus, 43, 59, 62, 117, 118, 122. *Châtellerault, Vienne.*
Castrum Galteri, 20, 21, 31 ; *Château-Gauthier, c^ne de Grosbreuil, c^on de Talmont, Vendée.*
Caumont, 285, 288 ; *c^on du Mas-d'Agenais, Lot-et-Garonne.*
Caussade, 295 ; *Tarn-et-Garonne.*
Cays (Petrus de), 23.
Ceaus, 94 ; *Ceaux, c^on de Loudun, Vienne.*
Cella (Gaufridus de), 47.
Cepe (la), 156 ; *près la Rochelle.*
Cerclier (Helias le), 152.
Chaalat, prepositus Guillelmi de Mause, 149.
Chabanais (Jeanne de), femme de Mile de Thouars, 412.
Chabot (Cabrant), 33, 35, 36, 37.
— (Jeufroi), 35.
Chadoing (fratres de), 9 ; *Chadin, c^ne de Saint-Savinien, Charente-Inférieure.*
Chaillin, Chalyns (Ayraut), 63, 129.
— (Guillelmus), 63, 129.
Chairé, Charé, Chayrez (Ranulphus), 92, 94.
Chalas (Jean), député général, 168, 187, 229, 232, 269, 292, 296, 301, 313.
Chalbac (Achimot de), 26.
Chalemea, Chalumeaus (Guillelmus), 81, 82, 83, 84, 85, 86, 95.
— (Helias), 60, 73, 74, 76, 79, 80, 81, 84, 86, 87, 90, 92, 95, 96, 97, 99, 102, 103, 104, 105, 107, 108, 109, 110, 112, 113, 114, 115.
— (Petrus), 98.
Challes, Chales (Radulfus), 62, 69, 74, 96.

Chambon (Joscelinus de), 50.
— (Petrus de), 157.
Champaigné super Veude, Champaygne sur Veude, 93, 94; *Champigny-sur-Veude*, c^on *de Richelieu, Indre-et-Loire.*
Champigniacus, 33; *Champagné-les-Marais*, c^on *de Chaillé-les-Marais, Vendée.*
Chandolant (Fr. Eschalart, baron de), 229.
Chantepie (Guido de), 122.
Chapelière (Paul le Cerclier, s^r de la), 192, 194, 199, 219, 224, 309, 313.
Chapon (Pignon), 73, 74, 77, 79, 83, 86, 87, 89, 91, 95, 96, 97, 98, 99, 100, 102, 103, 104, 105, 106, 108, 109, 111, 113, 114.
Charay (Alardus de), 60.
Charetier (Johannes), 103.
Charier (Philipon), écuyer, 412.
Charles VIII, roi de France, 396, 397, 399.
Charro (Martinus de), 50, 56, 57.
Chassenolyum, 128; *Chasseneuil*, c^on *de Saint-Georges, Vienne.*
Chastiaubriant (Jeufrois de), 36.
Châteauneuf (le marquis de), 201, 215, 219, 224, 238, 240, 265, 348.
Chatelers (Nicholaus des), 68.
Châtellerault, 258; *Vienne.* V. Castrum Aeraudi.
Châtillon (Gaspard, comte de), 179, 204, 205, 218, 230, 231, 234, 252, 258, 261, 276, 304, 317, 341, 349.
Chauceroie (Jeufroi de), 35.
Chauces (dominus de), 9.
Chauchepot (Marcheant), 155.
Chaume (château de la), 310, 319, 320; *aux Sables-d'Olonne, Vendée.*
Chaumeau (Guillelmus), 76, 78, 80, 102, 104, 105, 106, 107, 109, 110, 111, 112, 114, 115.
Chauffepié, 269.
Chay (Guillelmus de), 55.
Che (Hugo de), 62.
Cherbourg, 362; *Manche.*

Chervex (molendinum de), 10, 28. — Terra de Cherveox, Cherviex, 6, 15, 24; *Cherveux*, c^on *de Saint-Maixent, Deux-Sèvres.*
Chesa (castellania de), 27; *la Chaise-le-Vicomte*, c^on *de la Roche-sur-Yon, Vendée.*
Chese (dominus de la). 54.
— (Hugues de la), 53.
Chesnaye (le s^r de la), 166, 362.
Chevaler (Philippus), 127.
Chevalian (Stephanus), 55.
Chevreas (Johannes), 132.
Chevreuse (le duc de), 368.
Chevron (Guillelmus), 55.
Chilsidener (Jennequin), 415, 420.
Chizé, 413; c^on *de Brioux, Deux-Sèvres.*
Chole (Petrus), 49, 55, 57.
Choleteau, 26.
Chollet (le sire de), 414, 419.
Clairville (le s^r de), 259, 261.
Clément V, pape, 405.
Clérac, 293, 294, 295, 296, 297, 322, 323, 357; *Clairac*, c^on *de Tonneins, Lot-et-Garonne.*
Clerevaus (domina de), 45.
Clermont, 181; *Puy-de-Dôme.*
Clisson (capitaine de), 420.
Colignon (le s^r de), 172.
Clodis (Guillelmus de), 32.
Coigne (Yterius), 29.
Coillebaut (Bartholomeus), 8.
Colardus, 9.
Coliers (Johannes), 49, 56.
— (Pasquerus), 51.
Colomber, Colonbiers, Columbers (Aymericus de), 62, 71.
— (Johannes de), 67, 129.
— (Thebaut seu Teobaldus de), 63, 70.
Colons (prepositura de), 6; *Coulon*, c^on *de Niort.*
Columbeas, Colunbea (Johannes), 128, 132.
— (P.), 129.
Comblat (le s^r), 266.
Comborn, 194, 264. V. Châteauneuf.
Condé, Cundé (Thomas de), 54, 57.

Corbeondio, 97 ; *peut-être Corbaon,* c^{ne} *de Château-Guibert,* c^{on} *de Mareuil, Vendée.*
Corbolium, 14, 23 ; *Corbeil, Seine-et-Oise.*
Cossaudi (Ayraudus), 110.
Costa (Stephanus de), 156.
Cotaudus (Petrus), 26.
Coùbitor (Andreas), 55.
Courbouzon (le s^r de), 327, 328.
Coureilles, 334 ; *auj. la Pointe des Minimes* c^{ne} *de la Rochelle.*
Cousturarius, Le Custurier (Johannes), 48, 57.
Courtenvau (le marquis de), 284.
Coutras, 289 ; *Gironde.*
Couvrelles (le s^r de). 360.
Coz, 31 ; *Coex,* c^{on} *de Saint-Gilles-sur-Vie, Vendée.*
Cressonnière (Henri Bastard, marquis de la), 232, 234, 237, 261, 311.

Croix-Chapeau, 332, 336 ; c^{on} *de la Jarrie, Charente-Inférieure.*
Crenière (la) , 20 ; *peut-être la Grenière,* c^{ne} *d'Aubigny,* c^{on} *de la Roche-sur-Yon.*
Crie (Petrus la), 136, 150.
Croci (domus de), 17, 28 ; *peut-être la Crèche,* c^{ne} *de Breloux,* c^{on} *de Saint-Maixent , Deux-Sèvres.*
Cros (le s^r de), 260, 341.
Crux Comitisse, terra, 6 ; *la Croix-Comtesse ,* c^{on} *de Loulay, Charente-Inférieure.*
Cursonium, 20, 30 ; *Curzon,* c^{on} *de Moutiers-les-Maufaits, Vendée.*
Croes, Croos (Johannes de), 49, 57.
Crosa, Crosia , 45, 55 ; *la Creuse, rivière.*
Cursaio (Haimerius de), 68.
Cysterciensis abbas, 28.

D

Damardi (Aymericus), 18.
Danet (Stephanus), 26.
Dauphiné (le), 180, 209, 233, 245, 248.
David, 312.
— (Stephanus), 26.
Defos, 312.
Denardi (Aymericus), 26.
Dent (Petrus la), 47.
Desiré (Guillelmus), 11.
Die, 290 : *Drôme.*
Dijon, 182.
Dinive (Johannes), 50.
— (Petrus), 45, 56, 57.
Domfront, 295 ; *Orne.*
Doré (Guillelmus), 61, 71.
— (Lambertus), 73, 74, 77, 79, 83, 86, 88, 91, 95, 96, 97, 98, 99, 100, 102, 103, 104, 105,
106, 108, 109, 111, 113, 114.
Douerière (le s^r de la), 306.
Dreus (Robertus de), 90.
Dubois (Gauffredus), 143.
Duguesclin, 413, 414, 415, 416, 417, 419, 421, 423, 424, 425, 426, 427.
Duharmel (le s^r), 333.
Dun monachus, 18.
Duncaster (le vicomte de), 286, 313.
Dupineau. commentateur de la coutume d'Anjou, 398.
Duretal (château de), 166 ; *Durtal, Maine-et-Loire.*
Durivaut (le s^r), 352.
Duverger (le s^r), 364.
Dyve (la), rivière ; *la Dive de Moncontour,* 383.

E

Effrai (Guido), 71.
Elbeuf (le duc d'), 270.
Elencharz (Guillelmus), 131.
Elyas, capellanus de Bonoil, 65.
Elye (Nicholas), 37.
Engliæ rex, V. Angliæ rex.
Epernon (Jean-Henri de Nogaret, duc d'), 252, 259, 260, 261, 284, 288, 289, 298, 300, 313, 317, 325, 332, 333, 334, 335, 336, 356, 362.

Eschalart (Aymericus), 146.
Esnandes, 332 ; c^{on} de la Rochelle.
Espinay (Nicolas), 167, 168, 291, 295.
Essarts (le sire des), 414, 426.
— (Michel des), 414.
Evreux (Jean d'), 413, 414, 415, 416, 417, 420, 421, 422, 424, 426.

F

Faele, locus, 78.
Fagerere (la), locus, 25.
Faia (terra de), 25.
Faidoa (Philippus de), 26.
Faie, Faye (Guillaume de), 36, 132.
Farre, V. Forre.
Favas ou Fabas (Jean de), 165, 168, 169, 174, 175, 177, 178, 183, 184, 185, 188, 189, 191, 193, 195, 196, 197, 199, 202, 215, 218, 219, 227, 229, 230, 232, 234, 254, 255, 257, 259, 261, 265, 269, 270, 282, 286, 287, 299, 310, 312, 317, 319, 324, 328, 330, 333, 361, 367.
— (Madame de), 345.
Favier, pasteur, 296.
Favrelli, Fauriau (Guillelmus), 139, 140, 141, 142, 143, 144, 147.
Fenis (Raemont de), 43.
Ferté (Robert de la), 36.
Fertilly, 339.
Feubrun (Raoul de), écuyer, 412.
Fèvre (le s^r), 354.
Fiefcotret, 339.
Filhose (Petrus dictus), 39.
Filipus, V. Philippus.

Fleury (le s^r), 290.
Flocelière (le sire de la), 414, 415, 416, 417, 422, 423, 424, 426.
Floricus, 8.
Fochers (Ylarius), 131.
Foillous (Savaricus de), 31.
Fons (château de la), 287, 328, 334 ; près la Rochelle.
Fontaneti prepositura, 5 ; *Fontenay-le-Comte, Vendée.* V. Fonteniacum.
Fonte (Johannes de), 73.
Fontenay-le-Comte, 5, 216, 262, 268, 317 ; *Vendée.* V. Fonteniacum.
Fontenellis (Abbatia de), 22 ; *abbaye des Fontenelles*, c^{ne} *de Saint-André-d'Ornay,* c^{on} *de la Roche-sur-Yon, Vendée.*
Fonteniacum, 10, 11, 23, 28. — Fonteniaci castrum, 28 ; — prepositura, 5, 15, 24. V. Fontaneti prepositura et Fontenay-le-Comte.
Fontis Dulcis abbas, 9 ; *Fontdouce,* c^{ne} *de Saint-Bris-du-Bois,* c^{on} *de Burie, Charente-Inférieure.*
Fontis Ebraudi abbatissa, 9, 28 ;

Fontevrault, c^on de Saumur, Maine-et-Loire.
Force (Jacques-Nompar de Caumont, duc de la), 199, 201, 215, 223, 228, 230, 233, 248, 252, 261, 265, 288, 311, 322, 342, 343, 347.
Forest (Guy de la), chevalier bachelier, 412.
Forestarius (Gilebertus), 73, 74, 76, 77, 79, 83, 86, 89, 91, 92, 95, 96, 97, 98, 99, 100, 101, 102, 103, 104, 105, 106, 108, 109, 111, 113, 114.
— (Raymondus), 100.
Feret (le s^r), 338.
Forgæ, 127, 128, 131; *Forges, c^ne de Saint-Georges, Vienne.*
Forges (Airaut de), 63, 132.
Forgiis (Johannes de), 70, 71, 72, 126, 132.
Forguet (Hilarius), 137.
Forras, Fourras, 7, 134, 149, 152; *Fouras, c^on de Rochefort, Charente-Inférieure.*
Forré (Petrus), 73, 74, 77, 79, 83, 86, 88, 91, 95, 96, 97, 98, 99, 100, 102, 103, 104, 105, 106, 108, 109, 111, 113, 114.
Fors (terra de), 14; c^on *de Prahecq, Deux-Sèvres.*

Forz (Guillelmus), 7, 35.
Fossé (Guillelmus du), 150.
Fouchier (Pierre), 38.
Fogeriis, Fougère (Guillelmus de), 44, 76, 122.
Fougerais (Richart de), 415, 419, 420.
Francia, 11, 51, 57. — Franciæ barones, 45; — rex, 44, 45, 46, 47, 48, 49, 50, 51, 52, 54, 57, 59, 65, 122, 139, 140, 145, 149, 153, 154, 157.
François (Clemencius), 142.
Frazina, 28; *Fressines, c^on de Celles, Deux-Sèvres.*
Frégiguel (le s^r), 357.
Frère (le s^r de), 290.
Fresche (Isaac du), 201, 215, 227, 230.
Freton (Louis de), 219, 224, 320, 325.
Frogers (Johannes), 127, 128, 129, 132.
Fromont (Gaufridus), 63.
Fronteniacum, 6, 7, 11, 12; *Frontenay, Deux-Sèvres.*
Fuerna (Menardus de), 9.
Fulcherii (Hylarius), 130.
Furno (Reginaldus de), 60.

G

Galardon (Johannes de), 117, 122, 123, 124, 131.
— (Terricus de), 45, 123.
Galaye (le s^r de la), 250.
Galien, Gualien (Guillelmus), 136, 142.
Galotinus, 9.
Garin (Johannes), 18.
Garnache (la), 266, 267, 270, 279, 281; c^on *de Challans, Vendée.*
Garner (Aymericus), 128, 132.
— (Johannes), 132.
Gascogne (la), 409.

Gasconelli (Savaricus), 147.
Gasteigne (Thomas de), 26.
Gasteriaus (Theobaldus), 124.
Gâtine (pays de), 385.
Gaudent (molendinum de), 9.
Gaudin (Reginaldus), 130.
Gaufridus, clericus, 130, 132.
Gaumer (Helyas), 80, 84, 108.
— (Philippus), 73, 77, 80, 81, 82, 83, 84, 86, 87, 88, 89, 92, 93, 94, 95, 98, 99, 100, 101, 102, 104, 106, 107, 108, 110, 111, 112, 113, 115.

Gauvin (Philippus), 77.
Genberti (Johannes), 19.
Genceio, Genciaco (Guitardus de), 7, 25.
Georius (Stephanus), 139.
Gereire, Geroere, Geroire (Stephanus), 140, 141, 143 144, 146, 149, 150, 152, 154, 155.
Gergeau (fort de), 181 ; *Jargeau, Loiret.*
Germant (Adam de), 148.
Gerrendy (le s^r de), 335.
Gestin (Guillelmus), 27.
Gilebertus, 8, 16, 27, 69, 73. 111.
Girard (Daniel et Nicolas), 315.
Girardi (Mauricius), 18.
— (Petrus), 27.
Giraudi (Petrus), 21, 30.
Giraut (Gaufridus), 31.
Giret (Aymericus), 139.
Godefroiz, 61, 69.
Godereau (Ayraudus), 87.
Goderel (Johannes), 73, 74, 79, 80, 81, 84, 87, 90, 92, 95, 96, 99, 102, 103, 104, 105, 107, 108, 110, 112, 113, 114, 115.
Gonnin (Guillelmus), 132.
Gorget, V. Jorget.
Gorron (Renaudus), 45.
Gourmenaudière (la), 36; *la Gremnaudière, c^{ne} de Sainte-Soulle, c^{on} de la Jarrie, Charente-Inférieure.*
Goutte (Daniel de la), 192, 199, 309, 360, 363, 368, 369.
Grandry (le s^r de), 349.
Grange (le s^r de la), 192, 194, 199.
Grasset (Johannes), 43.
Gravenandière (la), 333 ; *la Gremnaudière, c^{ne} de Sainte-Soulle, c^{on} de la Jarrie, Charente-Inférieure.*
Gravia (prepositura de), 6; *la Grève, c^{ne} du Puy-du-Lac, c^{on} de Tonnay-Charente , Charente-Inférieure.*
La Grenetière, 413 : *c^{ne} d'Ardelay, c^{on} des Herbiers, Vendée.*
Grifaus (terra au), 25.
Grignon (Jehan), écuyer, 412.
— (Pierre), écuyer, 412.
Gros Bois (Guillelmus de), 148.
Guandelart (Baudoin), 154.
Guarini (P.), 145.
Guarnerius, 42.
Guasconelli (Bonnaudus), 141.
Guérande, 267 ; *Loire-Inférieure.*
Guérin (le s^r), 353.
Guet (Aymericus), 149.
Guibert (le s^r), 364.
Guichardus (magister), 35.
Guierchia , Guierchiis (dominus de), 50, 51, 57; *la Guerche, c^{on} de Pressigny-le-Grand, Indre-et-Loire.*
Guillot (Hugo), 10.
Guillotus, 16, 27.
Guise (le duc de), 283, 364, 365.
Guitardi (Petrus), 7, 17, 24, 29, 121.
Guito (Warinus), 43.
Guiton (Bochar), 43.
— (Guillelmus), 50.
— (Jean), amiral, 308, 312.
Guveneas (Stephanus), 42.
Gyboin (Constantinus), 25.
Gygantis (Johannes), 9.

H

aia, 46, 48, 54, 55, 57 ; — (dominus de), 49, 53 ; *la Haye-Descartes, Indre-et-Loire.*
Haie (Morice de la), 36.
Hamericus, prior de Capella, 48, 56, 58.
Hébergement (l'), 413; *l'Hébergement-Idreau, c^{ne} de Sainte-Florence, c^{on} des Essarts, Vendée.*
Herbert (Pierre), 36.
Harcourt (le comte d'), 270.
Haye (la), en Hollande, 229.

Herbertus (magister), 27.
Herbiers (Des), maire et capitaine de la Rochelle, 264.
Hesperien (Pierre), 215, 240, 276, 295.
Hispania (Guido de), 160.
Hodeardis, 58.

I

Insula (infantes de), 19.
— (Johannes de), 23.
Iray (Jean Rogier, s^r d'), 194, 262, 264, 277, 286, 298, 313, 318.
Isle-en-Jourdain (l'), 295 ; *Gers*.
Isles (le s^r des), 286, 292, 311.
Itier (P.), 145.
Ivoria (Petrus de), 55.

J

Jacobus leprosus, 17, 29.
Jadin, Jading (Ayraudus), 62, 73, 74, 77, 78, 81, 84, 86, 87, 88, 95, 96, 108, 110, 112, 113, 114, 115.
— (Petrus), 90, 99, 102, 103, 104, 105, 107.
Jamonet (Gaufridus), 139.
Jarnac, 277, 286, 313 ; *Charente-Inférieure*.
Jarode, 77 ; *Lencloître-en-Gironde, Vienne*. V. Jarunde.
Jarondia (Johannes de), 120.
— (Odarz de), 120.
Jarrie (la), 332, 335, 336, 337, 356 ; *Charente-Inférieure*.
Jarrinus, 138.
Jarrion, 136, 142, 144.
Jarunde, 77, 93 ; *Lencloître, Vienne*.
Jarundia (Nicholaus de), 117.
Jaucourt (Jean de), 165, 245, 253, 254, 260, 341, 348.
Jaunaium, Jaunay, 119, 121, 123, 124, 125 ; c^{on} *de Saint-Georges, Vienne*.
Javode (Giraudus de), 90.
Jean, duc de Bourbon, 397.
— duc de Calabre, 397.
Jeannin (Pierre), 174.
Johannes, prepositus, 14, 34, 158.
— rex Angliæ, 44, 45, 46, 47, 48, 49, 50, 51, 52, 53, 54, 56, 58.
Johins (Aymericus), 120.
Jorgeti, Jorget (P.), 73, 76, 78, 80, 81, 82, 83, 84, 85, 86, 88, 89, 91, 93, 95, 101, 102, 104, 105, 106, 107, 108, 110, 111, 112, 114, 115.
Jourdain (Jehan), écuyer, 412.
Justel (le s^r), 170, 187.

L

Labellière (Aymericus de), 25.
Lacharde (Ayrenburgis), 55.
Lambert (Pierre), 314.
Landa de Geruçon, 26 ; *les Landes-Génusson*, c^{on} *de Mortagne, Vendée*.

— 442 —

Landein, Lendeins, Londein (Aymericus), 122.
Larablei (Guillelmus de), 53.
Lardimarie (le s^r), 354.
Largers (Philippus), 132, 133.
Larquers (Philippus), 92.
Lateste (Petrus), 55.
Lauzières (le régiment de), 282.
Laval proche Guyse, 182 ; *Aisne.*
Lavigne (le s^r), 354, 357.
Lazaio (Guillelmus de), V. Lezeio.
Lecocq, 181, 233, 249.
Lecomte (le s^r), 367.
Lectoure, 166, 180, 208, 340 ; *Gers.*
Ledet (Johannes), 141.
Ledoux (le s^r), 354.
Leduc (le s^r), 323.
Legoux (le s^r), 335.
Legouz (Eraudus), 54.
Lemoine, V. Monachus.
Lénerac (Eon de), 420.
Leroi (Fulcherus), 55.
Lescun (Jean-Paul de), 233, 321.
Lesdiguières (François de Bonnes, duc de), 165, 172, 175, 179, 185, 187, 195, 201, 227, 229, 230, 234, 235, 257, 258, 261, 264, 269, 290, 291, 297, 311, 313, 317, 326, 341.
Letiais, V. Tiais.
Levraudus (Gaufridus), 21.
Lezeio (Guillelmus de), 7, 15, 25.
— (Symon de), 18.
Lezigniaco, Lezeignan, Lezinen, Lizigniaco (Gaufridus de), 10, 16, 23, 33, 40, 41, 42, 43, 58, 59, 60, 61, 62, 68, 71, 74, 75, 76, 77, 78, 79, 91, 92, 96, 108, 111, 112, 116, 122.
Limoges (Stephanus de), 152.
Lion (P.), 143.
— (le s^r du), 330, 359.
Lisia (domina), 55.
Lixengnien (Jeufroi de), 35.
Lizigniaco (Gaufridus de), V. Lezigniaco.
Lobere, Loubere (vallis), 73, 76,
81, 82, 83, 84, 85, 86, 88, 89, 93, 95, 99, 101, 102, 104, 105, 106, 107, 108, 112.
Loci Dei abbas, 31 ; *le Lieu-Dieu, c^{ne} de Saint-Benoît, c^{on} des Moutiers-les-Maufaits, Vendée.*
Loges (Robertus de), 51, 57.
Londein (Aymericus), V. Landein.
Longa Aqua, 116, 117, 118, 119, 120, 121, 124 ; — (elemosynaria de), 120 ; *Longève, c^{ne} de Beaumont, c^{on} de Vouneuil sur-Vienne, Vienne.*
— (Andreas de), 18.
Longeville, 30; *c^{on} de Talmont, Vendée.*
Loubat, 10.
Luc (Johannes de), 26.
Lucat (Bonetus de), 26.
Loubie (le s^r de), 276, 277, 295, 325, 352.
Loudrière (le s^r de), 311, 368.
Loudun, 187, 188, 191, 203, 206, 209, 233, 247, 296, 340, 341 ; *Vienne.*
Louis VIII, roi de France, 45.
— IX,   —   45.
— XI,   —   396, 399.
— XII,   —   391.
Luçonium, Luçon, 19, 21, 22, 23, 33, 270, 282, 287 ; — (garennarius de), 19 ; — (prepositura de), 19, 33 ; — (senescallus de), 19 ; *Luçon, Vendée.*
Lucus, 21 ; *les Lucs, c^{on} du Poiré-sous-la-Roche, Vendée.*
Luiller (Andreas), 56.
Lumbardi Pictavenses, 10 ; — de Rupella, 10.
Lupi Saltu (Raymondus de), 155.
Lusignan (le s^r de), 322. V. Lezigniaco.
Luxembourg (le duc de), 283, 286.
Luynes (Charles d'Albert, duc de), 165, 167, 179, 187, 196, 205, 227, 238, 245, 246, 340.
Lyon, 182.

M

Macé (Jean), 414, 415, 417, 418, 422, 424, 425.
Macain, Machains, Maquain, Maguaign (Johannes), 73, 74, 77, 78, 81, 86, 87, 88, 96, 102, 104, 105, 107, 108, 110, 112, 113, 115.
— (Raginaldus), 90, 91, 96.
Mailli, Malli (Hardoin de), 137, 139.
Maleray (A.), 360.
Maleti (Ranulfus), 66.
Mallai (Aymericus de), 65.
Malleacensis, de Mallezai (abbas), 50, 159. — Malleacenses monachi, 44, 45, 46, 49, 50, 51, 52, 56. *Maillezais Vendée.*
Mangoti (Guillelmus), 9.
Mansfeldt (le comte de), 326.
Mantonnelle (Arphaxad de la), 283.
Maraanti dominus, 9; Marampnum 145; Marans, 270. 295; *Charente-Inférieure.*
Marannie terra, 6; *Marennes, Charente-Inférieure.*
Marans (le comte de), 318.
Marbaut (le s^r), 177.
Marche (comté de la), 397.
Marcheslonc, 80; *le Marchais-Rond, c^{ne} de Saint-Remy, c^{on} de Dangé, Vienne.*
Marchiæ comes, 6, 15, 24, 65; — (comitissa), 10, 28.
Mardes (Gaufridus de), 52.
Mareas (Petrus), 61.
Maregni (Riginaldus de), 55.
Margnac (dominus de), 27.
Marguerite (la vicomtesse), 36.
Maris, Maries (Petrus de), 122, 128, 129.
— (Raginaldus de), 79, 84, 86, 87, 92, 93, 96, 97, 99, 100, 101, 108, 110, 111, 114, 115.
Mariso (Johannes de), 72.

Marnes, 77, 91; c^{on} *d'Airvault, Deux-Sèvres.*
Maroil (Ayraut de), 63.
— (Macé de), 62.
Marolio, Marolyo (Guillelmus de), 70.
— (Johannes de), 127.
— (Machars de), 71.
— (Mateus de), 127, 129, 132.
— (Petrus de), 70, 71.
— (Philippus de), 71.
Marolium, 113; *Mareuil, Vendée.*
Marque (Louis de la), 284.
Martelli (Guillelmus), 18.
Marthellus, clericus, 18.
Martin (Simon), écuyer, 412.
Martinière (capitaine), 413.
Mas de Verdun (le), 294.
Maseres, 55; *Mazières, c^{ne} de Saint-Remy, c^{on} de Dangé, Vienne.*
Massiau (Johannes), 122.
Massiot (le s^r), 363.
Mathé (Haymericus), 80.
Matheus, 6.
Mathiaut (Petrus), 140.
Matignon (M. de), 295.
Maumesert, janitor, 56.
Maumessart (Petrus), 48, 56, 57.
Mauneio (terra de), 25; *Maunay, c^{ne} de Saivre, c^{on} de Saint-Maixent, Deux-Sèvres.*
Mausiaco, Mausé (Gaufridus de), 145, 146.
— (Guillelmus de), 137, 139, 140, 144, 146, 149, 150.
Mauvesin, 294; *Gers.*
Mauvoisin (Guillaume), 415, 416, 422, 423, 425, 426, 427.
Manzé, 332; *Deux-Sèvres.*
Mayenne (le duc de), 175, 288, 294.
Médoc (le), 312, 337, 344, 346, 350, 356, 358; *pays sur la rive gauche de la Gironde.*
Melle (Guillelmus de), 72.

Menuau (le s^r), 167, 168.
Merevant, 122; *Mervent*, c^{on} *de Saint-Hilaire-des-Loges, Vendée*.
Meschers (port de), 326; *près Royan, Charente-Inférieure*.
Mesieres (Guillelmus de), 52, 54.
Mestivier (P.), 141.
Mignot (le s^r), 354.
Mile de Thouars, sire de Pousauges, 412.
Millau, 169, 187; *Aveyron*.
Minaut (frater Petrus), 55.
Mirabellum, 41, 42; *V*. Mirebeau.
Mirambeau (le marquis de), 305.
Mirande (le s^r de), 363, 364.
Mirebalais (le), 396, 397, 399, 400, 401; — (coutume de), 398; — (nobles de), 396, 398, 399, 400, 401, 402; — fiefs, 400.
Mirebeau, Mirabellum, 41, 42; — (baronnie de), 397; — (châtellenie de), 398, 399; — (sénéchal de), 398; — (juge châtelain de), 398, 400; — (coutume de), 398.
Mittois (le s^r de), 328.
Molaria (servientes de), 109; Moleria, 29; Moleriæ foresta, la Molère, 5, 8, 15, 16, 24, 27, 37, 58, 59, 60, 61, 63, 64, 67, 68, 69, 70, 72, 73, 76, 82, 85, 87, 93; — (magister de), 75, 81, 82, 89, 95, 99, 102, 103, 104, 105, 114.
Moleres (clericus de), 26.
Moleria (Gilebertus de), 89.
Molines (le s^r de), 352.
Monachus (Guillelmus dictus), 46, 47, 48, 49, 50, 51, 52, 55, 56, 57, 58.
Monasterio (Iterius de), 137.
Monflanquin, 295, 322; *Lot-et-Garonne*.
Monheur, 289, 305; c^{on} *de Damazan, Lot-et-Garonne*.
Mons Maurilii, 7, 15, 16, 24, 29.
— Montis Maurilii foresta, 16; — (prepositura), 7, 11, 15, 24, 29. *Montmorillon, Vienne*.
Montallois (Jean de), 419.
Montgaugué-sur-Sèvre, 416, 426, 427; *château de Mortagne-sur Sèvre, Vendée*.
Montarain (feodum de), 77; *Montoiron*, c^{on} *de Vouneuil-sur-Vienne, Vienne*.
Montataire (le s^r), 353.
Montau (Gaufridus), 55.
Montauban, 294, 295, 297, 304, 313, 320, 348, 357, 362.
Montbazon (le duc de), 166.
Montbrun (Jean du Puy, marquis de), 252.
Montchrestien (Antoine de), 295.
Monte Johannis (Bocrius de), 18.
Monte Maurilii (Johannes de), 26.
— (Rosa de), 26.
Monte Ocillo (tallia de), 33.
Montibus (Reginaldus de), 27.
Montizet (le s^r de), 175.
Montmartin (le s^r de), 286, 293, 368.
Montmézart (le s^r), 240.
Montmorency (Henri II, duc de), 252, 257, 317.
Montoere (Jocelinus de), 39, 40, 42.
Montoire (Johannes de), 137, 139, 144, 145, 149.
Montpellier, 320.
Montpouillan (le s^r de), 333.
Montreuil, 300; *Montreuil-Bonnin*, c^{on} *de Vouillé, Vienne*. V. Mostereul.
Monvalier (Yterius de), 26.
Moraille (abbas de), 33; *Moreilles*, c^{ne} *de Champagné-les-Marais*, c^{on} *de Chaillé-les-Marais, Vendée*.
Moravie (la), 229.
Moreil (Guillelmus), 130.
Morel, Moreaus (Parvus), 73, 74, 77, 79, 83, 86, 89, 91, 97, 98, 99, 100, 102, 103, 104, 106, 108, 109, 111, 113, 114.
Morelli (Petrus), 70, 71, 72.
Morello (abbas de), 16; *Moreau*, c^{ne} *de Champagné-Saint-Hilaire*, c^{on} *de Gençay, Vienne*.
Morellus, 97, 142
Moretainne (la dame de), 38.
Morges (le s^r de), 290
Morillon (Petrus de), 55.

Morin (Matheus), 117.
Morinus, 113.
Morlandus, 18.
Mornac, 306; c^on de Royan, Charente-Inférieure.
Morolio (Eraudus de), 72.
Morre, 55; *Moury*, c^ne *de Dangé, Vienne.*
Morri (P. de), 116, 117.
Mortagne-sur-Mer, 413; c^on de Cozes, *Charente-Inférieure.*
Mortagne-sur-Sèvre, 413, 414, 415, 416, 417, 418, 422, 424; *Vendée.*
Mortemer, Mortuo Mare (Radulfus de), 40, 43.
Mortuum Mare, 7, 16, 25; *Mortemer*, c^on *de Lussac-le-Château, Vienne.*
Mostereul (molendinum de), 11; Mosterolium, 9, 23, 28, 29. Mosterolii capellanus, 16, 27, 28; — foresta, 6, 16, 24, 27; — forestarius, 8; — janitor, 158; — leprosi, 10, 17, 28; — prepositura, 6, 15, 24, 29; — turris, 28. *Montreuil-Bonnin*, c^on *de Vouillé, Vienne.*
Mothe ou Motte (la), 36, 434; c^ne de Dompierre-sur-Mer, c^on de la Rochelle.
Mothes (comté des), 414, 415; c^ne de la Chapelle-Saint-Laurent, c^on de Moncoutant, Deux-Sèvres.
Moton (Guillelmus), 142.
Motte (le s^r de la), 318.
Motte-Chemeau (le s^r de la), 360.
Moulin (Du), ministre à Charenton, 319.
Moulinette (la), 333; c^ne d'*Aytré*, c^on *de la Rochelle.*
Moulins, 182; *Allier.*
Moutain (Petrus), 55.

N

Nantes, 266, 267, 268.
Nantuel (Jehan de), 36.
Naples (René, roi de), 397.
Navarræ regina, 11
Navarreins, 168, 229; *Basses-Pyrénées.*
Naverius, 8, 16, 27, 73, 81, 82, 83, 85, 87, 89, 95, 97, 98, 99, 102, 103, 104, 105, 106, 114, 115.
Neintré, 117, 118, 119, 120, 121, 122, 123, 124; *Naintré*, c^on *de Châtellerault, Vienne.*
Nemours (le duc de), 327.
Nencre (Gaufridus de), 41.
Nérac, 288, 289; *Lot-et-Garonne.*
Niçon (Jordain de), 35.
Niele (le s^r), 363, 364.
Niort, Niortum, Nyortum, 7, 8, 9, 11, 12, 13, 16, 17, 23, 27, 29, 37, 159, 169, 174, 220, 224, 227, 236, 262, 269, 317, 355; — (castellania de), 14; — (castrum de), 10; — (garenna de), 27; — (prepositura de), 5, 15, 24; — (templum de), 9.
Noaille (Aymericus de), 30.
Noe (boscus de la), 7, 11.
Nointré (Reginaldus de), 65.
Normanni (Johannes), 145.
Normans (Stephanus li), 60, 61.
Normant, 74.
Nossar (Micael), 41.
Nouaillé, 332; *Nuaillé*, c^on *de Courcon, Charente-Inférieure.*
Noue (Théophile de la), 215, 270, 299, 300, 328, 335, 352, 361.
Nouel (Sevestre), 37.
Noviaco (Theobaldus de), senescallus Pictavensis, 11, 14, 23.

Nozire, femme, 37.
Nucharii abbas, 55; — (panetarius), 55; — (prior), 55; *Noyers*, cⁿᵉ *de Nouâtre*, cᵒⁿ *de Sainte-Maure, Indre-et-Loire.*

O

Oblincum, Oblinquum, 7, 8, 15, 17, 25, 29; *le Blanc, Indre.*
Ogier (le sʳ), 311.
Olbreuse (le sʳ d'), 350.
Oléron (île d'), 325, 327, 337, 347, 356.
Ollivier (le sʳ), 311.
Olona, castrum, 20, 30, 31; *Olonne*, cᵒⁿ *des Sables-d'Olonne*,
Vendée.
Orange (le prince d'), 360.
Orillac (le sʳ d'), V. Auriac.
Oray (Guillelmus), 131.
Orbisterii foresta, 20, 30, 31; *Orbetiers, près les Sables-d'Olonne, Vendée.*
Orgueilleus (relicta), 28.
Orléans, 245, 259, 260.

P

Paien (Bartholomeus), 47, 48, 49, 50, 51, 52, 53, 54.
Palluau (le baron de), 266.
Panetarius, Panetier (Adam), 16, 28, 101, 118, 119, 124, 125.
Paneter (Renoudus), 55.
Papaut (Stephanus), 10.
Papin (le sʳ), 346, 352.
Parabère (J. de Baudéan, comte de), 226.
Parc (Alain du), 414, 415, 417, 418, 424, 425.
Parc d'Archiac (le sʳ du), 311.
Pardaillan (MM. de), 216, 358.
Pareau (le sʳ), 364.
Paris, Parisius, 12, 23, 116, 391; — (parlement de), 398.
Parthenay, 264; *Deux-Sèvres.*
Parvi (Petrus), 68, 69, 70, 71, 72. V. Petit.
Pascal (le sʳ), 227.
Pascaut (le sʳ), 363, 364.
Pau, 166, 179.
Peiraut (Pierre), 314.
Pelerin (Andreas), 66.
— (Johannes), 44, 45, 46, 50, 57.
Pelerz terra, 135.
Pelliparius, Peletier (Petrus), 67, 73.
— (Reginaldus), 90.
Penetier (Adam le), 101. V. Panetarius.
Perata (Renaudus de), 23.
Peregrinis (Johannes), 55.
Petit (Petrus), 61, 74. V. Parvi.
Petracaut (Stephanus de), 55.
Petracoust (Amelina de), 55.
Petronilla, 104.
Philippe Auguste, roi de France, 43, 47, 51, 57, 123.
— le Bel, roi de France, 405.
Philippus, 58; magister —, 43, 45; 47, 54.
— clericus, 45.
Pictavia, 90, 122, 126, 158, 159. —
Pictavenses barones, 59. — Pictavensis comes, 5, 6, 8, 10, 11, 15, 17, 24, 26, 27, 28, 36, 37, 39, 41, 46, 47, 50, 51, 54, 55, 60, 68, 70, 73, 75, 76, 82, 84, 95, 97, 102, 107, 109, 110, 111, 112, 116, 118, 122, 126, 127, 134; — senescallus, 35, 36,

37, 65, 85, 120, 121, 123;
V. Boillie, Burli, Noviaco.
Pictavium, Pictavis, 6, 7, 8, 9, 11, 12, 15, 16, 18, 22, 25, 27, 28, 29, 34, 37, 38, 59, 70, 95, 117, 118, 119, 120, 123, 124, 126, 131. — Pictav. aula, 11, 67, 68, 119; — ballivia, 17, 25, 29, 33; — capella, 9; — castellania, 90, 102, 112, 114, 122; — castellanus, 73; — castrum, 17; — major, 130, 131, 132; — prepositura, 5, 15, 24; — prepositus, 117, 122, 123, 127, 128, 129, 130, 131; — vineta, 23. *Poitiers*. V. ce mot.
Pictavis (Alexander de), 43.
Pié du Fou (Jean du), écuyer, 412.
Pierrecourt (Emelina de), 54.
— (Stephanus de), 53, 56.
Pignon (Aymericus), 101.
Pinceio (Guillelmus de), 8.
Pindrai, 7; — (prepositura de), 7; *Pindray*, c^on *de Montmorillon, Vienne*.
Pindraio (Focherius de), 65.
Pineti, 9.
Pinu (abbas de), 9, 126; *le Pin*, c^ne *de Béruges*, c^on *de Vouillé, Vienne*.
— (Raemondus de), 70.
Pipicæ foresta, 45.
Piterne (Jean-Preveraud, s^r de la), 232, 234, 237, 349.
Plessis (Philippe de Mornay, s^r du), 165, 166, 185, 193, 203, 213, 219, 234, 345.
Plymouth, 362; *Angleterre*.
Podio de Pelac (exarta de), 73, 76, 78, 81, 82, 83, 84, 86, 88, 89, 99, 101, 102, 104, 106, 107, 108, 110, 111, 112, 113, 115.
Podio Moillereio (terra de), 25; *Puymilleroux*, c^ne *de Dangé, Vienne*.
Pogelius, Pogelins, 63, 67, 68, 69.
Poitevin (Johannes), 118.
Poitiers, Poyters, 166, 173, 184, 298, 299, 305, 308, 309, 310, 313, 315, 405, 411; — (châtellenie de), 395, 409; — (greffier de), 391, 392; — (mesure de), 410; — place du Pilori, 410; — Saint-Porchaire, 128. V. Pictavium.
Poitou, Poictou, Poyto (le), 209, 220, 224, 229, 234, 239, 249, 259, 265, 267, 270, 282, 285, 287, 313, 331, 336, 384, 388, 390, 393, 396, 401, 402; — (coutume de), 392, 393; — (nobles du), 59, 384; — (sénéchal de), 411. V. Pictavia.
Pojole, magister foreste, 86, 98, 99, 101.
Pompée, ingénieur, 300, 361.
Pons, 277, 286, 287, 290, 348; *Charente-Inférieure*.
Pontchartrain (Paul Phelipeaux, s^r de), 169, 183, 202, 285.
Pont-de-la-Pierre (le s^r du), 363.
Ponte (Gaufridus de), 54.
Popardi (Hugo), 25.
Porte Buignace (Petrus), 10.
Porteclie, dominus de Allodio, 135, 146.
Portu Novo (Guillelmus de), 144.
Posaugiorum domina, 25; *Pouzauges, Vendée*. V. Pouzauges.
Potet (Ayraudus), 89.
— (Guillelmus), 56, 89, 91, 92, 94, 97, 108, 115.
Poureau, 369.
Pouzauges (le sire de), 412, 414, 415, 416, 417, 420, 421, 422, 423, 424, 426.
— (la dame de), 25.
Poyanne (Bernard de Beyens, s^r de), 230, 235, 238, 352.
Praella, Praellis (Imbertus de), 11, 17, 29.
Prahic (prepositura de), 6, 15, 24; *Prahecq, Deux-Sèvres*.
Praslin (le maréchal de), 270, 282, 286, 287.
Prato (Petrus de), 73, 79, 83, 86, 88, 91, 95, 97, 98, 102, 103, 104, 105, 106, 108, 109, 111, 113, 114.
— (Radulfus de), 99, 100.
Preau (le s^r du), 360.
Precigni, Precigné (Reginaldus de),

133, 134, 135, 138, 140, 142, 143, 144, 147.
Prevost (François), 309, 352.
Privas, 181 ; *Ardèche.*
Prou (le sr), 369.

Prulli (dominus de), 46, 49, 51 ; *Preuilly, Indre-et-Loire.*
Pui Orsin (Andreas de), 26.
Puymirol, 323 ; *Lot-et Garonne.*

Q

Quarreas (Petrus), 59.

R

Rabaus (terra aus), 15, 24.
Rabec (Petrus de), 154.
Radulfi (Johannes), 139.
Raginaldus (magister), 9.
Ramée (André de la), 421.
Ramundus, 82.
Ranconio (Gaufridus de), 34.
Raoulière (la), 30 ; c^{ne} *d'Olonne,* c^{on} *des Sables-d'Olonne, Vendée.*
Rapare (Guillelmus), *V.* Repar.
Raymondi (Petrus), 18.
Raymondus, 110.
Raymons (Guillelmus), 59.
Ré (île de), 10, 149, 300 ; *Charente-Inférieure.*
Renaudière (le sr de la), 309.
Renaut (le vicomte), 36.
René, roi de Naples et duc d'Anjou, 397.
Rennes, 259, 415, 422.
Repar, Repare, Reparre (Gaufridus), 93.
— (Guillelmus), 81, 83.
— (Petrus), 100.
— (Reginaldus), 77.
Resay (Olivier de), écuyer, 412.
Retz (le duc de), 266.
Ribaudi (Stephanus), 42.
Ricardus, rex Angliæ, 39, 40, 41, 42, 43, 44, 46, 47, 48, 49, 50, 51, 52, 53, 54, 56.
Richard (André), 314.
Richardin (Perrot), 419.

Ridea (Petrus), 42.
Riez, 318, 319 ; c^{on} *de Saint-Gilles-sur-Vie, Vendée.*
Riffault, 264, 276, 295, 363.
Riole (Henricus de la), 156.
Rives, Ribes (abbatissa de), 50, 51, 52, 53, 56 ; *Rives,* c^{ne} *d'Abilly,* c^{on} *de la Haye-Descartes, Indre-et-Loire.*
Rivet (André), 290.
Roan (vicecomes de), 23, 33.
Roannais (le duc de), 281.
Robinus, 75.
Roboam (firma), 19.
Rocha (abbas de), 11.
— (Bernardus de), 9.
— (Petrus de), 8, 27.
Rocha Cerveria (prior de), 17 ; *Rochecervière, Vendée.*
Rochechouart (Aymeri de), 35.
— (Offroi, vicuens de), 37.
Roche-de-Grane (Paul de la), 237, 238, 241, 244, 253, 257.
Rochefort (le comte de), 277, 281.
— (seigneurie de), 398 ; *en Anjou.*
— (Aymericus), 144.
— (Challes de), 35, 36. V. Ruppeforti.
Rochefoucault (le comte de la), 282, 299, 300, 309, 311, 318, 349.
— (la comtesse de la), 310.
Rochelle (la), 36, 369 ;—(Frères Mineurs de la), 36. V. Rupella.

Roche-sur-Yon (la), 413. V. Rupes.
Roches (Bertrandus de), 54.
Roches (les), 52.
Roches-Baritaud (le sʳ des), 266, 311.
Rodeil, Rodel (Andreas), 53, 54, 57.
Rodil (le sʳ), 264.
Rohan (Anne de), 319.
— (Henri, duc de), 166, 174, 176, 185, 188, 189, 203, 213, 216, 219, 224, 265, 277, 282, 288, 291, 308, 311, 313, 317, 326, 329, 348, 362, 364, 368.
Rolandière (le sʳ de la), 270.
Rosee (Aymericus), 55.
Rossel (P.), 232, 234, 237.
Rosser (Gilebertus de), 61.
Rouaut (André), 414, 415, 416, 417, 418, 419, 422, 423, 424, 426, 427.
Rougier (Jean), 314.
Rous (Reginaldus), 55.
Rouvray (M. de), 178.
Royan, 325, 338, 344, 350, 351, 352, 353. *Charente-Inférieure*.
Ruffus (Johannes), 21.
Rupella, Ruppella, la Rochelle, 7, 8, 9, 10. 50, 56, 116, 133, 135, 139, 146, 149, 152, 153, 154, 155, 156, 157, 159 ; — (capellanus de), 6; — (dominus de), 136 ; — (hospitalarii de), 9 ; — (lumbardi de), 10 ; — (major de), 151, 159 ; — (prepositura de), 5 ; — (prepositus de), 133, 134, 135, 136, 137, 138, 139, 140, 141, 142, 143, 144, 145, 146, 147, 148, 149, 150, 151, 152, 153, 154, 155, 156, 157, 158 ; — (probi homines de), 159.
Rupes, Ruppes, Roca super Yon, 21, 22, 32, 37, 102 ; — (ballivia de), 33 ; — (castrum de), 22; — (domina de), 21, 22 ; — (foresta de), 22. *La Roche-sur-Yon*.
Rupis (Guillelmus de), 74.
Ruppe (Ameno de), 34.
Ruppeforti (Ebelo de), 14.
— (Guido de), 7, 25, 130.
Ruppis Cavardi vicecomes, 31 ; — vicecomitissa, 17, 28.
Rusay, 79 ; *Reuzé*, cⁿᵉ *d'Orches*, cᵒⁿ *de Lencloître, Vienne*.
Russelay (le sʳ), 167.

S

Sables-d'Olonne (les), 310, 311, 318 ; Sabuli, 30. *Vendée*.
Sache-Epée (Gilebertus), 123.
Saint-Angel (le baron de), 277, 278, 279, 291.
Saint-Benoît, en Bas-Poitou, 271, 318, 331 ; cᵒⁿ *des Moutiers-les-Maufaits, Vendée*.
Saint-Bonnet (M. de), 212, 231.
Saint-Esprit, 317 ; *Pont-Saint-Esprit, Gard*.
Saint-Germain (le sʳ de), 348.
Saint-Germain-en-Laye, 227, 229, 230 ; *Seine-et-Oise*.
Saint-Jean-d'Angély, 169, 234, 236, 252, 265, 269, 280, 282, 283, 284, 286, 287, 289, 290, 293, 368 ; *Charente-Inférieure*.
Saint-Luc (le baron de), 300, 318.
Saint-Maurice, 334 ; cⁿᵉ *de la Rochelle*.
Saint-Paul (le comte de), 325.
Saint-Surin (le sʳ de), 317, 350, 351.
Saint-Vaise (Guillaume de), 37.
Saint-Xandre, 332 ; cᵒⁿ *de la Rochelle*.
Sainte-Croix (le sʳ de), 344.
Sainte-Foy, 290, 322 ; *Gironde*.
Sainte-Jame (le sʳ de), 266.
Saintes, 166, 317 ; *Charente-Inférieure. V.* Xancto.

Saintonge (sénéchal de), 36, 133, 145.
Samon (Petrus), 21.
Sanceium, 6, 15, 24, 25, 29; *Sanxay*, c^{on} de *Lusignan, Vienne*.
Sancta Cruce (Gaufridus de), 127, 130.
Sancta Flavia (Rogerus de), 21, 31.
Sancta Gemma (prior de), 9; *Sainte-Gemme*, c^{on} de *Saint-Porchaire, Charente-Inférieure*.
— (Stephanus de), 17.
Sanctæ Crucis capiceria, 99; *abbaye de Sainte-Croix à Poitiers*.
Sancti Hilarii Pictavensis ecclesia, 126.
Sancti Hilarii terra, 20.
Sancti Savini foresta, 27; — (prepositura), 7, 15, 24, 29; *Saint-Savin, Vienne*.
Sancto-Egidio (Hugo de), 119.
Sancto, V. Xancto.
Sanctolio (Petrus de), 13, 14, 159.
Sancto Martino (Raimundus de), 16, 28.
Sancto Mauricio (Vigeron de), 26.
Sanctus Benedictus, 20, 30; *Saint-Benoît-sur-Mer*, c^{on} des *Moutiers-les-Maufaits, Vendée*.
Sanctus Eutropius, V. Xancto.
Sanctus Gelasius, 24; *Saint-Gelais*, c^{on} de *Niort*.
Sanctus Georgius, 126; *Saint-Georges, Vienne*.
Sanctus Hylarius de Foresta, 30; *Saint-Hilaire-la-Forêt*, c^{on} de *Talmont, Vendée*.
Sanctus Johannes Angeliacensis, 9.
— Angeliaci castrum, 8; — prepositura, 5; *Saint Jean-d'Angély, Charente-Inférieure*.
Sanctus Lambertus, 21.
Sanctus Maxentius, 7, 8, 25, 28; castrum, 8, 10, 16, 27; *Saint-Maixent, Deux-Sèvres*.
Sanctus Porcharius, 128; *Saint-Porchaire à Poitiers*.
Sanctus Remigius, 43, 46, 49, 50, 51, 53, 55, 56, 57. — Sancti Remigii castrum, 39, 44, 45, 46, 48, 54, 56, 57, 58; — foresta,
52; — prior, 52, 56; *Saint-Remy-sur-Creuse*, c^{on} de *Dangé, Vienne*.
Sanzai (seigneurs de), 398.
Saornin (Johannes), 62, 72.
Sarpe (Eraudus la), 46, 55, 56.
Sarragoce (Guillelmus de), 153.
Saturnini (Aymericus), 109.
— (Johannes), 107.
Saujon, 149, 324; *Charente-Inférieure*.
Saumur, 215, 261, 262, 264, 265, 341, 349; *Maine-et-Loire*.
Savignac (le s^r de), 356, 369.
Savore (Petrus de), 30.
Sayre (Petrus), 73, 74, 75, 76, 78, 81, 83, 85, 90, 95, 96, 109.
Scarron, conseiller au parlement, 367.
Schomberg (Henri de), 166, 270, 317.
Senellé, 116; *Senillé*, c^{on} de *Châtellerault, Vienne*.
Senescallus (Johannes), 22.
Senonis (Johannes de), 116.
Serignac (le baron de), 219.
Serviens (Brandinus), 51, 57.
Sesina, 25; *forêt de la Saisine*, c^{nes} de *Clavé, Chantecorps et Vautebis, Deux-Sèvres*.
Set (Guillelmus), 10.
Sevenis (Marie de), 250.
Seyvre, Soyvre (la), 383, 388; *la Sèvre Nantaise*.
Siccaris (P.), 145.
Siorac (Petrus), 18.
Soarz (Petrus), 18.
Soissons (le comte de), 326, 327, 328, 364, 365, 368.
Sommières, 320; *Gard*.
Sonayo (Guillelmus de), magister templi, 126.
Soneville terra, 7.
Soronetus, Sorenet, 126, 127, 128, 130, 132.
Soubise (Benjamin de Rohan, duc de), 216, 224, 265, 283, 293, 299, 310, 311, 312, 313, 317, 318, 320, 324, 330, 362, 368.
Soulac, 338, 346, 355; c^{on} de *Saint-Vivien, Gironde*.

Staverius, 6.
Sully (Maximilien de Béthune, duc de), 230, 231, 234, 292, 293, 297.
Surgères, Surgièrës, 7, 227, 332, 412; *Charente-Inférieure.*
— (Jacques de), 415, 416, 417, 418, 419, 420, 421, 422, 423, 424, 426, 427.
Surgeriis (Guillelmus de), 31.
— (Hugo de), 40, 41, 42, 43, 49, 51, 52, 54.
Suria, Surie (Guillelmus de), 68, 69.
Suze (la), 333; *Sarthe.*

T

Tabarière (le s^r de la), 224.
Taillebourg, 321, 325; c^{on} *de Saint-Savinien, Charente-Inférieure.*
Taiz (Petrus de), 14.
Talemondois (le), 35, 36.
Talmont, 270, 277, 282, 287, 306; *Vendée.* V. Thalemondus.
Talniaci prepositura, 6; *Tonnay-Boutonne* ou *Tonnay-Charente, Charente-Inférieure.*
Tardi, 73, 74, 77, 79, 83, 86, 88, 91, 95, 96, 97, 98, 99, 100, 102, 103, 104, 105, 106, 108, 109, 111, 113.
Taunoi (les filles de), 36.
Teaubon ou Theobon, 289, 305.
Teilleium, 6, 15.
Tellines (Johannes de), 26.
Templarii, Templi fratres, 16, 17, 40, 126, 127, 128, 130, 131, 132.— Templariorum curia, 132.
Templi (magister milicie), 126, 132; — (mansionarius), V. Forgis; — (preceptor), 128, 129.
Templum Parisii, 23, 34, 35.
Termes (le s^r de), 293.
Terrace (Petrus de), 41.
Terricus, 51, 57.
Tessereau (le s^r), 364.
Th. (Girardus), 33.
Thalemondus, 20, 21, 22, 30, 31.
— Thalemondi ballivia, 33; — (castellanus), 20, 31. *Talmont, Vendée.* V. ce mot.
Themines (le maréchal de), 295.
Thénac, 276; c^{on} *de Saintes, Charente-Inférieure.*

Theobaldus, senescallus, 99.
Theofagiæ, 26; *Tiffauges,* c^{on} *de Mortagne, Vendée.*
Thoarciaco (Regnaudus de), 16.
Thoarcium, V. Thouars.
Thoarçois (le), 35; — (barons de), 36.
Thoarz (Guionet de), 35.
— (Savari de), 35.
Thommines, 342.
Thors (le sire de), 414, 415, 416, 417, 419, 421, 422, 423, 424, 426.
Thouars, Thoarcium, Toars, 23, 38, 93, 264, 417, 418, 419; *Deux-Sèvres.* — (capitaine de), 414, 415, 417; — (vicomté de), 27, 385; — (vicomtes de), 389, 391.
— (Aimeri de), 412.
— (Mile de), 412, 415, 417, 418, 419, 422, 423, 424, 426.
Tiffauges (sire de), 412.
Toars, 93. V. Thouars.
Tiays (Guillelmus le), 13, 23, 33.
Tondu (Stephanus), 145.
Toulouse, 306.
Tour (Henri de la), duc de Bouillon, 167, 169, 175, 187, 194, 196, 216, 221, 234, 311, 326, 329, 355, 366.
— (le comte de la), 229.
— (Isaac Geneste, s^r de la), 199, 232, 234, 237, 276, 295.
Tournon, 295; *Lot-et-Garonne.*
Tours, 175, 184, 244, 247, 254, 258, 261, 415, 417, 420, 421. V. Turonis.

Tonrtriau (Savaricus), 143.
Travazai, Travezai, Trevasaium, Trevesci, 76, 77, 78, 81, 83, 85, 87, 88, 89, 90, 91, 92, 93, 94, 95, 96, 97, 98, 99, 100, 101, 102, 103, 104, 105, 106, 107, 108, 109, 110, 112, 115, 116; *Traversay*, c^{ne} de *Bonneuil-Matours*, c^{on} de *Vouneuil-sur-Vienne*, *Vienne*.
— (Aymericus de), 69.
— (Ayraudus de), 73, 74, 85, 91, 102, 103, 104, 105, 106, 115.
— (Guillelmus de), 60, 69, 73, 74, 79, 80, 83, 85, 92, 94, 96.
— (Helias de), 62, 63, 69, 73, 74, 75, 76, 78, 80, 83, 85, 90, 102, 103, 104, 105, 106, 108, 115.
— (Huguetus de), 69.
— (Johannes de), 73, 74, 85, 89, 102, 103, 104, 105, 106, 115.
— (Petrus de), 60.
— (Pignaut de), 73, 74, 83, 85, 89, 102, 103, 104, 105, 106, 115.

Travazains (les), Travazaien (li), 97, 111.
Tremoilles (nemus de), 16.
Trencheas (quidam vocatus), 129.
Tricheria, 117, 118, 119, 120, 121, 123, 124; *la Tricherie*, c^{ne} de *Beaumont*, c^{on} de *Vouneuil-sur-Vienne*, *Vienne*.
Trimouille (Henri, duc de la), 175, 187, 188, 189, 193, 194, 199, 203, 213, 216, 219, 220, 224, 264, 265, 269, 288, 297, 311, 321, 329, 361.
— (la duchesse de la), 267, 277, 367.
Tritan (Johannes), 51, 57.
Tuaut (Nicholaus), 151.
Turonia, 122; *la Touraine*.
— (Petrus de), 128.
Turonis castellanus, 9, 28; — (senescallus), 123; *Tours*.
Tusca (Gaufridus de), 105.
Tye (Nicolas), 415, 420.

U

Ue (comes d'), 40, 41, 43; Auge comes, 160; *le comte d'Eu*.

V

Valencia (W. de), 113.
Valentia (abbas de), 9; *Valence*, c^{ne} de *Couhé*, *Vienne*.
Valle (Helias de), 151, 153.
Vallegoini, Valgoin (Martinus de), 135, 137, 138, 139.
— (Savaricus de), 138, 139.
Vallette (le marquis de la), 318, 333, 361.
Vallibus, Valibus (Michael de), 132.
— (Renaudus de), 46.
Vallisgoini, 141, 143; *Vaugouin*, c^{ne} de *Laleu*, c^{on} de *la Rochelle*.

Vallis petrosus in foresta Mosterolii, 6.
Vals, 252; c^{on} d'*Aubenas*, *Ardèche*.
Varenne (Petrus de), 76, 91, 92.
Varveries (Petrus de), 80.
Vaulabere (Petrus de), 62.
Vaus (Reginaldus de), 55.
Veilles (David Bousquet, s^r de), 189, 195, 247, 252, 253, 348.
Veisin, Vesins, Vezein (Petrus), 73, 74, 78, 81, 87, 89, 90, 92, 97, 102, 104, 105, 107, 108, 109, 113, 115.

Venderii (Gilebertus), 153.
— (Girardus), major de Rupella, 151.
Vendier (Andreas), 144.
Vendôme (le duc de), 259.
Venet (Gaufridus), 86.
Vente (locus qui dicitur la), 135.
Verce (Aymericus de), 22.
Vergne (Helyas de la), 58.
Verlem (Herbertus), 159.
Vevien (Guillelmus), 78, 81.
— (Johannes), 112.
Viaus (Guillelmus), 66.
Vic (M. de), 249.
Vignolles (Bertrand de), 230.
Vilanus (Johannes), 121.
Vileta (Johannes de), 134.
Villarnoul, V. Jaucourt.

Ville-aux-Clercs (le s^r de la), 323.
Vincent, ministre, 290, 291, 306.
Viron (Bernardus du), 142.
Virsac (le s^r de), 306.
Vitré, 267; *Ille-et-Vilaine.*
Vitry (le maréchal de), 318.
Vivianus, 32.
Vivonne (Johannes de), 125.
— (Regnaut de) 415, 417, 418, 419, 420, 422, 423, 424, 426.
Voiric (Guillaume de la), écuyer, 412.
Voisin (Guillaume), 37.
— (Jouhen), 37.
Volvire (Mauricius de), 27, 31.
Vovant, 122; *Vouvant*, c^{on} *de la Châtaigneraie, Vendée.*

W

Warinus vicecomes, 41, 42. | Wartis (Renaudus de), 28.

X

Xancto, Sancto, 9, 10, 11, 13, 38, 95. — Xanctónis castrum, 8, 9, 11; — furnum, 9; — molendina, 11; — prepositura, 6; —

Sanctus Eutropius, 9; *Saintes, Charente-Inférieure.*
Xantoniæ senescallus, 133, 145.

Y

Yaumes (P.), 120. | Yves, 137; c^{on} *de Rochefort, Charente-Inférieure.*

TABLE DES MATIÈRES

CONTENUES DANS CE VOLUME

Pages.

Liste des Membres de la Société des Archives historiques du Poitou. v

I. Comptes et enquêtes d'Alphonse, comte de Poitou (1253-1269). 1

II. Documents relatifs à l'Assemblée de la Rochelle (1620-1622). 161

III. Documents pour servir à l'histoire de la Coutume en Poitou et en Anjou. 371

IV. Miscellanées.

I. Ordonnance du sénéchal de Poitou fixant le prix de la main-d'œuvre, des denrées et des marchandises les plus usuelles, pour le temps du séjour de Clément V et de Philippe le Bel à Poitiers, en 1307. 403

II.	La *monstre* de Mile de Thouars, sire de Pousauges, chevalier banneret, deux chevaliers bacheliers et douze écuyers de sa compagnie, reçue à Surgères le 6 août 1353.	412
III.	Duguesclin et la délivrance de Mortagne-sur-Sèvre en 1373. .	413
IV.	Lettres patentes de François Ier, portant permission de fortifier la ville de Montmorillon, juin 1523.	427

Table générale des noms de personnes et de lieux. 431

www.ingramcontent.com/pod-product-compliance
Lightning Source LLC
Chambersburg PA
CBHW070217240426
43671CB00007B/683